Jonathan Haidt

Die Glückshypothese

Jonathan Haidt

Die Glückshypothese

Was uns wirklich glücklich macht.
Die Quintessenz aus altem Wissen
und moderner Glücksforschung

VAK

VAK Verlags GmbH
Kirchzarten bei Freiburg

Titel der amerikanischen Originalausgabe:
The Happiness Hypothesis. Finding Modern Truth in Ancient Wisdom

ISBN 978-0-465-02801-6

Bibliografische Information der Deutschen Nationalbibliothek

Die Deutsche Nationalbibliothek verzeichnet diese Publikation in der Deutschen Nationalbibliografie; detaillierte bibliografische Daten sind im Internet über http://dnb.d-nb.de abrufbar.

VAK Verlags GmbH
Eschbachstraße 5
79199 Kirchzarten
Deutschland
info@vakverlag.de
www.vakverlag.de

8. Auflage 2025
(ISBN der Auflagen 3-6: 978-3-86731-096-3)
Übersetzung: Isolde Seidel
Lektorat: Norbert Gehlen
Umschlag: Markus Weber, Guter Punkt, München
Satz: Goar Engeländer, www.dametec.de
Druck: Friedrich Pustet GmbH & Co. KG, Regensburg
Printed in Germany
ISBN 978-3-86731-256-1

Inhalt

Für Jayne

Einführung

Zu viel Weisheit

Was soll ich tun, wie soll ich leben und wie soll ich mich entwickeln? Viele von uns stellen sich solche Fragen und so wie das Leben heute nun einmal ist, brauchen wir nach den Antworten nicht lange zu suchen. „Weisheit" ist heutzutage so billig und im Überfluss vorhanden, dass sie uns geradezu überschwemmt: auf Kalenderblättern, Teebeuteln und Postkarten oder in Ketten-E-Mails, die wohl meinende Freunde an uns weiterleiten. In gewisser Weise sind wir wie die Bewohner der *Bibliothek von Babel* – so der Titel einer Erzählung von Jorge Luis Borges; diese Bibliothek ist grenzenlos und ihre Bücher enthalten jede nur mögliche Buchstabenkombination; deshalb muss auch irgendwo erklärt sein, warum es die Bibliothek gibt und wie man sie benutzt. Doch Borges' Bibliotheksbewohner argwöhnen, dass sie dieses Buch in dem kilometerlangen Unsinn nie finden werden.

Unsere Aussichten sind da besser. Nur wenige unserer möglichen Quellen der Weisheit sind unsinnig, viele davon sind absolut seriös und zuverlässig. Doch weil auch *unsere* „Bibliothek" letztlich grenzenlos ist – kein Mensch kann je mehr als einen winzigen Ausschnitt lesen –, stehen wir vor dem Paradox des Überflusses: Die Quantität untergräbt die Qualität unseres Engagements. Da uns eine so umfangreiche und wunderbare Bibliothek offensteht, *überfliegen* wir die Bücher oft oder lesen nur die Rezensionen. Vielleicht wären wir schon auf die großartigste Idee gestoßen, die *eine*

Erkenntnis, die uns verwandelt – wenn wir nur richtig davon gekostet, sie uns zu Herzen genommen und in unserem Leben umgesetzt hätten.

Dieses Buch handelt von zehn großartigen Ideen aus der Weltgeschichte. Jedes Kapitel versucht, *eine* dieser Ideen zu würdigen, die verschiedene Kulturen der Welt entdeckt haben; und jedes Kapitel versucht, diese Idee vor dem Hintergrund heutiger wissenschaftlicher Erkenntnisse zu hinterfragen und die Lehren daraus zu ziehen, die heute noch für unser Leben gelten.

Ich bin Sozialpsychologe und versuche mit Experimenten eine Nische des Soziallebens der Menschen zu erforschen. Meine Nische beinhaltet die Ethik und die moralischen Gefühle. Außerdem bin ich Hochschullehrer. Ich mache eine Einführungsveranstaltung im Fach Psychologie, in der ich die ganze Psychologie mit 24 Vorlesungen zu erklären versuche. Ich muss Tausende von Forschungsergebnissen zu allen Themen vorstellen: vom Aufbau der Augennetzhaut bis dahin, wie Liebe funktioniert, und hoffe dabei, dass meine Studenten das alles verstehen und behalten.

Als ich in meinem ersten Jahr als Dozent mit dieser Herausforderung kämpfte, stellte ich fest, dass mehrere Ideen in verschiedenen Vorlesungen immer wieder auftauchten und dass frühere Denker diese Ideen oft sehr beredt formuliert hatten. Ich könnte die Idee, dass mentale Filter, durch die wir die Welt betrachten, unsere Emotionen, unsere Reaktionen auf Ereignisse und einige Geisteskrankheiten hervorrufen, nicht prägnanter ausdrücken als Shakespeare: „Denn an sich ist nichts weder gut noch böse, das Denken macht es erst dazu.“ [1] Ich begann, meinen Studenten solche Zitate als Merkhilfe für bedeutsame Ideen in der Psychologie an die Hand zu geben, und fragte mich, wie viele solcher Ideen es eigentlich geben mochte.

Um das herauszufinden, las ich Dutzende Werke über antike Weisheitslehren, hauptsächlich aus den drei bedeutenden Regionen klassischen Denkens: aus Indien (etwa die *Upanishaden*, die *Bhagavad Gita*, die Aussprüche Buddhas), China (die *Analekte* des Konfuzius, also die Lehrgespräche, das *Tao Te King*, die Schriften des Mengzi) und aus den Kulturen um das Mittelmeer (*Altes* und *Neues Testament*, griechische und römische Philosophen, *Koran*). Außerdem las ich vielfältige andere philosophische und literarische Werke der letzten 500 Jahre. Wann immer ich auf eine psychologische Behauptung stieß – eine Aussage über das Wesen des Menschen oder das Wirken von Geist und Herz –, habe ich sie aufgeschrieben. Wann immer ich feststellte, dass eine Idee an verschiedenen Stellen und zu verschiedenen Zeiten notiert wurde, betrachtete ich sie als *bedeutsame* Idee. Allerdings stellte ich nicht nur rein mechanisch die zehn am weitesten verbreiteten und wichtigsten psychologischen Gedanken der Menschheit zusammen, sondern wertete Stimmigkeit höher als Häufigkeit. Ich wollte über mehrere zusammenpassende Ideen schreiben, die aufeinander aufbauen und eine Geschichte darüber erzählen, wie Menschen im Leben Sinn finden und glücklich sein können.

Genau das nämlich – Menschen darin zu unterstützen, Sinn und Glück im Leben zu finden – hat sich die neue Richtung „Positive Psychologie“[2] zum Ziel gesetzt; und auf diesem Gebiet bin ich tätig.[3] Daher geht es in diesem Buch gewissermaßen um die Wurzeln der Positiven Psychologie in antiken Weisheitslehren und ihre Anwendung heute. Die meisten Untersuchungen, die ich erwähne, haben Wissenschaftler durchgeführt, die sich nicht als „Positive Psychologen“ bezeichnen würden. Dennoch stütze ich mich auf zehn antike Ideen und vielfältige moderne Forschungsergebnisse und will, so gut es mir möglich ist, darlegen, wie Menschen ihr Potenzial leben können und welche Stolpersteine wir unserem Wohlergehen selbst in den Weg legen.

Zuerst beschreibe ich, wie der menschliche Geist funktioniert. Natürlich beschreibe ich das nicht im Detail, es gilt nur zwei klassische Wahrheiten zu verstehen, damit Sie mithilfe der modernen Psychologie Ihr Leben verbessern können. Auf der ersten basiert dieses ganze Buch:

> Der menschliche Geist besteht aus verschiedenen Anteilen oder Instanzen, die einander manchmal widersprechen.

Wie jemand, der auf einem Elefanten reitet, kann der bewusste, vernunftbetonte Teil des Geistes das Verhalten des Elefanten nur sehr eingeschränkt kontrollieren. Heute kennen wir die Gründe für die Unterteilungen und einige Möglichkeiten, dem Reiter und dem Elefanten zu helfen, als Team besser zusammenzuarbeiten. Die zweite Idee lautet etwa so:

Unser Denken macht die Dinge so, wie sie uns erscheinen. (Shakespeare)

Oder: Unser Leben ist eine Schöpfung unseres Geistes. (Buddha)[4]

Doch wir können diese alte Vorstellung heute noch etwas weiterführen, indem wir erklären, warum die meisten Menschen dazu neigen, Bedrohungen zu sehen und sich unnütz Sorgen zu machen. Wir können auch einiges unternehmen, um diese Neigung zu ändern, und zwar mithilfe von drei Techniken, die uns glücklicher machen, einer alten und zwei ganz neuen.

Im zweiten Schritt der Geschichte beschreibe ich unser gesellschaftliches Leben, wiederum nicht umfassend, sondern anhand zweier Wahrheiten, die zwar weithin bekannt sind, aber nicht ausreichend gewürdigt werden. Die eine heißt:

Goldene Regel: Das Prinzip der Gegenseitigkeit ist der beste Weg, mit anderen Menschen gut auszukommen.

Ich zeige Ihnen, wie Sie mit dieser Regel Ihre Probleme lösen und es vermeiden können, von Menschen ausgenutzt zu werden, die dieses Prinzip gegen Sie verwenden. Doch Gegenseitigkeit ist mehr als nur ein Werkzeug. Sie gibt auch Hinweise, wer wir Menschen sind und was wir brauchen; und diese Hinweise sind wichtig, um die Intention der ganzen Geschichte zu verstehen. Die zweite Wahrheit in diesem Abschnitt der Geschichte lautet:

Wir alle sind gleichsam von Natur aus kleine Heuchler; deshalb fällt es uns so schwer, uns ohne Hintergedanken an die Goldene Regel zu halten.

Neue psychologische Untersuchungen haben die Mechanismen in unserem Denken entdeckt, mit denen wir so leicht die kleinsten Splitter im Auge unseres Nachbarn sehen und so schwer die Balken in unserem eigenen. Wenn Sie wissen, worauf Ihr Geist aus ist und warum Sie die Welt so leicht durch die verzerrende Brille von Gut und Böse sehen, können Sie Schritte unternehmen, um Ihre Selbstgerechtigkeit abzubauen. Dadurch geraten Sie seltener in Konflikte mit anderen, die von der Richtigkeit ihrer Sichtweise gleichermaßen überzeugt sind.

An diesem Punkt in der Geschichte sind wir dann bereit für die Frage: Woher kommt Glücklichsein? Es gibt dazu mehrere unterschiedliche „Glückshypothesen". Eine von ihnen besagt:

> Glück rührt daher, dass man bekommt, was man haben möchte.

Doch wir alle wissen (und die Forschung bestätigt es), dass solche Glücksgefühle kurzlebig sind. Schon mehr Erfolg verspricht da die folgende Hypothese:

> Glück kommt von innen und kann nicht dadurch erlangt werden, dass man die Welt dazu bringt, den eigenen Wünschen zu entsprechen.

Diese Ansicht war in der Antike weit verbreitet: Buddha in Indien und die Stoiker im antiken Griechenland und Rom rieten den Menschen, ihre emotionalen Anhaftungen an Menschen und Ereignisse loszulassen – denn diese sind immer unvorhersehbar und unkontrollierbar – und stattdessen eine Haltung der Akzeptanz zu entwickeln. Diese antike Auffassung verdient Respekt und es ist sicher richtig, dass man mit Frustrationen wirkungsvoller umgehen kann, indem man seine Intentionen und Gedanken ändert, statt die Welt verändern zu wollen. Dennoch werde ich Belege dafür anführen, dass diese zweite Fassung der Glückshypothese falsch ist. Die moderne Forschung belegt, dass es bestimmte Dinge gibt, nach denen es sich zu streben lohnt: Es gibt äußere Lebensbedingungen, die uns dauerhaft glücklicher machen können – eine davon ist Verbundenheit, Bindung, das meint die Bindungen, die wir mit anderen eingehen und eingehen müssen. Ich werde Ihnen Untersuchungen vorstellen, die zeigen, woher Liebe kommt, warum leidenschaftliche Liebe immer abflaut und welche Form von Liebe „wahre" Liebe ist. Ich schlage vor, die Glückshypothese Buddhas und der Stoiker zu erweitern:

> Glück kommt von innen *und* von außen. Wir sollten uns sowohl von der antiken Weisheit als auch von der modernen Wissenschaft leiten lassen, um zwischen inneren und äußeren Faktoren ein Gleichgewicht zu finden.

Im anschließenden Abschnitt der Geschichte wollen wir die Bedingungen für Wachstum und Entwicklung des Menschen betrachten. Wir alle haben schon einmal gehört, dass uns das, was uns nicht „umbringt", stark macht, doch diese allzu grobe Vereinfachung birgt Gefahren. Vieles von dem, was uns nicht umbringt, kann uns für unser ganzes Leben schaden. Neue Forschung zum Thema „posttraumatisches Wachstum" zeigt, wann und warum Menschen sich aufgrund von Widrigkeiten weiterentwickeln und was Sie selbst tun können, um einer möglichen Verletzung gefasst begegnen zu können oder um mit einer solchen umzugehen, die bereits passiert ist.

Ebenso gut kennen wir alle die wiederkehrenden Ermahnungen, in uns selbst die *guten* Anlagen zu kultivieren, weil sie in sich selbst Belohnungen sind – doch auch das ist allzu grob vereinfacht. Ich werde darlegen, wie sich die Konzepte von Tugendhaftigkeit und Ethik im Laufe der Jahrhunderte verändert haben und enger wurden und wie antike Vorstellungen über Tugend und moralische Entwicklung auch für uns heute noch vielversprechend sind. Ich verrate Ihnen, wie die Positive Psychologie dieses Versprechen einzulösen beginnt, indem Sie Ihnen Möglichkeiten anbietet, Ihre eigenen Stärken und Tugenden zu „diagnostizieren" und zu entwickeln.

Der Schluss unserer Geschichte handelt von der Sinnfrage: Warum finden manche Menschen Sinn, Bestimmung und Erfüllung im Leben, andere jedoch nicht? Ich beginne dabei mit der in vielen Kulturen verbreiteten

Ansicht, dass es im menschlichen Leben eine „vertikale" oder spirituelle Dimension gebe. Ob man diese nun Erhabenheit, Moralität oder Göttlichkeit nennt und ob Gott nun existiert oder nicht – Tatsache ist, dass Menschen nun einmal etwas Heiliges, Göttliches oder eine unbeschreibliche Güte oder Schönheit in anderen oder in der Natur wahrnehmen. Ich werde meine eigenen Untersuchungen über moralische Gefühle wie Ekel, Erbauung und Ehrfurcht vorstellen und erklären, wie diese vertikale Dimension wirkt und warum sie so wichtig ist, um religiösen Fundamentalismus sowie den Krieg politischer Kulturen und die Sinnsuche der Menschen zu verstehen.

Ich untersuche auch, was Menschen meinen mit der Frage: „Was ist der Sinn des Lebens?" Und ich werde eine Antwort auf diese Frage geben – und zwar eine, die sich der antiken Vorstellung vom Lebenszweck bedient; gleichzeitig beziehe ich in meine Antwort die moderne Forschung mit ein, um über die antiken oder alle anderen Ideen, auf die Sie wahrscheinlich schon gestoßen sind, hinauszugehen. Dabei verändere ich die Glückshypothese noch ein letztes Mal. Diese endgültige Version könnte ich hier zwar in wenigen Worten beschreiben, würde ihr allerdings in dieser kurzen Einführung nicht gerecht werden. Worte der Weisheit, der Sinn des Lebens, vielleicht sogar die Antwort, die Borges' Bibliotheksbewohner suchten – sie alle plätschern täglich über uns hinweg, aber sie haben nur wenig Wert für uns, wenn wir nicht eine Kostprobe davon nehmen, uns auf sie einlassen, sie hinterfragen, verbessern und in unser Leben integrieren. Darum geht es mir in diesem Buch.

Kapitel 1

Das geteilte Selbst

Denn das Begehren des Fleisches richtet sich gegen den Geist, das Begehren des Geistes aber gegen das Fleisch; beide stehen sich als Feinde gegenüber, sodass ihr nicht immer imstande seid, das zu tun, was ihr wollt.

Paulus, Brief an die Galater (5, 17)[1]

Wenn die Leidenschaft lenkt, dann lasst die Vernunft die Zügel halten.

Benjamin Franklin[2]

Zum ersten Mal ritt ich 1991 im *Great Smoky National Park* in Nordcarolina. Als Kind war ich zwar auch einige Male geritten, während ein Teenager das Pferd am Führstrick hatte, doch 1991 war ich erstmals mit einem Pferd allein, wurde also nicht geführt. Ich war nicht wirklich allein, um mich herum saßen noch acht andere Personen auf Pferden, eine davon war der *Park Ranger* – deshalb verlangte mir der Ritt nicht viel ab. Ein Moment allerdings war schwierig. Wir ritten einen Weg an einem steilen Hang entlang, zu zweit nebeneinander, und mein Pferd, eine Stute, lief außen, etwa einen Meter vom Abgrund entfernt. Dann machte der Weg eine scharfe Linkskurve und mein Pferd lief geradewegs auf den Abgrund zu. Ich erstarrte. Ich wusste, ich musste das Pferd nach links wenden, doch links von mir lief ein anderes Pferd, mit dem ich nicht zusammenstoßen wollte. Ich hätte um Hilfe rufen oder schreien können: „Pass auf!"; aber ein Teil von mir zog das Risiko, den Abhang hinabzustürzen, der Gewissheit vor, sich zu blamieren. Deshalb erstarrte ich nur. Während dieser entscheidenden fünf Sekunden, in denen *mein* Pferd und das Pferd zu meiner Linken ganz ruhig von selbst nach links drehten, machte ich gar nichts.

Als meine Panik nachließ, lachte ich über meine lächerliche Angst. Die Stute wusste ganz genau, was sie tat. Sie war diesen Weg schon Hunderte Male gegangen und sie wollte genauso wenig in den Tod stürzen wie ich. Ich brauchte ihr nicht zu sagen, was sie tun sollte, ja, die wenigen Male, die ich es versuchte, schien sie sich nicht sonderlich darum zu kümmern. Ich hatte das alles ganz falsch verstanden, weil ich die letzten zehn Jahre nur Auto gefahren, nicht aber geritten war. Autos stürzen sehr wohl Abhänge hinunter, wenn man es nicht verhindert.

Wir Menschen denken in Metaphern. Wir verstehen neue oder komplexe Dinge in Beziehung zu uns bereits bekannten.[3] Beispielsweise ist es schwierig, über das Leben im Allgemeinen nachzudenken; sobald man aber die Metapher „Das Leben ist eine Reise" heranzieht, liegen einige Folgerungen nahe: Man sollte sich mit dem Terrain vertraut machen, sich eine Richtung aussuchen, ein paar gute Reisebegleiter finden und die Reise genießen, denn die Straße könnte auch im Nichts enden. Ebenso schwierig ist es, über den Geist nachzudenken, doch eine Metapher kann unser Denken lenken. Seit Beginn der Geschichtsschreibung haben Menschen mit Tieren gelebt und versucht, diese im Zaum zu halten; und diese Tiere haben ihren Weg in alte Metaphern gefunden. Buddha beispielsweise verglich den Geist mit einem wilden Elefanten:

> *Früher schweifte dieser Geist viel umher, wohin auch immer das Verlangen ihn führte; doch jetzt halte ich ihn achtsam zurück, so wie der Wächter den wilden Elefanten.*[4]

Platon verwendete eine ähnliche Metapher, in der das Selbst (oder die Seele) ein Wagen ist und der ruhige, rationale Teil des Geistes die Zügel hält. Platons Wagenlenker muss zwei Pferde im Zaum halten:

> *Das eine also von den beiden, das sich in besserem Zustande befindet, ist von geradem Wuchs und wohl gegliedert, hält den*

Nacken hoch, hat eine leicht gebogene Linie …, es zeigt Ehrliebe mit Besonnenheit und Schamhaftigkeit, ist ein Gefährte der wahren Meinung und wird ohne Schläge, nur durch Ermahnungen und Worte gelenkt. Das andere dagegen ist krumm, klobig …, ein Gefährte von Übermut und Prahlerei, zottig um die Ohren, stumpf und kaum der stachelbesetzten Peitsche nachgebend.[5]

Für Platon sind einige Emotionen und Leidenschaften gut (etwa die Ehrliebe bzw. das Streben nach Ehre) und sie lenken das Selbst in die richtige Richtung, andere Emotionen hingegen sind schlecht (etwa die Begierden und Lüste). Ziel der platonischen Erziehung und Bildung war es, dem Wagenlenker dabei zu helfen, beide Pferde vollkommen unter Kontrolle zu bringen. 2300 Jahre später stellte uns Sigmund Freud ein ähnliches Modell vor.[6] Freud sagte, der Geist bestehe aus drei Anteilen: dem Ich (dem bewussten, rationalen Selbst); dem Über-Ich (dem Gewissen, bisweilen eine zu starre Anlehnung an die gesellschaftlichen Regeln) und dem Es (dem Verlangen nach Lust, und zwar ganz viel Lust und lieber früher als später). In meinen Vorlesungen über Freud verwende ich die Metapher vom Geist als einem Pferd und einem Einspänner (einem Wagen der viktorianischen Zeit), in dem der Wagenlenker (das Ich) sich verzweifelt abmüht, ein hungriges, lüsternes und ungehorsames Pferd (das Es) zu bändigen, während der Vater des Lenkers (das Über-Ich) im Einspänner sitzt und dem Lenker sagt, was er falsch macht. Für Freud bestand das Ziel der Psychoanalyse darin, diesem bedauernswerten Zustand zu entkommen, indem man das Ich stärkt und ihm so zu mehr Kontrolle über das Es verhilft sowie zu mehr Unabhängigkeit vom Über-Ich.

Freud, Platon und Buddha lebten alle in einer Welt mit vielen gezähmten Tieren. Darum war ihnen das Ringen darum vertraut, ein Lebewesen, das viel größer ist als man selbst, dem eigenen Willen gefügig zu machen. Doch im Laufe des 20. Jahrhunderts ersetzten Autos die Pferde und mithilfe der Technik konnten die Menschen ihre materielle Umgebung immer besser kontrollieren. Auf der Suche nach Metaphern sahen sie im Verstand den Fahrer eines Autos oder ein Computerprogramm. So wurde es möglich, alles über Freuds Unbewusstes zu vergessen und nur die Mechanismen des Denkens und der Entscheidungsfindung zu untersuchen.

Genau das haben Sozialwissenschaftler im letzten Drittel des 20. Jahrhunderts getan: Sozialpsychologen haben Theorien zur „Informationsverarbeitung" aufgestellt, um alles zu erklären, vom Vorurteil bis zur Freundschaft. Ökonomen entwickelten Modelle über die „rationale Wahl", um zu erklären, warum Menschen so handeln, wie sie handeln. Bei den Sozialwissenschaften insgesamt findet man die folgende Idee als die verbindende: Menschen sind rational Handelnde, die sich Ziele setzen und sie intelligent verfolgen, indem sie verfügbare Informationen und Ressourcen nutzen.

Warum aber machen Menschen dann immer noch unsinnige Dinge? Warum schaffen sie es nicht, sich zu kontrollieren, und tun weiterhin Dinge, die ihnen, wie sie ja wissen, nicht gut tun? Ich zum Beispiel bringe leicht die Willenskraft auf, beim Lesen in einer Speisekarte alle Nachspeisen zu ignorieren. Doch wenn ein Dessert einmal auf dem Tisch steht, kann ich nicht widerstehen. Oder ich kann beschließen, mich auf eine Aufgabe zu konzentrieren und nicht eher aufzustehen, bis ich sie erledigt habe, doch irgendwie ertappe ich mich dann auf dem Weg in die Küche oder bei einem anderen Versuch, die Sache aufzuschieben. Ich kann mich dazu entschließen, um 6 Uhr aufzustehen, um zu schreiben; doch habe ich erst einmal den Wecker abgestellt, bleiben meine wiederholten Aufforderungen an mich selbst, doch endlich aufzustehen, wirkungslos und ich verstehe, was Platon meinte, wenn er das schlechte Pferd als „taub" beschrieb.

Erst bei einer wichtigeren Lebensentscheidung, nämlich bei der Partnersuche, erkannte ich das wahre Ausmaß meiner Machtlosigkeit. Ich wusste genau, was ich hätte tun müssen, und auch als ich meinen Freunden davon erzählte, war sich ein Teil in mir vage bewusst, dass ich das nicht tun würde. Schuld-, Lust- oder Angstgefühle waren oft stärker als meine Vernunft. (Andererseits war ich recht versiert darin, Freunden in ähnlichen Situationen Ratschläge zu erteilen, was gut für sie sei.) Der römische Dichter Ovid hat meine Situation bereits viel früher perfekt erfasst. In seinen *Metamorphosen* ist Medea hin- und hergerissen zwischen ihrer Liebe zu Jason und ihrer Pflicht ihrem Vater gegenüber. Sie klagt:

> *Aber wider meinen Willen reißt mich eine unbekannte Macht dahin. Zum einen rät mir mein Verlangen, die Vernunft zum anderen. Ich sehe das Bessere, finde es gut – und strebe doch nach dem Schlechteren.*[7]

Moderne Theorien über rationale Entscheidungen und Informationsverarbeitung erklären Willensschwäche nicht angemessen. Die alten Metaphern, die vom Bändigen von Tieren sprechen, treffen es genau. Als ich mich über meine Schwäche wunderte, sah ich mich in einem inneren Bild auf dem Rücken eines Elefanten reiten: Ich halte die Zügel in meiner Hand und kann, indem ich in die eine oder andere Richtung ziehe, den Elefanten dirigieren, sich zu drehen, anzuhalten oder weiterzugehen. Ich kann die Dinge schon steuern, allerdings nur dann, wenn der Elefant keine eigenen Wünsche hat. Falls der Elefant etwas wirklich will, dann bin ich ihm nicht gewachsen.

Mit dieser Metapher habe ich mein eigenes Denken zehn Jahre lang gelenkt und als ich dieses Buch zu schreiben begann, erschien mir das Bild eines Reiters auf einem Elefanten geeignet für dieses erste Kapitel über das geteilte Selbst. Doch diese Metapher hat sich dann für *jedes* Kapitel als nützlich erwiesen. Für das Verständnis der wichtigsten psychologischen Konzepte muss man wissen, wie der Geist aus verschiedenen Anteilen zusammengesetzt ist, die bisweilen miteinander kämpfen. Wir gehen zwar davon aus, dass sich in jedem einzelnen Körper nur eine einzige Person befindet, doch in gewisser Weise ähneln wir (jeder von uns) eher einem Komitee, dessen Mitglieder zusammengewürfelt wurden; sie sollen gemeinsam eine Aufgabe erledigen, stellen jedoch fest, dass sie häufig entgegengesetzte Interessen vertreten.

Unser Geist weist vier verschiedene Unterteilungen auf, die ich im Folgenden beschreibe. Die vierte Unterteilung ist die wichtigste, denn sie entspricht am stärksten dem Reiter und dem Elefanten; doch auch die anderen drei tragen dazu bei, dass wir Versuchung, Schwäche und innere Konflikte erleben.

Erste Unterteilung: Geist – Körper

Wir sprechen manchmal davon, dass der Körper über seine eigene Weisheit verfüge; der französische Philosoph Michel de Montaigne ging sogar noch einen Schritt weiter und behauptete, dass jeder Körperteil seine eigenen Emotionen und seine eigene Agenda habe. So war Montaigne etwa von der „Unabhängigkeit" seines männlichen Glieds äußerst fasziniert:

> *Doch man hat durchaus recht, den häufigen Ungehorsam dieses Glieds zu rügen, das sich die Freiheit herausnimmt, gerade dann sich schamlos vorzudrängen, wenn wir keinerlei Gebrauch dafür haben, und ebenso schamlos zu erschlaffen, wenn wir es am nötigsten brauchen; so macht es herrisch unserem Willen die Herrschaft streitig …*[8]

Montaigne bemerkte auch, wie unser Gesicht unsere Gedanken zum Ausdruck bringt; oder unsere Haare stellen sich auf; unser Herz rast; unsere Zunge verweigert das Sprechen; unser Darm und der Afterschließmuskel „erweitern und verengen sich selbständig, ohne, ja gegen unsere Weisung." Einige dieser Reaktionen steuert das autonome Nervensystem, wie wir jetzt wissen – dieses Nervennetzwerk kontrolliert die Organe und Drüsen unseres Körpers und entzieht sich dem Einfluss unserer Wünsche und Absichten völlig. Doch der letzte Punkt auf Montaignes Liste – der Darm – zeigt das Wirken eines zweiten „Gehirns":

Unsere Därme sind von einem riesigen Netzwerk aus über 100 Millionen Nervenzellen durchzogen; diese sorgen dafür, dass alles reibungslos läuft, sodass die Nahrung verarbeitet wird und die Nährstoffe aus der Nahrung aufgenommen werden.[9] Dieses „Bauchgehirn" ähnelt einer regionalen Verwaltungsbehörde, die sich mit den Dingen befasst, mit denen das „Kopfgehirn" sich nicht befassen kann. Man würde erwarten, dass das Bauchgehirn seine Anweisungen vom Gehirn im Kopf erhält und sie einfach ausführt. Doch das Bauchgehirn ist in hohem Maß unabhängig und funktioniert auch dann weiter, wenn der Vagusnerv, der die beiden Gehirne verbindet, durchgetrennt ist.

Die Unabhängigkeit des Bauchgehirns macht sich auf vielerlei Art bemerkbar: Es verursacht das Reizdarmsyndrom, wenn es „entscheidet", die Därme einmal durchzuspülen. Es löst im Kopfgehirn Angst aus, wenn es Infektionen im Darm entdeckt, sodass wir uns, sobald wir krank sind, zu Recht vorsichtiger verhalten.[10]

Das Bauchgehirn reagiert auch ganz unerwartet auf alles, was seine wichtigsten Neurotransmitter beeinflusst, etwa Acetylcholin und Serotonin. Deshalb kommt es bei Fluoxetin und anderen selektiven Serotonin-Wiederaufnahmehemmern zu solchen Nebenwirkungen wie Übelkeit und veränderter Verdauung. Wenn man versucht, die Funktion des Kopfgehirns zu verbessern, kann man damit direkt die des Bauchgehirns stören. Das „Eigenleben" des Bauches und der Genitalien trug wahrscheinlich zu den alten indischen Theorien bei, wonach sich im Abdomen die drei unteren Chakren befinden – das sind Energiezentren, die mit dem Dickdarm, den Sexualorganen und dem Bauch korrespondieren. Dem Solarplexus-Chakra sollen sogar Bauchgefühl und Intuition entspringen, also Ideen, die von irgendwo außerhalb des eigenen Verstandes aufzutauchen scheinen. Als Paulus den Kampf zwischen Fleisch und Geist beklagte, meinte er sicher die gleichen Einteilungen und Frustrationen, die auch Montaigne erlebte.

Zweite Unterteilung: links – rechts

Eine zweite Unterteilung stellte man in den sechziger Jahren des 20. Jahrhunderts eher zufällig fest, als ein Chirurg begann, menschliche Gehirne der Länge nach auseinander zu schneiden. Dafür hatte dieser Chirurg, Joe Bogen, einen guten Grund: Er wollte Menschen helfen, deren Leben häufige und massive epileptische Anfälle stark beeinträchtigten. Das menschliche Gehirn besteht aus zwei Hemisphären, die durch ein großes Nervenfaserbündel, das *Corpus callosum* (oder den Balken), verbunden sind. Epileptische Anfälle beginnen an einer Stelle im Gehirn und breiten sich dann auf das umliegende Gewebe aus. Wenn ein solcher Anfall den Balken durchquert, kann er sich auf das gesamte Gehirn auswirken und unkontrollierbar kreisen. Wie ein militärischer Befehlshaber eine Brücke sprengen kann, um den Feind daran zu hindern, sie zu überqueren, so wollte Bogen den Balken durchtrennen, damit sich Anfälle nicht weiter ausbreiteten.

Auf den ersten Blick erschien diese Taktik „wahnsinnig". Der Balken ist das absolut größte Nervenfaserbündel des ganzen Körpers, deshalb muss er sicherlich eine wichtige Aufgabe erfüllen. Das tut er auch: Über ihn können die beiden Gehirnhälften miteinander kommunizieren und ihre Aktivitäten koordinieren. Doch bei Untersuchungen an Tieren stellte man fest, dass die Tiere wenige Wochen nach der Operation praktisch wieder ihren Ausgangszustand erreicht hatten. Deshalb probierte Bogen die Operation an

Menschen und sie führte zum „Erfolg“: Die epileptischen Anfälle ließen in ihrer Stärke enorm nach.

Doch gingen dadurch wirklich keine Fähigkeiten verloren? Um das herauszufinden, zog das Operationsteam einen jungen Psychologen hinzu, Michael Gazzaniga, der auf Nachwirkungen dieser „Split-brain“-Operation achten sollte. Gazzaniga machte sich die Tatsache zunutze, dass das Gehirn sein Verarbeiten der Welt auf zwei Hemisphären aufteilt, die linke und die rechte. Die linke Gehirnhälfte nimmt die Informationen der rechten Hälfte der Welt auf (das heißt, es empfängt die Nervenimpulse vom rechten Arm und Bein, dem rechten Ohr und der *linken* Hälfte jeder Netzhaut, die das Licht von der *rechten* Hälfte des Gesichtsfeldes empfängt), und auf ihren Befehl hin bewegen sich die Glieder der rechten Körperhälfte. Die rechte Gehirnhälfte ist in dieser Hinsicht das Spiegelbild der linken, sie nimmt Informationen von der linken Seite der Welt auf und steuert die Bewegungen der linken Körperseite.

Niemand weiß, warum die Signale sich so kreuzen; sie tun es eben. Doch in anderer Hinsicht haben sich die beiden Gehirnhälften auf unterschiedliche Aufgaben spezialisiert: Die linke ist zuständig für Sprachverarbeitung und analytische Aufgaben. Bei visuellen Aufgaben kann sie die Details besser wahrnehmen. Die rechte Gehirnhälfte kann Muster im Raum besser verarbeiten, darunter auch das allerwichtigste Muster, das Gesicht. (Daher stammt die bekannte und allzu stark vereinfachende Vorstellung, wonach Künstler „rechtshirnig“ und Wissenschaftler „linkshirnig“ seien.)

Gazzaniga nutzte die Arbeitsteilung des Gehirns, um jeder Gehirnhälfte separat Informationen zu präsentieren. Er bat Patienten, auf einen Punkt auf einer Leinwand zu schauen, blendete dann ein Wort oder das Bild eines Gegenstandes direkt rechts oder links neben dem Punkt so schnell ein, dass die Patienten nicht genug Zeit hatten, dorthin zu schauen. Wenn das Bild eines Hutes gleich *rechts* neben dem Punkt erschien, registriert die linke Hälfte jeder Netzhaut oder Retina es (nachdem das Bild durch die Hornhaut oder Cornea gewandert ist und gedreht wurde); und die Retina sendet ihre Informationen zurück in die bildverarbeitenden Areale der linken Hemisphäre. Gazzaniga fragte dann: „Was haben Sie gesehen?“ Denn die linke Gehirnhälfte verfügt über die Sprechfertigkeit. Die Patienten antworteten dann leicht und schnell: „Einen Hut“.

Wenn das Bild des Hutes *links* neben dem Punkt zu sehen war, wurde es nur zur rechten Gehirnhälfte zurückgesandt, die nicht für Sprache zuständig ist. Wenn Gazzaniga dann fragte: „Was haben Sie gesehen?", sagten die Patienten, die von der linken Gehirnhälfte aus reagierten: „Nichts". Doch wenn Gazzaniga die Patienten bat, mit der linken Hand auf das richtige Bild auf einer Tafel mit mehreren Abbildungen zu deuten, zeigten sie auf den Hut. Obwohl die rechte Gehirnhälfte den Hut also tatsächlich gesehen hatte, konnte sie über dieses Bild nicht verbal Auskunft geben, weil sie keinen Zugriff auf die Sprachzentren der linken Hemisphäre hatte. Das war so, als ob in der rechten Gehirnhälfte eine eigene Intelligenz eingeschlossen war, die sich nur mittels der linken Hand ausdrücken konnte.[11]

Die Situation wurde verworrener, wenn Gazzaniga beiden Gehirnhälften unterschiedliche Bilder zeigte. Einmal zeigte er das Bild einer Hühnerkralle rechts und ein schneebedecktes Haus und Auto links. Dem Patienten wurde dann wieder eine Bildertafel gezeigt und er sollte auf das deuten, was zu dem passte, was er gesehen hatte. Mit seiner rechten Hand deutete der Patient auf das Bild des Huhns (das der Hühnerkralle entsprach, die die linke Gehirnhälfte gesehen hatte), doch die linke Hand deutete auf das Bild einer Schaufel (die mit der Schneelandschaft assoziiert wurde, die die rechte Hemisphäre gesehen hatte). Als der Patient gebeten wurde, seine beiden Reaktionen zu erklären, sagte er nicht etwa: „Ich habe keine Ahnung, warum meine linke Hand auf die Schaufel zeigt, das muss etwas mit dem zu tun haben, was Sie meiner rechten Gehirnhälfte gezeigt haben." Vielmehr lieferte die linke Hemisphäre sofort eine plausible Erklärung. Ohne zu zögern, meinte der Patient: „Ach, das ist ganz einfach. Die Hühnerkralle entspricht dem Huhn und man braucht eine Schaufel, um den Hühnerstall sauber zu machen."[12]

Diesen Befund, dass Menschen gerne Gründe erfinden, um ihr eigenes Verhalten zu erklären, bezeichnet man als „Konfabulation". Dieses Phänomen tritt bei Split-brain-Patienten und bei anderen Patienten mit Gehirnschaden so häufig auf, dass Gazzaniga die Sprachzentren in der linken Hemisphäre als das Interpretationsmodul bezeichnet, dessen Aufgabe es ist, jegliche Handlung des Selbst laufend zu kommentieren, selbst wenn es die wahren Gründe oder Motive dieses Verhaltens nicht kennt. Angenommen, vor der rechten Gehirnhälfte leuchtet das Wort „gehen" auf, dann steht der Patient eventuell auf und geht weg. Wenn man ihn fragt, warum er aufstehe, antwortet er möglicherweise: „Ich hol mir mal einen Kaffee." Das Interpretationsmodul ist gut darin, Erklärungen abzugeben, aber es weiß nicht, dass es sie erfunden hat.

Die Wissenschaftler haben noch Seltsameres entdeckt. Bei einigen Split-brain-Patienten oder bei Patienten, deren Balken geschädigt ist, scheint die rechte Hemisphäre aktiv mit der linken zu kämpfen; dieses Phänomen bezeichnet man als das „Fremde-Hand-Syndrom". In diesen Fällen handelt eine Hand, meist die linke, aus eigenem Antrieb und scheint ihre eigene Agenda zu haben. Die fremde Hand hebt vielleicht den klingelnden Telefonhörer ab, weigert sich dann aber, ihn an die rechte Hand weiterzugeben oder an ein Ohr zu führen. Die Hand verweigert die Entscheidungen, die die Person gerade getroffen hat, etwa ein Hemd wieder ins Regal zu legen, das die andere Hand gerade herausgenommen hat. Sie packt das Handgelenk der anderen Hand und will verhindern, dass der Mensch seine bewussten Handlungsabsichten umsetzt. Manchmal greift die „fremde Hand" derselben (der eigenen) Person an den Hals und versucht sie zu würgen.[13]

Seltene Spaltungen des Gehirns verursachen solche Spaltungen des Geistes. Das Gehirn normaler Menschen ist nicht gespalten. Dennoch waren die Split-brain-Untersuchungen in der Psychologie wichtig, weil sie auf so schaurige Weise zeigten, dass der Geist eine Art Konföderation, ein Bund oder Zusammenschluss von Modulen ist, die unabhängig voneinander funktionieren, ja manchmal sogar gegeneinander arbeiten können. Für dieses Buch sind die Untersuchungen bedeutsam, weil sie so drastisch zeigen, dass eines dieser Module gut darin ist, überzeugende Erklärungen für unser Verhalten zu erfinden, selbst wenn es die Gründe dafür gar nicht kennt. Gazzanigas „Interpretationsmodul" ist, im Großen und Ganzen, der „Reiter" in unseren Metaphern. In späteren Kapiteln werden Sie dem Reiter immer wieder beim Konfabulieren begegnen.

Dritte Unterteilung: neu – alt

Falls Sie in einem relativ neuen Haus am Stadtrand wohnen, dann wurde Ihr Haus wahrscheinlich in weniger als einem Jahr gebaut und die Räume wurden von einem Architekten geplant, der bestrebt war, die Bedürfnisse der Bewohner zu erfüllen. Die Häuser in meiner Straße wurden jedoch alle um 1900 gebaut und seitdem sind sie nach hinten erweitert worden. Terrassen wurden angebaut, dann mit einer Mauer umgeben und danach in Küchen umgewandelt. Über diesen Anbauten errichtete man zusätzliche Zimmer und fügte diesen dann noch Badezimmer hinzu.

Das Gehirn von Wirbeltieren hat sich in ähnlicher Weise erweitert, allerdings nach vorne. Zuerst bestand es nur aus drei „Zimmern" oder Neuronengruppen: dem Rautenhirn (das mit der Wirbelsäule verbunden ist), dem Mittelhirn und dem Vorderhirn (das mit den Sinnesorganen an der Körpervorderseite des Lebewesens in Verbindung steht). Als sich im Laufe der Zeit komplexere Körper und Verhaltensweisen herausbildeten, baute das Gehirn nach vorne an (also weg von der Wirbelsäule), indem es das Vorderhirn weiter entwickelte als alle anderen Teile. Beim Vorderhirn der frühesten Säugetiere entwickelte sich eine neue äußere Schale, die den Hypothalamus, den Hippocampus und die Amygdala beherbergte. Der Hypothalamus ist darauf spezialisiert, Grundtriebe und Grundmotivationen zu koordinieren, der Hippocampus hat sich auf Erinnerungen spezialisiert und die Amygdala auf emotionales Lernen und Reagieren. Diese Strukturen werden auch als das limbische System bezeichnet (vom lateinischen Wort *limbus* = Saum, Begrenzung oder Rand), weil sie das übrige Gehirn umschlingen und gleichsam einen Saum bilden.

Als die Säugetiere immer größer wurden und ihr Verhalten immer vielfältiger wurde (nachdem die Dinosaurier ausgestorben waren), ging der Umbau des Gehirns weiter. Bei den eher sozialen Säugetieren bildete sich, vor allem bei den Primaten, eine neue Schicht von Nervengewebe und breitete sich so aus, dass sie das alte limbische System einschloss. Dieser Neokortex (Lateinisch für „neue Rinde") ist die für das menschliche Gehirn charakteristische graue Substanz. Der vordere Bereich des Neokortex ist besonders interessant, denn Teile davon sind anscheinend (!) nicht für spezifische Aufgaben zuständig (wie etwa für das Bewegen eines Fingers oder die Verarbeitung von Geräuschen). Stattdessen steht er uns zur Verfügung, damit wir neue Assoziationen herstellen, denken, planen und Entscheidungen treffen – also für mentale Prozesse, die einen Organismus von der Begrenzung befreien können, nur auf die gerade aktuelle Situation zu reagieren.

Mit diesem Wachstum des frontalen Kortex lässt sich die Unterteilung, die wir in unserem Geist erleben, anscheinend vielversprechend erklären. Vielleicht sitzt im frontalen Kortex unsere Vernunft: Er ist Platons Wagenlenker, Paulus' Geist. Und er hat die Kontrolle des primitiveren limbischen Systems übernommen, von Platons minderem Pferd, vom „Fleisch" des heiligen Paulus – allerdings nicht vollständig. Wir können diese Erklärung als das „Prometheus'sche Drehbuch" der menschlichen Evolution bezeichnen, benannt nach der Gestalt in der griechischen Mythologie, die den Göttern das Feuer stahl und es den Menschen brachte. Nach dieser Sage waren unsere Vorfahren nur Tiere, die von primitiven Emotionen und Trieben des limbischen Systems gesteuert wurden, bis sie von den Göttern die Vernunft geschenkt bekamen, untergebracht in eben diesem Neokortex.

Das Prometheus'sche Drehbuch ist erfreulich, weil es uns so nett über alle anderen Lebewesen erhebt und diese Überlegenheit mit unserer Rationalität rechtfertigt. Gleichzeitig wird uns bewusst, dass wir noch keine Götter sind – dass das Feuer der Rationalität noch neu für uns ist und wir es noch nicht völlig beherrschen. Diese Sage passt auch gut zu einigen wichtigen frühen Erkenntnissen über die Rolle des limbischen Systems und des frontalen Kortex. Erregt man einige Stellen des Hypothalamus direkt mit einem leichten elektrischen Stromreiz, so kann man beispielsweise bei Ratten, Katzen und anderen Säugetieren Gefräßigkeit, Gewalttätigkeit oder Hypersexualität hervorrufen; das lässt vermuten, dass viele unserer Grundinstinkte vom limbischen System gesteuert werden.[14] Umgekehrt reagieren auch Menschen, wenn ihr frontaler Kortex geschädigt ist, bisweilen verstärkt sexuell und aggressiv, weil der frontale Kortex eine wichtige Rolle spielt für die Fähigkeit, Verhaltensimpulse zu unterdrücken oder zu hemmen.

Ein Beispiel:

Es gab solch einen Fall einmal im Krankenhaus der Universität von Virginia:[15] Ein Lehrer in seinen Vierzigern begann auf einmal Prostituierte aufzusuchen, im Internet zu Seiten mit Kinderpornografie zu surfen und jungen Mädchen eindeutige Angebote zu machen. Kurz darauf wurde er wegen sexueller Belästigung von Kindern verhaftet und verurteilt. Am Tag vor der Urteilsverkündung begab er sich in die Notaufnahme des Krankenhauses, weil er rasende Kopfschmerzen und ständig den Drang hatte, seine Vermieterin zu vergewaltigen. (Seine Frau hatte ihn Monate vorher aus dem Haus geworfen.) Sogar während er mit dem Arzt sprach, bat er vorbeigehende Krankenschwestern, mit ihm zu schlafen.

Bei einer Gehirnuntersuchung wurde ein riesiger Tumor im frontalen Kortex festgestellt, der auf das ganze umliegende Gewebe drückte, sodass der frontale Kortex seiner Aufgabe nicht mehr nachkommen konnte, unangemessenes Verhalten zu unterdrücken und über die Folgen nachzudenken. (Wer würde schon, solange er bei Verstand ist, am Tag vor dem Urteil eine solche Show abziehen?) Nachdem der Tumor entfernt war, verschwand auch seine Hypersexualität. Ja, als sich im darauf folgenden Jahr erneut ein Tumor entwickelte, traten auch die Symptome wieder auf; und als die Geschwulst entfernt wurde, verschwanden auch die Symptome wieder.

Allerdings enthält das Prometheus'sche Drehbuch einen Fehler: Es geht ja davon aus, dass die Vernunft im frontalen Kortex angesiedelt ist, die Emotionen jedoch im limbischen System „zurückgeblieben" sind. Richtig ist vielmehr, dass die Menschen durch den frontalen Kortex ihre Emotionalität stark weiterentwickeln konnten. Das untere Drittel des präfrontalen Kortex wird orbitofrontaler Kortex genannt, weil sich dieser Teil des Gehirns unmittelbar über den Augen befindet. (Lateinisch *orbis* = Kreis, Rundung, Umkreis; daher der medizinische Fachausdruck für die Augenhöhle) Dieser Bereich des Kortex ist bei Menschen und anderen Primaten besonders groß gewachsen und bei emotionalen Reaktionen ist dieses Areal praktisch durchweg aktiv.[16]

Der orbitofrontale Kortex spielt eine zentrale Rolle, wenn es darum geht, in einer bestimmten Situation die mögliche Belohnung oder Bestrafung einzuschätzen; die Neuronen dieses Gehirnbereichs feuern massiv, sobald Lust oder Schmerz, Verlust oder Gewinn unmittelbar bevorstehen.[17] Wenn eine Speise, eine Landschaft oder eine attraktive Person Sie anzieht oder wenn Sie ein totes Tier oder ein schlechtes Lied abstoßend finden, dann ist Ihr orbitofrontaler Kortex intensiv damit beschäftigt, Ihnen das Gefühl zu vermitteln, dass Sie näher kommen oder weg *wollen*.[18] Der orbitofrontale Kortex scheint deshalb ein geeigneterer Kandidat für das Es oder für das „Fleisch" des heiligen Paulus zu sein als für das Über-Ich oder den göttlichen Geist.

Wie wichtig der orbitofrontale Kortex für Emotionen ist, haben weitere Forschungen über Gehirnschädigungen gezeigt. Der Neurologe Antonio Damasio hat Menschen untersucht, die aufgrund eines Schlaganfalls, eines Tumors oder eines Schlages auf den Kopf verschiedene Teile ihres frontalen Kortex verloren hatten. In den neunziger Jahren stellte Damasio fest, dass die Patienten einen Großteil ihres emotionalen Lebens verlieren, wenn bestimmte Teile des orbitofrontalen Kortex geschädigt sind. Solche Menschen berichten, dass sie nichts fühlen, wenn sie Emotionen empfinden sollten, und Untersuchungen ihrer autonomen Reaktionen (wie sie bei Tests mit dem Lügendetektor verwendet werden) bestätigen, dass bei ihnen normale Körperreaktionen ausbleiben, die wir Übrigen beim Beobachten wunderschöner oder abstoßender Szenen erleben. Vernunft und logisches Denken dieser Patienten sind jedoch völlig intakt. Testet man die Intelligenz und das Wissen um gesellschaftliche Regeln und moralische Prinzipien, dann schneiden sie ganz normal ab.[19]

Was passiert also, wenn diese Menschen hinausgehen ins Leben? Da sie nicht von Emotionen abgelenkt werden: Verhalten sie sich dann nicht übermäßig logisch und können durch den Dunstschleier der Gefühle hindurchsehen, der dem Rest von uns den Weg vollkommener Rationalität verdeckt? Genau das Gegenteil trifft zu. Sie sind nicht in der Lage, einfache Entscheidungen zu treffen oder sich Ziele zu setzen, und ihr Leben bricht zusammen. Wenn sie in die Welt hinausschauen und sich fragen: „Was soll ich jetzt machen?“, dann erkennen sie Dutzende von Wahlmöglichkeiten, aber sie spüren keine Vorliebe oder Abneigung! Sie müssen die Vor- und Nachteile jeder Variante mit ihrem logischen Denken untersuchen, doch ohne ein Gefühl dazu sehen sie wenig Sinn darin, das eine oder das andere zu tun. Wenn wir übrigen Menschen uns die Welt anschauen, dann hat unser „emotionales Gehirn“ sofort und automatisch die Möglichkeiten eingeschätzt. *Eine* Option springt uns meist ganz offensichtlich als die beste an. Wir brauchen unsere Vernunft nur, um die Vor- und Nachteile abzuwägen, wenn zwei oder drei Möglichkeiten gleich gut erscheinen.

Die menschliche Rationalität hängt ganz entscheidend von einer hoch entwickelten Emotionalität ab. Nur weil unser emotionales Gehirn so gut funktioniert, kann auch unsere Vernunft funktionieren. Platons Bild von der Vernunft als dem Wagenlenker, der das „dumme Tier“ der Leidenschaft bändigt, bewertet vielleicht nicht nur die Vernunft zu hoch, sondern auch den Einfluss des Wagenlenkers. Die Metapher des Reiters auf dem Elefanten passt besser zu Damasios Befunden: Vernunft und Emotion müssen zusammenarbeiten, damit wir intelligent handeln, doch die Emotion (ein größerer Teil des Elefanten) erledigt den Großteil der Arbeit. Als der Neokortex entstand, konnte sich auch ein Reiter entwickeln, aber das machte gleichermaßen den *Elefanten* klüger.

Vierte Unterteilung: kontrolliert – automatisch

Als ich in den neunziger Jahren für mich selbst die Metapher von Elefant und Reiter entwickelte, gelangte die Sozialpsychologie zu einer ähnlichen Sichtweise des Verstandes. Nachdem die Psychologen lange in die Modelle der Informationsverarbeitung und in Computermetaphern vernarrt gewesen waren, erkannten sie nach und nach, dass in unserem Geist ständig zwei Verarbeitungssysteme aktiv sind: das kontrollierte und das automatische.

Nehmen Sie einmal an, Sie hätten sich freiwillig als Versuchsperson für folgendes Experiment[20] gemeldet:

Zuerst gibt Ihnen die Leiterin des Experiments einige Wortaufgaben mit der Bitte, sich wieder bei ihr zu melden, sobald Sie damit fertig sind. Die Aufgaben sind einfach: Ordnen Sie Gruppen von fünf Wörtern und bilden Sie Sätze, in denen vier dieser Wörter vorkommen. Ein Beispiel: „sie, dich, ärgern, sehen, gewöhnlich" wird entweder zu „Sie sehen dich gewöhnlich" oder zu „Sie ärgern dich gewöhnlich". Ein paar Minuten später, wenn Sie mit dem Test fertig sind, gehen Sie wie gebeten in den Gang hinaus. Die Leiterin ist da, aber sie unterhält sich gerade mit jemand anderem und nimmt keinen Blickkontakt mit Ihnen auf. Was glauben Sie, wie Sie sich verhalten werden? Nun, wenn die Hälfte der Sätze, die Sie geordnet haben, mit Rohheit oder Unhöflichkeit zu tun hatten (Wörter wie ärgern, unverfroren, aggressiv), dann werden Sie sie wahrscheinlich im Laufe von ein bis zwei Minuten unterbrechen und fragen: „Hallo, ich bin fertig. Was soll ich jetzt machen?" Haben Sie hingegen Sätze geordnet, in denen „grobe" Wörter durch „freundliche" ersetzt waren (sie, dich, *respektieren*, sehen, gewöhnlich"), dann stehen die Chancen gut, dass Sie nur bescheiden dasitzen und darauf warten, dass die Leiterin Sie zur Kenntnis nimmt – nach zehn Minuten.

Ein ähnliches Phänomen: Setzt man Leuten Wörter vor, die mit dem Alter und älteren Menschen zu tun haben, so neigen sie dazu, langsamer zu gehen. Wörter, die mit der Lebenswelt von Professoren zu tun haben, lassen Leute in dem Spiel *Trivial Pursuit* besser abschneiden und Wörter, die Fußballhooligans betreffen, machen Leute dümmer.[21] Diese Wirkung hängt nicht einmal davon ab, dass man die Wörter bewusst liest; sie kann auch auftreten, wenn die Wörter unterschwellig eingeblendet werden, also nur für wenige hundertstel Sekunden auf einem Bildschirm erscheinen – zu kurz, als dass der bewusste Verstand sie registrieren könnte. Doch ein Teil des Geistes sieht die Wörter und löst Verhaltensweisen aus, die Psychologen messen können.

Nach John Bargh, dem Pionier dieser Forschung, zeigen solche Experimente, dass die meisten Denkprozesse unbewusst ablaufen, ohne dass wir sie bewusst wahrnehmen oder kontrollieren müssen. Die meisten automatischen Prozesse sind völlig unbewusst, wenn uns auch einige davon teilweise bewusst werden. Beispielsweise sind wir des „Bewusstseinsstroms"[22] gewahr, der ständig vorüberzufließen scheint und dabei seinen eigenen Assoziationen folgt, ohne dass das Selbst das Gefühl hat, sich anstrengen oder ihn lenken zu müssen.

Den automatischen Prozessen stellt Bargh die kontrollierten gegenüber, die Art zu denken, die etwas Mühe kostet, schrittweise vor sich geht und immer im Zentrum unseres Bewusstseins stattfindet. Wann beispielsweise müssten Sie Ihr Haus verlassen, damit Sie um 6.26 Uhr einen Flug nach London erreichen könnten? Darüber müssen Sie bewusst nachdenken: Sie wählen zuerst das Verkehrsmittel, das Sie zum Flughafen bringt, kalkulieren dann die Fahrzeit aufgrund des Verkehrsaufkommens, bedenken das Wetter und die Gründlichkeit des Bodenpersonals am Flughafen … Wenn Sie nur auf eine ungefähre „Ahnung" bauen, werden Sie nicht wie gewünscht abfliegen können. Doch wenn Sie selbst im Auto zum Flughafen fahren, läuft auf dem Weg dahin fast alles automatisch ab – atmen, Blinker betätigen, Sitzposition verändern, tagträumen, Abstand halten, ja sogar wenn Sie finster dreinschauen und über die langsameren Fahrer fluchen.

Kontrollierte Verarbeitung ist begrenzt – wir können jeweils nur über *eine* Sache bewusst nachdenken –, doch automatische Prozesse laufen parallel dazu ab und bewältigen viele Aufgaben gleichzeitig. Wenn im Geist Hunderte von Vorgängen pro Sekunde ablaufen, dann müssen alle außer einem automatisch erledigt werden. In welchem Verhältnis stehen also die kontrollierten zu den automatischen Prozessen? Ist die kontrollierte Verarbeitung der weise Chef, der König oder Vorstandsvorsitzende, der sich mit den wichtigsten Fragen befasst und weitsichtig Richtlinien festlegt für die geistlosen automatischen Prozesse, die auszuführen sind? Das würde uns direkt zur Sage des Prometheus und der göttlichen Vernunft zurückführen. Um diese Version ein für alle Mal *ad acta* zu legen, ist es hilfreich, die Zeit zurückzudrehen und zu schauen, warum wir diese beiden Verarbeitungsmodi, also einen kleinen Reiter und einen großen Elefanten, überhaupt haben.

Als die ersten Neuronengruppen vor über 600 Millionen Jahren die ersten Gehirne bildeten, müssen diese Zellen ihren Organismen einen Vorteil gebracht haben, weil sich das Gehirn seitdem ständig erweitert hat. Das Gehirn ist anpassungsfähig, weil es Informationen von den verschiedenen Körperteilen des Lebewesens integriert, um rasch und automatisch auf Bedrohungen und günstige Gelegenheiten in der Umgebung zu reagieren. Vor ungefähr drei Millionen Jahren wimmelte es auf der Erde nur so von Tieren mit außerordentlich komplexen automatischen Fähigkeiten, etwa

Vögeln, die sich an der Position von Sternen orientierten, Ameisen, die sich zusammenschließen konnten, um gemeinsam Krieg zu führen und Pilze zu züchten, sowie verschiedene Arten von Hominiden, die begonnen hatten, Werkzeuge herzustellen. Viele dieser Lebewesen besaßen Kommunikationssysteme, doch keines davon hatte Sprache entwickelt.

Kontrollierte Verarbeitung erfordert Sprache. Gedankenfetzen kann man durchaus mit Bildern haben, aber wir brauchen Wörter, um etwas Komplexes zu planen, die Vor- und Nachteile verschiedener Wege abzuwägen und um die Ursachen früherer Erfolge oder Niederlagen zu analysieren. Niemand weiß, vor wie viel Jahren die Menschen genau die Sprache entwickelten; doch die meisten Schätzungen liegen zwischen zwei Millionen Jahren, als das Gehirn der Hominiden viel größer wurde, und erst 40 000 Jahren, also der Zeit der Höhlenmalerei und anderer Artefakte, die unverkennbar von einem erweiterten menschlichen Gehirn zeugen.[23]

Welches Ende dieser Zeitspanne Sie auch bevorzugen – Sprache, Vernunft und bewusstes Planen entstanden erst im letzten „Augen-Blick" der Evolution. Sie sind wie neue Software. Der Bereich Sprache funktioniert gut, doch in den Programmen Vernunft und Planen sind noch zahlreiche Programmierfehler.[24] Automatische Prozesse hingegen haben Tausende von Produktzyklen hinter sich und sind fast perfekt. Diese unterschiedliche Ausgereiftheit automatischer Prozesse einerseits und kontrollierter Prozesse andererseits erklärt unter anderem, warum wir billige Computer haben, die logische, mathematische und Schachprobleme besser lösen können als irgendein Mensch (die meisten von uns haben damit ihre Schwierigkeiten), und warum doch keiner unserer Roboter, egal wie aufwendig oder teuer, so gut durch Wälder laufen kann wie ein durchschnittliches sechsjähriges Kind. (Unsere Wahrnehmung und unser motorisches System sind hervorragend.)

Die Evolution schaut nie voraus. Sie kann nicht den besten Weg planen, um von Punkt A nach Punkt B zu kommen. Stattdessen treten in bestehenden Formen kleine Veränderungen auf (durch genetische Mutation) und breiten sich in der Population in solch einem Maße aus, dass sie den Organismen helfen, wirkungsvoller auf die gegebenen Bedingungen zu reagieren. Als sich die Sprache entwickelte, wurde das menschliche Gehirn nicht „überarbeitet", damit dem Reiter (dem bewussten verbalen Denken) die

Zügel der Macht übergeben werden können. Die Dinge liefen ja schon recht gut und die Sprachfähigkeit erweiterte sich so stark, dass sie dem Elefanten half, etwas Wichtiges besser zu tun. *Der Reiter entwickelte sich, um dem Elefanten zu dienen.* Wo auch immer Sprache ihren Ursprung hat, sie war, als wir sie erst einmal hatten, ein wirkungsvolles Instrument, das sich auf neue Weise nutzen ließ, und die Evolution selektierte dann diejenigen Individuen, die die Sprache am besten benutzten.

Ein Vorteil der Sprache besteht darin, dass sie die Menschen teilweise von der Steuerung durch Stimuli (Reize) befreite. Behavioristen wie B. F. Skinner konnten das Verhalten von Tieren großenteils mit diversen Verbindungen zwischen Reizen und Reaktionen erklären. Einige dieser Verbindungen sind angeboren, etwa dass der Anblick oder der Geruch der natürlichen Nahrung eines Tiers Hunger und Fressen auslöst. Andere Verbindungen sind erlernt, wie beim Pawlow'schen Hund demonstriert, der mit Speichelfluss reagierte, wenn die Glocke ertönte, die vorher immer Fressen angekündigt hatte.

Die Behavioristen betrachteten Tiere als Sklaven ihrer Umgebung und ihrer Lerngeschichte, die blind auf die Bestätigung all ihrer Erfahrungen reagieren. Die Behavioristen glaubten ferner, dass sich Menschen von Tieren nicht unterschieden. Es ist sicher kein Zufall, dass wir sinnliche Freuden so befriedigend finden. Unser Gehirn ist, wie dasjenige von Ratten, so verschaltet, dass Essen und Sex in uns zu kleinen Dopaminausschüttungen führen – mit diesem Neurotransmitter Dopamin sorgt unser Gehirn dafür, dass wir Aktivitäten mögen, die zum Überleben unserer Gene beitragen.[25] Platons „minderes" Pferd ist wesentlich daran beteiligt, uns zu Aktivitäten hinzuziehen, die unseren Vorfahren dabei halfen, zu überleben und unsere Vorfahren zu werden.

Doch bei den Menschen lagen die Behavioristen nicht ganz richtig. Die kontrollierte Verarbeitung gestattet Menschen, über langfristige Ziele nachzudenken und so der Tyrannei des Hier und Jetzt zu entkommen, dass wir uns automatisch in Versuchung geführt fühlen, wenn wir reizvolle Objekte sehen. Menschen können sich Alternativen vorstellen, die sie nicht direkt vor Augen haben; sie können langfristige Gesundheitsrisiken gegen momentane Vergnügungen abwägen und sie können in Gesprächen erfahren, welche Wahlmöglichkeiten Erfolg und Ansehen bringen. Dummerweise lagen die Behavioristen bei Menschen aber auch nicht ganz falsch. Denn auch wenn die kontrollierte Verarbeitung nicht den behavioristischen Regeln entspricht, so hat sie doch relativ wenig Macht, Verhalten auszulösen.

Die automatische Verarbeitung entwickelte sich durch natürliche Selektion, um schnelles und zuverlässiges Handeln zu ermöglichen, und bei ihrer Arbeit greift sie auf Gehirnbereiche zu, die uns Lust und Schmerz fühlen lassen (wie der orbitofrontale Kortex) und den Überlebenswillen auslösen (wie der Hypothalamus). Die automatische Verarbeitung hat ihren Finger auf dem Knopf für die Dopaminausschüttung. Die kontrollierte Verarbeitung dagegen betrachtet man besser als einen Berater. Sie ist ein Reiter, der auf dem Rücken des Elefanten sitzt und diesem hilft, bessere Entscheidungen zu treffen. Der Reiter kann weiter in die Zukunft blicken und er kann wertvolle Informationen dadurch bekommen, dass er sich mit anderen Reitern unterhält oder Landkarten liest, aber der Reiter kann den Elefanten nicht gegen dessen Willen herumkommandieren. Ich glaube, der schottische Philosoph David Hume kam der Wahrheit näher als Platon, als er sagte: „Die Vernunft ist und sollte auch nur der Sklave der Leidenschaften sein, und sie kann nie zu einer anderen Aufgabe herangezogen werden als ihnen zu dienen und zu gehorchen.“[26]

Zusammenfassend gesagt ist der Reiter ein Berater oder Diener, kein König, kein Präsident oder Wagenlenker, der die Zügel fest in der Hand hält. Der Reiter ist Gazzanigas Interpretationsmodul, das bewusste, kontrollierte Denken. Der Elefant hingegen ist alles andere. Zum Elefanten gehören Bauchgefühl, instinktive Reaktionen, Emotionen und Ahnungen, die die automatische Verarbeitung großenteils ausmachen. Elefant und Reiter haben jeweils ihre eigene Intelligenz, und wenn sie gut zusammenarbeiten, kann die einzigartige Genialität der Menschen zutage treten. Das tun sie allerdings nicht immer. Nachstehend gehe ich auf drei Alltagsmarotten ein, die das bisweilen komplexe Verhältnis zwischen Reiter und Elefant verdeutlichen.

Wenn die Selbstkontrolle versagt

Stellen Sie sich vor, es ist das Jahr 1970 und Sie nehmen als vierjähriges Kind an einem Experiment teil, das Walter Mischel an der Stanford Universität durchführt. Sie werden in einen Raum in Ihrer Vorschule geführt, in dem Ihnen ein netter Mann Spielsachen gibt und eine Weile mit Ihnen spielt. Dann fragt der Mann Sie, ob Sie *Marshmallows* mögen, oder sagen wir: Eiskugeln (ja, die mögen Sie!), und als Nächstes, ob Sie lieber den Becher hier mit *einer* Eiskugel möchten oder den Becher dort mit *zwei* Eiskugeln (natürlich wollen Sie diesen). Dann sagt Ihnen der Mann, dass er jetzt für einen Moment aus dem Zimmer gehen müsse und dass Sie die zwei Eiskugeln haben könnten, falls Sie warten könnten, bis er zurückkomme. Falls Sie nicht warten wollten, könnten Sie eine Glocke läuten, dann komme er sofort zurück und Sie könnten dann den Becher mit der einen Eiskugel haben; in diesem Fall können Sie also die zwei Eiskugeln nicht haben. Dann geht der Mann. Sie starren die Eiskugeln an. Das Wasser läuft Ihnen im Mund zusammen. Sie möchten sie so gerne essen. Sie kämpfen gegen diesen Wunsch an. Falls Sie wie die meisten Vierjährigen sind, können Sie nur wenige Minuten warten. Dann läuten Sie die Glocke.

Machen wir nun einen Sprung ins Jahr 1985. Mischel hat Ihren Eltern einen Fragebogen geschickt, in dem diese Auskunft über Ihre Persönlichkeit geben sollen, über Ihre Fähigkeit, Belohnungen aufzuschieben und mit Frustration umzugehen, und über Ihre Leistungen in den Aufnahmeprüfungen für das College. Ihre Eltern schicken den Fragebogen zurück. Mischel stellt fest, dass die Anzahl der Sekunden, die Sie 1970 damit warteten, die Glocke zu läuten, nicht nur vorhersagt, was Ihre Eltern über Sie als Teenager sagen, sondern auch die Wahrscheinlichkeit, mit der Sie zu einer Spitzenuniversität zugelassen werden. Kinder, die 1970 die Reizkontrolle überwinden und die Belohnung einige Minuten länger aufschieben konnten, die konnten als Teenager Versuchungen besser widerstehen, sie konnten sich besser auf ihr Studium konzentrieren und hatten sich besser im Griff, wenn die Dinge nicht nach Wunsch liefen.[27]

Was war ihr Geheimnis? Es war hauptsächlich eine Strategie – die Art, wie Kinder ihre begrenzte mentale Kontrolle einsetzten, um ihre Aufmerksamkeit auf etwas anderes zu lenken. Bei späteren Untersuchungen stellte Mischel fest, dass diejenigen Kinder Erfolg hatten, die von der Versuchung wegschauen oder an andere vergnügliche Aktivitäten denken konnten.[28] So zu denken ist ein Aspekt emotionaler Intelligenz – die Fähigkeit, seine eigenen Gefühle und Wünsche zu verstehen und zu lenken.[29] Ein emotional intelligenter Mensch hat einen geschickten Reiter, der weiß, wie er den Elefanten ablenken und ihm gut zureden kann, ohne sich auf ein direktes Kräftemessen des stärkeren Willens einlassen zu müssen.

Die kontrollierte Verarbeitung kann die automatische allein durch Willenskraft kaum schlagen; es ist wie bei einem ermüdeten Muskel, die kontrollierte Verarbeitung ermüdet rasch und bricht zusammen, die automatische läuft wie von selbst, mühelos und endlos.[30] Sobald Sie die Macht der Reizkontrolle verstehen, können Sie sie nutzen, indem Sie die Reize in Ihrer Umgebung verändern und unerwünschte vermeiden; oder, falls sich das nicht machen lässt, indem Sie sich weniger verlockende Aspekte ins Bewusstsein rufen. Um beispielsweise das sinnliche Anhaften am eigenen Körper (und dem Körper anderer) zu brechen, hat der Buddhismus Methoden entwickelt, bei denen über Leichen im Stadium der Verwesung meditiert wird.[31] Indem man sich entscheidet, etwas anzuschauen, vor dem die automatische Verarbeitung sich ekelt, kann der Reiter nach und nach die künftigen Wünsche des Elefanten verändern.

Wenn der Verstand sich ungewollt einmischt

Edgar Alan Poe wusste um den geteilten Geist. In seiner Erzählung *Der Alb der Perversheit* (*The Imp of the Perverse*) führt Poes Protagonist den perfekten Mord aus, erbt das Vermögen des Toten und genießt jahrelang in bester Gesundheit seine unrechtmäßig erworbenen Güter. Wann immer Gedanken an den Mord am Rande seines Bewusstseins auftauchen, murmelt er sich selbst zu: Ich bin sicher. Alles geht gut, bis er eines Tages sein Mantra umformuliert in: Ich bin sicher, ja, falls ich nicht töricht genug bin, ein offenes Geständnis abzulegen. – Mit diesem Gedanken zerbricht er. Er versucht, den Gedanken an ein Geständnis zu unterdrücken, doch je intensiver er es versucht, desto hartnäckiger wird der Gedanke. Er gerät in Panik, rennt umher, die Leute beginnen ihn zu verfolgen, er fällt in Ohnmacht und als er wieder zu sich kommt, sagt man ihm, dass er alles gestanden habe.

Ich liebe diese Geschichte, vor allem schon wegen ihres Titels. Wann immer ich auf einer Klippe, einem Dach oder einem hohen Balkon stehen, flüstert mir der Alb der Perversheit ins Ohr: „Spring!" Es ist kein Befehl, nur ein Wort, das in meinem Bewusstsein auftaucht. Wenn ich bei einer Abendgesellschaft neben jemandem sitze, den oder die ich respektiere, dann gibt der Alb sich alle Mühe, die unangemessensten Dinge vorzuschlagen, die ich sagen könnte. Wer oder was ist dieser Alb? Dan Wegner, einer der „perversesten" und kreativsten Sozialpsychologen, hat den Alb ins Labor geschleppt und ihm das Geständnis entlockt, dass er ein Aspekt der automatischen Verarbeitung ist.

Bei seinen Untersuchungen fordert Wegner die Teilnehmer auf, sich zu bemühen, *nicht* an etwas zu denken, etwa einen weißen Bären, Essen oder ein Stereotyp. Das ist schwierig. Noch wichtiger aber ist Folgendes: In dem Moment, in dem man damit aufhört, den Gedanken zu unterdrücken, taucht er wieder auf und ist noch schwerer zu verscheuchen. Mit anderen Worten, in seinem Labor erzeugt Wegner kleinere Zwänge, indem er die Versuchspersonen anweist, nicht zwanghaft an etwas zu denken. Wegner erklärt diese Wirkung als einen „ironischen Prozess" mentaler Kontrolle.[32] Wenn die kontrollierte Verarbeitung versucht, einen Gedanken zu beeinflussen („Denke nicht an einen weißen Bären!"), dann setzt sie ein klares Ziel. Und wann immer man ein Ziel anstrebt, verfolgt ein Teil des Verstandes automatisch den Fortschritt, sodass er Korrekturen anordnen kann oder weiß, wann man erfolgreich war.

Solange man einen Vorgang in der Alltagswelt anstrebt (etwa: rechtzeitig am Flughafen zu sein), funktioniert dieses Feedbacksystem gut. Ist das Ziel jedoch mental, so geht der Schuss nach hinten los. Die automatische Verarbeitung prüft ständig: „Denke ich auch *nicht* an einen weißen Bären?" Und gerade der Vorgang des Überwachens, ob der Gedanke auch nicht da ist, führt diesen eben herbei und man muss sich intensiver bemühen, sein Bewusstsein davon abzulenken. Automatische und kontrollierte Prozesse arbeiten letztlich gegeneinander und feuern sich gegenseitig an, sich noch mehr ins Zeug zu legen. Doch weil die kontrollierten Prozesse rasch nachlassen, laufen die unermüdlichen automatischen Prozesse letztendlich ungehindert ab und beschwören ganze Herden weißer Bären herauf. Der

Versuch, einen unangenehmen Gedanken zu verbannen, garantiert diesem Gedanken also einen Platz auf der Liste der häufig „wiedergekäuten" Gedanken.

Noch einmal zurück zu mir und meiner Abendgesellschaft: Mein einfacher Gedanke „Mach dich nicht zum Narren" löst automatisch einen Prozess des Suchens nach „Narreteien" aus. Ich weiß, dass es *dumm* wäre, Bemerkungen über das Muttermal auf der Stirn zu machen, eine Liebeserklärung abzugeben oder Obszönitäten hinauszuposaunen. Trotzdem tauchen in meinem Bewusstsein drei Gedanken auf: Mach eine Bemerkung über das Muttermal oder sag: „Ich liebe dich", oder schreie Obszönitäten herum. Es sind keine Befehle, nur Ideen, die mir durch den Kopf gehen. Freud hat seine Theorie der Psychoanalyse großenteils auf solche mentalen Einmischungen und freie Assoziationen gegründet und er stellte fest, dass sie oft sexuellen oder aggressiven Inhalts sind.

Doch Wegners Untersuchungen bieten eine einfachere und unschuldigere Erklärung: Automatische Prozesse produzieren täglich Tausende von Gedanken und Bildern, häufig durch zufällige Assoziation. Und von ihnen bleiben genau die hängen, die uns besonders schockieren, die wir zu unterdrücken oder zu verleugnen versuchen. Und wir unterdrücken sie nicht deshalb, weil wir tief in unserem Inneren glauben, dass sie wahr sind (wenngleich einige durchaus wahr sein können), sondern weil sie uns Angst machen oder wir uns ihrer schämen. Doch haben wir sie erst einmal vergeblich zu unterdrücken versucht, können sie zu genau den zwanghaften Gedanken werden, die uns die Freud'sche Vorstellung eines dunklen und bösen Unbewussten glauben machen.

Die Schwierigkeit, Argumente zu finden

Denken Sie einmal über die folgende Geschichte nach:

> Julie und Mark sind Geschwister und gehen aufs gleiche College. In ihren Sommerferien reisen sie zusammen durch Frankreich. Eines Nachts bleiben sie allein in einer Blockhütte nahe am Strand. Sie kommen gemeinsam auf die Idee, dass es interessant sein und Spaß machen könnte, miteinander zu schlafen. Zumindest wäre es für beide eine neue Erfahrung. Julie nimmt bereits die Pille und dennoch benutzt Mark zusätzlich ein Kondom, um auf Nummer sicher zu gehen. Beide genießen dieses Erlebnis, beschließen aber, es nicht noch einmal zu tun. Diese Nacht bleibt ihr besonderes Geheimnis, wodurch sie sich einander nur noch näher fühlen.

Halten Sie es für akzeptabel, dass zwei mündige Erwachsene, die zufällig Geschwister sind, miteinander schlafen? Falls Sie so sind, wie die meisten Teilnehmer an meinen Untersuchungen, werden Sie sofort mit Nein antworten.[33] Wie würden Sie Ihr Urteil begründen? Die Leute führen als Erstes das Argument an, dass Inzest bei den Nachkommen zu genetischen Anomalien führt. Wenn ich darauf hinweise, dass die Geschwister zwei Verhütungsmethoden benutzt haben, sagt dennoch niemand: „Na ja, dann ist es in Ordnung." Stattdessen suchen sie nach anderen Argumenten, zum Beispiel: „Es wird ihrer Beziehung schaden." Erwidere ich, dass in diesem Fall der Sex die Beziehung vertieft hat, dann kramen die Leute in ihrem Kopf nach und sagen: „Ich weiß, dass das verkehrt ist. Es fällt mir nur gerade schwer zu erklären, warum."

Bei diesen Untersuchungen geht es darum, dass ein moralisches Urteil wie ein ästhetisches ist. Wenn Sie ein Gemälde betrachten, wissen Sie meist sofort und automatisch, ob es Ihnen gefällt oder nicht. Falls jemand Sie bittet, Ihr Urteil zu begründen, dann „konfabulieren" Sie. Sie wissen nicht wirklich, warum Sie etwas für wunderschön halten, aber Ihr Interpretationsmodul (der Reiter) kann geschickt Gründe erfinden, wie Gazzaniga bei seinen Split-brain-Untersuchungen festgestellt hat. Sie suchen nach einem plausiblen Grund, warum Sie das Bild mögen, und übernehmen den ersten Grund, der für Sie Sinn ergibt (vielleicht eine vage Aussage über Farbe oder Licht oder die Widerspiegelung des Malers auf der glänzend-leuchtenden Nase des Clowns ...).

Bei moralischen Auseinandersetzungen ist es ähnlich: Bei beiden Beteiligten ist das Thema emotional stark besetzt, zuerst sind ihre Gefühle da und rasch erfinden sie Gründe, die sie austauschen. Wenn Sie das Argument Ihres Gegenübers entkräften, denkt er dann um und stimmt Ihnen zu? Natürlich nicht, denn das Argument, das Sie entkräftet haben, *verursachte* ja nicht seine moralische Einstellung; das Argument dachte er sich erst aus, nachdem sein Urteil bereits feststand.

Wenn Sie bei Diskussionen über moralische Themen genau hinhören, dann hören Sie manchmal etwas Überraschendes: nämlich dass in Wirklichkeit der Elefant die Zügel in der Hand hält und den Reiter lenkt. Der Elefant entscheidet, was gut oder schlecht ist, schön oder hässlich. Gefühle aus dem Bauch heraus, Ahnungen und in Sekundenschnelle gefällte Urteile laufen ständig automatisch ab (wie Malcolm Gladwell in seinem Buch *Blink! – Die Macht des Moments* beschreibt)[34], doch nur der Reiter kann zusammenhängende Sätze bilden und sich Argumente ausdenken, die er dem Gegenüber mitteilen kann. In Auseinandersetzungen über moralische Fragen ist der Reiter mehr als nur ein *Berater* des Elefanten; er wird zu einem Anwalt, der vor dem Gericht der öffentlichen Meinung dafür kämpft, andere von der Sichtweise des Elefanten zu überzeugen.

Das ist dann unsere Situation, die der Apostel Paulus, Buddha, Ovid und so viele andere beklagten. Unser Geist ist ein lockerer Verbund von Teilen, aber wir identifizieren uns zu stark mit einem Teil und schenken ihm allzu viel Aufmerksamkeit: dem bewussten, verbalen Denken. Wir gleichen dem sprichwörtlichen Betrunkenen, der seine Autoschlüssel unter der Straßenlaterne sucht. („Haben Sie sie hier verloren?", fragt der Polizist. „Nein", erwidert der Mann, „dort hinten habe ich sie fallen lassen, aber hier ist es heller.") Weil wir nur einen kleinen Winkel der gigantischen Vorgänge in unserem Geist sehen, sind wir überrascht, wenn ein Drang, wenn Wünsche oder Versuchungen aus dem Nichts aufzutauchen scheinen. Wir geben Erklärungen ab und schwören, haben gute Vorsätze und sind dann überrascht von unserer Machtlosigkeit, sie umzusetzen. Bisweilen glauben wir mit unserem Unbewussten, dem Es oder unseren animalischen Anteilen zu *kämpfen*. Doch in Wirklichkeit *sind* wir das alles. Wir sind der Reiter und wir sind der Elefant. Beide haben ihre Stärken und ihre besonderen Fähigkeiten.

Dieses Buch handelt im weiteren Verlauf davon, wie solche komplexen und teilweise unbedarften Wesen wie *wir* miteinander auskommen (Kapitel 3 und 4), glücklich sein (Kapitel 5 und 6), uns psychisch und moralisch entwickeln (Kapitel 7 und 8) und in unserem Leben Sinn und Bedeutung finden können (Kapitel 9 und 10). Doch zuerst müssen wir ergründen, warum der Elefant so pessimistisch ist.

Kapitel 2

Seine Sicht der Dinge ändern

Die Welt ist ein ewiger Wechsel, das Leben ein Wahn!

Mark Aurel[1]

Was wir heute sind, stammt aus unseren Gedanken von gestern, und unsere Gedanken von heute erschaffen unser Leben von morgen: Unser Leben entsteht aus unserem Geist.

Buddha[2]

In diesen beiden Zitaten ist der wichtigste Gedanke der populären Psychologie enthalten: Ereignisse in der Welt beeinflussen uns nur auf dem Weg durch unsere Interpretationen derselben; wenn wir also unsere Interpretationen steuern und kontrollieren können, so können wir unsere Welt unter Kontrolle bringen. In dem meist verkauften Selbsthilferatgeber aller Zeiten, den Dale Carnegie 1944 schrieb, nannte dieser die letzten vier Wörter des Mark-Aurel-Zitats „Worte, die Ihr Leben transformieren können".[3] In neuerer Zeit formulierte „Dr. Phil" (Phil McGraw) als eines seiner zehn Lebensgesetze: „Es gibt keine Wirklichkeit, nur Wahrnehmung."[4] Gelegentlich scheinen Selbsthilfebücher und -seminare nur wenig mehr zu bieten, als die Teilnehmer und Leser so lange damit zu belehren und zu „piesacken", bis sie diesen Gedanken und seine Auswirkungen auf ihr Leben verstehen.

Das zu beobachten kann inspirierend sein: Oft erkennen Menschen nach Jahren des intensiven Grolls, Schmerzes und Ärgers in einem einzigen Moment, dass der Vater (beispielsweise) sie nicht direkt *verletzte*, als er die Familie verließ; er zog lediglich aus. Sein Handeln mochte moralisch falsch gewesen sein, aber der Schmerz rührte von ihrer *Reaktion* auf das Ereignis her, und falls sie diese Reaktion ändern können, dann können sie 20 schmerzliche Jahre hinter sich lassen und vielleicht sogar ihren Vater kennen lernen. Die Kunst der populären Psychologie besteht darin, eine Methode zu entwickeln (über das Belehren und „Piesacken" hinaus), die Menschen zu dieser Erkenntnis bringt.

Diese Kunst ist schon alt. Denken Sie nur an Anicius Boethius, der im Jahr 480 nach Christus in eine der angesehensten römischen Familien hineingeboren wurde, also vier Jahre, nachdem die Goten Rom eingenommen hatten. Boethius genoss die damals bestmögliche Erziehung und Ausbildung und widmete sich mit Erfolg der Philosophie und dem Staatsdienst. Er schrieb oder übersetzte Dutzende von Werken über Mathematik, Philosophie, Logik und Theologie und bewarb sich außerdem im Jahr 510 um das römische Konsulat (das höchste gewählte Amt). Er war wohlhabend, gut verheiratet und seine Söhne waren ebenfalls auf dem besten Weg zum Konsulat. Doch auf der Höhe seiner Macht und seines Glücks wurde Boethius 523 des Verrats am Ostgotenkönig Theoderich angeklagt, weil er Rom und seinem Senat weiterhin loyal gegenüberstand. Verurteilt von dem feigen Senat, den er zu verteidigen versucht hatte, wurde Boethius seiner Güter und seines Hauses enteignet, wurde ins Gefängnis gesteckt und 524 getötet.

Etwas „stoisch" ertragen bedeutet, selbst ein großes Unglück anzunehmen, ohne zu weinen oder sogar ohne zu leiden. Wir verwenden diesen Begriff teilweise wegen der Gelassenheit, der Selbstbeherrschung und des Mutes, den drei antike Philosophen, nämlich Sokrates, Seneca und Boethius, zeigten, während sie auf ihre Hinrichtung warteten. Doch in seiner Schrift *Der Trost der Philosophie*, die Boethius im Gefängnis verfasste, bekannte er, dass er zuerst alles andere als stoisch-philosophisch war. Er weinte und schrieb Gedichte über das Weinen. Er verfluchte die Ungerechtigkeit, das Alter und die Glücksgöttin, die ihn erst gesegnet und dann verlassen hatte.

Eines Nachts, als Boethius sich seinem Elend hingibt, besucht ihn die Philosophie als majestätische Erscheinung und rügt ihn wegen seines unphilosophischen Verhaltens. Sie leitet ihn an, die Situation neu zu interpretieren, und zwar auf eine Art, die bereits die moderne kognitive Therapie (wie unten beschrieben) ahnen lässt. Zuerst fordert sie Boethius auf, über seine Beziehung zur Glücksgöttin Fortuna nachzudenken. Die Philosophie erinnert ihn daran, dass Fortuna wankelmütig ist und kommt und geht, wie es ihr beliebt. Boethius sei Fortuna gefolgt, obwohl er ihr Wesen kenne, und sie sei lange bei ihm geblieben. Mit welchem Recht fordere er jetzt, dass sie an seine Seite gekettet bleibe? Die Philosophie verteidigt Fortuna wie folgt:

> *Soll ich allein verhindert werden, mein Recht auszuüben? Dem Himmel ist es erlaubt, den hellen Tag heraufzuführen und ihn in dunkler Nacht zu verbergen, dem Jahre ist es erlaubt, das Antlitz der Erde jetzt mit Blumen und Früchten zu kränzen, jetzt mit Wolken und Kälte zu trüben. Des Meeres Recht ist es, bald mit glattem Spiegel zu schmeicheln, bald von Stürmen und Fluten zu erschaudern. Und uns soll zu einer Beständigkeit, die unserem Wesen fremd ist, die unersättliche Begier der Menschen binden?*[5]

Die Philosophie definiert Veränderung neu: als normal und als Fortunas Recht. („Das ganze Universum ist Veränderung“, hatte Mark Aurel gesagt.) Boethius war vom Glück begünstigt; jetzt ist er es nicht mehr. Doch das ist kein Grund, sich zu ärgern. Vielmehr sollte er dankbar sein, dass Fortuna ihm so lange hold war, und er sollte nun, da sie ihn verlassen hat, gelassen sein: „Sie hat dich verlassen, vor der niemand sicher sein kann, dass sie ihn nicht verlassen werde.“[6]

Die Philosophie probiert verschiedene andere Techniken des Umformulierens. Sie weist ihn darauf hin, dass ihm seine Frau, seine Söhne und sein Vater alle mehr am Herzen liegen als sein eigenes Leben und dass alle vier noch leben. Sie hilft ihm zu erkennen, dass Unglück nützlicher ist als Glück; Letzteres macht die Menschen nur gieriger nach mehr, Unglück hingegen stärkt sie. Und sie lenkt Boethius' Phantasie weit hinauf in den Himmel, sodass er auf die Erde herabblicken und sie als winzigen Fleck sehen kann, auf dem noch winzigere Menschen ihr komisches und letztlich unbedeutendes ehrgeiziges Streben ausagieren können. Sie bringt ihn zu dem Eingeständnis, dass Reichtum und Ruhm Angst und Habsucht mit sich bringen, nicht Frieden und Glücklichsein.

Nachdem Boethius die Situation aus diesem Blickwinkel gesehen hat und seine alten Ansichten in Frage gestellt worden sind, ist er schließlich bereit, die wichtigste Lektion überhaupt anzunehmen, die Lektion, die Buddha und Mark Aurel bereits Jahrhunderte vorher gelehrt hatten: „Nichts ist elend, als wenn man es dafür hält, und andererseits ist jedes Los glücklich dem, der es mit Gleichmut trägt."[7] Als Boethius sich diese Lektion zu Herzen nimmt, befreit er sich selbst aus dem Gefängnis seiner Gedanken. Er gewinnt seine Fassung wieder, schreibt ein Buch, das Menschen jahrhundertelang Trost gespendet hat, und sieht seinem Tod mit Würde entgegen.

Damit will ich nicht sagen, dass *Der Trost der Philosophie* nur populäre römische Psychologie ist, doch das Buch erzählt eine Geschichte davon, wie jemand durch Einsicht innere Freiheit erlangt – die ich gern in Frage stellen würde. Im ersten Kapitel behaupte ich, dass unser geteiltes Selbst wie ein Reiter auf dem Rücken eines Elefanten sei, und ich sage, dass wir dem Reiter, unseren bewussten Gedanken, viel zu viel Gewicht beimessen. Die Philosophie arbeitete, wie die Gurus der populären Psychologie heute, mit dem Reiter und führte ihn zu einem Moment kognitiver Erkenntnis und einer Umdeutung. Doch wenn Sie schon einmal zu so drastischen Einsichten über Ihr eigenes Leben gekommen sind und beschlossen haben, Ihre Gewohnheiten oder Ihre Sichtweise zu ändern, dann haben Sie wahrscheinlich drei Monate später festgestellt, dass Sie wieder genau an Ihrem Ausgangspunkt waren. Göttliche Offenbarungen können das Leben verändern[8], jedoch lassen die meisten nach Tagen oder Wochen in ihrer Wirkung wieder nach.

Der Reiter kann nicht einfach eine Veränderung beschließen und dann den Elefanten verpflichten, sich an das neue Programm zu halten. Dauerhafte Veränderung tritt nur ein, wenn man den Elefanten umerzieht, und das ist schwierig. Wenn Programme der populären Psychologie Menschen wirkungsvoll helfen – was sie manchmal tun –, dann rührt dieser Erfolg nicht vom anfänglichen Moment der Erkenntnis her, sondern daher, dass sie Wege finden, das Verhalten der Menschen im Laufe von Monaten zu verändern. Sie lassen die Menschen lange genug, ja so lange mit dem Programm arbeiten, dass der Elefant umlernt. Dieses Kapitel handelt davon, warum der Elefant bei so vielen Menschen zu Sorge und Pessimismus neigt, und es stellt drei Instrumente vor, mit denen der Reiter den Elefanten umtrainieren kann.

Das „Mag-o-meter“

Die wichtigsten Wörter in der Sprache des Elefanten sind „mögen“ und „nicht mögen“ oder „hin zu …“ und „weg von …“. Selbst das einfachste Lebewesen muss sich jeden Moment entscheiden: links oder rechts? Gehen oder stehen bleiben? Fressen oder nicht fressen? Tiere, deren Gehirn komplex genug für Emotionen ist, treffen diese Entscheidungen mühelos und automatisch mit einem „Organ“, das man „Mag-o-meter“ nennen könnte. (Im Original: *like-o-meter*, in Anlehnung an Barometer) Wenn ein Affe beim Probieren einer neuen Frucht eine angenehme Empfindung verspürt, registriert sein „Mag-o-meter“: „Das mag ich.“ Der Affe empfindet Lust und beißt richtig rein. Bei einem bitteren Geschmack hingegen hält ihn ein kurzer Moment des Unbehagens davon ab, weiterzuessen. Da braucht er nicht die Vor- und Nachteile abzuwägen, da braucht es auch keine Instanz für Schlussfolgerungen. Nur eine kurze Lust bzw. kurzes Unbehagen.

Auch wir Menschen haben solch ein „Mag-o-meter“, das ständig in Betrieb ist. Sein Einfluss ist subtil, doch sorgfältig durchgeführte Experimente zeigen, dass wir auf alle Erfahrungen entweder mit Mögen oder mit Nicht-Mögen reagieren, selbst wenn wir uns dessen nicht bewusst sind:

Angenommen, Sie nehmen an einem Experiment teil, bei dem es um „affektives Priming“ geht (das ist die These, wonach wir Menschen alle Eindrücke spontan als „positiv“ oder „negativ“ bewerten; Anm. d. Übers.). Sie sitzen dabei vor einem Computerbildschirm und schauen auf einen Punkt in der Mitte. Alle paar Sekunden wird ein Wort über dem Punkt eingeblendet. Sie müssen dabei nur mit Ihrer linken Hand eine Taste drücken, wenn das Wort für Sie etwas Gutes oder Angenehmes bedeutet (etwa Garten, Hoffnung, Spaß) oder eine Taste mit Ihrer rechten Hand, falls das Wort für Sie etwas Schlimmes oder Unangenehmes bedeutet (Tod, Tyrannei, Langeweile). Das erscheint einfach, doch aus irgendeinem Grund merken Sie, dass Sie bei einigen Wörtern einen Sekundenbruchteil zögern.

Ohne dass Sie es wissen, zeigt der Computer nämlich genau auf dem Punkt nur für wenige Hundertstelsekunden ein anderes Wort, bevor er das eigentliche Wort einblendet, das Sie bewerten sollen. Obwohl diese Wörter unterbewusst eingeblendet werden (unterhalb Ihrer Bewusstseinsschwelle), ist Ihre Intuition so schnell, dass sie diese Wörter liest und sie auf Ihrem „Mag-o-meter" einschätzt. Auf das Wort *Furcht* würde Ihr „Mag-o-meter" negativ reagieren und Ihnen ein winziges Unbehagen vermitteln; und dann, Sekundenbruchteile später, wenn Sie das Wort *Langeweile* sehen, würden Sie rascher Langeweile als etwas Schlechtes bezeichnen. Ihre negative Einschätzung von Langeweile wurde gefördert oder „bewertet" durch dieses winzige Unbehagen auf das Wort Furcht hin. Folgte jedoch auf *Furcht* das Wort *Garten*, würden Sie länger brauchen, um zu sagen, dass Garten gut ist, weil Ihr „Mag-o-meter" erst von „schlecht" auf „gut" umschalten muss.[9]

Als das „affektive Priming" in den achtziger Jahren entdeckt wurde, eröffnete sich damit eine Welt, in der die Psychologie indirekt messen konnte. Man konnte nun den Reiter umgehen und direkt mit dem Elefanten kommunizieren, und was der zu sagen hat, ist irgendwie beunruhigend. Was passiert beispielsweise, wenn wir anstelle von Wörtern subliminal Fotos von schwarzen und weißen Gesichtern zeigen? Forscher haben herausgefunden, dass Amerikaner aller Altersgruppen, Schichten und politischer Orientierungen mit leichter Negativität auf schwarze Gesichter oder andere Bilder und Wörter reagieren, die mit der afrikanisch-amerikanischen Kultur zusammenhängen.[10] Menschen, die angeben, Farbigen gegenüber unvoreingenommen zu sein, hegen im Durchschnitt etwas weniger automatische Vorurteile, doch offensichtlich können der Reiter und der Elefant jeweils ihre eigene Meinung haben. (Ihren eigenen Elefanten können Sie testen unter: www.projectimplicit.com) Selbst viele Afroamerikaner reagieren mit diesem impliziten Vorurteil, andere hingegen zeigen eine indirekte Vorliebe für schwarze Gesichter und Namen. Unterm Strich zeigen die Afroamerikaner keine indirekte Neigung in irgendeine Richtung.

Mit am bizarrsten zeigt die Arbeit von Brett Pelham[11] das „Mag-o-meter" im Einsatz; Pelham hat entdeckt, dass dieses Barometer auch auf den eigenen Namen reagiert. Wann immer Sie ein Wort sehen oder hören, das Ihrem Namen ähnelt, dann lässt ein kurzes Aufflackern von Freude Sie eher dazu neigen, es als positiv einzuschätzen. Wenn ein Mann namens Dennis über seinen möglichen Beruf nachdenkt, erwägt er vielleicht die Möglichkeiten Jurist, Arzt, Banker, Zahnarzt … und denkt dabei: „Zahnarzt …, etwas an dem Zahnarzt *fühlt* sich einfach richtig an." Und tatsächlich werden Menschen mit den Namen Dennis oder Denise mit etwas höherer Wahrscheinlichkeit Zahnarzt (engl.: *dentist*; Anm. d. Übers.) als Leute mit anderen Namen. Männer, die Lawrence, und Frauen, die Laurie heißen, werden mit höherer Wahrscheinlichkeit Juristen. (engl.: *lawyer*; Anm. d. Übers.). Menschen namens Louis und Louise ziehen eher nach Louisiana oder St. Louis, und Georg und Georgine ziehen eher nach Georgia.

Diese Vorliebe für den eigenen Namen zeigt sich auch in den standesamtlichen Registern: Menschen neigen eher dazu, Partner zu heiraten, deren Vorname ihrem eigenen ähnlich klingt, selbst wenn die Ähnlichkeit nur im gleichen Anfangsbuchstaben besteht. Als Pelham seine Ergebnisse in meinem Institut an der Uni präsentierte, war ich stark beeindruckt, dass die meisten Verheirateten im Raum seine Ergebnisse bestätigten: Jerry und Judy, Brian und Bethany, und die größte Überraschung war ich selbst: Jon – und meine Frau heißt Jayne.

Aus Pelhams Arbeit ergeben sich drei beunruhigende Konsequenzen: Die drei wichtigsten Entscheidungen, die die meisten von uns treffen – was wir in unserem Leben beruflich machen, wo wir leben und wen wir heiraten –, können (zumindest leicht) von etwas so Trivialem wie dem Klang des eigenen Namens beeinflusst werden. Das Leben ist tatsächlich das, als was wir es betrachten, doch das Betrachten geschieht schnell und unbewusst. Der Elefant reagiert instinktiv und lenkt den Reiter auf ein neues Ziel hin.

Negativ verzerrte Sichtweise

Klinische Psychologen berichten zuweilen, dass zwei Arten von Menschen zur Therapie kommen: Diejenigen, die die Zügel etwas straffer halten müssen, und diejenigen, die die Zügel etwas lockern müssen. Doch auf *einen* Patienten, der Hilfe sucht, um sich besser zu organisieren, sich besser zu beherrschen und die Verantwortung für seine Zukunft zu übernehmen, kommt ein ganzes Wartezimmer voll mit Menschen, die darauf hoffen, die Dinge etwas lockerer zu sehen, etwas leichter zu nehmen und sich weniger Gedanken zu machen über das dumme Zeug, das sie gestern bei der Teambesprechung gesagt haben, oder über die Zurückweisung, die sie morgen –

das wissen sie – bei der Verabredung zum Mittagessen erleben werden. Bei den meisten Menschen sieht der Elefant zu vieles als schlecht und nicht genügend als gut.

Das ergibt Sinn. Wenn Sie den Geist eines Fisches entwickeln, erschaffen müssten, würden Sie ihn dann auf günstige Gelegenheiten genauso stark reagieren lassen wie auf Bedrohungen? Keineswegs. Wenn er einen Hinweis auf Futter verpasst, ist sein Preis dafür nicht hoch; die Chancen stehen gut, dass es im Meer noch andere Fische gibt, und bei einem Fehler verhungert der Fisch nicht gleich. Einen nahenden Beutejäger zu übersehen kann hingegen katastrophal sein. Dann wäre alles vorbei, für diese Gene wäre dann Schluss.

Freilich gibt es in der Evolution keinen „Designer", doch der Verstand, der sich durch die natürliche Selektion entwickelt hat, sieht (für uns) letztlich so aus, als ob er von einem Designer entwickelt worden wäre; denn er löst ein Verhalten aus, das sich der jeweiligen ökologischen Nische flexibel anpasst. (Siehe Steven Pinker[12] zum Thema: Wie sich die natürliche Selektion ohne einen Designer entwickelt.) Einige Gemeinsamkeiten des Tierlebens bringen sogar die Spezies übergreifende Ähnlichkeiten hervor, die wir als „Design-Prinzipien" bezeichnen könnten. *Ein* solches Prinzip lautet: *Schlecht wirkt stärker als gut.* Reaktionen auf Bedrohungen und Unannehmlichkeiten sind schneller, intensiver und schwerer zu unterdrücken als Reaktionen auf günstige Gelegenheiten und Annehmlichkeiten.

Dieses Prinzip (engl.: *negativity bias* = die Neigung, primär *negative* Informationen/Eindrücke im Gedächtnis zu behalten)[13] genannt, zeigt sich überall in der Psychologie. In einer Ehe sind *mindestens fünf* gute oder konstruktive Handlungen notwendig, um den Schaden *einer* kritischen oder destruktiven auszugleichen.[14] Bei Geldgeschäften und Glücksspielen wiegt die Freude über einen bestimmten Gewinn weniger schwer als das Bedauern eines Verlustes in gleicher Höhe.[15] Wenn Menschen den Charakter einer Person einschätzen, würden erst 25 heroische und lebensrettende Handlungen einen einzigen Mord aufwiegen.[16]

In der Küche können Lebensmittel leichter verdorben oder Ekel erregend werden (durch den Fühler einer einzigen Küchenschabe), aber nur schwer gereinigt. Immer wieder stellen Psychologen fest, dass der menschliche Verstand auf Schlechtes schneller, stärker und dauerhafter reagiert als auf gleichwertig Gutes. Wir können uns nicht willentlich dazu bringen, alles als gut zu betrachten, weil unser Geist so verschaltet ist, dass wir Bedrohungen, Verletzungen und Rückschläge erkennen und darauf reagieren. Benjamin Franklin sagte: „Die beste Gesundheit nehmen wir nicht so deutlich wahr wie die geringste Krankheit.“ [17]

Hier ein weiteres Beispiel für das „Design-Prinzip“ im Tierleben: Gegensätzlich wirkende Systeme üben Druck aufeinander aus, um einen Abgleichpunkt zu finden, aber dieser Punkt ist verstellbar. Wenn Sie Ihren Arm bewegen, dann streckt sich *eine* Muskelgruppe, *eine andere* zieht sich zusammen. Beide sind immer in leichter Spannung, handlungsbereit. Ihr Herzschlag und Ihre Atmung werden vom autonomen Nervensystem gesteuert, das aus zwei Teilen besteht, die Ihre Organe in entgegengesetzte Richtungen drängen: Der Sympathikus bereitet Ihren Körper auf „Kampf oder Flucht“ vor, der Parasympathikus beruhigt Sie. Beide sind ständig aktiv, aber in unterschiedlichem Maß.

Gegensätzliche Motivationen steuern Ihr Verhalten: ein „Annäherungssystem“, das positive Emotionen auslöst und Sie anregt, sich auf bestimmte Dinge zuzubewegen; und ein „Rückzugssystem“, das negative Emotionen hervorruft und Sie veranlasst, sich zurückzuziehen und andere Dinge zu meiden. Auch diese beiden Systeme beobachten immer die Umgebung und können gleichzeitig entgegengesetzte Vorschläge machen[18] (wenn Sie sich hin- und hergerissen fühlen), aber ihre relative Ausgewogenheit bestimmt, welche Richtung Sie einschlagen. (Das „Mag-o-meter“ ist eine Metapher für diesen Ausgleichsprozess und sein subtiles Schwanken in jedem Moment.) Das Gleichgewicht kann sich schlagartig verschieben: Vielleicht zieht die Neugier Sie zu einem Unfall hin, dann aber schaudern Sie zurück, wenn Sie Blut sehen, das Sie eigentlich nicht hätte überraschen dürfen. Sie wollen eine fremde Person ansprechen, fühlen sich aber plötzlich wie gelähmt, wenn Sie ihr näher kommen. Das Rückzugssystem (weg von …) kann rasch mit ganzer Kraft hochfahren und dabei das langsamere (und allgemein schwächere) Annäherungssystem (hin zu …) überrollen.[19]

Ein Grund dafür, warum das Rückzugssystem so schnell und beherrschend ist, besteht darin, dass es auf alle eingehenden Informationen als Erstes Zugriff hat. Alle Nervenimpulse von Augen und Ohren gelangen zuerst in den Thalamus, eine Art zentrale Umschaltstation im Gehirn. Vom Thalamus werden die Nervenimpulse zu bestimmten Arealen im Kortex geleitet, die Sinneseindrücke verarbeiten; und von dort werden die Informationen weitergeleitet an den frontalen Kortex, wo sie in andere höhere Denkprozesse und Ihren steten Bewusstseinsstrom integriert werden. Falls Sie sich am Ende dieses Vorgangs der zischenden Schlange vor Ihnen bewusst werden, könnten Sie sich entscheiden davonzulaufen und Ihren Beinen dann befehlen, sich zu bewegen. Doch weil Nervenimpulse nur ungefähr 30 Meter pro Sekunde zurücklegen können, würde dieser recht lange Weg, inklusive Ihrer Zeit für die Entscheidung, leicht ein oder zwei Sekunden in Anspruch nehmen.

Da ist leicht ersichtlich, warum eine Abkürzung der Nervenwege vorteilhaft wäre, und die Amygdala stellt diese Abkürzung dar. Sie befindet sich direkt unter dem Thalamus, greift in den unverarbeiteten Informationsstrom hinein, der durch den Thalamus fließt, und reagiert auf Muster, die in der Vergangenheit mit Gefahr assoziiert wurden. Die Amygdala steht in direkter Verbindung mit dem Teil des Hirnstamms, der die „Kampf-oder-Flucht"-Reaktion auslöst; wenn nun die Amygdala ein Muster entdeckt, das früher schon einmal mit Angst einherging (etwa ein Zischen), dann ordnet sie im Körper „Alarmstufe Rot" an.[20]

Diese Empfindung kennen Sie. Sie haben so etwas vielleicht schon erlebt, wenn Sie glaubten, allein in einem Raum zu sein, dann aber hinter sich eine Stimme hörten, oder wenn Sie in einem Horrorfilm gesehen haben, wie ein Wahnsinniger mit einem Messer ohne musikalische Vorwarnung auftaucht; dann sind Sie wahrscheinlich zusammengezuckt und Ihre Herzfrequenz schoss in die Höhe. In der ersten Zehntelsekunde reagierte Ihr Körper mit Angst (über den schnellen Weg der Amygdala), bevor Sie das Ereignis (über den langsameren Kortex) in den nächsten neun Zehnteln einer Sekunde einordnen konnten. Die Amygdala verarbeitet zwar auch einige positive Informationen, doch das Gehirn hat kein Gegenstück im Annäherungssystem, gleichsam eine „Alarmstufe Grün", das Sie auf der Stelle über ein köstliches Essen oder einen wahrscheinlichen Partner, eine wahrscheinliche Partnerin informiert. Solche Einschätzungen können eine oder zwei Sekunden dauern. Und auch hier wieder: Schlecht ist intensiver und schneller als gut. Der Elefant reagiert schon, bevor der Reiter die Schlange auf dem Weg überhaupt sieht. Sie können sich zwar sagen, dass

Sie sich vor Schlangen nicht fürchten, doch wenn Ihr Elefant Angst vor ihnen hat und sich aufbäumt, werden Sie dennoch abgeworfen.

Ein letzter Aspekt noch zur Amygdala: Sie reicht nicht nur in den Hirnstamm hinab, um Sie bei Gefahr reagieren zu lassen, sondern sie reicht auch zum frontalen Kortex, um Ihr Denken zu ändern. Sie schaltet das ganze Gehirn auf Rückzug um. Emotionen und bewusste Gedanken beeinflussen sich gegenseitig: Gedanken können Emotionen hervorrufen (wenn Sie über eine dumme Bemerkung nachdenken, die Sie gemacht haben), aber umgekehrt können Emotionen auch Gedanken hervorrufen, hauptsächlich indem sie mentale Filter aktivieren, die die nachfolgende Informationsverarbeitung beeinflussen. Ein Anflug von Furcht macht Sie wachsamer gegenüber weiteren Bedrohungen; Sie betrachten die Welt durch einen Filter, der unklare Ereignisse als mögliche Gefahren interpretiert. Ein Anflug von Ärger jemandem gegenüber aktiviert einen Filter, durch den Sie alles, was die beleidigende Person sagt oder tut, als weitere Beleidigung oder Verletzung betrachten. Gefühle von Traurigkeit machen Sie blind gegenüber allen Vergnügungen und Chancen. Ein berühmter Depressiver formulierte es so:

> *„Wie ekel, schal und flach und unersprießlich*
> *Scheint mir das ganze Treiben dieser Welt!“*[21]

Wenn Shakespeares Hamlet später Mark Aurels Aussage umformuliert – „denn an sich ist nichts weder gut noch böse, das Denken macht es erst dazu“[22] – dann hat er Recht, aber er hätte hinzufügen können, dass seine negativen Emotionen bewirken, dass sein Denken alles schlechtmacht.

„Gehirnlotto“

Hamlet war vom Pech verfolgt. Sein Onkel und seine Mutter verschworen sich, seinen Vater, den König, zu töten. Aber seine lange anhaltende und tiefe Depression nach diesem Schicksalsschlag lässt vermuten, dass er noch in anderer Hinsicht unglücklich war: Er war von Natur aus ein Pessimist.

Wenn es darum geht, Persönlichkeit zu erklären, dann stimmt es immer, dass Anlage und Umwelt zusammenwirken. Es stimmt aber auch, dass die

Anlage eine größere Rolle spielt, als die meisten Menschen bemerken. Denken Sie beispielsweise an die bekannten eineiigen Zwillingsschwestern Daphne und Barbara:

Die Zwillingsschwestern

Daphne und Barbara wuchsen beide in Vororten Londons auf, verließen beide mit 14 Jahren die Schule, arbeiteten in der Gemeindeverwaltung, trafen ihre künftigen Ehemänner mit 16 bei örtlichen Tanzveranstaltungen, hatten zur gleichen Zeit Fehlgeburten und brachten beide danach jeweils zwei Jungen und ein Mädchen zur Welt. Sie hatten viele gleiche Ängste (Angst vor Blut und vor Höhen) und hatten seltsame Gewohnheiten (beide tranken ihren Kaffee kalt; beide pflegten mit der Handfläche die Nase hinaufzufahren, eine Geste, die beide als „Kneten" bezeichneten). Das mag Sie erst recht überraschen, wenn Sie erfahren, dass Daphne und Barbara als Säuglinge von unterschiedlichen Familien adoptiert wurden; keine wusste von der Existenz der anderen, bis sie im Alter von 40 Jahren zusammengebracht wurden. Als sie sich schließlich trafen, waren sie fast gleich gekleidet.[23]

Solche Ketten von Übereinstimmungen gibt es häufig bei eineiigen Zwillingen, die bei der Geburt getrennt wurden, nicht jedoch bei zweieiigen Zwillingen, die man in ähnlicher Weise trennte.[24] In beinahe jedem untersuchten Charakterzug sind eineiige Zwillinge (die die gleichen Gene haben und zur selben Zeit im selben Mutterleib heranwachsen) ähnlicher als gleichgeschlechtliche zweieiige Zwillinge (bei denen nur die Hälfte der Gene gleich ist und die zur selben Zeit im selben Mutterleib sind). Diese Erkenntnisse bedeuten, dass unsere Gene fast alle unsere Wesenszüge beeinflussen. Ob es sich um Intelligenz handelt, um Extrovertiertheit, Ängstlichkeit, Religiosität, politische Orientierung, Vorliebe für Jazz oder um eine Abneigung gegen scharfes Essen – eineiige Zwillinge sind einander ähnlicher als zweieiige und sie *bleiben* in der Regel auch dann fast genauso ähnlich, wenn sie sofort nach der Geburt getrennt werden.[25]

Die Gene sind keine „Blaupause“, kein Bauplan, der die Charakterstruktur eines Menschen genau vorausbestimmt; besser stellt man sie sich als „Rezepte“ vor, die nach dem Muster „Man nehme …“ die Ausgangs-„Zutaten“ bereitstellen, die die Entwicklung eines Menschen über viele Jahre hinweg prägen.[26] Weil eineiige Zwillinge aus dem gleichen „Rezept“ hervorgehen, sind ihre Gehirne letztlich recht ähnlich (jedoch nicht identisch), und diese ähnlichen Gehirne führen zu ähnlichen Eigenheiten im Verhalten. Zweieiige Zwillinge hingegen haben *verschiedene* „Rezepturen“, die *nur zur Hälfte* übereinstimmen. Sie sind einander aufgrund dessen schließlich nicht etwa zu 50 Prozent ähnlich; sie haben grundlegend verschiedene Gehirne und deshalb von Grund auf verschiedene Persönlichkeiten – fast so verschieden wie Menschen, die *nicht* verwandt sind.[27]

Daphne und Barbara wurden als die „kichernden Zwillinge“ bekannt. Beide haben ein sonniges Gemüt und die Angewohnheit, mitten im Satz in Lachen auszubrechen. Sie haben sozusagen im „Gehirnlotto“ gewonnen – ihre Gehirne sind so konfiguriert, dass sie vor allem das Gute in der Welt sehen. Andere Zwillinge kamen mit einem Blick für das Dunkle auf die Welt. Ja, Glücklichsein gehört zu den am stärksten erblich bedingten Persönlichkeitsaspekten. Zwischen 50 und 80 Prozent der Abweichungen von einem *durchschnittlichen* Glücksgefühl lassen sich mit *genetischen* Unterschieden zwischen den Menschen erklären statt mit dem, was ihnen das Leben beschert; das belegen Untersuchungen mit Zwillingen.[28] (Um einzelne Phasen der Freude oder der Depression zu verstehen, ist jedoch zu betrachten, wie Lebensereignisse und die emotionale Prädisposition eines Menschen sich gegenseitig beeinflussen.)

Der durchschnittliche oder typische Grad an Glücklichsein eines Menschen wird auch als sein „affektiver Stil“ bezeichnet. („Affekt“ meint den gefühlten oder erlebten Aspekt einer Emotion.) Ihr eigener affektiver Stil spiegelt Ihr alltägliches Kräftegleichgewicht zwischen Ihrem Annäherungs- und Ihrem Rückzugssystem wider, und dieses Gleichgewicht lässt sich sogar an Ihren „Stirnlappen“ ablesen. Seit Langem weiß man aus Untersuchungen über Gehirnwellen, dass die meisten Menschen eine Asymmetrie aufweisen: Entweder ist ihr linker oder ihr rechter frontaler Kortex aktiver. In den späten achtziger Jahren stellte Richard Davidson an der Universität von Wisconsin fest, dass diese Asymmetrien in Beziehung stehen mit der allgemeinen Neigung eines Menschen, positive oder negative Emotionen zu erleben. Personen, bei denen ein bestimmtes Gehirnwellenmuster sich eher auf der linken Seite zeigte, gaben an, sich im Alltag glücklicher zu fühlen; dementsprechend empfanden sie weniger Furcht, Angst und Scham als Personen, deren rechte Stirnseite aktiver war.

Spätere Studien ergaben, dass diese kortikalen „Linken" weniger anfällig sind für Depressionen und sich schneller von negativen Erfahrungen erholen.[29] Der Unterschied zwischen kortikalen „Rechten" und „Linken" ist schon im Säuglingsalter zu beobachten: Babys im Alter von zehn Monaten, deren rechte Gehirnhälfte aktiver ist, weinen mit *höherer* Wahrscheinlichkeit, wenn sie für kurze Zeit von ihren Müttern getrennt werden.[30] Und dieser Unterschied im Babyalter scheint einen Persönlichkeitsaspekt widerzuspiegeln, den die meisten Menschen das ganze Leben hindurch beibehalten.[31] Säuglinge, deren rechte Gehirnhälfte wesentlich aktiver ist, entwickeln sich zu Kleinkindern, die in neuen Situationen ängstlicher reagieren; als Teenager haben sie mehr Angst vor Verabredungen und gesellschaftlichen Aktivitäten; und als Erwachsene brauchen sie mit höherer Wahrscheinlichkeit Psychotherapie, um lockerer zu werden. Wenn sie in der „kortikalen Lotterie" (siehe oben) verloren haben, kämpfen sie ihr ganzes Leben lang damit, den Griff eines überaktiven Rückzugssystems zu lockern.

Einmal beklagte eine Freundin von mir (die einen negativen affektiven Stil hat) ihre Lebenssituation, woraufhin jemand vorschlug, ein Umzug in eine andere Stadt würde ihr gut tun. „Nein", erwiderte sie, „ich kann *überall* unglücklich sein." Ebenso gut hätte sie John Miltons Formulierung des Mark-Aurel-Zitats anführen können: „Das menschliche Gemüt ist seine eigene Wirkungsstätte, und es macht einen Himmel aus der Hölle, eine Hölle aus dem Himmel."[32]

Prüfen Sie Ihr Gehirn!

Welche Aussagen treffen eher auf Sie zu?

Gruppe A:

- Ich bin immer bereit, etwas Neues auszuprobieren, wenn ich glaube, dass es Spaß macht.
- Wenn ich eine Möglichkeit sehe, etwas zu bekommen, was ich will, dann gehe ich sofort darauf zu.

- Wenn mir Gutes widerfährt, berührt mich das tief.
- Ich handle oft spontan aus dem Moment heraus.

Gruppe B:

- Ich mache mir Sorgen darüber, dass ich Fehler machen könnte.
- Kritik oder Rügen gehen mir ziemlich nahe.
- Ich bin besorgt, wenn ich glaube, etwas Wichtiges schlecht gemacht zu haben.
- Im Vergleich zu meinen Freunden habe ich viele Ängste.

Menschen, die eher den Aussagen unter A zustimmen als denen unter B, sind stärker orientiert auf „Hin-zu-…"und im Durchschnitt ist ihre linke Gehirnseite aktiver. Menschen, die sich den Aussagen unter B zurechnen, haben eher einen „Weg-von…"-Stil und ihre rechte Gehirnseite ist im Durchschnitt aktiver.
(Test übernommen von Carver & White, 1994. Copyright 1994 bei *American Psychological Association*. Kleine Änderungen mit freundlicher Genehmigung.)

Wie Sie Ihre Sichtweise und Ihr Erleben ändern können

Falls ich einen eineiigen Zwillingsbruder hätte, wäre er wahrscheinlich schlecht angezogen. Ich bin noch nie gern einkaufen gegangen und ich kann nur sechs Farben erkennen und beim Namen nennen. Mehrmals habe ich schon beschlossen, mich besser zu kleiden, und habe mich sogar von Frauen auf deren Bitten hin beim Einkaufen begleiten lassen, aber auch das hat nichts geholfen. Jedes Mal bin ich rasch zu meinem vertrauten Bekleidungsstil zurückgekommen, der in den frühen achtziger Jahren stehen geblieben ist. Ich konnte nicht einfach *beschließen*, mich umzustellen und durch eine reine Willensentscheidung etwas zu werden, was ich gar nicht bin. Stattdessen ging ich die Veränderung auf Umwegen an: Ich heiratete. Jetzt habe ich einen ganzen Kleiderschrank voll schöner Sachen, einige Sachen habe ich mir als gut zusammenpassend gemerkt und ich habe eine „Stilberaterin“, die mir Variationen davon empfiehlt.

Auch Sie können Ihren affektiven Stil ändern – aber um es nochmals zu sagen: Sie können es nicht mit reiner Willenskraft. Sie müssen etwas tun, was Ihr Repertoire verfügbarer Gedanken ändert. Dies sind die drei besten Methoden dafür: Meditation, kognitive Therapie und Fluoxetin (der Name eines Wirkstoffs, den verschiedene Firmen unter unterschiedlichen Handelsnamen anbieten; Anm. d. Übers.). Alle drei wirken, weil sie mit dem Elefanten arbeiten.

Meditation

Angenommen, Sie läsen von einer Tablette, die Sie einmal täglich nehmen könnten, um Ihre Angstgefühle zu verringern und Ihre Zufriedenheit zu erhöhen. Würden Sie sie einnehmen? Nehmen Sie weiterhin an, diese Tablette hätte vielfältige positive Nebenwirkungen: besseres Selbstwertgefühl, Empathie und Vertrauen; sie verbesserte sogar Ihr Gedächtnis. Nehmen Sie nun noch an, dass die Tablette ganz natürlich wäre und nichts kostete. Würden Sie sie jetzt einnehmen?

Diese Tablette gibt es tatsächlich. Es ist die Meditation.[33] Viele religiöse Traditionen haben sie entdeckt und in Indien wurde sie schon lange vor Buddha praktiziert, doch der Buddhismus machte sie in der westlichen Kultur bekannt. Es gibt viele Meditationsformen, aber bei allen geht es um den bewussten Versuch, die Aufmerksamkeit auf nichtanalytische Art zu fokussieren.[34] Das klingt ganz leicht:

> Sitzen Sie ruhig da (so ist es bei den meisten Meditationsformen) und fokussieren Sie Ihr Bewusstsein nur auf Ihren Atem oder auf ein Wort oder ein Bild; lassen Sie keine anderen Wörter, Ideen oder Bilder in Ihr Gewahrsein aufsteigen …

Meditation ist jedoch anfangs ausgesprochen schwierig; in den ersten Wochen wird der Reiter wiederholt mit seinen Fehlschlägen konfrontiert – was ihn Bescheidenheit und Geduld lehrt. Ziel der Meditation ist, automatische Gedankenprozesse zu verändern und so den Elefanten zu zähmen. Beweis dafür, dass der Elefant gezähmt wurde, ist der Sieg über die „Süchte“ (Abhängigkeiten oder „Anhaftungen“ im Sinne des Buddhismus).

Ein Beispiel für „Anhaftungen“:

Mein Hund Andy hat zwei Anhaftungen, mit denen er alles interpretiert, was bei uns zu Hause passiert: Fleisch fressen und nicht allein gelassen werden. Wenn meine Frau und ich nahe an der Haustür stehen, wird er ängstlich. Wenn wir unsere Schlüssel nehmen, die Tür öffnen und sagen: „Sei schön brav!“, dann lässt er Schwanz, Kopf und irgendwie sogar seine Hüften pathetisch hängen. Wenn wir aber sagen: „Komm, Andy“, ist er vor Freude ganz außer sich und schießt vor uns zur Tür hinaus. Andys Angst vor dem Alleinsein bereitet ihm viele angstvolle Momente, sie bereitet ihm einige Stunden voller Verzweiflung (wenn er allein ist) und einige Minuten voller Freude (wenn seine Einsamkeit ein Ende hat). Andys Freuden und Leiden hängen von den Entscheidungen ab, die meine Frau und ich treffen. Falls es stimmt, dass „schlecht“ stärker wirkt als „gut“, dann leidet Andy mehr unter der Trennung, als er sich über unser Wiedersehen und Zusammensein freut.

Die meisten Menschen haben weit mehr Anhaftungen als Andy; doch nach der buddhistischen Lehre ähnelt die menschliche Psyche derjenigen von Andy in vielerlei Hinsicht.

Weitere Beispiele:

Weil Rachel respektiert werden will, ist sie den Anzeichen von Respektlosigkeit gegenüber äußerst wachsam und nach einer möglichen Verletzung leidet sie tagelang. Sie genießt es vielleicht, respektvoll behandelt zu werden, doch Respektlosigkeit verletzt sie in der Regel mehr, als sich der Respekt für sie gut anfühlt.

Charles möchte Geld und liegt ständig auf der Lauer, wie er zu Geld kommen könnte: Geldbußen, Verluste oder Transaktionen, bei denen er seiner Ansicht nach nicht das Beste herausgeholt hat, rauben ihm den Schlaf. Auch hier wieder: Verluste spielen eine größere

> Rolle als Gewinne; selbst wenn Charles also immer reicher wird, werden ihn Gedanken über Geld in der Regel eher unglücklicher als glücklicher machen.

Für Buddha sind Anhaftungen wie ein Roulettespiel, bei dem jemand anders das Rad dreht und das Spiel manipuliert ist: Je mehr Sie spielen, desto mehr verlieren Sie. Sie können nur gewinnen, indem Sie den Tisch verlassen. Und die einzige Art, den Tisch zu verlassen, also sich dazu zu bringen, nicht auf das Auf und Ab des Lebens zu reagieren, besteht darin, zu meditieren und den Geist zu zähmen. Damit geben Sie zwar die Freuden des Gewinnens auf, aber eben auch die größeren Schmerzen wegen des Verlierens.

In Kapitel 5 werden wir fragen, ob das für die meisten Menschen wirklich ein „gutes Geschäft" ist. Für den Moment ist folgender Punkt entscheidend: Buddha hatte eine psychologische Erkenntnis, die er und seine Anhänger in eine Philosophie und Religion einbetteten. Sie waren damit sehr großzügig und lehrten sie Menschen aller Glaubensrichtungen, auch Menschen ohne Glauben. Buddha erkannte, dass Meditation den Elefanten zähmt und beruhigt. Tägliche Meditation über einige Monate hinweg kann Sie dabei unterstützen, die Häufigkeit angstvoller, negativer und habgieriger Gedanken beträchtlich zu verringern und damit gleichzeitig Ihren affektiven Stil zu verbessern. Oder wie Buddha sagte: „Erfreue dich der Einsamkeit, erfreue dich des friedlichen Verweilens, frei von Verlangen und Abneigung, und erfahre so das Glück dieses Weges."[35]

Kognitive Therapie

Meditation ist eine typisch östliche Lösung für Lebensprobleme. Schon *vor* Buddha hatte der chinesische Philosoph Laotse gesagt, der Weg zur Weisheit führe über das ruhige Nichtstun, das wunschlose Warten. Westliche Ansätze neigen üblicherweise eher dazu, eine Werkzeugkiste hervorzuholen und das, was kaputt ist, zu „reparieren". So ging „Frau Philosophie" (im Gespräch mit Boethius, siehe oben; Anm. d. Übers.) mit ihren zahlreichen Argumenten und Umdeutungstechniken vor. Diese Werkzeugkiste hat Aaron Beck in den sechziger Jahren gründlich modernisiert.

Beck, als Psychiater an der Universität von Pennsylvania tätig, war nach dem Freud'schen Ansatz ausgebildet, wonach „das Kind der Vater des Mannes" ist: Was immer Ihnen weh tut, wird von Kindheitserlebnissen verursacht, und die einzige Art, wie Sie *jetzt* etwas verändern können, besteht darin, sich durch diese unterdrückten Erinnerungen hindurchzugraben, zu einer Diagnose zu kommen und Ihre ungelösten Konflikte durchzuarbeiten. Beck fand jedoch in der wissenschaftlichen Literatur und in seiner eigenen klinischen Praxis nur wenige Belege dafür, dass dieser Ansatz bei depressiven Patienten funktioniert. Je mehr Raum er ihnen gab, ihre selbstkritischen Gedanken und Erinnerungen (etwa an Ungerechtigkeit) zu durchforsten, umso schlechter fühlten sie sich. Als Beck jedoch in den späten sechziger Jahren mit dem üblichen Vorgehen aufhörte und, wie die Philosophie, in Frage stellte, ob die irrationalen und selbstkritischen Gedanken seiner Patienten richtig seien, schienen diese sich oft besser zu fühlen.

Beck nutzte die Chance. Er zeichnete die verzerrten Gedankenprozesse auf, die für Depressive charakteristisch sind, und brachte seinen Patienten bei, diese Gedanken „einzufangen" und zu hinterfragen. Seine Analytikerkollegen machten ihn lächerlich, indem sie behaupteten, er behandle die Symptome einer Depression mit Heftpflaster, während die Erkrankung darunter weiterhin wüte. Aber sein Mut und seine Hartnäckigkeit zahlten sich aus. Er entwickelte die kognitive Therapie, eine der erfolgreichsten derzeit verfügbaren Behandlungen bei Depression, Angst und vielen anderen Problemen.[36]

Wie im letzten Kapitel bereits angedeutet, nutzen wir unsere Vernunft häufig nicht dazu, die Wahrheit zu finden, sondern um Argumente zu erfinden, die unsere tiefen intuitiven Überzeugungen untermauern (die im Elefanten ruhen). Depressive Menschen sind im Grunde ihres Herzens von drei miteinander verwandten Ansichten überzeugt, die als die Beck'sche „kognitive Triade" der Depression bekannt sind. Sie lauten:

1. „Ich bin wertlos."
2. „Meine Welt ist düster."
3. „Meine Zukunft ist hoffnungslos."

Ein depressiver Mensch denkt meist automatisch so, dass er diese drei dysfunktionalen Überzeugungen aufrechterhält, besonders wenn Dinge schief gehen. Die Gedankenverzerrungen waren bei den Patienten so ähnlich, dass Beck ihnen Namen gab. Stellen Sie sich einen depressiven Vater vor, dessen Tochter vor seinen Augen hinfällt und sich den Kopf anstößt. Augenblicklich geißelt er sich mit folgenden Gedanken:

- „Ich bin ein schrecklicher Vater." (Das ist die „Personalisierung", die Patienten sehen ein Ereignis als Referendum über sich selbst statt als ein kleineres medizinisches Problem.)
- „Warum tue ich meinem Kind immer so schlimme Dinge an?" („Verallgemeinerung" zusammen mit Schwarz-weiß-Denken; „immer/nie")
- „Jetzt trägt sie einen Gehirnschaden davon." („Verschlimmerung")
- „Alle werden mich verabscheuen." („Willkürliche Schlussfolgerung" oder: einen Schluss ziehen, ohne Beweise dafür zu haben)

Depressive Menschen stecken in Feedbackschleifen fest, in denen verzerrte Gedanken negative Gefühle auslösen, die dann das Denken weiter verzerren. Beck entdeckte nun, dass man diesen Kreislauf durchbrechen kann, indem man die Gedanken ändert. Kognitive Therapie besteht großenteils darin, den Leuten beizubringen, ihre Gedanken einzufangen, sie aufzuschreiben, die Verzerrungen zu benennen und dann andere und zutreffendere Gedanken zu finden. Im Laufe vieler Wochen denken die Klienten realistischer, die Feedbackschleife ist durchbrochen und Angst oder Depression lassen nach.

Die kognitive Therapie funktioniert, weil sie dem Reiter beibringt, wie er den Elefanten erziehen kann, statt ihn in einer direkten Auseinandersetzung zu bekämpfen. Am ersten Tag der Therapie erkennt der Reiter nicht, dass der Elefant ihn kontrolliert und dass die Ängste des Elefanten seine bewussten Gedanken beherrschen. Im Laufe der Zeit lernt der Reiter verschiedene Methoden einzusetzen: etwa automatische Gedanken in Frage zu stellen und einfache Übungen durchzuführen; einmal hinauszugehen, um eine Zeitung zu kaufen, statt den ganzen Tag im Bett liegen zu bleiben und zu sinnieren … Diese Aufgaben werden häufig als „Hausaufgaben" aufgegeben, die täglich auszuführen sind. (Der Elefant lernt am besten durch tägliches Üben; ein wöchentliches Treffen mit dem Therapeuten genügt nicht.)

Bei jedem Umdeuten und bei jeder ausgeführten einfachen Aufgabe erhält der Klient eine kleine Belohnung, eine kleine Erleichterung oder eine

Freude. Und jede davon ist für den Elefanten wie eine Erdnuss, die eine neue Verhaltensweise verstärkt. Das Tauziehen mit einem wütenden oder ängstlichen Elefanten kann man nicht gewinnen, aber man kann – durch *shaping*, wie die Behavioristen es nannten – schrittweise die automatischen Gedanken ändern und damit den eigenen affektiven Stil. Ja, viele Therapeuten kombinieren die kognitive Therapie mit Techniken, die direkt aus dem Behaviorismus entlehnt sind, und praktizieren die so genannte „kognitive Verhaltenstherapie".

Im Gegensatz zu Freud überprüfte Beck seine Theorien in kontrollierten Experimenten. Personen, die sich wegen einer Depression der kognitiven Therapie unterzogen, ging es hinterher messbar besser; und zwar schneller als denen, die auf eine Warteliste für Therapie gesetzt wurden; zumindest laut einigen Studien ging es ihnen schneller besser als den Patienten, die andere Therapien bekamen.[37] Wird kognitive Therapie gut durchgeführt, dann wirkt sie bei Depressionen ebenso gut wie Fluoxetin[38]; ihr enormer Vorteil gegenüber dem Medikament besteht darin, dass die Therapie nach den Sitzungen weiterwirkt, weil der Elefant „umgeschult" wurde. Fluoxetin wirkt im Gegensatz dazu nur, solange Sie es einnehmen.

Damit will ich nicht behaupten, dass die kognitive Verhaltenstherapie die einzig wirksame Psychotherapie ist. Die meisten Formen der Psychotherapie sind zu einem gewissen Grad erfolgreich – laut einigen Untersuchungen scheinen sie alle gleich gut zu wirken.[39] Es läuft immer auf die Frage hinaus, welche Methode zu wem am besten passt: Manche Menschen sprechen auf die eine Therapie besser an als auf eine andere, und einige psychische Erkrankungen werden mit einer bestimmten Therapie erfolgreicher behandelt als mit einer anderen. Falls Sie häufig automatisch negativ über sich selbst, Ihr Leben oder Ihre Zukunft denken und wenn diese Gedanken zu chronischer Angst oder Verzweiflung beitragen, dann dürften Sie mit kognitiver Verhaltenstherapie gut beraten sein.[40]

Fluoxetin

Marcel Proust schrieb, die einzig wahre Reise wäre es, nicht fremde Länder aufzusuchen, sondern andere Augen zu besitzen.[41] Im Sommer 1996 probierte ich solche „neuen Augen" aus, als ich acht Wochen lang Fluoxetin einnahm. (Im Original nennt der Autor die in USA üblichen Handelsnamen der Medikamente; im deutschen Text ist jeweils der Wirkstoff genannt, Anm. d. Übers.) In den ersten paar Wochen spürte ich nur die Nebenwirkungen: Übelkeit, Durchschlafschwierigkeiten und eine Vielzahl körperlicher Empfindungen, von denen ich gar nicht wusste, dass mein Körper dazu in der Lage ist, darunter ein Gefühl, das ich nur so beschreiben kann, dass sich mein Gehirn trocken anfühlte. Doch eines Tages in der fünften Woche wechselte die Welt ihre Farbe. Eines Morgens wachte ich auf und hatte keine Angst mehr vor der enormen Arbeitsbelastung und den unsicheren Zukunftsaussichten eines Professors ohne Festanstellung. Es war wie ein Wunder. Zahlreiche Veränderungen, um die ich mich jahrelang bemüht hatte – ich wollte lockerer werden, die Dinge leichter nehmen, meine Fehler hinnehmen, ohne ewig darüber zu brüten –, traten über Nacht ein.

Allerdings hatte Fluoxetin bei mir eine verheerende Nebenwirkung: Es erschwerte mir, mich an Fakten und Namen zu erinnern, selbst solche, die mir sehr vertraut waren. Ich wollte meine Studenten und Kollegen grüßen, suchte nach dem Namen, den ich dem „Hallo" hinzufügen wollte, und stand da mit dem „Hallo …?". Ich kam zu dem Schluss, dass ich als Professor mein Gedächtnis dringender brauchte als Seelenfrieden, deshalb setzte ich das Medikament wieder ab. Fünf Wochen später war mein Gedächtnis wieder da – zusammen mit meinen Sorgen. Übrig blieb die eigene Erfahrung, wie es ist, eine rosafarbene Brille aufzuhaben und die Welt mit neuen Augen zu sehen.

Fluoxetin war das erste Medikament einer Kategorie, die als selektive Serotonin-Wiederaufnahmehemmer oder SSRI bekannt ist. In den folgenden Ausführungen nenne ich Fluoxetin stellvertretend für eine ganze Gruppe von Antidepressiva, deren psychische Wirkungen fast identisch sind; zu dieser Gruppe gehören Paroxetin, Sertralin, Citalopram, Escitalopram und andere. Vieles über Fluoxetin und seine Verwandten ist noch nicht bekannt – allem voran, *wie* sie eigentlich wirken. Fluoxetin setzt an den Synapsen an (den Spalten zwischen den Nervenzellen), aber es wirkt *selektiv*, indem es nur auf diejenigen Synapsen wirkt, die *Serotonin* als

Neurotransmitter verwenden. Sobald sich Fluoxetin in den Synapsen befindet, *hemmt* es den Wiederaufnahmeprozess, also den normalen Vorgang, bei dem eine Nervenzelle, die gerade Serotonin in die Synapse ausgeschüttet hat, es wieder in sich selbst aufnimmt, um es beim nächsten Nervenimpuls wieder auszustoßen. Das führt dazu, dass das Gehirn bei der Einnahme von Fluoxetin in bestimmten Synapsen mehr Serotonin hat, sodass diese Neuronen häufiger feuern.

Bisher klingt Fluoxetin wie Kokain, Heroin oder irgendeine andere Droge, die, wie Sie vielleicht wissen, mit einem speziellen Neurotransmitter in Verbindung steht. Das Serotonin steigt schon ab dem ersten Tag der Einnahme von Fluoxetin an, die Wirkung zeigt sich jedoch erst nach vier bis sechs Wochen. Irgendwie muss sich die Nervenzelle auf der anderen Seite der Synapse an den neuen Serotoninspiegel anpassen und wahrscheinlich rührt die positive Wirkung von diesem Anpassungsprozess her. Vielleicht hat aber die Anpassung der Nervenzelle damit gar nichts zu tun. Nach der anderen führenden Theorie erhöht Fluoxetin den Spiegel eines nervalen Wachstumshormons im Hippocampus – das ist ein Gehirnbereich, der für Lernen und Erinnerung entscheidend ist. Bei Menschen mit negativem affektivem Stil zirkulieren mehr Stresshormone im Blut; diese Hormone wiederum neigen dazu, einige wichtige Zellen im Hippocampus zu auszuschalten oder zu reduzieren, die unter anderem genau die Stressreaktion ausschalten sollen, die sie selbst ausschaltet.

Der Hippocampus von Menschen mit negativem affektivem Stil wird oft etwas in Mitleidenschaft gezogen – was allerdings innerhalb von vier bis fünf Wochen wieder ausgeglichen ist, wenn Fluoxetin die Ausschüttung des nervalen Wachstumshormons anregt.[42]

Wir wissen zwar nicht, *wie* Fluoxetin wirkt, aber wir wissen, *dass* es wirkt: Im Vergleich zu Kontrollgruppen, die ein Placebo oder keine Behandlung erhalten, hilft es bei erstaunlich vielen mentalen Leiden, etwa bei Depression, allgemeiner Angststörung, Panikattacken, sozialen Ängsten (Ängsten bei sozialen Interaktionen), beim prämenstruellen dysphorischen Syndrom, bei einigen Ess-Störungen und Zwangsstörungen.[43]

Fluoxetin ist aus mindestens zwei Gründen umstritten:

Erstens stellt es eine Abkürzung dar. In den meisten Untersuchungen stellt sich heraus, dass Fluoxetin fast ebenso gut wirkt wie kognitive

Therapie, manchmal etwas besser, manchmal etwas schlechter, aber es ist so viel *einfacher* als eine Therapie. Keine täglichen „Hausaufgaben“ oder schwierige neue Aufgaben; keine wöchentlichen Therapiesitzungen ... Falls Sie der protestantischen Arbeitsethik und der Maxime „Ohne Fleiß kein Preis“ zugetan sind, dann könnte Fluoxetin Sie irritieren.

Zweitens bewirkt Fluoxetin weit mehr als eine Linderung der Symptome: Manchmal verändert es die Persönlichkeit. In seinem Buch *Listening to Prozac*[44] stellt Peter Kramer Fallbeispiele von Patienten vor, deren lange anhaltende Depression oder Angst durch Fluoxetin geheilt wurde und die dann aufblühten – sie hatten mehr Selbstvertrauen, konnten mit Rückschlägen besser umgehen und erlebten mehr Freude, was insgesamt bisweilen Beziehungen und Beruf stark veränderte. Diese Fallgeschichten entsprechen einer idealisierten medizinischen Erzählung: Ein Mensch leidet schon sein ganzes Leben unter einer Krankheit; ein medizinischer Durchbruch heilt diese Krankheit; von den Fesseln befreit, feiert dieser Mensch seine neue Freiheit; im letzten Bild spielt er freudig mit Kindern; dann wird es dunkel ...

Aber Kramer erzählt auch faszinierende Geschichten von Menschen, die nicht krank waren, bei denen kein mentales Leiden diagnostiziert wurde und die nur solche Neurosen und persönlichen Eigenarten hatten, die die meisten Menschen bis zu einem gewissen Grad haben – Angst vor Kritik; Unfähigkeit, ohne eine Beziehung glücklich zu sein; die Tendenz, den Partner / die Partnerin und die Kinder übermäßig kritisch zu beurteilen und zu kontrollieren ... Wie alle Persönlichkeitszüge sind auch diese schwer zu ändern, doch für genau diese wurde die Gesprächstherapie entwickelt. Eine Therapie kann gewöhnlich nicht die Persönlichkeit verändern, aber sie kann Ihnen Möglichkeiten an die Hand geben, mit Ihren problematischen Zügen umzugehen. Doch in Kramers Beschreibung *verschwinden* die ärgerlichen Wesenszüge. Lebenslange Gewohnheiten sind über Nacht verschwunden (fünf Wochen nach Beginn der Einnahme von Fluoxetin), während jahrelange Therapie oft nichts bewirkt hat. Deshalb prägte Kramer den Begriff „kosmetische Psychopharmakologie“, denn Fluoxetin schien anfangs zu versprechen, dass Psychiater den Geist ebenso formen und perfekt gestalten können wie ein Schönheitschirurg den Körper.

Klingt das nach Fortschritt oder nach der Büchse der Pandora? Bevor Sie diese Frage beantworten, antworten Sie bitte zuerst auf die folgende:

Welche der beiden Aussagen klingt wahrer für Sie: „Sei alles, was du sein kannst“ oder: „Vor allem dir selbst sei treu“? Unsere Kultur heißt beide gut – erbarmungslose Selbstverbesserung ebenso wie Authentizität – doch häufig entgehen wir dem Widerspruch, indem wir Selbstverbesserung oder Arbeit an uns selbst als Authentizität betrachten. Wie das Sichaneignen von Bildung bedeutet, sich zwölf oder zwanzig Jahre lang darum zu bemühen, das eigene intellektuelle Potenzial zu entwickeln, so bedeutet die Charakterbildung ein lebenslanges Bemühen, das eigene ethisch-moralische Potenzial zu entwickeln.

Ein neunjähriges Mädchen bleibt sich nicht treu, indem es Verstand und Charakter einer Neunjährigen beibehält; es ist bestrebt, sein *ideales* Selbst zu werden, von seinen Eltern zu unzähligen Nachmittagsangeboten und -aktivitäten gedrängt und chauffiert: Nachhilfestunden, Klavierstunden, künstlerische Kurse oder Sport … Solange sich das Kind allmählich verändert und seine Veränderung aus seinen Anstrengungen resultiert, wird sie moralisch anerkannt und sie steht im Dienst der Authentizität. Doch was wäre, wenn es eine Pille gäbe, die das Tennisspielen verbessert? Oder einen kleinen chirurgischen Eingriff, mit dem sich die Anlage zu virtuosem Klavierspiel direkt und dauerhaft ins Gehirn einoperieren ließe? Eine solche *Trennung* von Selbstverbesserung und Authentizität ließe viele Menschen erschaudern.

Horror fasziniert mich, besonders wenn es dabei kein Opfer gibt. Ich beschäftige mich mit moralischen Reaktionen auf harmlose Tabuverletzungen, wie etwa Inzest mit Übereinstimmung der Beteiligten. So etwas *fühlt* sich nur für die meisten Menschen verkehrt an, selbst wenn sie ihr Gefühl nicht erklären können. (In Kapitel 9 werde ich den Grund dafür darlegen.) Meine Untersuchungen weisen darauf hin, dass eine kleine Gruppe angeborener ethisch-moralischer Intuitionen die vielen Moralsysteme der Welt bestimmt und einengt; *ein* Punkt dieser intuitiven Annahmen ist, dass der Körper Tempel der Seele sei.[45] Selbst Menschen, die nicht bewusst an einen Gott oder an die Seele glauben, nehmen Anstoß (oder ihnen ist zumindest unwohl), wenn Menschen ihren Körper wie ein Kultobjekt oder Spielzeug benutzen, dessen einziger Zweck darin besteht, Lust zu verschaffen. Eine schüchterne Frau, die sich ihre Nase operieren und ihre Brüste vergrößern ließe, zwölf Piercings am Körper hätte und sich nach Belieben mit Fluoxetin aufputschte, würde viele ebenso schockieren wie ein Pfarrer, der seine Kirche nach dem Muster eines osmanischen Harems umbauen ließe.

Der Kirchenumbau könnte andere Menschen verletzen, weil einige Gemeindemitglieder vielleicht der Schlag treffen würde. Die oben beschriebene Frau tut niemandem etwas zuleide – außer dass den Beobachter ein vages Gefühl beschleicht, dass sie sich selbst nicht treu ist. Doch wenn diese Frau vorher mit ihrer überempfindlichen und stark gehemmten Persönlichkeit unglücklich war und mit Psychotherapie nur wenig Fortschritte gemacht hat, warum sollte sie dann einem Selbst treu sein, das sie nicht mag? Warum sollte sie sich nicht zum Besseren ändern? Als ich Fluoxetin einnahm, verbesserte das meinen affektiven Stil durchaus. Es machte mich zu jemandem, der ich nicht war, aber lange Zeit sein wollte: ein Mensch, der sich weniger Sorgen macht und die Welt voll von Möglichkeiten sieht, nicht voll von Bedrohungen. Fluoxetin verbesserte das Verhältnis zwischen meinem Annäherungs- und meinem Rückzugssystem; wären da nicht die Nebenwirkungen gewesen, würde ich es noch heute nehmen.

Ich stelle deshalb die weit verbreitete Ansicht in Frage, dass Fluoxetin und andere Medikamente dieser Klasse zu häufig verschrieben würden. Diejenigen, die in der kortikalen Lotterie gut abgeschnitten haben, können leicht über den Wert harter Arbeit und die Unnatürlichkeit chemischer „Abkürzungen" predigen. Doch denjenigen, die nicht aus eigener Schuld im negativen Spektrum der affektiven Stile gelandet sind, bietet Fluoxetin eine Möglichkeit, die Ungerechtigkeit des Gehirnlottos wettzumachen. Außerdem können die, die den Körper für einen Tempel halten, leicht sagen, kosmetische Psychopharmakologie sei eine Art Sakrileg.

Freilich geht etwas verloren, wenn Psychiater ihre Patienten nicht mehr als Menschen betrachten und anhören, sondern so, wie ein Automechaniker auf einen Motor horcht und nur nach Hinweisen dafür sucht, welchen Knopf er als Nächstes einstellen muss. Doch falls die Hippocampus-Theorie von Fluoxetin stimmt, brauchen viele Menschen durchaus eine mechanische Neueinstellung. Das ist so, wie wenn sie jahrelang mit halb angezogener Notbremse unterwegs gewesen wären – dann dürfte sich ein fünfwöchiges Experiment lohnen, um zu schauen, wie sich das Leben entwickelt, wenn die Bremse gelöst ist.

Aus diesem Blickwinkel betrachtet ist Fluoxetin für die, die sich reichlich Sorgen gemacht haben, nicht einfach nur Kosmetik. Es ist eher so, wie wenn man jemandem Kontaktlinsen gibt, der zwar unscharf sieht, aber gelernt hat, mit seiner Einschränkung umzugehen. Kontaktlinsen sind weit davon entfernt, das „wahre Selbst" dieses Menschen zu verraten; vielmehr sind sie eine vernünftige „Abkürzung" zu gutem Sehen.

*

Die Sinnsprüche zu Beginn des Kapitels stimmen. Das Leben – ein Wahn; und: Das Leben entsteht aus unserem Geist. Doch diese Behauptungen sind nicht hilfreich, wenn sie nicht um eine Theorie des geteilten Selbst ergänzt werden (wie die Metapher von dem Reiter und dem Elefanten) sowie um das Wissen vom Hang zur Negativität und vom affektiven Stil. Sobald Sie wissen, warum Veränderung so schwierig ist, können Sie brutale und gewaltsame Methoden aufgeben und einen psychologisch geschickteren Ansatz zur persönlichen Entwicklung wählen. Buddha hat es genau richtig formuliert: Sie brauchen eine Methode, um den Elefanten zu zähmen, um Ihren Geist nach und nach zu ändern. Meditation, kognitive Therapie und Fluoxetin sind dafür drei wirksame Mittel. Weil bei jedem etwas anderes wirkt, sollten meiner Ansicht nach alle drei leicht verfügbar sein und weithin „beworben" werden:

> Das Leben ist das, wofür wir es halten, und Sie können sich selbst in neuem Licht sehen – sei es durch Meditation, kognitive Therapie oder Fluoxetin.

Kapitel 3

Gegenseitigkeit um jeden Preis?

Zigong fragte: „Gibt es ein einzelnes Wort, das das ganze Leben leiten könnte?“ Der Meister antwortete: „Sollte dieses Wort nicht Gegenseitigkeit sein? Was du dir nicht selbst wünschst, das füge auch keinem anderen zu.“

KONFUZIUS[1]

Was dir verhasst ist, das tue auch deinem Bruder nicht an – das ist, in wenigen Worten zusammengefasst, die ganze Thora. Der Rest ist nur eine ausführlichere Darstellung dieses einen zentralen Punktes.

RABBI HILLEL (1. JH. V. CHR.)[2]

Wenn Weise ein einzelnes Wort oder Prinzip auswählen sollen, das aus allen anderen herausragt, so ist das fast immer entweder „Liebe“ oder „Gegenseitigkeit“. In Kapitel 6 wird es um die Liebe gehen, in diesem Kapitel um die Gegenseitigkeit. Bei beiden geht es letztlich um das Gleiche: die Bande, die uns miteinander verbinden.

Beispiel für das Prinzip Gegenseitigkeit:

In der Eröffnungsszene des Films *Der Pate* ist Gegenseitigkeit oder Reziprozität wunderbar dargestellt. Die Tochter des Paten Don Corleone feiert ihre Hochzeit. Der italienische Einwanderer Bonasera, ein Bestattungsunternehmer, ist gekommen, um Don Corleone um einen Gefallen zu bitten: Er möchte Rache für die Ehre und den Körper seiner Tochter, die von ihrem Freund und einem anderen jungen Mann geschlagen worden war. Bonasera beschreibt den Angriff, die Verhaftung und den Prozess der beiden jungen Männer. Der Richter verhängte eine Bewährungsstrafe und ließ sie noch am selben Tag frei.

Bonasera ist wütend und fühlt sich gedemütigt; er ist gekommen, um Corleone darum zu bitten, Gerechtigkeit walten zu lassen. Corleone fragt, was er genau wolle. Bonasera flüstert ihm etwas ins Ohr, das – wie wir annehmen können – so lautet: „Töte sie!" Corleone weigert sich und erklärt, dass sich Bonasera bisher noch nicht wirklich als Freund erwiesen habe. Bonasera gibt zu, dass er Angst hatte, in „Schwierigkeiten" zu geraten. Das Gespräch geht weiter wie folgt:

Corleone: Ich verstehe. Du hast in Amerika ein Paradies gefunden, du hast gute Geschäfte gemacht und gut verdient. Die Polizei hat dich geschützt und es gab Gerichte. Und du brauchtest keinen Freund wie mich. Aber jetzt kommst du zu mir und sagst: „Don Corleone, lass mir Gerechtigkeit widerfahren." Du bittest nicht mit Respekt. Du bietest mir keine Freundschaft an. Du denkst nicht einmal daran, mich „Pate" zu nennen. Stattdessen kommst du am Tag der Hochzeit meiner Tochter zu mir und bittest mich, gegen Geld zu morden.

Bonasera: Ich bitte dich um Gerechtigkeit.

Corleone: Das ist keine Gerechtigkeit; deine Tochter lebt noch.

Bonasera: Dann lass die beiden so leiden, wie sie leidet. [Pause] Wie viel soll ich dir bezahlen?

Corleone: Bonasera …, Bonasera … Was habe ich getan, dass du mich so respektlos behandelst? Wenn du als Freund zu mir gekommen wärst, dann würde dieser Abschaum, der deine Tochter ruiniert hat, noch heute die Quittung bekommen. Und wenn ein ehrlicher Mann wie du selbst sich zufällig mit jemandem verfeindet hätte, dann wäre dies auch *mein* Feind. Und dann würde er dich fürchten.

Bonasera: Sei mein Freund – [Er verbeugt sich vor Corleone.] – Pate. [Er küsst Corleones Hand.]

Corleone: Gut. [Pause.] Eines Tages, und dieser Tag wird vielleicht nie kommen, werde ich *dich* vielleicht um einen Gefallen bitten. Aber bis zu diesem Tag – akzeptiere diese Gerechtigkeit als ein Geschenk am Hochzeitstag meiner Tochter.[3]

Diese Szene ist außergewöhnlich, eine Art Ouvertüre, die die Themen Gewalt, Verwandtschaft und Moralvorstellungen einführt, die den Rest des Films bestimmen. Doch ebenso außergewöhnlich ist für mich, wie leicht wir diese komplexe Interaktion in einer fremden Subkultur verstehen. Wir verstehen intuitiv, warum Bonasera will, dass die beiden jungen Männer getötet werden, und warum Corleone sich weigert. Wir zucken bei Bonaseras linkischem Versuch, Geld anzubieten, wo ihm doch die richtige Beziehung zu Corleone fehlt, und wir verstehen, warum Bonasera vorher vorsichtig gewesen war, die richtige Beziehung zu pflegen. Wir verstehen, dass an einem „Geschenk“ eines Mafiabosses eine Kette, nicht nur ein Faden hängt. Wir verstehen all dies mühelos, weil wir die Welt mit den Augen der Gegenseitigkeit betrachten. Reziprozität ist ein tief sitzender Instinkt; sie ist die grundlegende „Währung“ im sozialen Leben. Bonasera benutzt sie, um Rache zu kaufen, die selbst eine Form von Gegenseitigkeit ist. Corleone benutzt sie, um Bonasera in seine erweiterte Familie hineinzumanipulieren. Im weiteren Verlauf des Kapitels werde ich erklären, wie wir Gegenseitigkeit als unsere gesellschaftliche Währung annehmen können und wie wir sie weise ausgeben.

„Ultrasozialität"

Fliegende Tiere scheinen die Gesetze der Physik zu verletzen, doch nur so lange, bis Sie etwas mehr über Physik wissen. Das Fliegen hat sich im Tierreich mindestens drei Mal entwickelt, in drei Teilen der Tierwelt, die voneinander unabhängig waren: bei Insekten, Dinosauriern (darunter die heutigen Vögel) und bei Säugetieren (Fledermäusen). Jedes Mal war schon ein körperliches Merkmal mit potenziell aerodynamischen Eigenschaften vorhanden (beispielsweise Schuppen, die sich zu Federn verlängerten, die später das Gleiten ermöglichten).

Tiere, die in großen friedlichen Gemeinschaften leben, scheinen die Gesetze der Evolution zu verletzen (etwa das Gesetz des Wettbewerbs und das des Überlebens des Stärkeren), doch nur so lange, bis man etwas mehr über die Evolution weiß. Ultrasozialität[4] – das heißt in großen kooperativen Gemeinschaften zu leben, in denen Hunderte oder Tausende Individuen von einer umfassenden Arbeitsteilung profitieren – entwickelte sich mindestens vier Mal im Tierreich: unter den Hautflüglern (Ameisen, Bienen und Wespen), den Termiten, den Nacktmulchen und den Menschen. Jedes Mal war ein Merkmal mit potenziell die Zusammenarbeit fördernden Eigenschaften schon vorhanden. Bei den „nichtmenschlichen" ultrasozialen Arten war dieses Merkmal ein genetisch bedingter Verwandtschaftsaltruismus. Ganz offensichtlich setzen Tiere für die Sicherheit ihrer Jungen ihr Leben aufs Spiel: Im Evolutionsspiel kann man nur gewinnen, wenn man sozusagen lebende Kopien der eigenen Gene hinterlässt.

Doch nicht nur Ihre Kinder tragen die Kopie Ihrer Gene weiter – Ihre Geschwister sind ebenso eng mit Ihnen verwandt (50 Prozent geteilte Gene) wie Ihre Kinder; Ihre Neffen und Nichten teilen ein Viertel der Gene mit Ihnen und Ihre Cousins und Cousinen ein Achtel. Streng darwinistisch gerechnet: So viel an Kosten, wie Sie auf sich nehmen würden, um eines Ihrer Kinder zu retten, so viel müssten Sie auch aufbringen, um zwei Nichten oder vier Cousins zu retten.[5]

Weil fast alle Tiere, die in kooperativen Gruppen leben, auch eng verwandt sind, spiegelt Altruismus im Tierreich meist den einfachen Grundsatz wider, dass gleiche Gene auch gleiche Interessen bedeuten. Doch weil sich die Gemeinsamkeit mit jeder Abzweigung im Familienstammbaum so rasch verringert (Cousins zweiten Grades haben nur noch ein Zweiunddreißigstel mit Ihren Genen gemeinsam), erklärt der Verwandtschaftsaltruismus nur, wie Gruppen von einigen Dutzend oder vielleicht 100 Tieren zusammenarbeiten können. Bei einer Herde von 1000 Tieren wäre nur ein geringer Prozentsatz eng genug verwandt, um Risiken füreinander auf sich zu nehmen. Der Rest wären Rivalen im darwinistischen Sinn.

An diesem Punkt bauten die Vorfahren von Bienen, Termiten und Nacktmulchen auf der Grundlage des gewöhnlichen Verwandtschaftsaltruismus, der viele Arten zusammenleben lässt[6], ihre ungewöhnliche Ultrasozialität auf: Sie sind alle Geschwister. Bei jeder dieser Arten entwickelte sich ein spezielles Fortpflanzungssystem, in dem alle Nachkommen von einer einzelnen Königin abstammen, und fast alle Nachkommen sind entweder steril (Ameisen) oder ihre Fortpflanzungsfähigkeit ist anderweitig unterdrückt (Bienen, Nacktmulche); deshalb ist ein Bienenstock, ein Nest oder eine Kolonie dieser Tiere eine große Familie. Wenn jeder um Sie herum Ihr Geschwister ist und wenn das Überleben Ihrer Gene vom Überleben Ihrer Königin abhängt, dann wird Egoismus zum genetischen Selbstmord. Diese höchst sozialen Arten zeigen ein Maß an Zusammenarbeit und Selbstaufopferung, das die Forscher immer noch erstaunt und inspiriert. Einige Ameisen hängen beispielsweise ihr Leben lang vom Dach eines unterirdischen Gangs und bieten ihren Bauch als Nahrungsspeicher für die anderen im Nest an.[7]

Diese höchst sozialen Tiere entwickelten sich zu einem Staat, in dem alle miteinander verwandt waren, was automatisch zu besonders starker Zusammenarbeit führte (wenn es etwa darum ging, ein großes Nest oder einen Bienenstock zu bauen und zu verteidigen) und die immense Arbeitsteilung ermöglichte. (Ameisen haben Kasten wie: Soldaten, Furiere, Krankenschwestern und Nahrungsspeicher.) Und es führte dazu, dass in Bienenstöcken „Milch und Honig“ in Fülle flossen (oder was immer die jeweilige Art als Nahrungsvorrat anlegte).

Wir Menschen versuchen ebenfalls die Reichweite des Verwandtschaftsaltruismus zu erweitern, indem wir „Nichtverwandte“ mit fiktiven Verwandtschaftsbezeichnungen anreden, etwa wenn Kinder aufgefordert werden, die Freunde ihrer Eltern „Onkel Bob“ und „Tante Sarah“ zu nennen. Ja, die Mafia ist auch bekannt unter der Bezeichnung „die Familie“ und schon die Idee eines Paten ist ein Versuch, eine Art verwandtschaftliche

Beziehung mit jemandem herzustellen, der kein echter Verwandter ist. Der menschliche Geist findet Verwandtschaft zutiefst anziehend und der Verwandtschaftsaltruismus bildet mit Sicherheit die Grundlage der überall in unserer Kultur vorkommenden Vetternwirtschaft. Doch selbst in der Mafia kann der Verwandtschaftsaltruismus Sie nur bis zu einem bestimmten Punkt bringen. Irgendwann müssen Sie mit Menschen zusammenarbeiten, die bestenfalls entfernt verwandt sind: Deshalb ist es besser, Sie haben noch einen weiteren „Trick“ in der Tasche.

Eine Hand wäscht die andere

Wie würden Sie sich verhalten, wenn Sie von einem wildfremden Menschen eine Weihnachtskarte erhielten? Für eine Untersuchung hat das ein Psychologe tatsächlich getestet und zufällig ausgewählten Menschen eine Karte geschickt. Die überwiegende Mehrheit sandte ihm ebenfalls eine.[8] In seinem intelligenten Buch *Die Psychologie des Überzeugens* weist Robert Cialdini von der *Arizona State University* mit dieser und anderen Studien nach, dass Menschen automatisch und reflexartig Gegenseitigkeit praktizieren.[9] Wie andere Lebewesen zeigen wir bestimmte Verhaltensweisen, wenn die Welt uns bestimmte Muster vorgibt. Wenn eine junge Silbermöwe einen roten Punkt am Schnabel der Mutter sieht, pickt sie automatisch danach, um diese zum Auswürgen des Futters zu bewegen. Die junge Möwe pickt genauso energisch an einen roten Punkt auf einem Stift. Eine Katze schleicht um eine Maus herum mit der gleichen geduckten Technik, die Katzen auf der ganzen Welt anwenden: Sie „schwänzelt“, nähert sich und springt dann. Mit der gleichen Technik geht sie auch auf den Faden eines Wollknäuels los, denn der Faden aktiviert zufällig das Wahrnehmungsmuster, mit dem die Katze einen Mäuseschwanz entdeckt. Cialdini betrachtet die Reziprozität als einen ähnlichen ethologischen Reflex: Ein Bekannter oder eine Bekannte erweist jemandem einen Gefallen und der Betreffende möchte sich dafür erkenntlich zeigen. Er revanchiert sich sogar für die leere Geste eines Fremden, etwa eine wertlose Weihnachtskarte.

Dennoch decken sich die Beispiele von Menschen und Tieren nicht ganz. Möwen und Katzen reagieren auf visuelle Reize mit bestimmten Körperbewegungen, die sie sofort ausführen. Der Mensch reagiert auf die

Bedeutung einer Situation mit einer Motivation, die auch noch Tage später durch vielfältige Körperbewegungen befriedigt werden kann. Wir Menschen haben also eine *Strategie* in uns: Wir spielen „Wie-du-mir-so-ich-dir". Verhalte dich anderen gegenüber so, wie sie sich dir gegenüber verhalten. Bei dieser „Wie-du-mir-so-ich-dir"-Strategie geht es vor allem in der ersten Runde darum, *nett* zu sein; doch danach verhalten Sie sich zu Ihrem Gegenüber so, wie er sich in der letzten Runde verhalten hat.[10]

„Wie-du-mir-so-ich-dir" führt uns weit über den Verwandtschaftsaltruismus hinaus. Es eröffnet die Möglichkeit, mit *Fremden* zu kooperieren. Die meisten Interaktionen zwischen Tieren (die nicht eng verwandt sind) sind Nullsummenspiele: Ein Tier gewinnt, das andere verliert. Doch im Leben gibt es unzählige Situationen, in denen Zusammenarbeit den Kuchen, den es zu teilen gibt, vermehren würde, wenn man nur einen Weg zur Kooperation fände, ohne dabei ausgebeutet zu werden. Jäger im Tierreich sind ganz besonders verletzbar durch die Tatsache, dass ihre Aktivität durchaus *wechselhaften* Erfolg haben kann: Einmal finden sie vielleicht weit mehr Nahrung, als sie an einem Tag fressen können, ein andermal finden sie drei Wochen lang nichts. Tiere, die den Nahrungsüberschuss *eines* Tages für eine Anleihe an einem Tag des Mangels eintauschen können, überleben die Wechselfälle des Schicksals mit höherer Wahrscheinlichkeit. Vampirfledermäuse würgen beispielsweise das Blut aus einer erfolgreichen Blutsauge-Nacht in den Schlund eines erfolglosen und genetisch nicht verwandten Artgenossen.

Ein solches Verhalten scheint dem darwinistischen Wettbewerbsgeist zu widersprechen – von der Tatsache abgesehen, dass Fledermäuse sich merken, wer ihnen in der Vergangenheit schon einmal geholfen hat, und mit diesem wiederum teilen sie überwiegend ihre Nahrung.[11] Wie der Pate spielen Fledermäuse „Wie-du-mir-so-ich-dir", und ebenso andere in Herden lebenden Tiere, insbesondere solche, die in relativ kleinen, festen Gruppen leben, in denen die einzelnen Tiere sich gegenseitig als Individuum erkennen.[12]

Doch wenn Tiere auf Nichtkooperation in der nächsten Runde nur genauso mit Nichtkooperation reagieren können, dann kann das „Wie-du-mir-so-ich-dir" nur Gruppen von wenigen Hundert Tieren verbinden. Ist eine Gruppe groß genug, so kann eine „mogelnde" oder „schnorrende" Vampirfledermaus jede Nacht bei einer anderen (erfolgreicheren) Futter erbetteln, und wenn diese dann die mogelnde um einen Gefallen bitten, kann die Moglerin einfach die Flügel um ihren Kopf legen und sich schlafend stellen. Was werden die anderen dann mit ihr machen? Nun, wenn die Fledermäuse Menschen wären, dann wüssten wir, was sie tun würden: Sie würden sie kräftig verprügeln.

Rache und Dankbarkeit sind moralische Empfindungen, die das „Wie-du-mir-so-ich-dir" verstärken und erweitern. Gefühle der Rache und der Dankbarkeit haben sich, so scheint es, genau deshalb entwickelt, weil sie Menschen so wirkungsvoll unterstützen, sich zusammenzutun und dadurch von „Nicht-Nullsummenspielen" zu profitieren.[13] Eine Art, die mit Rache oder Dankbarkeit reagiert, kann in größeren und kooperativeren sozialen Gruppen leben, weil sie in dem Maß weniger für Schwindler aufwenden muss, in dem sie bereit ist, sich Feinde zu machen.[14] Umgekehrt zahlt sich auch Großzügigkeit aus, weil man Freunde gewinnt.

„Wie-du-mir-so-ich-dir" scheint fest in der menschlichen Natur verankert zu sein, als eine Verbindung von ethisch-moralischen Emotionen, die dafür sorgen, dass wir auf einen Gefallen mit einem Gefallen reagieren *wollen*, auf eine Beleidigung mit einer Beleidigung – Auge um Auge und Zahn um Zahn . Einige moderne Theoretiker sprechen sogar von einem „Tauschorgan" im menschlichen Gehirn, als ob ein Teil des Gehirns nur darauf aus wäre, Fairness, ausstehende Schulden und nichtmonetäre Außenstände im Blick zu behalten.[15] Der Begriff „Organ" ist in diesem Bild eine Metapher – niemand rechnet damit, ein eigenständiges Klümpchen Gehirngewebe zu finden, das nur für Gegenseitigkeit zuständig ist. Jedoch legen neuere Hinweise nahe, dass es im Gehirn tatsächlich ein Tauschorgan geben könnte, wenn wir die Bedeutung „Organ" etwas erweitern und einräumen, dass für bestimmte Gehirnfunktionen oft weit entfernte Einheiten von Gehirngewebe zusammenarbeiten, um eine bestimmte Aufgabe auszuführen.

Ein „Ultimatum"-Spiel

Nehmen wir an, man fordert Sie auf, an einem „Ultimatum"-Spiel teilzunehmen, das Ökonomen erfunden haben[16], um das Spannungsfeld zwischen Fairness und Gier zu untersuchen. Es geht so: Zwei Personen begeben sich in ein Labor, treffen aber dort nicht zusammen. Der Experimentator gibt der einen Person –

nehmen wir an, nicht Ihnen – 20 Dollarscheine und bittet sie, diese Banknoten zwischen Ihnen und ihr zu teilen, ganz wie sie will. Der Experimentator fordert dann *Sie* auf, das Geld entweder anzunehmen oder das Zugeteilte abzulehnen und damit aus dem Spiel auszuscheiden. Die Falle dabei ist, dass Sie *beide nichts* bekommen, wenn Sie aussteigen, indem Sie Nein sagen.

Falls Sie beide absolut rational wären (wie die meisten Ökonomen annehmen), dann würde Ihr(e) Mitspieler(in) Ihnen *einen* Dollar anbieten, weil sie weiß, dass Sie lieber *einen* Dollar haben als keinen und dass Sie ihr Angebot annehmen würden, weil sie Sie richtig eingeschätzt hat. Doch die Ökonomen liegen bei Ihnen beiden daneben. Im wirklichen Leben bietet niemand nur *einen* Dollar an; ungefähr die Hälfte der Leute bieten *zehn* Dollar an. Doch was würden Sie tun, wenn Ihr Spielpartner Ihnen *sieben* Dollar anböte? Oder fünf? Oder drei? Die meisten Menschen würden *sieben* Dollar akzeptieren, *drei* jedoch nicht. Die meisten sind bereit, auf einige wenige Dollars zu verzichten, aber nicht auf sieben, da möchten sie lieber den egoistischen Spielpartner *bestrafen* (der dann aufgrund ihrer Ablehnung selbst auch nichts bekommt).

Nehmen wir nun weiter an, Sie wären während dieses Spiels an einen fMRI-Scanner angeschlossen. (fMRI = *functional Magnetic Resonance Imaging* oder eingedeutscht „funktionelle Kernspintomographie“) Alan Sanfey und seine Kollegen in Princeton machten genau das mit ihren Versuchspersonen; die Forscher beobachteten, welche Gehirnareale stärker aktiv waren, wenn die Leute unfaire Angebote bekamen.[17] Beim Vergleich zwischen den fairen und den unfairen Angeboten unterschieden sich drei Gehirnareale ganz besonders: Eines davon war die frontale Insel, ein Bereich vorn an der Unterseite der Großhirnrinde. Dieses Areal ist, wie man weiß, während der meisten negativen oder unangenehmen emotionalen Zustände aktiv, besonders bei Ärger und Ekel.

Ein anderer aktiver Bereich war der dorsolaterale präfrontale Kortex, direkt hinter den Seiten der Stirn, der beim logischen Denken und Rechnen aktiv ist. Die vielleicht interessanteste Erkenntnis aus Sanfeys Studie ist, dass sich die endgültige Entscheidung der Personen – annehmen oder ablehnen – vorhersagen ließ, indem man den Zustand des Gehirns unmittelbar *vor* dem Knopfdruck betrachtete. Versuchspersonen, deren Insel aktiver war als der dorsolaterale präfrontale Kortex, standen unmittelbar davor, das unfaire Angebot abzulehnen; die mit dem umgekehrten Muster akzeptierten es.

(Kein Wunder, dass Marketingleiter, politische Berater und die CIA sich so für *neural imaging*, also die bildgebende Darstellung des Gehirns, und für „Neuromarketing“ interessieren.)

Dankbarkeit und Rache sind große Schritte auf dem Weg der Menschheit zur Ultrasozialität und es ist wichtig zu erkennen, dass sie die zwei Seiten derselben Medaille sind. Eine ließe sich ohne die andere kaum entwickeln. Ein dankbarer Mensch ohne die Fähigkeit zur Rache ließe sich leicht ausnützen und ein nur rachsüchtiger, undankbarer Mensch würde rasch alle möglichen Partner für Zusammenarbeit vor den Kopf stoßen. Dankbarkeit und Rache sind also nicht zufällig zwei wesentliche Kräfte, die die Mafia zusammenhalten. Der Pate sitzt im Mittelpunkt eines riesigen Netzes gegenseitiger Verbindlichkeiten und Gefälligkeiten. Mit jedem Gefallen, den er erweist, wächst seine Macht, und er weiß, dass niemand, dem sein Leben lieb ist, ihm dann, wenn der Pate es will, einen Gefallen versagen wird. Für die meisten von uns ist Rache viel weniger rigoros, doch wenn Sie lange genug in einem Büro, Restaurant oder Geschäft gearbeitet haben, wissen Sie, dass es viele subtile Möglichkeiten gibt, es denen heimzuzahlen, die Sie geärgert haben, und viele Arten, denen zu helfen, die auch Ihnen geholfen haben.

Sie betrügen ihn und ich betrüge Sie

Als ich sagte, dass die Leute einen Undankbaren verprügeln würden, der ihnen nicht ebenfalls einen Gefallen erweist, da habe ich eines nicht erwähnt: Beim ersten Mal würden sie wahrscheinlich nur darüber *reden*. Sie würden den *Ruf* des Undankbaren ruinieren. Klatsch ist ein weiterer wesentlicher Mosaikstein in dem Rätsel, wie Menschen ultrasozial wurden. Das könnte auch erklären, warum unsere Köpfe so groß sind.

Woody Allen beschrieb sein Gehirn einmal als sein „zweitliebstes Organ“, doch für uns alle ist es das weitaus teuerste im Unterhalt. Es macht gerade mal zwei Prozent des Körpergewichts aus, verbraucht aber 20 Prozent unserer Energie. Das menschliche Gehirn wächst so sehr, dass Menschen vorzeitig auf die Welt kommen müssen[18] (zumindest im Vergleich zu anderen Säugetieren, die erst dann auf die Welt kommen, wenn ihr Gehirn mehr oder weniger dazu in der Lage ist, den Körper zu steuern), und selbst dann schaffen die Menschen es kaum durch den Geburtskanal. Sind sie erst einmal aus dem Mutterleib heraus, brauchen diese riesigen Gehirne, die an den hilflosen Babykörpern hängen, jemanden, der sie ein oder zwei Jahre lang herumträgt.

Es muss einen sehr triftigen Grund dafür gegeben haben, dass sich die Größe des menschlichen Gehirns von unseren letzten (mit den Schimpansen gemeinsamen) Vorfahren bis heute verdreifachte und so unseren Eltern immense Kosten aufbürdete. Einige argumentierten, es sei das Jagen und Herstellen von Werkzeugen, andere behaupten, dass die zusätzliche graue Masse unseren Vorfahren half, Früchte zu finden. Doch die einzige Theorie, die erklärt, warum Lebewesen allgemein eine bestimmte Gehirngröße haben, ist die, die die Gehirngröße mit der Größe der sozialen Gruppe in Beziehung setzt. Robin Dunbar[19] hat gezeigt, dass der Logarithmus der Gehirngröße *innerhalb* einer vorgegebenen Gruppe von Wirbeltieren – Primaten, Fleischfresser, Huftiere, Vögel, Reptilien oder Fische – fast genau proportional ist zum Logarithmus der sozialen Gruppengröße. Mit anderen Worten: Im ganzen Tierreich werden die Gehirne größer, damit die Tiere in immer größeren Gruppen leben können. Soziale Tiere sind gescheite Tiere.

Dunbar betont, dass Schimpansen in Gruppen von circa 30 Tieren leben und, wie alle sozialen Primaten, sehr viel Zeit darauf verwenden, sich gegenseitig zu pflegen. *Vom Logarithmus der Gehirngröße aus betrachtet sollten Menschen in Gruppen von ungefähr 150 leben.* Und tatsächlich belegen Untersuchungen an Gruppen von Sammlern und Jägern, militärischen Einheiten sowie die Adressbücher von Stadtbewohnern, dass 100 bis 150 Personen die „natürliche" Gruppengröße ist, in der sich die Menschen noch persönlich und namentlich kennen und wissen, wie die Menschen miteinander verwandt sind. Doch wenn das gegenseitige Putzen für die Gemeinschaft der Primaten so zentral war und wenn unsere Vorfahren in immer größeren Gruppen zu leben begannen (aus einem anderen Grund, etwa um eine neue ökologische Nische zu nutzen, mit einem hohen Risiko, wilden Tieren zum Opfer zu fallen), dann wurde das Putzen an irgendeinem Punkt zu einem ungeeigneten Mittel, Beziehungen zu pflegen.

Dunbar behauptet, dass sich die Sprache als Ersatz für körperliche Pflege entwickelt habe.[20] Die Sprache gestattet kleinen Gruppen von

Menschen, schnell eine Verbindung herzustellen und sich gegenseitig über die Verbindungen anderer zu informieren. Er bemerkt, dass Menschen die Sprache tatsächlich in erster Linie dafür benutzen, über andere zu reden – um herauszufinden, wer wem was antut, wer mit wem zusammen ist, wer mit wem streitet ... Und Dunbar weist darauf hin, dass es beim Erfolg in unserer ultrasozialen Art hauptsächlich darum geht, wie gut man das gesellschaftliche Spiel spielt.

Es geht nicht darum, was Sie wissen – es geht darum, wen Sie kennen. Kurz gesagt behauptet Dunbar, dass sich die Sprache entwickelte, weil dadurch Klatsch und Lästern möglich wurden. Individuen, die gesellschaftliche Informationen austauschen konnten – egal mit wie primitiven Kommunikationsmitteln –, waren im Vorteil gegenüber denjenigen, die das nicht konnten. Und sobald die Menschen zu klatschen begannen, wurde unkontrolliert darum gewetteifert, die Kunst der sozialen Manipulation zu beherrschen, der Aggression in Beziehungen und der geschickten Förderung des eigenen Ansehens, was insgesamt noch mehr Grips erforderte.

Niemand weiß genau, wie sich die Sprache entwickelte, doch mich faszinieren Dunbars Spekulationen so sehr, dass ich anderen Leuten gern davon erzähle. Das ist kein guter Klatsch – schließlich kennen Sie Dunbar nicht –, doch wenn Sie so sind wie ich, dann haben Sie den Drang, Ihren Freunden von allem Neuen zu erzählen, das Sie fasziniert, und genau dieser Drang veranschaulicht Dunbars Punkt: Wir sind *motiviert*, Informationen an unsere Freunde weiterzugeben; wir sagen sogar manchmal: „Ich kann es nicht für mich behalten, ich muss es jemandem erzählen."

Und was passiert, wenn Sie einen pikanten Klatsch Ihren Freunden weitererzählen? Deren Reziprozitätsreflex reagiert und sie fühlen sich leicht gedrängt, die Gefälligkeit zu erwidern. Falls sie etwas über die jeweilige Person oder das Ereignis wissen, äußern sie sich eventuell so: „Ach, wirklich? Und ich habe gehört, dass ..." Klatsch ruft Klatsch hervor und ermöglicht uns, die Reputation aller zu verfolgen, ohne ihre guten und schlechten Taten persönlich beobachten zu müssen. Klatsch erzeugt ein Nicht-Nullsummenspiel, weil es uns nichts kostet, uns gegenseitig zu informieren, doch haben beide den Vorteil, informiert zu werden.

Da ich mich besonders für die Rolle des Klatsches in der *Ethik* interessiere, hat es mich sehr gefreut, als mir eine Studentin meiner Fakultät, Holly

Hom, mitteilte, sie wolle Klatsch untersuchen. Für eine von Holly Homs Untersuchungen[21] baten wir 51 Personen, eine Woche lang jedes Mal einen kurzen Fragebogen auszufüllen, wenn sie sich mehr als zehn Minuten lang unterhielten. Wir zogen nur die Aufzeichnungen heran, in denen über eine andere Person gesprochen wurde; so bekamen wir etwa *eine* mögliche Klatsch-Situation pro Person und Tag.

Folgendes gehörte zu unseren wichtigsten Erkenntnissen: Klatsch ist überwiegend *kritisch* und dreht sich in erster Linie um moralische und gesellschaftliche Fehltritte anderer. (Bei College-Studenten gab es da viel Gesprächsstoff über Sexualität, Reinlichkeit und Trinkgewohnheiten ihrer Freunde und Zimmernachbarn …) Gelegentlich erzählen Leute schon Geschichten über die *positiven* Taten anderer, doch Geschichten über „Sünden" sind zehn Mal häufiger. Wenn Menschen qualitativ hochwertigen („pikanten") Klatsch weitergeben, fühlen sie sich mächtiger, sie haben stärker das gemeinsame Gefühl für Richtig und Falsch und sie fühlen sich ihren Klatschpartnern enger verbunden.

Eine zweite Untersuchung ergab, dass die meisten Menschen Klatsch und „Klatschbasen" als negativ ansehen, obwohl fast alle Menschen klatschen. Als wir die Einstellung der Leute zum Klatsch und die sozialen Funktionen, die er erfüllt, verglichen, kamen Holly Hom und ich zu dem Schluss, dass Klatsch nicht ausreichend gewürdigt wird. In einer Welt ohne Klatsch würden die Menschen zwar bei einem Mord nicht davonkommen, wohl aber mit unhöflichem, egoistischem und antisozialem Verhalten, und sie würden ihre eigenen Verfehlungen oft gar nicht bemerken.

Klatsch erweitert unsere ethisch-moralische und emotionale Werkzeugkiste. In einer Welt mit Klatsch empfinden wir nicht nur Rache und Dankbarkeit denen gegenüber, die uns verletzen beziehungsweise helfen; wir empfinden auch schwache, aber aufschlussreiche Anflüge von Verachtung und Ärger gegenüber Menschen, die wir vielleicht nicht einmal kennen. Stellvertretend schämen wir uns oder es ist uns peinlich, wenn wir von Personen hören, deren Intrigen, Lüste und persönliches Versagen aufgedeckt werden. Klatsch ist wie ein Polizist oder ein Lehrer. Ohne Klatsch käme es zu Chaos und Ignoranz.[22]

Viele Arten von Lebewesen praktizieren Gegenseitigkeit, doch nur die Menschen klatschen, und zwar sehr häufig über den Wert anderer

Menschen als Partner für gegenseitige Beziehungen. Auf diese Weise erschaffen wir eine ultrasoziale Welt, eine Welt, in der wir es auf praktisch alle möglichen Arten unterlassen, diejenigen auszunützen, die schwächer sind als wir, eine Welt, in der wir oft denen helfen, die uns wahrscheinlich nie einen Gefallen erwidern können. Wir *wollen* „Wie-du-mir-so-ich-dir" spielen, also anfangs nett, ohne allerdings ein Schwächling zu sein, und wir *wollen* den Ruf eines guten Spielers pflegen.

Klatsch und Ansehen stellen sicher, dass das, was so „herumgeht", auch wieder zu uns zurückkommt: Wer grausam ist, wird feststellen, dass andere ihm gegenüber ebenfalls grausam sind, und wer freundlich ist, wird auch andere freundliche Menschen treffen. Klatsch in Verbindung mit Reziprozität sorgt dafür, dass „Karma" hier auf der Erde stattfindet, nicht im nächsten Leben. Solange jeder „Wie-du-mir-so-ich-dir" spielt und sich dabei auf Dankbarkeit, Rache und Klatsch stützt, sollte das ganze System wunderbar funktionieren. (Das tut es allerdings selten, wegen unserer eigennützigen Neigungen und der massiven Heuchelei. Vgl. Kapitel 4.)

„Nutze die Macht, Luke …"

Es war weise von Konfuzius, Gegenseitigkeit als die beste Maxime für das Leben anzugeben. Sie ist wie ein Zauberstab, der Ihnen den Weg durch den Dschungel des sozialen Lebens ebnen kann. Doch wer *einen* Band „Harry Potter" gelesen hat, der weiß, dass Zauberstäbe auch gegen einen selbst eingesetzt werden können. Robert Cialdini untersuchte jahrelang die „schwarzen Künste" sozialer Einflussnahme. Er bewarb sich routinemäßig auf Anzeigen, in denen Leute gesucht wurden, die an der Haustür oder übers Telefon Produkte verkauften, und nahm an den Trainingsprogrammen teil, um ihre Techniken zu erlernen. Dann schrieb er ein Handbuch für diejenigen unter uns, die den Tricks der professionellen Überzeugungsstrategen Widerstand leisten wollen.[23]

Cialdini beschreibt sechs Prinzipien, die Verkäufer gegen uns anwenden – das grundlegende ist Reziprozität. Leute, die etwas von uns wollen, versuchen uns erst etwas zu geben:

Das beruht auf Gegenseitigkeit …

Wir alle haben Visitenkarten oder kostenlose Postkarten von Wohltätigkeitsunternehmen, die ihre Marketingberater uns in ihrer Herzensgüte zukommen ließen. Die „Hare Krishnas“ haben diese Technik zur Vollendung gebracht: Sie drückten ahnungslosen Fußgängern Blumen oder billige Ausgaben der *Bhagavad Gita* in die Hand und baten nur um eine Spende. Als Cialdini die Krishna-Anhänger am O'Hare-Flughafen in Chicago beobachtete, merkte er, dass sie routinemäßig an den Abfalleimern vorbeigingen und die Blumen wieder herausholten, die, wie sie wussten, weggeworfen wurden. Nur wenige Passanten wollten die Blumen behalten, aber als diese Technik eingeführt wurde, waren die meisten unfähig, die Blumen anzunehmen und dann *nicht* ebenfalls etwas zu geben. Die Krishna-Anhänger wurden reich, indem sie den Reziprozitätsreflex der Menschen ausnutzten – bis alle mehr über sie erfuhren und Wege fanden, die „Geschenke“ erst gar nicht anzunehmen.

Doch Legionen anderer sind immer noch hinter Ihnen her. Supermärkte und Amway-Verkäufer (Amway bietet verschiedenste Produkte über ein Netzwerk-Marketing-System an; Anm. d. Übers.) verteilen kostenlose Proben, um den Umsatz zu steigern. Kellner und Kellnerinnen legen eine Münze auf das Tablett mit der Rechnung – diese Technik erhöht erwiesenermaßen die Trinkgelder.[24] Ein „Geschenkgutschein“ über fünf Dollar (oder Euro), der mit einer Umfrage per Post verschickt wird, lässt die Leute den Fragebogen bereitwilliger ausfüllen als die Zusage, *nach* dem Ausfüllen und Zurücksenden des Fragebogens 50 Dollar (Euro) zu bekommen.[25]

Wenn wir etwas umsonst bekommen, dann freut sich ein Teil von uns, aber ein anderer Anteil (ein Teil des Elefanten, der automatischen Prozesse) greift zur Brieftasche, um etwas zurückzugeben.

Beim Verhandeln wirkt Gegenseitigkeit genauso gut. Einmal bat ein Pfadfinder Cialdini, Karten für einen Film zu kaufen, den er gar nicht sehen wollte. Als Cialdini ablehnte, bat der Pfadfinder ihn, stattdessen ein paar billigere Tafeln Schokolade zu kaufen. Cialdini sah sich dann mit drei

Tafeln Schokolade weitergehen, die er eigentlich auch nicht wollte. Der Pfadfinder war ihm entgegengekommen und Cialdini tat das Gleiche, indem er ebenfalls entgegenkam.

Doch statt wütend zu werden, bekam Cialdini Informationen. Er führte seine eigene Version dieser Begegnung durch, indem er College-Studenten fragte, die gerade über das Hochschulgelände gingen, ob sie bereit wären, eine Gruppe jugendlicher Straftäter einen Tag bei einem Zoobesuch zu betreuen. Nur 17 Prozent der Befragten willigten ein. In einer anderen Versuchsanordnung wurden die Studenten zuerst gefragt, ob sie freiwillig zwei Jahre lang zwei Stunden pro Woche mit jugendlichen Straftätern arbeiten würden. Alle lehnten ab, doch als der Experimentator dann um den Tagesausflug in den Zoo bat, stimmten 50 Prozent zu.[26]

Zugeständnisse führen zu Zugeständnissen. Auch bei finanziellen Verhandlungen stehen die Leute, die zuerst eine extreme Position einnehmen und dann auf die Mitte zugehen, letzten Endes besser da als diejenigen, die bei einer vernünftigeren Position anfangen, an dieser aber festhalten.[27] Und mit einem extremen Angebot, bei dem Sie dann nachgeben, erzielen Sie nicht nur einen besseren Preis, sondern Ihr Geschäftspartner ist auch glücklicher (oder ein Opfer): Er (oder sie) schätzt mit höherer Wahrscheinlichkeit die Einigung, weil er (oder sie) das Gefühl hat, das Ergebnis stärker mitbestimmen zu können. Genau dieser Prozess von Geben und Nehmen erzeugt ein Gefühl von Partnerschaft, sogar bei der Person, der etwas genommen wird.

Wenn Ihnen ein Verkäufer das nächste Mal ein Geschenk oder eine kostenlose Beratung anbietet oder irgendeine Art von Zugeständnis macht, gehen Sie in Deckung! Lassen Sie nicht zu, dass er Ihren „Knopf für Gegenseitigkeit“ drückt. Der beste Ausweg aus der Reziprozität – so Cialdini – ist der, Gegenseitigkeit mit Gegenseitigkeit zu erwidern. Wenn Sie den Schachzug eines Verkäufers als das bewerten können, was er ist, nämlich ein Versuch, Sie auszubeuten, dann fühlen Sie sich im Recht, ihn ebenfalls auszubeuten. Nehmen Sie das Geschenk oder Zugeständnis mit einem Gefühl des Sieges an – Sie beuten gerade einen Ausbeuter aus –, nicht mit dem Gefühl, ihm deswegen verpflichtet zu sein.

Doch Gegenseitigkeit ist nicht nur ein Weg, mit Pfadfindern oder missliebigen Verkäufern umzugehen; sie gilt auch für Freunde und Partner. In einem frühen Stadium sind Beziehungen in ihrem Gleichgewicht äußerst anfällig; eine ganz wunderbare Art, die Situation zu ruinieren, besteht darin, entweder zu viel zu geben (dann erscheinen Sie vielleicht fast verzweifelt) oder zu wenig (dann erscheinen Sie kalt und abweisend).

Beziehungen gedeihen am besten, wenn Geben und Nehmen ausgewogen sind, vor allem bei Geschenken, Gefälligkeiten, Aufmerksamkeit und Sichoffenbaren. Bei den ersten drei ist das ja offensichtlich, doch oft merken Menschen nicht, inwieweit es ein Schachzug ist, bei Verabredungen Vertrauliches auszusprechen. Wenn Ihnen jemand von einer früheren Liebesbeziehung erzählt, entsteht in der Unterhaltung der Erwartungsdruck, dass Sie ebenfalls auspacken. Wird diese „Enthüllungskarte“ zu früh ausgespielt, fühlen Sie sich vielleicht hin- und hergerissen – Ihr Reziprozitätsreflex sorgt dafür, dass Sie sich darauf vorbereiten, ebenfalls etwas zu erzählen, doch ein anderer Teil in Ihnen weigert sich, einem beinahe noch fremden Menschen Intimitäten mitzuteilen. Zur rechten Zeit eingefädelt, kann ein Gespräch über vergangene Beziehungen beider ein unvergesslicher Wendepunkt auf dem Weg zur Liebe sein.

Gegenseitigkeit ist für Beziehungen ein „Allzweck-Tonikum“. Richtig eingesetzt stärkt, verlängert und erneuert sie soziale Bindungen. Sie wirkt teilweise deshalb so gut, weil der Elefant von Natur aus nachahmt. Wenn wir beispielsweise mit jemandem zu tun haben, den wir mögen, dann neigen wir dazu, seine (ihre) Bewegungen automatisch und unbewusst nachzumachen.[28] Wenn die Person mit dem Fuß auf den Boden klopft, tun Sie das mit höherer Wahrscheinlichkeit auch; streicht sie sich über ihr Gesicht, so machen Sie das vielleicht ebenfalls. Doch wir ahmen nicht nur die Menschen nach, die wir mögen – wir mögen auch die, die uns nachmachen! Menschen, die subtil nachgeahmt werden, sind ihren Nachahmern und auch anderen gegenüber hilfsbereiter und liebenswürdiger.[29] Kellnerinnen, die ihre Gäste nachahmen, bekommen mehr Trinkgeld.[30]

Nachahmung ist eine Art sozialer Leim, eine Art zu sagen: „Wir sind eins.“ Die einenden Freuden des Nachahmens zeigen sich besonders deutlich bei gemeinsamen Aktivitäten wie Tanzen (Polonaise), Anfeuern einer Fußballmannschaft und religiösen Ritualen, bei denen die Menschen zur gleichen Zeit das Gleiche tun. Ein Thema für den Rest meines Buches ist, dass Menschen teilweise wie in Schwärmen zusammenleben, wie Bienen; doch in der heutigen Welt verbringen wir fast die ganze Zeit außerhalb des Bienenstocks. Gegenseitigkeit verbindet uns wieder mit anderen, genau wie Liebe.

KAPITEL 4

Die Fehler der anderen

Warum siehst du den Splitter im Auge deines Bruders, aber den Balken in deinem Auge bemerkst du nicht? … Du Heuchler! Zieh zuerst den Balken aus deinem Auge, dann kannst du versuchen, den Splitter aus dem Auge deines Bruders herauszuziehen.

MATTHÄUS 7, 3–5

Die Fehler der anderen siehst du mühelos, doch deine eigenen Fehler siehst du nur schwer; die Fehler der anderen sonderst du aus, wie man die Spreu vom Weizen sondert, doch deine eigenen Fehler versteckst du, wie ein Falschspieler einen schlechten Wurf.

BUDDHA[1]

Es macht Spaß, über Heuchler zu lachen; und in den letzten Jahren hatten die Amerikaner da viel zu lachen. Denken Sie an den konservativen Radiomoderator Rush Limbaugh: Auf die Kritik, die USA verfolgten unverhältnismäßig viele Schwarze wegen Drogendelikten, erwiderte er, auch weiße Drogenabhängige sollten gefasst und „eingelocht" werden. Im Frühling 2003 musste er seine Äußerungen zurücknehmen, nachdem Beamte in Florida ihn erwischt hatten, als er enorme Mengen Oxycontin kaufte – ein Schmerzmittel, das auch als „Hinterwäldler-Heroin" bezeichnet wird. Ein anderer Fall ereignete sich in meiner Heimat Virginia. Der Kongressabgeordnete Ed Schrock war ein entschiedener Gegner von

Rechten für Homosexuellen, er war gegen die Heirat Homosexueller und gegen ihren Militärdienst. Über dieses Nebeneinander beim Militär meinte er: „Ich meine, sie sind mit Ihnen in der Dusche, sie sind mit Ihnen im Speisesaal ...“[2] Im August 2004 gelangten Audiokassetten mit Aufzeichnungen an die Öffentlichkeit, die Schrock (ein verheirateter Mann) bei *Megamates* – einer Telefonsex-Nummer – hinterlassen hatte. Schrock beschrieb darin die anatomischen Merkmale seines *Wunschpartners* sowie die Praktiken, an denen er interessiert war.

In der Ironie, dass der Moralist selbst genau über *die* moralischen Verfehlungen stolpert, die er öffentlich verurteilt, liegt ein besonderes Vergnügen. Es ist das Gleiche wie bei einem gut erzählten Witz. Manche Witze wirken schon mit *einem einzigen* Gedankengang über zwei oder drei Sätze lustig (ähnlich einem geistreichen Bonmot), doch die meisten brauchen *drei* Abschnitte: Sie handeln beispielsweise von *drei* Männern, die nacheinander in eine Bar gehen ..., oder von einem katholischen und einem evangelischen Pfarrer und einem Rabbi in einem Rettungsboot ... Die ersten beiden Akteure geben immer ein bestimmtes Muster vor, der letzte fällt sozusagen aus dem Rahmen.

Bei der Heuchelei setzt die „Predigt“ des Heuchlers den Rahmen und sein heuchlerisches *Handeln* ist die Pointe. Skandale haben deshalb einen so hohen Unterhaltungswert, weil die Menschen Verachtung empfinden können, also eine ethisch-moralische Emotion, die einem das Gefühl moralischer Überlegenheit vermittelt, ohne eine Gegenleistung zu fordern. Bei Verachtung braucht man nichts Unrechtes in Ordnung bringen (wie bei Ärger) oder aus der Situation zu fliehen (wie bei Furcht oder Ekel). Außerdem, und das ist das Beste daran, lässt sich Verachtung wunderbar mit anderen teilen. Über die moralischen Verfehlungen anderer wird mit am häufigsten getratscht[3], sie sind auch ein häufiges Thema in Talkshows; dabei können die Menschen leicht zeigen, dass ihre Moralvorstellungen ähnlich sind. Erzählen Sie einem Bekannten eine Geschichte mit spöttischer Note, nach der Sie *beide* grinsend den Kopf schütteln, und siehe da, schon haben Sie ein Band geknüpft.

Nun, hören Sie lieber wieder auf mit dem Grinsen; denn eine der am meisten verbreiteten Erkenntnisse (quer durch alle Kulturen und Epochen) lautet: Wir sind alle Heuchler, und indem wir die Heuchelei anderer verachten, verstärken wir nur unsere eigene. Erst in jüngster Zeit haben Sozialpsychologen die Mechanismen herausgefunden, die uns blind machen gegenüber den Balken in unseren eigenen Augen. Die moralischen Konsequenzen aus diesen Erkenntnissen sind in der Tat beunruhigend, sie rütteln an unseren moralischen Grundfesten. Doch diese Folgen können auch befreiend sein und uns von destruktivem Moralismus und spaltender Selbstgerechtigkeit freimachen.

Den Schein wahren

Als man untersuchte, wie Altruismus und Zusammenarbeit sich entwickeln, verließ man sich großenteils auf Studien, in denen mehrere Personen (oder Personen in einer Computersimulation) ein Spiel spielen. Bei jeder Spielrunde tut eine Person sich mit einem Mitspieler zusammen und kann sich aussuchen, ob sie kooperativ sein und so den Kuchen, den sie teilen, vermehren möchte oder ob sie gierig sein will (– jeder versucht so viel wie möglich an sich zu reißen). Nach vielen Spielrunden zählt man die Punkte, die jeder Spieler erreicht hat, und prüft, welche Strategie langfristig die einträglichste ist. Bei diesen Spielen, die als einfache Modelle des Spiels des Lebens gedacht sind, schneidet keine Strategie besser ab als „Wie-du-mir-so-ich-dir".[4] Auf lange Sicht und in vielen Bereichen lohnt es sich, mit anderen zu kooperieren und gleichzeitig wachsam zu bleiben, dass man nicht betrogen wird.

Doch diese einfachen Spiele sind in gewisser Hinsicht einfältig. Die Spieler stehen an jedem Punkt vor der Wahl: kooperieren oder sich absetzen. Jeder Spieler reagiert dann auf das Verhalten des anderen in der Runde vorher. Im wirklichen Leben reagieren wir nicht auf die Handlungen eines anderen; wir reagieren nur auf das, was der andere *unserer Meinung nach* tat, und die Kunst, Eindruck zu schinden, überbrückt die Kluft zwischen Handeln und Wahrnehmung. Wenn das Leben letztlich nur unsere *Interpretation* des Lebens ist, warum sollte man dann nicht bestrebt sein, andere dazu zu überreden, dass sie *glauben*, man selbst sei ein rechtschaffener und vertrauenswürdiger Kooperationspartner? Deshalb schrieb Niccolo

Machiavelli, dessen Name für einen durchtriebenen und amoralischen Umgang mit Macht steht, vor 500 Jahren:

> „*Die weitaus meisten Menschen geben sich mit dem Schein zufrieden, als ob er die Wahrheit wäre, und sie lassen sich oft mehr von Dingen beeinflussen, die* scheinen, *als von denen, die* sind.“[5]

Natürliche Auslese funktioniert – wie auch die Politik – nach dem Prinzip des Überlebens des Stärkeren und verschiedene Forscher behaupten, die Menschen entwickelten sich, um das Spiel des Lebens nach Machiavelli-Art zu spielen.[6] Dessen Version beispielsweise von „Wie-du-mir-so-ich-dir“ lautet: Tu alles in deiner Macht Stehende, um deinen *Ruf* eines vertrauenswürdigen, jedoch wachsamen Partners zu pflegen – wie auch immer die Wirklichkeit aussehen mag.

Am einfachsten lässt sich dieser Ruf, fair zu sein, kultivieren, indem man tatsächlich fair ist, doch das Leben und psychologische Experimente zwingen uns bisweilen dazu, uns zwischen Schein und Wirklichkeit zu entscheiden.

Fairness?

Dan Batson von der Universität von Kansas entwickelte eine sehr geschickte Methode, Versuchspersonen vor diese Wahl zu stellen; und seine Erkenntnisse sind gar nicht schön. Er holte Studenten einzeln in sein Labor und ließ sie an einer Untersuchung teilnehmen, die – wie sie glaubten – zeigen sollte, wie ungleiche Belohnung sich auf Teamarbeit auswirkt.[7] Das Vorgehen wurde so erklärt: Ein Mitglied jedes Zweierteams wird für die richtigen Antworten auf Fragen mit einem Lotterielos belohnt, mit dem man einen wertvollen Preis gewinnen kann. Das andere Mitglied erhält nichts.

Die Versuchspersonen erfuhren außerdem, dass es bei einem weiteren Teil des Versuchs um die Wirkung von Kontrolle gehe: „Sie, die Versuchsperson, entscheiden, wer von Ihnen beiden belohnt wird und wer nicht. Ihr Partner ist bereits hier, in einem anderen Zimmer, und Sie werden sich nicht begegnen. Ihrem Partner wird gesagt, dass die Entscheidung zufällig getroffen wurde. Sie können sich entscheiden, wie Sie wollen. Ach, und hier ist eine Münze: Die meisten Versuchspersonen in dieser Studie glauben, so scheint es, dass sich mit dem Werfen einer Münze die gerechtesten Entscheidungen treffen lassen."

Dann wurden die Versuchspersonen allein gelassen und sollten entscheiden. Ungefähr die Hälfte von ihnen benutzte die Münze. Das weiß Batson, weil die Münze in einer kleinen Plastiktüte verpackt war und die Hälfte der Tüten aufgerissen war. Von denen, die keine Münze warfen, wählten 90 Prozent die positive Aufgabe für sich selbst. Von denjenigen, die die Münze warfen, wurden die Gesetze der Wahrscheinlichkeit ausgesetzt und 90 Prozent von ihnen wählten die positive Aufgabe für sich selbst. Batson hatte allen Versuchspersonen (Psychologiestudenten) einige Wochen vorher verschiedene Fragebögen über ethisches Verhalten ausgeteilt; so konnte er überprüfen, wie unterschiedliche Maßstäbe für eine „ethische Persönlichkeit" die Vorhersage der individuellen Verhaltensweisen der Beteiligten erlaubten. Er stellte Folgendes fest:

Die Personen, denen es nach eigenen Angaben sehr wichtig war, sich um andere zu kümmern, und die sich sozial sehr verantwortlich fühlten, öffneten mit höherer Wahrscheinlichkeit die Plastiktüte mit der Münze; doch sie überließen der anderen Person nicht mit höherer Wahrscheinlichkeit die positive Aufgabe. Anders ausgedrückt: Leute, die sich für besonders moralisch halten, tun mit höherer Wahrscheinlichkeit „das Richtige" und werfen die Münze; doch wenn das Ergebnis zu ihren Ungunsten ausfällt, finden sie eine Möglichkeit, das Ergebnis zu ignorieren, und verfolgen ihre eigenen Interessen. Batson nennt diese Neigung, den bloßen *Anschein* moralischen Verhaltens höher zu schätzen als tatsächliches moralisches Verhalten, „moralische Heuchelei".

Batsons Versuchspersonen, die die Münzen geworfen hatten, gaben auf einem Fragebogen an, die Entscheidung ethisch getroffen zu haben. Nach seiner ersten Untersuchung fragte Batson sich, ob die Leute sich vielleicht selbst betrogen hatten, indem sie nicht klar angaben, was Kopf oder Zahl bedeutete. („Lass mal sehen, Kopf, hm, ach ja, das bedeutet, ich hab die gute

Seite.") Doch als er die beiden Seiten der Münze eindeutig kennzeichnete, bewirkte das auch keinen Unterschied. Die einzige Manipulation, die Wirkung zeigte, bestand darin, einen großen Spiegel unmittelbar vor der Versuchsperson aufzuhängen und gleichzeitig in der Anleitung die Wichtigkeit der Fairness zu betonen. Als die Versuchspersonen gezwungen waren, über Fairness nachzudenken, und sahen, wie sie selbst betrogen, hörten sie damit auf. Wie Jesus und Buddha in den Eingangszitaten dieses Kapitels erwähnten, können wir einen Betrüger *leicht* erkennen, wenn wir unseren Blick nach *außen* richten, doch nur schwer, wenn wir nach *innen* blicken. Volksweisheiten aus der ganzen Welt pflichten dem bei:

> *Obwohl du die sieben Fehler anderer siehst, sehen wir unsere eigenen zehn nicht.*
>
> JAPANISCHES SPRICHWORT[8]

> *Ein Ziegenbock merkt nicht, dass er stinkt.*
>
> NIGERIANISCHES SPRICHWORT[9]

Zu beweisen, dass Menschen selbstsüchtig sind oder dass sie bisweilen betrügen, wenn sie wissen, dass sie nicht erwischt werden, das scheint ein guter Weg zu sein, einen Artikel in der weit verbreiteten „Zeitschrift für unglaublich offensichtliche Ergebnisse" unterzubringen. Weniger offensichtlich ist jedoch, dass in fast allen dieser Untersuchungen die Versuchspersonen nicht glauben, falsch zu handeln. So ist es auch im wirklichen Leben. Von dem Menschen, der Sie auf der Autobahn schneidet, bis hin zu den Nazis, die die Konzentrationslager unterhielten, halten sich die meisten Menschen für gute Menschen und glauben, sie handelten aus guten Motiven. Das „Wie-du-mir-so-ich-dir" à la Machiavelli erfordert die Hingabe an den Schein und damit auch die Beteuerung der eigenen Tugend, selbst wenn man sich für das Laster entscheidet. Solche Beteuerungen sind besonders wirkungsvoll, wenn die Sprecher sie auch selbst glauben. Robert Wright formuliert das in seinem meisterhaften Buch *Diesseits von Gut und Böse – The moral animal – Die biologischen Grundlagen unserer Ethik* so:

> *Die Spezies Mensch ist herausragend durch ihre moralische Ausstattung, ist tragisch in ihrer Neigung zu Missbrauch und pathetisch in ihrer naturgegebenen Ignoranz des Missbrauchs."*[10]

Wenn Wright Recht hat mit der „naturgegebenen Ignoranz" unserer Heuchelei, dann bewirken die Ermahnungen der Weisen, mit dem Feixen aufzuhören, nicht mehr als der Rat an einen Depressiven, doch einfach aus der Depression herauszukommen.

> Man kann die eigenen mentalen Filter nicht allein durch Willenskraft verändern; man muss mit Aktivitäten wie Meditation oder kognitiver Therapie den „Elefanten“ umerziehen.

Doch zumindest geben die meisten depressiven Menschen zu, dass sie depressiv sind. Die Heuchelei zu heilen ist viel schwieriger, weil ein Teil des Problems darin besteht, dass wir nicht glauben, dass es ein Problem gibt. Für den Kampf in einer machiavellinischen Welt der Manipulation des Rufes sind wir gut gerüstet und zu unseren wichtigsten Waffen zählt die Täuschung, wir nähmen am Kampf gar nicht teil. Wie kommen wir damit durch?

Den inneren Anwalt finden

Erinnern Sie sich noch an Julie und Mark, die Geschwister aus dem ersten Kapitel, die miteinander schliefen? Die meisten Leute verurteilten ihr Handeln, obwohl kein Schaden daraus entstand, und dachten sich dann Gründe aus, gelegentlich auch üble, um ihre Verurteilung zu rechtfertigen. In meinen Untersuchungen über moralische Urteile habe ich festgestellt, dass die Leute sehr geschickt darin sind, Gründe zu finden, die ihr Bauchgefühl bestätigen. Der Reiter agiert wie ein Anwalt, den der Elefant bestellt hat, um ihn vor dem Gericht der öffentlichen Meinung zu vertreten.

Die Leute schätzen Anwälte oft deshalb gering, weil sie für die Interessen ihrer Mandanten eintreten, nicht für die Wahrheit. Um ein guter Anwalt zu sein, hilft es oft, gut lügen zu können. (Wortspiel im Englischen: *lawyer* = Anwalt; *liar* =Lügner; Anm. d. Übers.) Viele Anwälte lügen zwar nicht direkt, doch die meisten halten nach Kräften ungelegene Tatsachen hinter dem Berg und erfinden gleichzeitig für den Richter eine plausible alternative Geschichte, und zwar eine, die – wie sie manchmal selbst wissen – nicht stimmt. Unser *innerer* Anwalt macht es genauso, aber irgendwie glauben wir die Geschichten, die er sich ausdenkt. Um sein Vorgehen zu verstehen, müssen wir ihn auf frischer Tat ertappen; wir müssen ihn beobachten, wie er unter geringem und unter starkem Druck seine Aufgabe erledigt.

Gelegentlich rufen Leute ihre Anwälte an, um sich zu erkundigen, ob ein bestimmtes Vorgehen zulässig sei: „Nicht dass ich Sie zu etwas drängen wollte: Sagen Sie mir einfach, ob ich das machen kann.“ Der Anwalt sieht in den entsprechenden Gesetzen und Verordnungen nach und ruft zurück: „Ja, dazu gibt es ein Urteil“, oder vielleicht auch: „Nein, von solch einem Vorgehen würde ich als Anwalt Ihnen abraten.“ Ein guter Anwalt wird die Frage von allen Seiten betrachten, alle möglichen Folgen bedenken und ein anderes Vorgehen empfehlen; doch eine solche Gründlichkeit hängt teilweise von den Klienten ab – wollen diese wirklich einen Rat oder wollen sie für ihren Plan lediglich rotes oder grünes Licht?

Untersuchungen über logisches Denken im Alltag belegen, dass der Elefant kein wissbegieriger Mandant ist. Wenn man Menschen über schwierige Fragen nachdenken lässt – etwa darüber, ob der Mindestlohn erhöht werden soll –, neigen sie in der Regel von vornherein zur einen oder anderen Sichtweise und *dann* wenden sie sich an ihre Vernunft, um festzustellen, ob diese Position Zuspruch findet. Dazu ein Beispiel: Jemand ist instinktiv dafür, dass der Mindestlohn erhöht werden soll, und schaut sich dann nach Bestätigung um. Wenn er zum Beispiel glaubt, seine Tante, die für den Mindestlohn arbeitet, könne ihre Familie nicht ernähren, dann fühlt er sich darin bestätigt, dass der Mindestlohn erhöht werden sollte. Damit ist die Sache erledigt.

Die Kognitionspsychologin Deanna Kuhn[11] hat solche alltäglichen Überlegungen untersucht und herausgefunden, dass die meisten Leute bereitwillig Pseudo-Beweise wie den mit der Tante anführen. Die meisten konnten ihre Sichtweise nicht wirklich beweisen und machten sich auch nicht die Mühe, nach Belegen zu suchen, die ihrer anfänglichen, spontanen Ansicht widersprachen.

David Perkins[12], Psychologe in Harvard, der sich der Aufgabe verschrieben hat, das vernünftige Denken zu verbessern, kam zum gleichen Ergebnis. Er sagt, dass das Denken gewöhnlich einer Regel folge, die besage, dass man aufhören könne nachzudenken, wenn man etwas gefunden habe, was

„Sinn ergibt“: Wir nehmen einen Standpunkt ein, schauen nach Beweisen, die ihn untermauern, und wenn wir genügend „Beweismaterial“ finden, das „Sinn macht“, dann hören wir wieder auf zu denken. Doch zumindest in Situationen mit geringem Druck wie derjenigen, wenn jemand *anders* Gründe und Beweise für das Gegenteil vorbringt, können Menschen dazu gebracht werden, ihre Einstellung zu ändern; sie machen sich nur einfach nicht die Mühe, selbst so zu denken.

Nun wollen wir den Druck erhöhen: Eine Mandantin hat bei ihrer Steuererklärung gemogelt und ist erwischt worden. Sie ruft ihren Anwalt an. Sie gibt es nicht zu und fragt: „War das in Ordnung?“ Und fordert den Anwalt auf: „Tun Sie was!“ Der legt sich ins Zeug, bewertet die nachteiligen Beweisstücke, untersucht die einschlägige Rechtsprechung sowie Schlupflöcher und überlegt, wie Privatausgaben plausibel als betriebliche Ausgaben deklariert werden können. Der Anwalt hat den Auftrag bekommen: Tun Sie alles in Ihrer Macht Stehende, um mich zu verteidigen! Untersuchungen über *motivated reasoning* (etwa: argumentieren, um selbst gut dazustehen) belegen, dass Personen, die zu einem bestimmten Schluss kommen *wollen*, noch schlimmer argumentieren als die Versuchspersonen von Kuhn und Perkins, doch der Mechanismus bleibt sich im Wesentlichen gleich: Sie suchen einseitig nach stützenden Beweisen.[13]

Leute, die erfahren, dass sie bei einem Test auf soziale Intelligenz schlecht abgeschnitten haben, suchen besonders intensiv nach Gründen, mit denen sie den Test abwerten können. Wenn man Menschen bittet, eine Untersuchung zu lesen, die belegt, dass eine ihrer Gewohnheiten – etwa Kaffeetrinken – ungesund ist, so denken sie ganz scharf nach, um Schwachstellen in der Untersuchung zu finden, und zwar Punkte, die „Nicht-Kaffeetrinkern“ gar nicht auffallen. Studien belegen immer wieder, dass Menschen sich gedanklich auf die Suche nach Gründen machen, die ihre bevorzugte Überzeugung oder Handlungsweise bestätigen. Und weil wir dabei in der Regel erfolgreich sind, landen wir bei der Illusion der Objektivität. Wir halten unsere Position wirklich für rational und objektiv gerechtfertigt.

Benjamin Franklin erkannte unsere Tricks – wie gewöhnlich. Doch er zeigte ungewöhnliche Einsicht, als er sich selbst dabei ertappte. Obwohl er aus Überzeugung Vegetarier war, lief ihm bei einer langen Schiffsreise das Wasser im Mund zusammen, als die Männer Fisch grillten:

> *„Eine Weile schwankte ich zwischen Grundsatz und Lust, bis mir endlich einfiel, daß man beim Öffnen eines Kabeljaus kleinere Fische in dessen Bauch gefunden habe, worauf ich dachte: ‚Wenn ihr einander verzehrt, so sehe ich keinen Grund, dich nicht auch zu verspeisen.' Demzufolge aß ich mit nicht geringem Wohlbehagen von dem Fisch und tat es überhaupt seitdem wie andere Menschen, indem ich nur ab und an zu meiner Pflanzenkost zurückkehrte."*[14]

Franklin kam zu dem Schluss:

> *Wie angenehm ist es doch, ein* vernünftiges Geschöpf *zu sein, das einen annehmbaren Vorwand für alle seine Gelüste zu finden oder zu erfinden weiß!*

Die rosarote Brille

Ich möchte nicht für *alles* den Anwälten die Schuld geben. Schließlich ist der Anwalt der Reiter – Ihr bewusstes, denkendes Selbst; und er nimmt Anweisungen vom Elefanten entgegen – Ihrem automatischen und unbewussten Selbst. Die beiden stecken unter einer Decke, um das Spiel des Lebens zu gewinnen, indem sie „Wie-du-mir-so-ich-dir" à la Machiavelli spielen, aber beide streiten es ab.

Um bei diesem Spiel zu gewinnen, müssen Sie sich anderen gegenüber so gut wie möglich geben. Sie müssen rechtschaffen erscheinen, ob Sie das nun sind oder nicht, und Sie müssen die Vorteile der Zusammenarbeit gewinnen, ob Sie sie nun verdienen oder nicht. Doch alle anderen spielen das gleiche Spiel, deshalb müssen Sie sich auch verteidigen – Sie müssen sich vor der Selbstdarstellung anderer und ihren übergebührlichen Ansprüchen hüten.

Das soziale Leben ist deshalb immer ein Spiel des sozialen Vergleichs. Wir müssen uns selbst mit anderen vergleichen, *unser* Handeln mit *ihrem*, und irgendwie müssen wir diese Vergleiche zu unseren Gunsten hindrehen. (Bei Depressionen gehört es zum Wesen der Krankheit, dass dieser Vergleich in die andere Richtung geht, wie Aaron Beck es in seiner kognitiven Triade beschrieb: Ich bin schlecht, die Welt ist schrecklich und meine

Zukunft ist düster.) Einen Vergleich können Sie drehen, indem Sie entweder die eigenen Behauptungen übertreiben oder die der anderen herabsetzen. In Anbetracht meiner bisherigen Ausführungen könnte man erwarten, dass wir beides tun, doch die psychologische Forschung hat immer wieder festgestellt, dass wir andere recht treffend wahrnehmen. Uns selbst hingegen nehmen wir verzerrt wahr, weil wir uns durch die rosarote Brille betrachten.

In Garrison Keillors fiktivem Dorf Lake Wobegon sind alle Frauen stark, alle Männer gut aussehend und alle Kinder überdurchschnittlich. Doch wären die Einwohner von Wobegon real, dann würden sie noch weitergehen: Die meisten von ihnen würden sich für stärker, besser aussehend oder gescheiter als den durchschnittlichen Wobegonianer halten. Wenn Amerikaner und Europäer sich selbst einschätzen sollen in Bezug auf Tugenden, Fertigkeiten oder andere erstrebenswerte Charakterzüge (darunter auch Intelligenz, die Fähigkeit, Auto zu fahren, sexuelle Potenz und Ethik), bezeichnet die Mehrheit sich als überdurchschnittlich.[15] (In den ostasiatischen Ländern ist das weniger anzutreffen, in Japan vielleicht gar nicht.)[16]

In einer hervorragenden Experimentreihe[17] untersuchten Nick Epley und David Dunning, wie wir das machen. Dazu baten sie Studenten der *Cornell University*, anzugeben, wie viele Blumen *sie* bei der nächsten Wohltätigkeitsveranstaltung kaufen würden und wie viele der *durchschnittliche* Student. Danach prüften sie das tatsächliche Verhalten. Die Versuchspersonen hatten ihre eigene „Wohltätigkeit" weit überschätzt, die anderen aber recht genau taxiert. In einer zweiten Untersuchung von Epley und Dunning sollten die Versuchspersonen vorhersagen, wie sie sich bei einem Spiel verhalten würden, in dem entweder egoistisch oder kooperativ um Geld gespielt würde. Die gleichen Ergebnisse: 84 Prozent gaben an, sie würden kooperativ spielen; von den Mitspielern erwarteten sie das (im Durchschnitt) nur von 64 Prozent. Als das Spiel tatsächlich stattfand, spielten 61 Prozent kooperativ.

In einer dritten Untersuchung zahlten Epley und Dunning den Teilnehmern fünf Dollar dafür, dass sie an einem Experiment teilnahmen; danach sollten sie vorhersagen, wie viel sie selbst und die anderen von dem Geld spenden würden, wenn sie, nur einmal angenommen, nach dem Experiment zu einer besonderen Spende aufgefordert würden. Die Versuchspersonen sagten, sie würden (im Durchschnitt) 2,44 Dollar spenden, die anderen jedoch nur 1,83 Dollar. Als die Studie dann wiederholt wurde und sie tatsächlich spenden sollten, gaben alle durchschnittlich nur 1,53 Dollar.

Bei der raffiniertesten Studie beschrieben die Forscher einer *neuen* Gruppe von Versuchspersonen die dritte Untersuchung in allen Einzelheiten; auch sie sollten vorhersagen, wie viel sie selbst in dieser Situation und wie viel andere Cornell-Studenten spenden würden. Die Teilnehmer sagten ebenfalls voraus, sie würden wesentlich großzügiger sein als andere. Doch dann erfuhren sie einzeln, wie viel die Versuchspersonen der dritten Studie tatsächlich gegeben hatten (durchschnittlich 1,53 Dollar). Mit dieser neuen Information konnten die Teilnehmer ihre Einschätzung noch einmal revidieren, was sie auch taten. Die Spenden anderer korrigierten sie nach unten, ihre eigenen geplanten änderten sie jedoch nicht. Mit anderen Worten: Mit dem Wissen über die Spendensumme revidierten die Versuchspersonen ihre Vorhersagen über *andere* treffend, weigerten sich aber, dieses Wissen auf ihre rosige Selbsteinschätzung zu beziehen. Wir beurteilen andere nach ihrem Verhalten, über uns selbst aber haben wir spezielle Informationen, so glauben wir – wir wissen, was in uns „wirklich" vorgeht, deshalb können wir unser egoistisches Verhalten leicht „wegerklären" und an der Illusion festhalten, wir seien besser als andere.

Uneindeutigkeit verstärkt die Illusion. Viele Charakterzüge wie etwa „Führungsqualitäten" lassen sich so unterschiedlich definieren, dass man sich das Kriterium aussuchen kann, das einem selbst am meisten schmeichelt. Bin ich selbstbewusst, so kann ich Führungsqualität als Selbstbewusstsein definieren. Falls ich glaube, ich könne gut mit Menschen umgehen, kann ich Führungsqualität als die Fähigkeit beschreiben, Menschen zu verstehen und auf sie einzuwirken. Wenn wir uns selbst mit anderen vergleichen, dann geht das im Allgemeinen so: Wir formulieren die Frage (unbewusst, automatisch) so, dass der jeweilige Charakterzug mit einer Stärke zu tun hat, die wir bei uns selbst wahrnehmen, und suchen dann im Außen nach einem Beweis dafür, dass wir diese Stärke haben. Sobald wir einen gefunden haben und sobald wir eine „Geschichte" haben, die „Sinn macht", haben wir es geschafft. Dann können wir aufhören nachzudenken und in unserem Selbstwert schwelgen.

Da ist es auch kein Wunder, dass 70 Prozent der Schüler weiterführender Schulen ihre Führungsqualitäten als überdurchschnittlich einstuften, nur 2 Prozent bezeichneten sie als unterdurchschnittlich – befragt wurde über eine Million amerikanischer Schüler. Jeder und jede findet *irgendeine* Fertigkeit, die sich mit Führungsqualität in Verbindung bringen lässt, und findet dann *einen* Beweis dafür, dass er (oder sie) diese Eigenschaft hat.[18] (In dieser Hinsicht sind College-Professoren wie ich weniger schlau als Gymnasiasten – 94 Prozent von uns halten unsere Arbeit für überdurchschnittlich.)[19] Doch wenn da nur *wenig* Raum für Ungenauigkeit ist – etwa bei den Fragen: Wie groß sind Sie? Wie gut können Sie jonglieren? –, dann neigen die Leute zu mehr Bescheidenheit.

Wenn diese ins Kraut schießenden, den Selbstwert aufblähenden Tendenzen nur ein gutes Selbstgefühl der Menschen bewirken würden, wären sie ja kein Problem. Ja, es ist erwiesen, dass Menschen, die generell positive Illusionen sowohl über sich selbst als auch über ihre Fähigkeiten und ihre Zukunftsaussichten hegen, geistig gesünder, glücklicher und beliebter sind als die, die solche Illusionen nicht haben.[20] Doch solch eine verzerrte Sichtweise kann dazu führen, dass Menschen das Gefühl haben, sie verdienten mehr, als es tatsächlich der Fall ist; und so schaffen sie die Voraussetzungen für endlose Streitereien mit anderen, die für sich ebenfalls überzogene Ansprüche anmelden.

Im ersten College-Jahr habe ich mich endlos mit meinen Zimmerkameraden gestritten. Ich hatte einen Großteil der Möbel beigesteuert, darunter auch den hoch geschätzten Kühlschrank, und tat viel, um unseren gemeinsamen Raum sauber zu halten. Nach einer Weile war ich es leid, mehr als meinen Anteil zu tun; ich machte nicht mehr so viel und ließ den Raum verlottern, sodass jemand anders die „Differenz“ ausgleichen konnte. Das tat aber niemand. Meinen Groll hingegen nahmen sie sehr wohl zur Kenntnis, woraufhin sie geschlossen gegen mich waren. Im nächsten Jahr, als wir nicht mehr zusammenwohnten, wurden wir enge Freunde.

Als mein Vater mich und meinen Kühlschrank im ersten Jahr ins College brachte, sagte er mir, dass ich das Wichtigste nicht in Vorlesungen lernen würde, und damit hatte er recht. Ich musste noch mehrere Jahre mit Mitbewohnern zusammenwohnen, bevor ich erkannte, wie sehr ich mich in diesem ersten Jahr zum Narren gemacht hatte. Freilich dachte ich, dass ich übergebührlich viel gemacht hatte. Jede Kleinigkeit, die ich für die Gruppe getan hatte, war mir zwar bewusst, die Beiträge der anderen hingegen nur teilweise. Und selbst wenn meine Aufstellung richtig gewesen wäre, war ich selbstgerecht darin, dass ich überhaupt über einzelne Bereiche innerlich Buch führte. Ich suchte die Punkte aus, die mir wichtig waren – etwa den Kühlschrank sauber zu halten –, und darin gab ich mir eine Eins mit Stern.

Wie bei anderen sozialen Vergleichen gestattet uns die Uneindeutigkeit, den Vergleich so anzustellen, dass wir gut dabei wegkommen und dann beweisen, wie wunderbar wir kooperieren. Untersuchungen über dieses „unbewusste Überbewerten" (des eigenen Beitrags) zeigen: Wenn Ehefrau und Ehemann jeweils ihren Prozentsatz der Hausarbeit einschätzen, kommen sie insgesamt auf über 120 Prozent.[21] Oder als Studenten in einer Arbeitsgruppe ihren Beitrag für das Team bewerten sollten, belief sich das gesamte Engagement auf 139 Prozent.[22] Wann immer sich Menschen zusammentun, um in Gruppen zu arbeiten, von denen in der Regel alle profitieren, besteht aufgrund eigennütziger Neigungen die Gefahr, dass Gruppenmitglieder einander grollen.

Ich *habe recht* – Sie *sind voreingenommen!*

Wenn schon Ehepartner, Kollegen und Mitbewohner so leicht grollen, dann wird die Situation nur schlimmer, wenn Menschen miteinander verhandeln müssen, die *keine* gemeinsamen Ziele haben oder die sich *nicht* zugetan sind. Immense gesellschaftliche Ressourcen werden für Rechtsstreitigkeiten, Streiks oder Auseinandersetzungen bei Scheidungen aufgewendet, nachdem sich die Parteien nicht gütlich einigen konnten, weil die gleichen selbstwertdienlichen Verzerrungen eine scheinheilige Entrüstung schürten. In solch angespannten Situationen arbeiten die Anwälte (die realen und die metaphorischen) rund um die Uhr, um den Fall zugunsten der eigenen Klienten zu wenden und zu drehen.

George Loewenstein und seine Kollegen von *Carnegie Mellon* (einer privaten Forschungsuniversität; Anm. d. Übers.) fanden eine Möglichkeit, diesen Vorgang zu untersuchen.[23] Dafür gaben sie jeweils zwei Versuchsteilnehmern die Akten zu einem realen Rechtsstreit zu lesen (über einen Motorradunfall in Texas); eine Person war dabei der Beklagte, die andere der Kläger, zudem bekamen beide für ihre Verhandlungen echtes Geld. Jedes Paar sollte zu einer fairen Einigung kommen und wurde davor gewarnt, dass beide „Mitspieler“ schlechter dastehen würden, falls sie sich nicht einigten, denn dann würde ihnen eine Entscheidung aufoktroyiert werden und die „Verfahrenskosten“ würden vom zur Verfügung stehenden Geld abgezogen. Wenn beide Mitspieler *von Anfang an* wussten, welche Rolle sie zu spielen hatten, beurteilten sie den Fall unterschiedlich, stellten unterschiedliche Vermutungen darüber an, wie der Richter im echten Fall entschieden hatte, und argumentierten voreingenommen. Mehr als ein Viertel aller Paare schaffte es nicht, sich zu einigen. Erfuhren die Spieler jedoch erst *nach* dem Lesen der gesamten Unterlagen, welche Rolle sie zu spielen hatten, so wurden sie viel „vernünftiger“ und nur sechs Prozent aller Paare konnten sich in diesem Fall nicht einigen.

Da Loewenstein erkannte, dass im „echten Leben“ die Identität der Streitparteien *nicht* bis zur letzten Minute unklar ist, suchte er andere Wege, um die Parteien zu „objektivieren“. Dafür ließ er Versuchspersonen kurze Abhandlungen über verschiedenartige „selbstwertdienliche“ Verzerrungen lesen, die Menschen in ihrer Situation beeinflussen; so wollte er feststellen, ob die Versuchspersonen ihre Voreingenommenheit und Verzerrung zurücknahmen. Das Ergebnis: Keine Chance – die Versuchspersonen nutzten zwar die Informationen, um das Verhalten ihres Gegners genauer vorherzusagen, aber ihre eigene Ausrichtung änderten sie um keinen Deut.

Epley und Dunning hatten es ja bereits festgestellt: Die Menschen sind tatsächlich offen für Informationen, die das Verhalten anderer vorhersagen, aber sie weigern sich, ihre Selbsteinschätzung zu revidieren. In einer weiteren Untersuchung folgte Loewenstein einem Vorschlag, den Paartherapeuten oft machen: Beide Partner sollen einen kurzen Aufsatz schreiben, in dem sie die Sicht *ihres Partners* so überzeugend wie möglich darstellen. Hier gab es erst recht keine Chance: Die Manipulation ging nach hinten los, denn wenn man über die Argumente des Gegners nachdenkt, denkt man automatisch auch noch mehr über die *eigene* Seite nach, weil man diese ja widerlegen soll.

Eine Manipulation aber hat funktioniert: Wenn die Versuchspersonen erst eine Abhandlung über selbstwertdienliche Verzerrungen lesen sollten und dann gebeten wurden, einen kleinen Aufsatz über die Schwächen in *ihrem eigenen* Fall zu schreiben, dann geriet ihre vorherige Selbstgerechtigkeit ins Wanken: Diese Versuchspersonen waren ebenso gerecht wie diejenigen, die erst in letzter Minute von ihrer Rolle erfuhren. Doch bevor Sie diese Technik zur Reduzierung von Heuchelei allzu optimistisch betrachten, sollten sie sich bewusst machen, dass Loewenstein die Personen nach Schwächen in ihrem *Fall* fragte – also in den *Positionen*, die sie vertraten –, nicht nach Schwächen in ihrem *Charakter*.

Emily Pronin in Princeton und Lee Ross in Stanford versuchten Menschen dabei zu helfen, ihre selbstwertdienliche Verzerrung zu überwinden. Dafür brachten sie ihnen einiges über Voreingenommenheit und Verzerrung bei und fragten dann: „Gut, jetzt wissen Sie ja über diese Voreingenommenheit Bescheid – wollen Sie etwas an Ihrer Aussage über sich selbst ändern?" Viele Studien erbrachten die gleichen Ergebnisse: Die Menschen lernten recht begierig etwas über die verschiedenen Formen selbstwertdienlicher Verzerrungen und wandten ihr neu erworbenes Wissen dann an, um die Reaktionen *anderer* vorherzusagen. Ihre *Selbsteinschätzung* blieb davon unberührt.[24] Selbst wenn Sie jemanden am Kragen packen, ihn schütteln und sagen: „Hör mir zu! Die meisten Menschen haben eine überhöhte Ansicht von sich selbst. Sei realistisch!", dann weigern sie sich und murmeln in ihren Bart: „Ja, andere mögen voreingenommen sein, aber *ich habe wirklich* überdurchschnittliche Führungsqualitäten."

Pronin und Ross führen diesen Widerstand auf ein Phänomen zurück, das sie als „naiven Realismus" bezeichnen: Wir alle glauben, wir sähen die Welt direkt, so wie sie wirklich ist. Außerdem glauben wir, dass alle die Fakten so sehen können, wie wir sie sehen – deshalb sollten die anderen uns zustimmen. Falls sie das nicht tun, ergibt sich daraus, dass sie entweder die maßgeblichen Fakten noch nicht kennen oder dass sie von ihren eigenen Interessen und Ideen geblendet werden. Die Menschen erkennen an, dass ihr eigener Hintergrund ihre Ansichten prägt, doch solche Erfahrungen *verfestigen* nur die eigenen „Erkenntnisse".

Ein Beispiel:

Als Arzt weiß man um die Probleme des Gesundheitswesens. Und doch zieht man den *Hintergrund* anderer Menschen heran, um deren verzerrte Sichtweise und verborgene Beweggründe zu erklären. Ärzte glauben zum Beispiel, dass Anwälte nur deshalb eine

Reform des Deliktrechts ablehnen, weil eigennützige Interessen deren Denken prägten, und nicht, weil die Anwälte mit den Opfern ärztlicher Kunstfehler umgehen müssen und deshalb ihre eigene Sichtweise der Dinge haben. (In Deutschland ist die Rechtslage anders. Eine Reform des Deliktrechts ist derzeit nicht geplant. Anm. d. Übers.)

Es erscheint dem naiven Realisten sonnenklar, dass *alle* von Ideologie und Eigeninteresse beeinflusst sind – außer ihm selbst: „*Ich* sehe die Dinge so, wie sie sind." Wenn ich sozusagen einen Kandidaten nominieren könnte für die Ernennung zum „größten Hindernis für den Weltfrieden und die Harmonie der Gesellschaft", dann wäre das der naive Realismus, weil er so leicht von der individuellen auf die Gruppenebene „hochgekurbelt" werden kann: *Meine* Gruppe hat recht, denn wir sehen die Dinge, wie sie sind. Und die, die anderer Meinung sind, sind ganz offensichtlich von ihrer Religion, ihrer Ideologie oder ihren eigenen Interessen beeinflusst. – Der naive Realismus vermittelt uns eine Welt aus Gut und Böse und das führt uns zu der verwirrendsten Folgerung aus der Erkenntnis der Weisen über Heuchelei:

Gut und Böse existieren *nur* in unseren Glaubenssätzen und Überzeugungen.

Der „Teufel" stillt Begierden

Eines Tages im Jahr 1998 erhielt ich einen handgeschriebenen Brief von einer mir unbekannten Dame aus meiner Stadt. Sie beschrieb, wie Kriminalität, Drogen und Teenagerschwangerschaften überhandnähmen. Mit der Gesellschaft gehe es bergab, weil der Teufel sich auf neues Terrain vorwage. Sie lud mich in ihre Kirche ein, damit ich dort spirituellen Schutz fände. Als ich ihren Brief las, musste ich ihr zustimmen, dass der Teufel sich auf neues Terrain vorwagte, und zwar fern von uns und um uns in Frieden zu lassen. Die späten neunziger Jahre waren goldene Jahre. Der Kalte Krieg war vorüber, Demokratie und Menschenrechte waren auf dem Vormarsch, Südafrika hatte die Apartheid überwunden, Israelis und Palästinenser ernteten die Früchte des Osloer Abkommens und aus Nordkorea kamen ermutigende Signale. In den Vereinigten Staaten von Amerika waren Kriminalität und Arbeitslosigkeit massiv zurückgegangen, die Börsenkurse kletterten immer höher und der daraus resultierende Wohlstand versprach, die Staatsverschuldung zu tilgen. Selbst die Kakerlaken verschwanden aus unseren Städten, weil das Kakerlakengift *Combat* großflächig eingesetzt wurde. Wovon um Himmelswillen sprach die Dame also?

Wenn eine „Moralgeschichte" der neunziger Jahre geschrieben würde, könnte sie den Titel tragen: *Teufel verzweifelt gesucht*. Da Frieden und Harmonie im Kommen waren, schienen die Amerikaner nach „Ersatzschurken" zu suchen. Wir versuchten es mit Drogenhändlern (– doch dann ging die Crack-Epidemie zurück) und Kinderschändern (– meist ein Elternteil). Die kulturelle Rechte verteufelte die Homosexuellen; die Linke Rassisten und Homophobe. Als ich über diese verschiedenen Schurken nachdachte sowie auch über die älteren Bösewichter, den Kommunismus und den Teufel selbst, erkannte ich, dass die meisten davon drei Eigenschaften gemeinsam haben:

- Bösewichter sind *unsichtbar*. (Man kann das Böse nicht allein an seiner *Erscheinung* erkennen.)
- Das Böse wirkt *ansteckend*, weshalb es entscheidend ist, leicht beeinflussbare junge Menschen vor einer Infektion zu schützen (etwa vor kommunistischen Ideen, homosexuellen Lehrern oder Stereotypen im Fernsehen). Und:
- Die Schurken können nur dann besiegt werden, wenn wir alle uns zusammentun. Mir wurde klar, dass die Menschen sich auf einer göttlichen Mission glauben wollen im Kampf für das eher weltliche Gute (etwa Tiere, Embryos, Frauenrechte); aber ohne gute Verbündete und ohne einen guten Feind bleibt von einer Mission nicht viel übrig.

Das Problem des Bösen hat viele Religionen schon von Anfang an geplagt. Wenn Gott vollkommen gut und allmächtig ist, dann erlaubt er entweder dem Bösen zu gedeihen (das heißt aber, er ist *nicht vollkommen gut*), oder er kämpft gegen das Böse (was aber bedeutet, dass er *nicht allmächtig* ist). Aus diesem Paradoxon haben Religionen im Allgemeinen einen von drei möglichen Schlüssen gezogen:[25]

1. Die erste Lösung ist ein klarer *Dualismus*: Es gibt eine gute Macht und eine böse, sie sind gleich und einander entgegengesetzt und sie kämpfen für alle Zeiten. Die Menschen sind Teil des Schlachtfeldes. Wir bestehen zum Teil aus dem Guten, zum Teil aus dem Bösen und wir müssen uns für eine Seite entscheiden. Diese Sichtweise kommt am deutlichsten bei den Religionen aus Persien und Babylonien zum Ausdruck, etwa in der Lehre des Zarathustra, und diese Sichtweise hat das Christentum als langlebige Doktrin beeinflusst, die Manichäismus genannt wird.

2. Die zweite mögliche Schlussfolgerung ist der reine *Monismus*: Es gibt einen Gott; er erschuf die Welt so, wie sie sein soll, und das Böse ist eine Illusion. Diese Anschauung herrscht in den Religionen vor, die sich in Indien entwickelten. Sie vertreten die Ansicht, dass die ganze Welt – oder zumindest ihr emotionaler Griff nach uns – eine Illusion sei und dass Erleuchtung bedeute, diese Illusion zu überwinden.

3. Die dritte mögliche Schlussfolgerung, die das Christentum gezogen hat, verbindet Monismus und Dualismus, und zwar so, dass sie letztlich die Güte und die Macht Gottes mit der Existenz des Teufels aussöhnt. Diese Schlussfolgerung ist so kompliziert, dass ich sie nicht verstehe. Anscheinend geht das auch vielen Christen so, die eine eindeutige manichäische Weltanschauung vertreten, jedenfalls nach dem zu urteilen, was ich in den Gospel-Radiosendern in Virginia höre; danach kämpfen Gott und der Teufel für alle Zeiten miteinander. Ja, trotz der vielfältigen theologischen Diskussionen, die in den verschiedenen Religionen geführt werden, ähneln sich die konkreten Darstellungen von Teufeln, Dämonen und anderen bösen Mächten über alle Kontinente und Zeitalter hinweg ganz erstaunlich.[26]

Aus psychologischer Sicht erscheint der Manichäismus ganz plausibel. „Unser Leben ist eine Kreation unseres Verstandes“, sagt Buddha, und unser Geist hat sich so entwickelt, dass wir „Wie-du-mir-so-ich-dir“ à la Machiavelli spielen. Wir alle handeln egoistisch und kurzsichtig, aber unser innerer Anwalt stellt sicher, dass wir uns und unsere Verbündeten dafür nicht selbst tadeln. Deshalb sind wir von unserer eigenen Tugendhaftigkeit überzeugt, finden aber rasch Voreingenommenheit, Gier und Doppelzüngigkeit bei anderen. In Bezug auf die Motive anderer liegen wir oft richtig, doch wenn die Konflikte eskalieren, beginnen wir grob zu übertreiben und ersinnen eine Geschichte, in der die reine Tugend (*unsere* Seite) gegen das absolute Böse (die *andere* Seite) kämpft.

Der Mythos vom absolut Bösen

In den Tagen, nachdem ich den erwähnten Brief erhalten hatte, dachte ich viel über das Verlangen, das Bedürfnis, die „Sucht" nach dem Bösen nach. Ich beschloss, einen Artikel über dieses Bedürfnis zu schreiben und die Methoden der modernen Psychologie zu nutzen, um das Böse auf neue Art zu verstehen. Doch als ich mit meinen Recherchen begann, stellte ich fest, dass ich zu spät dran war. Und zwar ein Jahr zu spät: Roy Baumeister, einer der kreativsten Sozialpsychologen von heute, hatte die dreitausend Jahre alte Frage psychologisch umfassend und plausibel erklärt. In seinem Buch *Evil: Inside Human Cruelty and Aggression*[27] untersuchte Baumeister das Böse aus der Perspektive des Opfers wie des Täters.

Als er die Sichtweise des Täters einnahm, stellte er fest, dass Menschen, die Dinge tun, die wir als böse betrachten, selten glauben, sie täten etwas Falsches – ob es sich nun um Missbrauch des Ehepartners handelt oder anderes bis hin zum Völkermord. Die Täter betrachten ihre Taten fast immer als angemessene Reaktionen auf Angriffe oder Provokationen. Die Täter halten sich sogar selbst für Opfer; *Sie* allerdings durchschauen diese Taktik sofort; *Sie* können die Voreingenommenheit deutlich erkennen, mit denen andere ihren Selbstwert schützen. Das Beunruhigende daran ist, dass Baumeister uns *unsere eigenen* Verzerrungen zeigt: Wir sehen uns als Opfer oder als gerechte Advokaten der Opfer.

Praktisch bei seiner ganzen Literaturrecherche stellte Baumeister fest, dass die Opfer oft mitschuldig waren. Die meisten Tötungsdelikte werden nach einer Spirale von Provokation und Vergeltung begangen; häufig hätte auch der Täter tot daliegen können. Bei der Hälfte aller häuslichen Streitigkeiten wenden *beide* Seiten Gewalt an.[28] Baumeister betont, dass selbst in Fällen offensichtlicher Polizeigewalt – etwa als Rodney King 1991 in Los

Angeles so infam von der Polizei verprügelt und die Szene auf Video aufgezeichnet wurde – gewöhnlich *mehr* hinter einer Geschichte steckt, als in den Nachrichten gezeigt wird. (Nachrichtensendungen gewinnen ihre Zuschauer, indem sie das Bedürfnis der Menschen nach dem Glauben befriedigen, dass das Böse dem Land zusetzt.)

Baumeister ist ein außergewöhnlicher Sozialpsychologe, unter anderem deshalb, weil er sich bei seiner Suche nach der Wahrheit nicht um politische Korrektheit kümmert. Manchmal trifft das Böse tatsächlich aus heiterem Himmel ein unschuldiges Opfer, doch die meisten Fälle sind viel komplizierter und Baumeister ist bereit, das Tabu zu brechen und auch dem Opfer Vorwürfe zu machen, um festzustellen, was wirklich geschah. Meist haben Menschen Beweggründe, Gewalttaten zu begehen, und meist geht es dabei auch um Vergeltung für eine empfundene Ungerechtigkeit oder um Selbstverteidigung.

Das heißt allerdings nicht, dass beide Seiten gleichermaßen schuldig sind: Täter reagieren oft übertrieben und deuten Situationen falsch (aufgrund selbstwertdienlicher Verzerrungen). Doch Baumeister weist darauf hin, dass wir alle das tiefe Bedürfnis haben, Gewalt und Grausamkeit zu verstehen mithilfe des „Mythos des absolut Bösen", wie er es nennt. In diesen Mythos spielen viele Aspekte mit hinein; zu den wichtigsten zählt, dass Übeltäter in ihren bösen Absichten rein sind (dass sie also keine anderen Motive für ihre Taten haben, die über Sadismus und Gier hinausgehen); dass Opfer rein sind in ihrer Opferhaltung (sie haben nichts zu ihrem Opferdasein beigetragen); und dass das Böse von *außen* kommt und mit einer Gruppe oder Macht zu tun hat, die *unsere* Gruppe angreift. Außerdem: Wer immer die Bedeutung des Mythos in Frage stellt, wer es wagt, die Wasser moralischer Gewissheit zu trüben, macht mit dem Bösen gemeinsame Sache.

Der Mythos des absolut Bösen ist die äußerste selbstwertdienliche Verzerrung, die höchste Form des naiven Realismus. Und er ist der wahre Grund der meisten lange bestehenden Gewaltspiralen, weil beide Seiten sich dieses Mythos bedienen, um sich in einem manichäischen Kampf zu verschanzen. George W. Bush verriet mit seiner Aussage, die Terroristen des 11. September hätten so gehandelt, weil sie unsere Freiheit hassten, einen verblüffenden Mangel an psychologischer Einsicht. Weder die Luftpiraten des 11. September noch Osama Bin Laden regen sich besonders darüber auf, dass amerikanische Frauen Auto fahren, wählen gehen und einen Bikini tragen dürfen. Vielmehr wollen islamistische Extremisten Amerikaner töten, weil diese die arabische Geschichte und derzeitige Ereignisse mit dem Mythos des absolut Bösen interpretieren. Sie betrachten Amerika als den großen Teufel, als den derzeitigen Bösewicht in einem langen Schauspiel, in dem die westliche Welt arabische Nationen und Völker gedemütigt hat. Islamistische Extremisten haben so gehandelt als Reaktion auf amerikanisches Handeln und amerikanischen Einfluss im Mittleren Osten, denn sie sehen Amerika durch die Verzerrungen des Mythos vom absoluten Bösen. Wie entsetzlich es auch ist, dass Terroristen alle Zivilisten mit den „Feinden" in einen Topf werfen und sie dann unterschiedslos töten – ein solches Handeln lässt psychologisch gesehen noch einen gewissen Sinn erkennen, das vermutete Töten „aus Hass auf die Freiheit" hingegen nicht.

In einer anderen beunruhigenden Schlussfolgerung stellte Baumeister fest, dass Gewalt und Grausamkeit vor allem vier Gründe haben: Die ersten beiden sind offensichtliche Attribute des Bösen: Gier/Ehrgeiz (Gewalt für unmittelbaren persönlichen Gewinn, wie bei einem Raub) und Sadismus (Lust daran, Menschen zu verletzen). Doch Gier/Ehrgeiz erklärt nur einen kleinen Teil der Gewalttaten und Sadismus fast gar keinen. Außer in Animationsfilmen für Kinder und in Horrorfilmen verletzen Menschen einander fast nie aus der reinen Freude daran, jemanden zu verletzen.

Die beiden Hauptgründe für das Böse sind zwei, die wir für gut halten und in unseren Kindern bestärken: gutes Selbstwertgefühl und moralischer Idealismus. Ein gutes Selbstwertgefühl an sich erzeugt nicht direkt Gewalt, doch ein unrealistisches oder narzisstisches Selbstwertgefühl wird durch die Realität leicht bedroht; als Reaktion auf solche Bedrohungen schlagen manche – besonders junge Männer – häufig gewaltsam um sich.[29] Baumeister stellt deshalb den Nutzen von Programmen in Frage, die das Selbstwertgefühl von Kindern *direkt* verbessern wollen, statt ihnen Fertigkeiten beizubringen, auf die sie stolz sein können. Eine *direkte* Steigerung kann einen instabilen Narzissmus fördern.

Bedrohter Selbstwert macht einen Großteil der Gewalt auf individueller Ebene aus, doch um Massengewalt loszutreten, braucht es Idealismus – den Glauben, dass die Gewalt als Mittel zu einem moralischen Zweck dient. Die großen Gewalttaten des 20. Jahrhunderts wurden weitgehend entweder von Menschen ausgeführt, die glaubten, eine Utopie zu erschaffen, oder von Menschen, die glaubten, sie verteidigten ihre Heimat oder ihr Volk gegen einen Angriff.[30] Idealismus wird leicht gefährlich, weil er fast zwangsläufig die Überzeugung mit sich bringt, der Zweck heilige die Mittel. Wenn man für das Gute oder für Gott kämpft, dann steht das Ziel im Vordergrund, nicht der Weg dahin.

Wir Menschen respektieren Regeln nicht sonderlich; wir respektieren die ethisch-moralischen Prinzipien, die den meisten Regeln zugrunde liegen. Doch wenn ein ethisch-moralischer Auftrag sich nicht mit Gesetzen in Übereinstimmung bringen lässt, ist uns gewöhnlich der Auftrag wichtiger. Die Psychologin Linda Skitka[31] stellt fest, dass sich Menschen *weniger* um die Fairness in Gerichtsprozessen kümmern, wenn sie zu einem Streitpunkt starke moralische Gefühle hegen, wenn sie quasi ein moralisches Mandat haben. Sie wollen, dass „die Guten" auf jeden Fall freikommen und dass die „Bösen" unter allen Umständen verurteilt werden. Daher überrascht es nicht, dass die Bush-Administration immer wieder behauptet, dass Tötungen und unbefristete Haft ohne Gerichtsverfahren sowie grobe körperliche Behandlung von Gefangenen legale und angemessene Maßnahmen im manichäischen „Krieg gegen den Terrorismus" seien.

Den Königsweg finden

In Philosophievorlesungen begegnete ich immer wieder der These, dass die Welt eine Illusion sei. Ich wusste nie so genau, was das bedeuten sollte, wenngleich es sehr tiefgründig klang. Doch nachdem ich nun zwei Jahrzehnte lang Moralpsychologie studiert habe, glaube ich allmählich, ich verstehe, was gemeint ist. Der Anthropologe Clifford Geertz schrieb, der Mensch sei ein Wesen, das in ein selbst gesponnenes Bedeutungsgewebe verstrickt sei.[32] Das bedeutet, dass die Welt, in der wir leben, nicht wirklich aus Steinen, Bäumen und materiellen Gegenständen besteht; vielmehr leben wir in einer Welt von Beleidigungen, Gelegenheiten, Statussymbolen, Betrügereien, von Heiligen und Sündern ... Sie alle sind menschliche Schöpfungen, die auf ihre eigene Art real, doch nicht auf die gleiche Art real sind wie Steine und Bäume. Diese menschlichen Schöpfungen sind wie die Feen in J. M. Barries Buch *Peter Pan*: Sie existieren nur, wenn man an sie glaubt. Sie sind die *Matrix* (wie in dem gleichnamigen Film); sie sind – in der Fachsprache – eine konsensuelle Halluzination.

Der innere Anwalt, die rosarote Brille, naiver Realismus und der Mythos des absolut Bösen – all diese Mechanismen weben für uns ein Bedeutungsgewebe, in dem Engel und Dämonen miteinander kämpfen. Unser immerzu urteilender Verstand signalisiert uns dann ständig Zustimmung oder Ablehnung, zusammen mit der Gewissheit, dass wir auf der Seite der Engel sind. Von diesem Blickwinkel aus erscheint alles so dumm, dieser ganze Moralismus, die „Rechtschaffenheit" und Heuchelei. Es ist noch mehr als dumm; es ist tragisch, denn es legt nahe, dass Menschen niemals einen Zustand des dauerhaften Friedens und der Harmonie erreichen können. Was können wir also tun?

Der erste Schritt besteht darin, das alles als ein Spiel zu betrachten und damit aufzuhören, es so ernst zu nehmen. Die wunderbare Lektion aus dem alten Indien besagt, dass das Leben, wie wir es erleben, ein Spiel mit dem Namen *Samsara* ist. In diesem Spiel spielt jeder Mensch sein *Dharma*, seine Rolle oder seinen Anteil in einem gigantischen Spiel. Im *Samsara*-Spiel widerfährt Ihnen Gutes – dann sind Sie glücklich. Dann aber geschieht etwas Schlimmes und Sie sind traurig oder wütend. Und so geht es immer weiter, bis Sie sterben. Dann werden Sie wieder in das Spiel hineingeboren und es wiederholt sich. Die Botschaft der *Bhagavad Gita* (eines der wichtigsten Texte des Hinduismus) besagt, dass man nicht völlig aus dem Spiel aussteigen kann; damit das Universum funktioniert, gilt es, eine Rolle zu übernehmen, und die muss man auch spielen. Doch man sollte es richtig machen, ohne an den „Früchten" oder Ergebnissen des eigenen Handelns zu hängen. Der Gott Krishna sagt:

> *Wer nicht frohlocket und nicht haßt, um nichts trauert und nichts begehrt … gleichmütig gegen Feind und Freund, gleichmütig gegen Ehr' und Schmach,*
> *Kält' und Hitze, Glück und Unglück, befreit vom Hängen an der Welt;*
> *Lob und Tadel gleich viel achtend … zufrieden immerdar.*[33]

Buddha ging noch einen Schritt weiter. Auch er riet zu einer „Gleich-Gültigkeit" dem Auf und Ab des Lebens gegenüber, aber er drängte uns, ganz aus dem Spiel auszusteigen. Der Buddhismus beinhaltet eine Reihe von Übungen, die dazu dienen sollen, dem Samsara und den endlosen Zyklen der Wiedergeburt zu entkommen. Zwar sind sich die Buddhisten nicht einig darüber, ob man sich aus der Welt zurückziehen oder sich auf sie einlassen solle, doch alle betonen, wie wichtig es sei, den Geist dazu zu erziehen, mit seinem unaufhörlichen Urteilen und Bewerten aufzuhören. Sen-Ts'an, ein früher chinesischer Zenmeister, mahnt in einem Gedicht (aus dem 8. Jahrhundert nach Christus!) zu Urteilslosigkeit, um den „vollkommenen Weg" zu verfolgen:

> *„Der höchste Weg ist unbeschwert,*
> *weise nur alle Wahl zurück.*
>
> *Nur ohne Abneigung und ohne Vorliebe*
> *Verstehst du wirklich die klare Leere.*
>
> *Um Haaresbreite abgewichen*
> *und Himmel und Erde klaffen auseinander.*
>
> *Um es vor dir zu sehen*
> *laß los Dafür und Dagegen:*
> *genau das ist das Übel im Mark.*
>
> *Bleibt das Geheimnis unbekannt,*
> *vergebliche Mühe um friedvolles Denken."*[34]

Das ständige Bewerten ist in der Tat eine Krankheit des Geistes. Sie führt zu Ärger, Qual und Konflikt. Doch es ist auch sein normaler Zustand – der Elefant schätzt immer ab, sagt immer „… mag ich" oder „… mag ich nicht". Wie können Sie also Ihre automatischen Reaktionen ändern? Mittlerweile wissen Sie, dass Sie nicht einfach *beschließen* können, damit aufzuhören, andere zu beurteilen oder zu heucheln. Jedoch kann der Reiter, wie Buddha lehrte, allmählich lernen, den Elefanten zu zähmen – und *Meditation* ist ein Weg dorthin. Es ist erwiesen, dass Meditation Menschen gelassener macht, dass Meditierende weniger auf das Auf und Ab und die unbedeutenden Provokationen reagieren.[35] Meditation ist der östliche Weg, sich selbst darin zu schulen, die Dinge gelassen zu nehmen.

Auch die *kognitive Therapie* funktioniert. In seinem Buch *Feeling Good*[36], einem bekannten Leitfaden zur kognitiven Therapie, schreibt David Burns ein Kapitel über kognitive Therapie bei Ärger. Er empfiehlt uns viele der Techniken, die Aaron Beck bei Depressionen anwandte: Schreiben Sie Ihre

Gedanken auf, erkennen Sie Ihre gedanklichen Verzerrungen und denken Sie dann einen angemesseneren Gedanken. Burns konzentriert sich auf die „Sollte-Sätze", die wir mit uns herumschleppen – Vorstellungen darüber, wie die Welt sein *sollte*, und darüber, wie andere Menschen uns behandeln *sollten*. Gerade Verletzungen dieser „Sollte-Sätze" verursachen Ärger und Groll. Burns rät auch zu Mitgefühl: Betrachten Sie bei einem Konflikt die Situation auch aus dem Blickwinkeln Ihres Gegners und Sie werden feststellen, dass er nicht völlig verrückt ist.

Im Großen und Ganzen stimme ich Burns zwar zu, doch lassen die Studien, die ich in diesem Kapitel erwähnt habe, vermuten, dass die Menschen, sobald Ärger im Spiel ist, es extrem schwierig finden, sich in eine andere Sichtweise einzufühlen und sie zu verstehen. Ein besserer Ausgangspunkt ist, bei sich selbst und dem Balken im eigenen Auge anzufangen, wie Jesus es rät. (Batson und Loewenstein fanden beide heraus, dass Voreingenommenheit und Verzerrung nur nachließen, wenn die Versuchspersonen gezwungen waren, sich selbst *anzuschauen*.) Und den Balken sehen Sie auch nur, wenn Sie sich bewusst bemühen und danach streben, ihn auch zu finden.

Versuchen Sie jetzt einmal Folgendes:

Erinnern Sie sich an einen Konflikt, den Sie in letzter Zeit mit jemandem hatten, der Ihnen wichtig ist, und finden Sie dann einen Aspekt daran, in dem Sie sich nicht gerade vorbildlich verhalten haben. Vielleicht haben Sie gefühllos gehandelt (selbst wenn Sie das Recht dazu hatten) oder den anderen verletzt (obwohl Sie es gut meinten) oder Sie sind Ihren Prinzipien untreu geworden (auch wenn Sie das leicht rechtfertigen können)?

Sobald Sie den ersten Fehler in sich entdecken, wird Ihr innerer Anwalt Sie wie wild und verzweifelt entschuldigen und anderen Vorwürfe machen, aber versuchen Sie, nicht hinzuhören. Sie sind gerade dabei, mindestens *einen* Punkt zu finden, den Sie falsch gemacht haben. Wenn Sie einen Splitter herausziehen, dann tut das kurzzeitig weh, hernach aber sind Sie erleichtert, sogar vergnügt. Wenn Sie einen Fehler in sich entdecken, dann tut das kurzzeitig weh, doch falls Sie weitermachen und den Fehler anerkennen, werden Sie wahrscheinlich mit einem Anflug von Vergnügen belohnt werden, unter den sich seltsamerweise etwas Stolz mischt. Das ist das Vergnügen, die Verantwortung für das eigene Verhalten zu übernehmen. Sie empfinden eine Art Ehrgefühl.

Sich selbst zu kritisieren ist auch der Schlüssel dazu, Heuchelei und Beurteilungsdrang zu überwinden, die so vielen wertvollen Beziehungen schaden. In dem Moment, in dem Sie erkennen, dass Sie zu einem Konflikt etwas beigetragen haben, lässt Ihr Ärger nach – vielleicht nur ein wenig, aber doch so viel, dass Sie ein Verdienst auf der anderen Seite anerkennen können. Sie können immer noch glauben, Sie hätten recht und die andere Person unrecht, doch wenn Sie sich zu der Einstellung durchringen können, dass Sie *größtenteils* recht haben und Ihr Gegenüber *größtenteils* unrecht, haben Sie die Grundlage für eine wirksame und nicht demütigende Entschuldigung geschaffen. Sie können einen Teilbereich der Meinungsverschiedenheit heranziehen und sagen: „Ich hätte X… nicht tun sollen und ich verstehe, warum du Y… fühlst." Aufgrund der Kraft der Gegenseitigkeit verspürt Ihr Gegenüber wahrscheinlich einen starken Drang zu sagen: „Ja, ich habe mich über X… wirklich geärgert. Aber ich glaube, ich hätte P… nicht tun sollen, deshalb ist mir auch klar, warum du Q… empfandest." Gegenseitigkeit verstärkt durch selbstwertdienliche Verzerrung hat Sie anfangs entzweit, als Sie Beleidigungen oder feindselige Gesten parierten, doch Sie können den Prozess auch umkehren und mithilfe der Reziprozität einen Konflikt beenden und eine Beziehung retten.

Der menschliche Geist hat sich in der Evolution vielleicht so entwickelt, dass er „Wie-du-mir-so-ich-dir" à la Machiavelli spielt, und er scheint mit Denkprozessen ausgestattet zu sein, die uns anfällig machen für Heuchelei, Selbstgerechtigkeit und moralistische Konflikte. Doch wenn wir die Strukturen und Strategien des Geistes kennen, können wir gelegentlich aus dem uralten Spiel der gesellschaftlichen Manipulation aussteigen und uns in ein Spiel unserer Wahl begeben. Dadurch, dass Sie den Balken in Ihrem eigenen Auge sehen, werden Sie weniger parteiisch, weniger moralistisch und neigen deshalb weniger zu Streitereien und Konflikten. Sie können beginnen, den Weg der Vollkommenheit zu gehen, den Weg zum Glücklichsein, der durch die Akzeptanz führt – darum geht es im nächsten Kapitel.

Kapitel 5

Das Streben nach Glück

Wenn Verlangen in dir entsteht, übe Entsagung und halte dich schweigend zurück. Wenn Freude und Leid dir widerfährt, verweile inmitten der Gefühle unberührt und frei.

Buddha[1]

Verlange nicht, daß alles, was geschieht, so geschieht, wie du es willst, sondern wünsche dir, daß alles so geschieht, wie es geschieht, und du wirst glücklich sein.

Epiktet[2]

Wenn man Glücklichsein mit Geld oder Macht erkaufen könnte, dann müsste der Verfasser des Buches *Kohelet* aus dem *Alten Testament* überglücklich gewesen sein. Der Text wird einem König in Jerusalem zugeschrieben, der auf sein Leben und seine Suche nach Glück und Erfüllung zurückblickt. An einem Punkt nahm er sich vor, einen Test auf Freude zu machen, indem er Glück in seinen Reichtümern suchte:

Ich vollbrachte meine großen Taten: Ich baute mir Häuser, ich pflanzte Weinberge. Ich legte mir Gärten und Parks an, darin pflanzte ich alle Arten von Bäumen. … Auch Vieh besaß ich in großer Zahl, mehr als alle meine Vorgänger in Jerusalem. Ich hortete auch Silber und Gold und … Könige und ihre Provinzen.

> *Ich besorgte mir Sänger und Sängerinnen, und die Lust jedes Menschen: einen großen Harem. Ich war schon groß gewesen, doch ich gewann noch mehr hinzu, sodass ich alle meine Vorgänger in Jerusalem übertraf. Und noch mehr: Mein Wissen stand mir zur Verfügung und was immer meine Augen sich wünschten, verwehrte ich ihnen nicht.*
>
> KOHELET 2, 4–10

Doch der Verfasser findet all das sinnlos – was vielleicht als eines der frühesten Zeugnisse einer „Midlife-Crisis“ angesehen werden kann:

> *Doch dann dachte ich nach über alle meine Taten, die meine Hände vollbracht hatten, und über den Besitz, für den ich mich bei diesem Tun angestrengt hatte. Das Ergebnis: Das ist alles Windhauch und Luftgespinst. Es gibt keinen Vorteil unter der Sonne.*
>
> KOHELET 2, 11

Der Verfasser berichtet von vielen anderen Wegen, die er verfolgte – harte Arbeit, Lernen, Wein –, doch nichts befriedigte ihn; nichts konnte das Gefühl vertreiben, dass sein Leben nicht *mehr* inneren Wert oder Sinn hatte als das eines Tieres. Aus der Sicht Buddhas oder des Stoikers Epiktet liegt das Problem des Verfassers auf der Hand: sein *Streben* nach Glück. Der Buddhismus und die stoische Philosophie lehren, dass das Streben nach äußeren Gütern oder danach, dass die Welt den eigenen Wünschen entspricht, immer ein Streben nach dem Wind ist.

Glück, Glücklichsein lässt sich nur im Inneren finden, indem man die Anhaftungen an äußere Dinge loslässt und eine Haltung der Akzeptanz kultiviert. (Stoiker und Buddhisten können durchaus Beziehungen, Jobs und Besitz haben, aber sie dürfen sich nicht emotional daran *klammern*, wenn sie bei deren Verlust vermeiden wollen, die Fassung zu verlieren.) Diese Idee führt natürlich die Wahrheit aus Kapitel 2 weiter: Das Leben ist das, wofür wir es halten, und Ihr mentaler Zustand bestimmt, wie Sie die Dinge betrachten. Allerdings lässt die neuere psychologische Forschung vermuten, dass Buddha und Epiktet vielleicht ein wenig zu weit gegangen sein könnten:

Nach manchen äußeren Dingen lohnt es sich durchaus zu streben und *Glück und Glücklichsein kommen teilweise auch von außen* – wenn Sie wissen, wo Sie suchen müssen.

Das Prinzip des Fortschritts

Der Autor des Buches *Kohelet* bekämpfte nicht nur seine Angst vor Bedeutungslosigkeit; er kämpfte auch gegen die mit dem Erfolg verbundene Enttäuschung. Das Vergnügen, das zu bekommen, was man will, ist oft flüchtig. Sie träumen vielleicht davon, befördert zu werden, an einer renommierten Hochschule aufgenommen zu werden oder ein großes Projekt abzuschließen. Sie arbeiten ständig daran und stellen sich vielleicht vor, wie glücklich Sie sein werden, wenn Sie nur dieses Ziel erreichen können. Dann schaffen Sie es schließlich, und wenn Sie Glück haben, erleben Sie *eine* Stunde, vielleicht *einen* Tag voll Euphorie, vor allem wenn Sie mit Ihrem Erfolg nicht gerechnet hatten und dann der entscheidende Moment kam, in dem Sie davon erfuhren (… etwa indem Sie einen Briefumschlag öffneten). Üblicherweise erleben Sie jedoch gar keine Euphorie. Wenn der Erfolg zunehmend wahrscheinlicher wird und ein letzter Moment bestätigt, was Sie bereits erwartet hatten, dann macht sich eher Erleichterung breit – die Freude über den Abschluss und das Loslassen. Unter solchen Umständen ist mein erster Gedanke selten „Hurra! Fantastisch!“, sondern eher: „Gut, was ist als Nächstes dran?“

Meine wenig erfreute Reaktion auf den Erfolg erweist sich als normal. Aus Sicht der Evolution ist sie geradezu vernünftig. Tiere erleben einen Dopaminstoß – dieser Neurotransmitter geht mit Lustempfinden einher –, wann immer sie etwas tun, was ihre Entwicklung vorantreibt und sie im Spiel des Lebens weiterbringt. Nahrung und Paarung bereiten Lust und diese Lust wirkt als Verstärker (um es behavioristisch auszudrücken), der weiteres Bemühen um Nahrung und Sex anregt.

Bei *Menschen* ist das Spiel allerdings komplexer. Menschen gewinnen das Spiel des Lebens, indem sie einen hohen Status und einen guten Ruf erwerben, Freundschaften pflegen, die besten Partner finden, Ressourcen ansammeln und ihre Kinder so großziehen, dass auch sie im Spiel des Lebens Erfolg haben. Menschen haben viele Ziele und daher auch viele Lustquellen. Man könnte also meinen, wir hätten einen enormen und lange anhaltenden Dopaminstoß, wann immer wir ein wichtiges Ziel erreichen. Doch hier kommt der Trick mit der Verstärkung: Sie wirkt am besten, wenn sie Sekunden – nicht einmal Minuten oder Stunden – nach dem Verhalten erfolgt. Versuchen Sie nur, Ihrem Hund das Apportieren beizubringen, und geben Sie ihm *zehn Minuten nach* jedem Apport ein großes Steak. Das funktioniert nicht.

Beim Elefanten ist es genauso: *Er empfindet Lust, wann immer er einen Schritt in die richtige Richtung macht.* Der Elefant lernt, wann immer die Lust (oder der Schmerz) unmittelbar auf das Verhalten folgen, doch es fällt ihm schwer, einen Erfolg am Freitag mit Handeln vom Montag zu verbinden. Richard Davidson, der Psychologe, dem wir die Kenntnis vom affektiven Stil und dem Annäherungssystem über Neuronen im vorderen linken Kortex verdanken, beschreibt zwei Arten positiver Emotionen:

- Die erste bezeichnet er als positiven Affekt *vor* der Zielerreichung, also das angenehme Gefühl, das man empfindet, während man sich auf ein Ziel zubewegt.
- Die zweite nennt er den positiven Affekt *nach* der Zielerreichung, der nach Davidson auftritt, *sobald* man das gewünschte Ziel erreicht.[3]

Letztere empfindet man als Zufriedenheit, als kurz dauerndes Gefühl der Befreiung, wenn der linke präfrontale Kortex weniger aktiv ist, nachdem man sein Ziel erreicht hat. Mit anderen Worten: Wann immer man ein Ziel anstrebt, zählt der *Weg* dahin, nicht das Ankommen. Setzen Sie sich ein beliebiges Ziel – die meiste Lust, das größte Vergnügen werden Sie auf dem Weg dahin verspüren, mit jedem Schritt, der Sie dem Ziel näher bringt. Der endgültige Augenblick des Erfolgs ist oft nicht viel befriedigender als die Erleichterung, am Ende eines langen Marsches einen schweren Rucksack abzulegen: Wenn Sie die Wanderung nur für dieses Lustgefühl unternommen haben, dann sind Sie ein Narr! Doch gelegentlich tun Menschen genau das. Sie arbeiten hart an einer Aufgabe und erwarten am Ende ein besonderes Hochgefühl. Doch wenn Sie den Erfolg haben und nur kurzzeitig mäßiges Vergnügen empfinden, dann fragen sie sich: „Ist das alles?“

Sie werten ihre Leistungen ab als Streben nach dem Wind. Das können wir als das „Fortschrittsprinzip" bezeichnen:

> Das Vergnügen, die Lust, rührt eher von den Fortschritten auf das Ziel hin als von seinem Erreichen.

Shakespeare bringt es perfekt auf den Punkt: „Ahnung ist Lust, doch im Genuß erstorben."[4]

Das Prinzip der Anpassung

Wenn ich Ihnen zehn Sekunden Zeit gäbe, das Beste und das Schlimmste aufzuzählen, was Ihnen je passieren könnte, dann würden Sie vermutlich etwas von dieser Art nennen: im Lotto 20 Millionen zu gewinnen und vom Hals abwärts gelähmt zu sein. Der Lottogewinn würde Freiheit von vielen Sorgen und Einschränkungen mit sich bringen; er würde Ihnen ermöglichen, Ihre Träume zu verfolgen, anderen zu helfen und in Wohlstand zu leben, sodass er Ihnen lange anhaltendes Glück bescheren müsste statt nur eine einzige Dopaminausschüttung. Ihren Körper nicht mehr gebrauchen zu können würde andererseits mehr Einschränkungen mit sich bringen als ein Leben im Gefängnis. Dann müssten Sie praktisch all Ihre Ziele und Träume aufgeben, Sex abschreiben und Sie wären beim Essen, der Körperpflege und beim Toilettengang von anderen Menschen abhängig. Viele Menschen meinen, sie würden lieber sterben, als querschnittsgelähmt zu sein. Doch sie täuschen sich.

Freilich ist es besser, im Lotto zu gewinnen, als sich das Genick zu brechen, doch nicht um so viel besser, wie Sie vielleicht glauben. Denn was immer auch passiert, wahrscheinlich werden Sie sich an die neue Situation anpassen, doch im Voraus denken Sie nicht daran. Wir können nur schlecht vorhersagen, wie wir uns in der Zukunft fühlen werden (*affective forecasting*)[5]. Wir überschätzen die Intensität und Dauer unserer emotionalen

Reaktionen extrem. Innerhalb *eines* Jahres sind Lottogewinner wie Querschnittsgelähmte (im Durchschnitt) wieder zu ihrem ursprünglichen „Glücksniveau" zurückgekehrt.[6]

Die Lottogewinnerin kauft sich ein neues Haus und ein neues Auto, gibt ihren Arbeitsplatz auf und ernährt sich gesünder. Der Kontrast zu ihrem früheren Leben macht ihr riesigen Spaß, aber innerhalb einiger Monate verschwimmt der Kontrast wieder und das Vergnügen ebbt ab. Der menschliche Geist nimmt sehr fein wahr, wenn sich die Lebensbedingungen *verändern*, aber *das absolute Niveau* derselben nimmt er nicht so genau wahr. Die Lottogewinner beziehen ihre Lust aus der *Zunahme* des Wohlstandes, nicht daraus, dass der Wohlstand auf einem hohen Niveau gleich bleibt; und nach wenigen Monaten sind die neuen Annehmlichkeiten der neue Maßstab im Alltag geworden. Die Gewinner nehmen sie dann als selbstverständlich hin und haben keine Möglichkeit mehr, höher hinauszugehen. Noch schlimmer: Das Geld könnte den Beziehungen schaden. Freunde, Verwandte, Schwindler und winselnde Fremde umschwärmen Lottogewinner, flehen sie an, schleimen sich ein und verlangen einen Teil des Reichtums. (Erinnern Sie sich an die ubiquitäre selbstwertdienliche Verzerrung: Jeder findet einen Grund, warum man ihm etwas schuldet.) Lottogewinner werden so oft belästigt, dass viele umziehen, sich verstecken, Beziehungen beenden und sich letztlich mit anderen zusammenschließen und Selbsthilfegruppen für Lottogewinner gründen, damit sie mit ihren neuen Schwierigkeiten besser umgehen können.[7] (Allerdings sollte auch angemerkt werden, dass fast alle Lottogewinner immer noch froh sind, gewonnen zu haben.)

Auf der anderen Seite vermutet der Querschnittsgelähmte zu Beginn einen massiven Verlust an Glücksgefühl. Er glaubt, sein Leben sei vorüber und es sei schmerzlich, alles aufzugeben, worauf man einst gehofft hatte. Doch wie bei den Lottogewinnern reagiert auch *sein* Geist sensibler auf *Veränderungen* als auf das absolute Niveau; deshalb hat er nach einigen Monaten begonnen, sich an die neue Situation anzupassen, und setzt sich bescheidenere Ziele. Er entdeckt, dass Physiotherapie seine Fähigkeiten erweitern kann. Bei ihm kann es nur aufwärtsgehen und jeder Schritt verschafft ihm die Lust des Fortschrittsprinzips. Der Physiker Stephen Hawking ist seit seinen frühen Zwanzigerjahren, als eine Erkrankung der motorischen Nerven diagnostiziert wurde, an einen schwer behinderten

Körper gefesselt. Dennoch löste er bedeutende kosmologische Probleme, gewann viele Preise und schrieb den wissenschaftlichen Bestseller aller Zeiten. Kürzlich wurde er in einem Interview mit der *New York Times* gefragt, wie er es schaffe, den Mut nicht zu verlieren. Er antwortete: „Mit 21 wurden meine Erwartungen auf null reduziert. Alles seitdem war ein Gewinn.“[8]

Genau so funktioniert das Anpassungsprinzip: Die Menschen beurteilen ihren gegenwärtigen Zustand im Vergleich dazu, ob er besser oder schlechter ist als ihr *gewohnter* Zustand.[9] Anpassung ist zu einem Teil nur eine Eigenschaft von Neuronen: Nervenzellen reagieren stark auf *neue* Reize, aber allmählich „gewöhnen“ sie sich daran und feuern dann immer weniger auf diese Reize, die ihnen mehr und mehr vertraut werden. Die *Veränderung* enthält die entscheidenden Informationen, nicht der Dauerzustand. In ihrem Denken führen Menschen die Anpassung ins Extrem. Wir gewöhnen uns nicht einfach nur an etwas, sondern wir stellen uns neu ein. Wir erschaffen uns eine Welt der Ziele und jedes Mal, wenn wir eines erreichen, ersetzen wir es durch ein anderes. Nach einer Reihe von Erfolgen wollen wir höher hinaus, nach einem massiven Rückschlag, etwa einem Genickbruch, stecken wir unsere Ziele niedriger. Statt dem buddhistischen und stoischen Rat zu folgen, Anhaftungen aufzugeben und Ereignisse geschehen zu lassen, umgeben wir uns mit Zielen, Hoffnungen und Erwartungen und empfinden dann Lust oder Schmerz, je nachdem, wie wir vorankommen.[10]

Wenn wir das Prinzip der Anpassung mit der Entdeckung verbinden, dass das durchschnittliche Glücksniveau der Menschen größtenteils vererbt ist[11], landen wir bei einer verblüffenden Möglichkeit: Auf lange Sicht gesehen macht es nicht viel Unterschied, was Ihnen widerfährt. Glück oder Pech, Sie kehren immer wieder zu Ihrem Glücksniveau zurück – zu dem, was Ihnen Ihr Gehirn vorgibt und was in hohem Maße von Ihren Genen bestimmt wird. 1759, also lange bevor irgendjemand etwas von Genen wusste, kam Adam Smith zum gleichen Schluss:

> *In jeder dauerhaften Situation, in der man keine Veränderung erwartet, kehrt der Geist aller über kurz oder lang zu seiner natürlichen und gewohnten Gelassenheit zurück. Bei Erfolgen steigt er nach einer gewissen Zeit wieder zu diesem Zustand ab; im Unglück steigt er nach einer gewissen Zeit wieder zu diesem Zustand hin an.*[12]

Falls das zutrifft, stecken wir alle in der so genannten „Tretmühle der Lust" fest.[13] Auf einem Laufband im Fitness-Studio können Sie die Geschwindigkeit steigern, so sehr Sie wollen – Sie bleiben immer am gleichen Fleck. Im Leben können Sie so hart arbeiten, wie Sie wollen, und alle Reichtümer, Obstbäume und Konkubinen erwerben, die Sie wollen, aber Sie kommen nicht voran. Weil Sie Ihre „natürliche und gewohnte Gelassenheit" nicht ändern können, werden die Reichtümer, die Sie ansammeln, nur Ihre Erwartungen steigern, Sie aber letztlich nicht besser dastehen lassen als vorher. Ohne die Vergeblichkeit unserer Bemühungen zu erkennen, rackern wir ständig weiter und tun Dinge, die uns helfen sollen, das Spiel des Lebens zu *gewinnen*. Wir wollen immer *mehr*, als wir haben, wir rennen und rennen und rennen wie die Hamster im Laufrad.

Eine frühe Glückshypothese

Buddha, Epiktet und viele andere Weise erkannten die Sinnlosigkeit des Hamsterrades und drängten die Menschen zum Aussteigen. Sie formulierten eine pointierte Glückshypothese:

> Glück kommt von innen; es lässt sich nicht dadurch finden, dass wir die Welt dazu bringen, unseren Wünschen zu entsprechen.

Der Buddhismus lehrt, dass Anhaftung zwangsläufig zu Leiden führt, und bietet uns Übungen an, die dazu dienen, Anhaftungen aufzulösen. Stoiker des antiken Griechenland wie Epiktet lehrten ihre Anhänger, sich nur auf das zu konzentrieren, was wir vollständig steuern und kontrollieren können, also hauptsächlich unsere eigenen Gedanken und Reaktionen. Alle anderen Ereignisse – die Geschenke und Flüche des Schicksals – galten als äußere Vorgänge und der wahre Stoiker blieb von äußeren Gegebenheiten unberührt.

Weder Buddha noch die Stoiker forderten die Menschen dazu auf, sich in eine Höhle zurückzuziehen. Ja, beide Lehren wirken auf Dauer so anziehend, gerade weil sie eine Anleitung bieten, wie man Frieden und Glück finden kann, während man sich am tückischen und sich ständig wandelnden sozialen Leben beteiligt. Beide Lehren basieren auf einer empirisch begründeten Behauptung, einer Glückshypothese, wonach das Streben nach Gütern und Zielen in der äußeren Welt Ihnen nicht mehr als kurzzeitiges Glück bringen kann – Sie sollten primär an Ihrem Innenleben arbeiten. Falls diese Hypothese stimmt, dann hat sie tief greifende Auswirkungen darauf, wie wir leben, unsere Kinder erziehen und unser Geld ausgeben sollten. Doch stimmt sie wirklich? Das hängt ganz davon ab, was wir mit dem „Äußeren" meinen.

Die zweitwichtigste Erkenntnis in der Glücksforschung – neben dem starken Einfluss der Gene auf das durchschnittliche Glücksniveau der Menschen – lautet, dass die meisten umweltbedingten und demografischen Faktoren das Glücklichsein nur ganz wenig beeinflussen. Versuchen Sie einmal, sich in Bob oder in Mary hineinzuversetzen:

Bob oder Mary?

Bob ist 35 Jahre alt, Single, weiß, attraktiv und sportlich. Er verdient 100.000 Dollar im Jahr und lebt im sonnigen Südkalifornien. Er ist ausgesprochen intellektuell, in seiner Freizeit liest er und geht in Museen.

Mary lebt mit ihrem Mann im öfter verschneiten Buffalo (New York), sie verdienen zusammen 40.000 Dollar im Jahr. Mary ist 65 Jahre alt, schwarz, übergewichtig und schlicht in ihrer Erscheinung. Sie ist sehr gesellig und verbringt ihre Freizeit meist bei kirchlichen Veranstaltungen. Wegen Nierenproblemen muss sie zur Dialyse.

Bob scheint alles zu haben und nur wenige Leser dieses Buches würden Marys Leben dem seinen vorziehen. Doch wenn Sie wetten müssten, sollten Sie wetten, dass Mary glücklicher ist als Bob!

Was Mary hat und was Bob fehlt, das sind *enge Beziehungen*. Eine gute Ehe gehört zu den Lebensfaktoren, die am stärksten und immer wieder mit Glück in Verbindung gebracht werden.[14] Zum Teil kommt dieser offensichtliche Vorteil von der „umgekehrten Korrelation": Glücklichsein begünstigt eine Ehe. Glückliche Menschen heiraten eher und bleiben länger verheiratet als Menschen mit einem niedrigeren Glücksniveau – unter anderem, weil sie als Partner (zum Ausgehen) anziehend sind und weil man mit ihnen leichter in einer Partnerschaft zusammenleben kann.[15] Doch bei diesem offensichtlichen Vorteil geht es großenteils um echte, dauerhafte und verlässliche Kameradschaft, die ein Grundbedürfnis darstellt; wir können uns nie ganz an sie oder an ihr Fehlen anpassen.[16] Außerdem hat Mary ihre Religion, und religiöse Menschen sind im Durchschnitt glücklicher als nichtreligiöse.[17] Indem man an einer religiösen Gemeinschaft teilhat und sich mit etwas außerhalb seiner selbst verbunden fühlt, entstehen soziale Bande, die Glücksgefühle hervorrufen.

Bob hat eine Reihe objektiver Vorteile zu bieten – Macht, Status, Freiheit, Gesundheit und Sonne –, die alle dem Prinzip der Anpassung unterliegen:

- Weiße Amerikaner sind frei von vielen Schwierigkeiten und Demütigungen, denen schwarze Amerikaner ausgesetzt sind; dennoch sind die Weißen im Durchschnitt nur geringfügig glücklicher.[18]
- Männer genießen mehr Freiheit und Macht als Frauen, dennoch sind sie durchschnittlich nicht glücklicher. (Frauen leiden häufiger unter Depressionen, empfinden aber auch mehr intensive Freude.)[19]
- Junge Menschen haben so viel mehr, worauf sie sich freuen können als Ältere, doch die Zufriedenheit im Leben steigt mit dem Alter leicht an, und zwar bis zum Alter von 65 und laut einigen Studien weit darüber hinaus.[20] Viele sind überrascht zu hören, dass alte Leute glücklicher sind als junge – haben doch die Älteren wesentlich mehr Gesundheitsprobleme; aber die Menschen passen sich an die meisten chronischen Erkrankungen an.[21] (Erkrankungen, die im Laufe der Zeit fortschreiten, beeinträchtigen das Wohlbefinden durchaus und laut einer neuen Untersuchung passt man sich an eine Behinderung nicht vollständig an.)[22]
- Menschen, die in kälteren Klimazonen leben, erwarten, dass Kalifornier glücklicher seien, aber sie täuschen sich.[23]
- Weit verbreitet ist auch die Ansicht, dass attraktive Menschen glücklicher seien als unattraktive,[24] doch auch das ist falsch.[25]

Was Bob auf jeden Fall zu bieten hat, ist *Wohlstand*, doch hier wird die Geschichte kompliziert. Befragungen, die der Psychologe Ed Diener[26] durchführte, haben ergeben: Am häufigsten wird in der *untersten* Einkommensschicht (gleich in welchem Land) angenommen, dass man Glück mit Geld kaufen könne: Menschen, die sich jeden Tag darum sorgen müssen, wie sie Nahrung und ein Dach über dem Kopf bezahlen sollen, fühlen sich nach eigener Aussage weit weniger wohl als Menschen, die das nicht brauchen. Doch sobald man die eigenen Grundbedürfnisse befriedigen kann und der Mittelschicht angehört, hängen Reichtum und Glücklichsein nicht mehr so eng zusammen. Die Reichen sind im Durchschnitt glücklicher als Angehörige der Mittelschicht, doch nur geringfügig, und das geht teilweise auf die umgekehrte Korrelation zurück: Glückliche Menschen werden schneller reich, weil sie – etwa auf dem „Heiratsmarkt" – auf andere (auch auf Chefs) anziehender wirken und weil ihre häufigen positiven Emotionen ihnen helfen, sich für Projekte zu *engagieren*, härter zu arbeiten und in ihre Zukunft zu investieren.[27]

Reichtum selbst wirkt sich nur geringfügig direkt auf das Glücklichsein aus, weil er die „Tretmühle der Lust" so wirksam in Gang setzt und hält. Dazu ein Beispiel: Während sich der Wohlstand in vielen Industrienationen in den vergangenen 50 Jahren verdoppelte oder verdreifachte, hat sich das Maß an Glücklichsein und Zufriedenheit, das die Leute angeben, nicht geändert, und Depressionen haben sogar zugenommen.[28] Starke Zunahmen des Bruttosozialproduktes führten zu besseren Lebensstandards – größere Häuser, mehr Autos, Fernseher und Restaurantbesuche, bessere Gesundheit und längeres Leben –, aber diese Verbesserungen wurden dann zu den normalen Lebensbedingungen; an alle haben wir uns angepasst und alle als selbstverständlich hingenommen, deshalb haben sie nicht dazu geführt, dass die Menschen sich glücklicher und zufriedener fühlen.

Diese Erkenntnisse hätten Buddha und Epiktet gefreut – falls ihnen solch eine Äußerlichkeit wie „Recht haben" Freude bereitet hätte. Wie zu ihren Zeiten widmen sich Menschen dem Streben nach Zielen, die sie nicht glücklicher machen, und vernachlässigen dabei inneres Wachstum und spirituelle Entwicklung, die dauerhafte Befriedigung bieten könnten. Eine Lektion, die die alten Weisen immer wieder anführen, lautet: Lass los, hör auf mit dem Streben und schlag einen neuen Weg ein. Wende dich nach innen oder zu Gott, aber höre um Himmels willen mit dem Versuch auf, die Welt deinem Willen gefügig zu machen. Die *Bhagavad Gita* ist eine hinduistische Abhandlung über das Nichtanhaften. In einem Abschnitt über „dämonische Menschen" beschreibt der Gott Krishna das niedere Wesen der Menschen und die Menschen, die ihm nachgeben:

> *In hundert Hoffnungen verstrickt, der Gier verfallen und dem Zorn, häufen sie ihrer Lust zulieb, sich unrechtmäßig Schätze auf.*[29]

Dann parodiert Krishna das Denken eines solchen Dämons:

> *Nun hab' ich dieses schon erlangt und jenen Wunsch erreich' ich noch*
> *Dies hab' ich schon, und jener Schatz, der wird in Zukunft mir zuteil;*
>
> *Dieser Feind ist schon getötet, die andern werd' ich töten noch,*
> *Ich bin Herr, ich bin Genießer, bin erfolgreich, glücklich und stark!*

Ersetzen Sie „töten" durch „besiegen" und Sie haben eine recht treffende Beschreibung des modernen westlichen Ideals, zumindest in einigen Bereichen der Geschäftswelt. Selbst wenn Bob also genauso glücklich wäre wie Mary: Sein Leben wäre spirituell und moralisch gesehen immer noch schlechter als das ihre, falls er arrogant wäre und glaubte, die Welt schulde ihm etwas, und er die Menschen in seinem Umfeld schlecht behandelte.

Eine moderne Glücksformel

In den neunziger Jahren des 20. Jahrhunderts trafen zwei bedeutende Erkenntnisse der Glücksforschung (starker Bezug zu den Genen und schwacher Bezug zur Umgebung) die Psychologen schwer, weil sie nicht nur auf das Glücklichsein, sondern auf die meisten Aspekte der Persönlichkeit zutrafen. Seit Freud wurde geradezu religiös die Vorstellung verehrt, die Persönlichkeit werde hauptsächlich vom Umfeld während der Kindheit geprägt. Dieses Axiom musste einfach als Glaubenssatz hingenommen werden: Beweisen ließ es sich fast nur über (gewöhnlich schwache) Korrelationen zwischen dem Verhalten der Eltern und der Entwicklung ihrer Kinder; und wer behauptete, dass diese Korrelationen genetisch bedingt seien, wurde als „Reduktionist" verschrien.

Doch als die Untersuchungen an Zwillingen den beeindruckenden genetischen Einfluss und die relative Bedeutungslosigkeit des familiären Umfeldes aufzeigten, das Geschwister teilen[30], da wurde die antike Glückshypothese wieder umso plausibler. Vielleicht ist wirklich in jedem Gehirn ein Sollwert festgelegt[31], wie bei einem Thermostat, das für immer auf 15 Grad Celsius (bei Depressiven) oder 25 Grad (bei Glücklichen) eingestellt ist? Vielleicht kann man nur glücklich sein, indem man seine innere Einstellung verändert (etwa durch Meditation, Fluoxetin oder kognitive Therapie), statt die Umgebung zu verändern?

Doch als Psychologen sich mit diesen neuen Ideen abmühten und als Biologen das erste Schema des menschlichen Genoms erstellten, wurde das Verständnis von angeboren und umweltbedingt komplexer. Ja, Gene erklären weit mehr über uns, als irgendjemand bemerkt hatte, doch die Gene ihrerseits, so stellte sich heraus, reagieren auf Umweltbedingungen.[32] Ja, auch verfügt jeder Mensch über ein charakteristisches Glücksniveau, aber jetzt sieht es so aus, als sei das weniger ein *punktueller* Sollwert als vielmehr ein mögliches *Spektrum* oder eine Wahrscheinlichkeitsverteilung. Ob Sie am oberen oder unteren Rand Ihres potenziellen Spektrums agieren, wird von vielen Faktoren bestimmt, die Buddha und Epiktet als Äußerlichkeiten betrachtet hätten.

Als Martin Seligman in den späten neunziger Jahren die Positive Psychologie begründete, bestand einer seiner ersten Schritte darin, kleine Expertengruppen zusammenzubringen, die sich mit speziellen Problemen befassen sollten. Eine Gruppe wurde ins Leben gerufen, die die Äußerlichkeiten untersuchen sollte, die für das Glücklichsein eine Rolle spielen. Die drei Psychologen Sonja Lyubomirsky, Ken Sheldon und David Schkade sichteten das verfügbare Material und erkannten, dass es zwei grundlegend verschiedene Arten von Äußerlichkeiten gibt: die objektiven *Lebensbedingungen* und die *freiwilligen Aktivitäten*, die man unternimmt.[33] Zu den Bedingungen gehören unveränderliche Faktoren (Rasse, Geschlecht, Alter, Behinderung) sowie Faktoren, die sich verändern lassen (Reichtum, Familienstand, Wohnort).

Lebensbedingungen sind zumindest in einem bestimmten Zeitraum konstant, deshalb gehören sie zu den Faktoren, an die man sich wahrscheinlich anpasst. Freiwillige Aktivitäten hingegen *wählt* man selbst, etwa Meditation üben, Sport treiben, eine neue Fertigkeit erlernen oder Urlaub machen. Weil man sich für solche Aktivitäten *entscheiden* muss und weil die meisten davon Mühe und Aufmerksamkeit erfordern, verschwinden sie nicht einfach aus dem Bewusstsein, wie das bei den Lebensbedingungen der Fall sein kann. Freiwillige Aktivitäten versprechen daher eine viel stärkere Steigerung des Glücksgefühls und vermeiden gleichzeitig den Effekt von Anpassung.

Eine der wichtigsten Ideen der Positiven Psychologie ist die von Lyobomirsky, Sheldon und Schkade so genannte „Glücksformel“:

G = S + L + A

Der Grad an Glücklichsein, den man erlebt (G), wird bestimmt durch den fixen Sollwert (S) plus die Lebensbedingungen (L) plus die freiwilligen Aktivitäten (A), für die man sich entschieden hat.[34] Für die Positive Psychologie besteht die Herausforderung nun darin, mit wissenschaftlichen Methoden herauszufinden, welche Arten von L und A das G in die Höhe treiben, zum oberen Rand Ihres potenziellen Spektrums. Einseitig biologisch ausgedrückt besagte die Glückshypothese, dass G = S sei; L und A spielten dann keine Rolle. Doch wir müssen Buddha und Epiktet A gutschreiben, weil Buddha den „Edlen Achtfachen Pfad“ empfahl (mit Meditation und Achtsamkeit) und Epiktet zu Denkmethoden riet, um Gleichgültigkeit gegenüber Äußerlichkeiten zu entwickeln.

Um die Lebensweisheit der Weisen angemessen zu prüfen, müssen wir die folgende Hypothese untersuchen: G = S + A, wobei A die freiwilligen oder absichtsvollen Aktivitäten sind, die unsere Akzeptanz fördern und die emotionalen Anhaftungen reduzieren. Falls viele Faktoren (L) eine Rolle spielen und falls jemand vielen freiwilligen Aktivitäten nachgeht neben denen, die auf das Nichtanhaften abzielen, dann ist die Glückshypothese von Buddha und Epiktet falsch und die Menschen wären schlecht beraten, einfach nach innen zu schauen.

Es stellt sich heraus, dass einige äußere Bedingungen (L) tatsächlich eine Rolle spielen. Ein paar Veränderungen, die Sie in Ihrem Leben vornehmen können und die nicht vollständig dem Anpassungsprinzip unterliegen, können Sie langfristig glücklicher machen. Sie anzustreben kann sich lohnen:

Lärm

Als ich in Philadelphia lebte, lernte ich eine wertvolle Lektion in Bezug auf Wohneigentum: Falls Sie ein Haus an einer stark befahrenen Straße kaufen müssen, so kaufen Sie keines, das weniger als 30 Meter von einer Ampel entfernt ist. Alle 95 Sekunden musste ich 42 Sekunden lang die Musikauswahl verschiedener Leute anhören, bei jeder fünfzehnten Ampelphase gefolgt von 12 Sekunden Motorengeheul mit ungeduldigem Hupen. Daran habe ich mich nie gewöhnt und als meine Frau und ich ein Haus in Charlottesville suchten, sagte ich unserem Makler gleich, dass ich eine viktorianische Villa an einer stark befahrenen Straße nicht kaufen würde. Untersuchungen belegen, dass Menschen, die sich mit neuen dauerhaften Lärmquellen abfinden müssen (wenn etwa eine neue Autobahn gebaut wird), sich niemals völlig daran gewöhnen, und selbst Untersuchungen, die eine gewisse Anpassung bescheinigen, finden auch Belege dafür, dass das Denken beeinträchtigt wird. Lärm stört die Konzentration und erhöht Stress, besonders der veränderliche und diskontinuierliche Lärm.[35] Es lohnt sich das Bemühen, Lärmquellen aus dem Leben zu verbannen.

Der Weg zur Arbeit

Viele Menschen entscheiden sich dafür, weiter entfernt von ihrem Arbeitsplatz zu wohnen und dafür ein größeres Haus zu suchen. Sie gewöhnen sich zwar schnell daran, mehr Platz zu haben[36], aber sie gewöhnen sich nicht vollständig an den längeren Weg zur Arbeit, besonders wenn sie bei hohem Verkehrsaufkommen Auto fahren müssen.[37] Selbst nach Jahren des Pendelns kommen die Pendler, die in dichtem Verkehr unterwegs waren, mit einem höheren Pegel an Stresshormonen am Arbeitsplatz an. (Unter *idealen* Umständen jedoch ist das Autofahren oft vergnüglich und entspannend.)[38] Es lohnt sich also, den Weg zum Arbeitsplatz angenehm zu gestalten.

Mangel an Kontrolle

Dazu, dass Lärm und Verkehr uns unter die Haut gehen, trägt vor allem der Umstand bei, dass wir sie nicht kontrollieren können. In einer klassischen Studie haben David Glass und Jerome Singer Menschen lautem, willkürlich auftretendem Lärm ausgesetzt. Die Versuchspersonen in *einer* der Gruppen erfuhren, dass sie den Lärm durch einen Knopfdruck abstellen konnten, aber sie sollten das nur dann tun, wenn es absolut notwendig war. Keine der Versuchspersonen drückte den Knopf, doch das Wissen, dass sie eine Art von Kontrolle hatten, machte den Lärm für sie weniger schrecklich. Im zweiten Teil des Experiments waren die Versuchspersonen, die eine Kontrollmöglichkeit zu haben glaubten, ausdauernder, wenn sie schwierige Rätsel lösten; die Versuchspersonen, die den Lärm ohne Kontrollmöglichkeit erlebten, gaben leichter auf.[39]

In einer anderen bekannten Studie gewährten Ellen Langer und Judith Rodin den Bewohnern zweier Stockwerke eines Altenheims bestimmte Extras – etwa Pflanzen in ihrem Zimmer und einen Filmabend pro Woche. Auf dem einen Stockwerk hatten die Bewohner die Kontrolle darüber: Sie durften sich die Pflanzen selbst aussuchen und waren dann auch für das Gießen verantwortlich. Als Gruppe konnten sie selbst entscheiden, an welchem Abend sie die Filme anschauen wollten. Auf dem anderen Stockwerk wurden die Extras einfach vorgegeben: Das Pflegepersonal suchte die Pflanzen aus und goss sie und das Pflegepersonal bestimmte auch den Filmabend. Dieser kleine Unterschied hatte große Auswirkungen: Auf dem Stockwerk, wo die Bewohner mehr Kontrolle hatten, waren sie glücklicher, aktiver und wacher (nach der Einschätzung des Personals, nicht nur nach der der Bewohner selbst); und das zeigte sich auch noch bei einer Folgestudie 18 Monate später.

Am erstaunlichsten allerdings ist, dass nach 18 Monaten die Bewohner, die mehr mitentscheiden konnten, gesünder waren und dass nur halb so viele gestorben waren (15 Prozent gegenüber 30 Prozent).[40] In einem Bericht, den Rodin und ich schrieben, zogen wir folgenden Schluss: Engagement, Energieniveau und Glücksgefühl lassen sich mit am wirkungsvollsten steigern, wenn man eine Institution dahingehend ändert, dass Beschäftigte, Praktikanten oder Auszubildende, Patienten und andere Beteiligte stärker das Gefühl bekommen, mitbestimmen zu können.[41]

Schamgefühl

Im Großen und Ganzen sind sehr attraktive Menschen nicht glücklicher als weniger attraktive. Und doch machen einige Verbesserungen im Aussehen eines Menschen ihn dauerhaft glücklicher.[42] Leute, die sich Schönheitsoperationen unterziehen, äußern sich (im Durchschnitt) sehr zufrieden damit und in den Jahren nach der Operation hat sich nach ihren eigenen Angaben ihre Lebensqualität verbessert und haben psychiatrische Symptome (wie Depression und Angst) nachgelassen. Am stärksten profitierten dabei Frauen von Brustoperationen (Vergrößerungen oder Verkleinerungen). Um die langfristigen Auswirkungen solcher dem Anschein nach oberflächlichen Veränderungen zu verstehen, muss man aus meiner Sicht über die Macht von Schamgefühlen im Alltag nachdenken. Junge Frauen, deren Brüste viel größer oder kleiner als das Ideal sind, geben oft an, dass sie sich wegen ihres Körpers Tag für Tag befangen fühlen. Viele versuchen diesen in ihren Augen persönlichen Makel durch ihre Körperhaltung oder Garderobe zu kaschieren. Von einer solchen täglichen Bürde frei zu sein kann dauerhaft zu mehr Selbstvertrauen und Wohlbefinden führen.

Beziehungen

Eine Lebensbedingung, die nach allgemeiner Auffassung[43] alle anderen an Bedeutung übertrifft, ist die Intensität und Anzahl der Beziehungen eines Menschen. Gute Beziehungen machen Menschen glücklich und glückliche Menschen genießen mehr und bessere Beziehungen als unglückliche.[44] Diese Wirkung ist so wichtig und interessant, dass sie ein eigenes Kapitel bekommt, das nächste. Für jetzt erwähne ich nur, dass Konflikte in Beziehungen – etwa mit einem nervigen Mitarbeiter im Büro oder mit einem Kollegen am Schreibtisch gegenüber oder ein Dauerkonflikt mit dem Partner – zu den sichersten Möglichkeiten gehören, das Glücksgefühl zu beeinträchtigen. An einen zwischenmenschlichen Konflikt passt man sich nie an, er verdirbt jeden Tag, selbst Tage, an denen Sie die andere Person gar nicht sehen (aber dennoch über den Konflikt nachsinnen).[45]

*

Ihr Glücksgefühl können Sie auf viele Arten steigern, indem Sie Ihre äußeren Lebensbedingungen in Ordnung bringen, besonders aber in Hinblick auf Beziehungen, auf Ihre Arbeit und das Maß an Kontrolle über Stressoren. In der Glücksformel ist L also ein realer Faktor und *einige* äußere Gegebenheiten spielen tatsächlich eine Rolle. Nach manchen Dingen lohnt es sich zu streben und mithilfe der Positiven Psychologie können Sie diese herausfinden. Freilich hätte *Buddha* sich vollständig an Lärm, Verkehr, Kontrollmangel und körperliche Schwächen angepasst und gewöhnt, doch es war selbst im alten Indien für die normalen Leute schon immer schwierig, ein Buddha zu werden. In der modernen westlichen Welt lässt sich Buddhas Weg des Nicht-Tuns und des Nicht-Strebens noch schwerer verfolgen. Einige unserer Dichter und Schriftsteller legen uns vielmehr ans Herz, diesem Weg abzuschwören und uns mit ganzem Herzen dem Handeln zu widmen:

> *Es ist nutzlos zu sagen, Menschen sollten sich mit Seelenruhe zufriedengeben: Sie brauchen das Handeln, und wenn sie keine Gelegenheit dazu finden, werden sie sich eine verschaffen.*
> CHARLOTTE BRONTË *(1847)*[46]

In den Flow-Zustand kommen

Nicht jede Aktivität allerdings wird uns gelingen. Bei der Jagd nach Reichtum und Ansehen beispielsweise geht der Schuss gewöhnlich nach hinten los. Menschen, die das größte Interesse bekunden, Geld, Ruhm oder Schönheit zu erlangen, sind durchweg unglücklicher und weniger gesund, so hat man festgestellt, als Leute, die weniger materialistische Ziele verfolgen.[47] Welche Aktivitäten sind also die richtigen? Wofür steht das A in der Glücksformel?

Diese Frage konnten Psychologen mithilfe der „*Experience Sampling Method* beantworten. Erfunden hat diese Methode der in Ungarn geborene Mitbegründer der Positiven Psychologie, Mihalyi Csikszentmihalyi (sprich: Tschiek-sent-mi-hai).[48] In seinen Untersuchungen tragen die Versuchspersonen einen Piepser bei sich, der mehrmals täglich piepst. Bei jedem Ton notieren sie in einem kleinen Notizbuch, was sie in diesem Moment gerade tun und wie viel Freude sie dabei empfinden. Durch das zehntausendfache Anpiepsen Tausender von Menschen fand Csikszentmihalyi heraus, was den Menschen *wirklich* gefällt, und nicht nur, was sie ihrer *Erinnerung* nach gern taten.

Er entdeckte, dass es zwei verschiedene Arten von „Gefallen" gibt. Eines ist der körperliche Genuss. Bei Mahlzeiten geben hier die Menschen im Durchschnitt die höchsten Werte an. Zu essen, und zwar vor allem in Gesellschaft anderer zu essen, macht den Menschen wirklich Freude und sie hassen es, bei ihren Mahlzeiten durch Telefonanrufe gestört zu werden (oder vielleicht durch Csikszentmihalyis Piepsen) oder gar (was am schlimmsten ist) beim Sex gestört zu werden. Doch man kann nicht den ganzen Tag lang körperliches Vergnügen genießen. Nahrung und Sex machen nun einmal satt, das liegt in ihrer Natur. Über ein bestimmtes Maß an Sättigung hinaus zu essen oder Sex zu haben kann Ekel hervorrufen.[49]

Csikszentmihalyis große Entdeckung ist, dass es einen Zustand gibt, den viele Menschen noch mehr schätzen als Schokolade nach dem Sex. Es ist der Zustand, in dem man völlig in eine Aufgabe eintaucht, die einen fordert, aber doch den eigenen Fähigkeiten gut entspricht. Manchmal wird das bezeichnet mit der englischen Wendung *being in the zone* (zu Deutsch etwa: in der Zone des Glücks, der Zufriedenheit oder Erfüllung sein). Csikszentmihalyi bezeichnete diesen Zustand als „Flow", weil er sich oft wie ein Fließen, eine mühelose Bewegung anfühlt: Flow *geschieht* einfach und Sie geben sich ihm hin. Flow tritt oft bei körperlicher Bewegung auf – bei Skifahren, schnellem Rad- oder Autofahren auf kurvenreichen Straßen oder bei Mannschaftssportarten. Der Flow-Zustand wird verstärkt durch Musik oder durch das Handeln anderer Menschen, beides gibt dem eigenen Verhalten eine zeitliche Struktur (zum Beispiel in einem Chor zu singen, zu tanzen oder sich nur angeregt mit einem Freund oder einer Freundin zu unterhalten.) In den Flow-Zustand kann man auch kommen, wenn man sich ganz alleine kreativen Aktivitäten widmet, beim Malen, Schreiben oder Fotografieren.

Der Schlüssel für den Flow ist: Eine eindeutige Herausforderung verlangt Ihre ganze Aufmerksamkeit und Sie haben die Fertigkeiten, diese Herausforderung zu meistern; und Sie bekommen sofort Feedback darüber, wie Sie bei jedem Schritt vorankommen (das Prinzip des Fortschritts). Sie erleben das Aufwallen eines positiven Gefühls nach dem anderen, mit jeder genommenen Kurve, mit jeder richtig gesungenen hohen Note oder jedem Pinselstrich, der an der richtigen Stelle landet. Im Flow-Zustand sind Elefant und Reiter in vollkommener Harmonie. Der Elefant (automatische Prozesse) erledigt den Großteil der Arbeit, läuft ruhig durch den Wald, während der Reiter (bewusste Gedanken) vollständig damit beschäftigt ist, nach Problemen und Gelegenheiten Ausschau zu halten, und so nach Kräften hilft.

Csikszentmihalyis Arbeit nutzend schlägt Seligman eine grundlegende Unterscheidung zwischen Freude und Vergnügen einerseits und Belohnungen bzw. Belohnungshandlungen andererseits vor. Vergnügen ist „die Lust, die eine eindeutige sinnesspezifische und stark emotionale Komponente hat“[50], wie man sie bei Essen, Sex, Rückenkraulen und einem kühlen Lufthauch empfinden kann. Belohnungshandlungen sind Aktivitäten, denen Sie sich ganz widmen, die Ihre Stärken fordern und in denen Sie ganz aufgehen können. Belohnungshandlungen können zum Flow-Zustand führen. Seligman schlägt nun vor, dass A (freiwillige Aktivitäten) hauptsächlich darin bestehen solle, dass man den eigenen Tagesablauf und die Umgebung so gestaltet, dass sie sowohl Freude und Vergnügen wie auch Belohnungen fördern. Vergnügen müssen zeitlich verteilt werden, damit sie ihre Wirkung behalten. Wenn man an *einem* Nachmittag ein Kilo Eiscreme isst oder eine neue CD zehn Mal hintereinander anhört, so sind das gute Möglichkeiten, das Vergnügen überzudosieren und sich für künftigen Genuss abzustumpfen. Hier hat der Reiter eine wichtige Aufgabe: Weil der Elefant dazu neigt, sich allzu sehr hinzugeben, muss der Reiter ihn ermuntern, aufzustehen und sich einer anderen Aktivität zu widmen.

Vergnügen sollten sowohl genossen als auch abgewechselt werden. „Die Franzosen“ verstehen sich darauf: Sie essen viele fette Speisen, aber letztlich sind sie schlanker und gesünder als Amerikaner und sie genießen das Essen viel mehr, weil sie langsam und wesentlich bewusster essen.[51] Und weil sie es genießen, essen sie letztlich viel weniger. „Die Amerikaner“ hingegen schaufeln beträchtliche Mengen an fetthaltigen und kohlenhydratreichen Speisen in sich hinein, während sie sich mit anderen Dingen beschäftigen. Franzosen variieren ihr Vergnügen, indem sie viele kleine Gänge servieren; Amerikaner stehen auf Restaurants, in denen große Portionen serviert werden. Abwechslung ist die Würze des Lebens, weil sie der natürliche Feind der Anpassung ist. Übergroße Portionen andererseits maximieren die Anpassung. Epikur, einer der wenigen antiken Philosophen, der sinnliche Freuden begrüßte, billigte sozusagen die französische Variante, wenn er sagte, dass der Weise „als Speise nicht in jedem Fall die größere, sondern die am meisten Lust spendende vorzieht.“[52]

Die weit verbreitete philosophische Skepsis gegenüber sinnlichen Freuden ist teilweise darauf zurückzuführen, dass sie keinen langfristigen Nutzen bieten. Vergnügen fühlt sich im Moment gut an, doch sinnliche Erinnerungen verblassen rasch und der Mensch ist anschließend nicht weiser oder stärker. Noch schlimmer aber ist, dass Vergnügen die Menschen mit dem Wunsch nach mehr lockt und zurückhält, weg von Aktivitäten, die ihnen langfristig besser bekämen. Belohnungen sind da ganz anders. Sie fordern uns heraus und sorgen dafür, dass wir unsere bisherigen Grenzen überschreiten. Sie kommen oft daher, dass wir etwas erreichen, lernen oder verbessern. Wir kommen *dann* in einen Flow-Zustand, wenn die Arbeit mühelos wird. Wir *wollen* uns weiter trainieren, unsere Fertigkeiten verbessern und unsere Kraft einsetzen. Seligman behauptet, dass man die eigenen Stärken kennen muss, um die eigenen Belohnungen zu finden.[53] Einer der großen Vorzüge der Positiven Psychologie besteht darin, dass sie einen Katalog der Stärken entwickelt hat. (Sie können Ihre Stärken ermitteln, indem Sie unter www.authentichappiness.org einen Online-Test machen.)

Kürzlich bat ich die 350 Studenten meiner Einführungsveranstaltung in Psychologie, diesen Test zu machen; eine Woche später bat ich sie, sich einige Tage lang vier dieser Aktivitäten zu widmen. Bei einer davon ging es darum, die Sinne zu verwöhnen, etwa indem man mitten am Nachmittag eine Pause einlegt, um Eis zu essen und dieses Eis intensiv zu genießen. Zum jeweiligen Zeitpunkt machte diese Aktivität am meisten Spaß; doch wie bei allen Vergnügen verblasste ihre Wirkung schnell. Die drei anderen Tätigkeiten waren mögliche Belohnungen:

- Besuchen Sie eine Vorlesung oder Veranstaltung, zu der Sie normalerweise nicht gehen.
- Zeigen Sie gegenüber einem Freund oder einer Freundin, der oder die etwas Aufmunterung brauchen, eine nette Geste.

- Schreiben Sie die Gründe dafür auf, warum Sie jemandem dankbar sind, und rufen Sie ihn oder sie später an beziehungsweise besuchen Sie die Person, um sich bei ihr zu bedanken.

Die am wenigsten erfreuliche Aktivität war der Besuch der Lehrveranstaltung – außer für die Studenten, zu deren Stärken Neugier und Lernfreude zählen! Sie haben viel stärker davon profitiert. Die wichtige Erkenntnis dabei war, dass die Versuchspersonen nach der Geste für *andere* und dem Ausdrücken der Dankbarkeit langfristig eine bessere Stimmung hatten als von den Aktivitäten, bei denen sie *sich selbst* etwas gönnten. Obwohl die Teilnehmer sehr nervös waren, bevor sie eine Gefälligkeit erweisen oder Dankbarkeit ausdrücken sollten – denn das erforderte, gesellschaftliche Normen zu übertreten und Peinlichkeit zu riskieren –, fühlten sie sich *nach* diesen Aktivitäten für den Rest des Tages besser. Viele Studenten gaben sogar an, dass ihre guten Gefühle auch am nächsten Tag noch anhielten – was vom Eisessen niemand behaupten konnte. Außerdem profitierten diejenigen am meisten, zu deren Stärken Freundlichkeit und Dankbarkeit gehörten.

A (freiwillige Aktivitäten) ist also ein realer Faktor und dabei geht es nicht um inneren Abstand. Sie können Ihr Glücksgefühl erhöhen, indem Sie Ihre Stärken einsetzen, besonders wenn Sie dabei Beziehungen verbessern – indem Sie Freunden helfen und Wohltätern gegenüber Dankbarkeit ausdrücken. Jeden Tag eine beliebige Gefälligkeit zu erweisen kann langweilig werden, aber wenn Sie Ihre Stärken kennen und fünf Aktivitäten dafür notieren, können Sie sich sicherlich jeden Tag belohnen. In Studien, bei denen die Teilnehmer wöchentlich eine beliebige gute Tat vollbringen oder ihre Wohltaten regelmäßig einige Wochen lang zählen sollten, stellte man ein geringfügig, aber dauerhaft stärkeres Glücksgefühl fest.[54] Werden Sie also aktiv! Wählen Sie Aktivitäten aus, durch die Sie sich belohnt fühlen, führen Sie sie regelmäßig aus (aber nicht so oft, dass sie Sie langweilen) und steigern Sie so Ihr allgemeines Glücksgefühl.

Fehlgeleitetes Streben

Ein Axiom der Volkswirtschaftslehre besagt, dass Menschen ihre Interessen mehr oder weniger rational verfolgen und dass deshalb der *Markt* funktioniert – Adam Smiths „unsichtbare Hand“ des eigennützigen Strebens. Doch in den achtziger Jahren des 20. Jahrhunderts begannen einige Ökonomen Psychologie zu studieren und brachten die herrschenden Modelle durcheinander. Federführend war dabei Robert Frank, Ökonom an der *Cornell University*. Er analysierte in seinem 1987 im Original erschienenen Buch *Die Strategie der Emotionen* einige menschliche Verhaltensweisen, die nicht in die Wirtschaftsmodelle des reinen Eigeninteresses passen, etwa:

- in Restaurants Trinkgeld zu geben, wenn man weit weg von Zuhause ist
- kostspielige Racheakte zu unternehmen
- Freunden und Partnern gegenüber loyal und treu zu bleiben, auch wenn sich „bessere Gelegenheiten“ bieten (attraktivere Partner)

Frank argumentierte, dass diese Verhaltensweisen nur Sinn ergeben als Folge ethisch-moralischer Emotionen (wie Liebe, Scham, Rache oder Schuld) und dass diese Emotionen nur als eine Folge der Evolution Sinn ergeben. Die Evolution scheint es so eingerichtet zu haben, dass wir bisweilen zu unserem eigenen Besten „strategisch irrational“ handeln.

Ein Beispiel für Irrationalität:

Wer wütend wird, wenn er betrogen worden ist, und wer sich dann *um jeden Preis* (in jedem Fall) rächen will, wird sich einen Ruf erwerben, der mögliche künftige Betrüger abschreckt. Wer sich hingegen nur dann rächt, wenn sich das auch lohnt (also wenn sein Erfolg oder Nutzen seinen Aufwand übersteigt), der wird möglicherweise in vielen weiteren Situationen ungestraft betrogen.

In seinem neueren Buch *Luxury Fever*[55] will Frank mit dem gleichen Vorgehen eine andere Irrationalität verstehen: die Kraft, mit der Menschen oft Ziele verfolgen, die ihrem eigenen Glücklichsein entgegenstehen. Frank beginnt mit der Frage, warum die Bürger in Staaten, deren Wohlstand wächst, nicht glücklicher werden. Dabei erörtert er die Möglichkeit, dass Geld kein zusätzliches Glück kaufen kann, sobald die Grundbedürfnisse einmal erfüllt sind. Nach einer sorgfältigen Untersuchung des vorliegenden empirischen Materials zieht Frank jedoch die Schlussfolgerung, dass diejenigen, die glauben, dass man mit Geld kein Glücklichsein kaufen könne, einfach nicht wüssten, wo sie „einkaufen" müssten.

Einige Käufe unterliegen dem Prinzip der Anpassung weit weniger stark. Frank will wissen, warum Menschen so hingebungsvoll Geld für Luxusgüter und andere Waren ausgeben, an die sie sich vollständig anpassen, statt für etwas, was sie langfristig glücklicher machen würde:

- Die Menschen wären zum Beispiel glücklicher und gesünder, wenn sie sich häufiger freinehmen und Zeit mit ihrer Familie und ihren Freunden verbringen würden, doch die Amerikaner strebten lange Zeit in die entgegengesetzte Richtung.
- Die Menschen wären glücklicher, wenn sie nicht so weit zum Arbeitsplatz pendeln müssten, selbst wenn das bedeuten würde, in einem kleineren Haus zu leben. Dennoch geht der Trend in Amerika zu noch größeren Häusern und noch längeren Fahrzeiten.
- Die Menschen wären glücklicher und gesünder, wenn sie länger Urlaub machen würden, selbst wenn das bedeuten würde, weniger zu verdienen, und doch nehmen die Urlaubstage in den USA und auch in Europa immer mehr ab.
- Die Menschen wären glücklicher und langfristig wohlhabender, wenn sie *einfache* und funktionelle Geräte, Autos und Armbanduhren kaufen würden und das Geld, das sie damit für späteren Konsum gespart haben, anlegen würden; und dennoch geben gerade die Amerikaner praktisch all ihr Geld – und manchmal sogar noch mehr – für Konsumgüter zum sofortigen Gebrauch aus und legen oft einen hohen Aufpreis für einen Designernamen und überflüssige Ausstattung hin.

Frank erklärt das ganz einfach: Demonstrativer und nichtdemonstrativer Konsum folgen psychologisch unterschiedlichen Regeln. *Demonstrativer Konsum* bezeichnet Dinge, die für andere sichtbar sind und die den relativen Erfolg eines Menschen zum Ausdruck bringen. Diese Waren unterliegen einer Art „Wettrüsten“ und ihr Wert rührt weniger von den objektiven Merkmalen her als vielmehr von der Aussage über ihren Besitzer. Als *alle Timex*-Uhren trugen, ragte die erste Person im Büro mit einer *Rolex* heraus. Als alle zu Rolex nachzogen, brauchte man schon 20.000 Dollar für eine *Patek Philip*, um gut dazustehen – eine *Rolex* genügte nicht mehr. Demonstrativer Konsum ist ein Nullsummenspiel: Jeder Schritt nach oben des einen Mitspielers entwertet die Besitztümer der anderen. Außerdem ist es schwierig, eine ganze Gruppe oder Subkultur dazu zu überreden, „runterzufahren“, selbst wenn es allen im Durchschnitt besser damit ginge, wenn sie zu einfachen Uhren zurückfänden.

Demgegenüber bezeichnet *nichtdemonstrativer Konsum* Waren und Aktivitäten, die man um ihrer selbst willen schätzt, die eher privat konsumiert und nicht als Statussymbole gekauft werden. Weil das Ansehen zumindest unter Amerikanern nicht steigt, wenn sie den längsten Urlaub nehmen oder den kürzesten Weg zur Arbeit haben, unterliegt dieser nichtdemonstrative Konsum nicht dem „Wettrüsten“.

Machen Sie einmal folgendes **Gedankenexperiment**:

Welchen Arbeitsplatz hätten Sie lieber – einen, bei dem Sie 90.000 Dollar im Jahr verdienen und Ihre Kollegen durchschnittlich 70.000 Dollar, oder die Stelle, bei der Sie 100.000 Dollar verdienen würden und Ihre Kollegen im Durchschnitt 150.000 Dollar? Viele entscheiden sich für erstere und zeigen so, dass die relative Position ihnen mindestens 10.000 Dollar wert ist.

Nun ein anderes Gedankenspiel:

Würden Sie lieber in einer Firma arbeiten, in der Sie zwei Wochen Jahresurlaub haben, andere Mitarbeiter jedoch durchschnittlich eine Woche; oder würden Sie eine Firma vorziehen, in der Sie vier Wochen Urlaub hätten, Ihre Kollegen jedoch durchschnittlich sechs Wochen? Die große Mehrheit der Befragten entschied sich für die längere absolute Zeit.[56] Freizeit ist ein nichtdemonstratives Konsumgut, allerdings lässt sie sich leicht in ein demonstratives Konsumgut verwandeln, indem man Unsummen dafür ausgibt, andere zu beeindrucken, statt die Zeit zur eigenen Erholung zu nutzen.

Neuere Untersuchungen zu den Vorteilen von Tun oder Haben bestätigen Franks Schlüsse. Die Psychologen Leaf van Boven und Tom Gilovich baten Leute, sich an eine Gelegenheit zu erinnern, bei der sie mehr als 100 Dollar für mehr Glück und Freude ausgaben. Die *eine* Gruppe sollte sich materiellen Besitz aussuchen; die *andere* ein Erlebnis oder eine Aktivität, für die man Geld bezahlt hatte. Die Versuchspersonen beschrieben ihre Käufe und mussten dann einen Fragebogen ausfüllen. Diejenigen, die ein Erlebnis, eine Erfahrung „gekauft" hatten (einen Skiurlaub, ein großes Konzert oder ein tolles Essen) waren glücklicher beim Gedanken an ihren Kauf und hielten ihr Geld für besser angelegt als die Teilnehmer, die einen Gegenstand gekauft hatten (etwa Kleidung, Schmuck oder elektronische Geräte).[57]

Nachdem Van Boven und Gilovich dieses Experiment in verschiedenen Variationen durchgeführt und jedes Mal die gleichen Ergebnisse herausbekommen hatten, schlossen sie daraus, dass *Erlebnisse* glücklicher machen, und zwar teilweise deshalb, weil sie einen höheren sozialen Wert haben: Die meisten Aktivitäten, die über 100 Dollar kosten, sind solche, die wir *zusammen mit anderen* Menschen tun, aber teure Gegenstände werden oft auch gekauft, um andere Menschen zu *beeindrucken*. Aktivitäten verbinden uns mit anderen; Gegenstände trennen uns häufig.

Jetzt wissen Sie also, wo Sie einkaufen können. Geben Sie es auf, mit Ihren Nachbarn mithalten zu wollen. Hören Sie damit auf, Ihr Geld für auffälligen Konsum zu vergeuden. Arbeiten Sie als ersten Schritt weniger, verdienen Sie weniger, sammeln Sie weniger an und „konsumieren" Sie mehr Zeit mit der Familie, mit Urlaub und anderen vergnüglichen Aktivitäten. Der chinesische Weise Laotse ermahnte seine Zeitgenossen, ihre eigenen Entscheidungen zu treffen und nicht materielle Gegenstände zu kaufen, die alle anderen auch kaufen.

> *Rennkampf und Jagd machen der Menschen Begehren wild.*
> *Seltene Güter machen der Menschen Wandel irr.*
>
> *Also auch der Berufene:*
> *Er sorgt für den Leib und nicht für das Auge.*
> *Darum tut er ab das Ferne und hält sich ans Nahe.*[58]

Unglücklicherweise ist es schwer, etwas loszulassen und sich stattdessen etwas anderes auszusuchen, nachdem der Elefant in uns seinen Rüssel bereits um die „Kostbarkeit" gelegt hat und sich weigert loszulassen. Der Elefant ist geprägt von der natürlichen Selektion und dem Bemühen, im Spiel des Lebens zu gewinnen, und zu seiner Strategie gehört, andere zu beeindrucken, von ihnen anerkannt zu werden und auf der Ansehensleiter nach oben zu steigen. *Der Elefant kümmert sich um Ansehen, nicht um Glücklichsein*[59], und er schaut ewig nach den anderen, um herauszufinden, was prestigeträchtig ist. Der Elefant verfolgt seine von der Evolution angelegten Ziele, selbst wenn er anderswo glücklicher sein könnte. Falls jeder hinter dem gleichen kleinen bisschen Ansehen herjagt, dann sind alle in einem Nullsummenspiel gefangen, in einem ewigen „Aufrüsten", einer Welt, in der wachsender Wohlstand nicht glücklicher macht. Der Kauf von Luxusgütern ist eine Glücksfalle; er ist eine Sackgasse, in die sich die meisten Menschen in der irrigen Annahme verrennen, diese Güter würden sie glücklich machen.

Im modernen Leben gibt es noch andere Fallen. Hier einige Köder:

Wählen Sie aus den nachstehenden Wörtern dasjenige aus, das Sie am stärksten anspricht: *Einschränkung, Grenze, Barriere, Wahlmöglichkeit.* Mit hoher Wahrscheinlichkeit haben Sie sich für *Wahlmöglichkeit* entschieden, weil die ersten drei Ihnen den Anflug eines negativen Affekts vermitteln. (Erinnern Sie sich an das „Mag-o-meter"!)

Wahlmöglichkeit und die oft damit assoziierte Freiheit sind unbestritten Vorteile des modernen Lebens. Die meisten Leute würden lieber in einem Supermarkt einkaufen, in dem es in jeder Lebensmittelkategorie zehn Produkte gibt, als in einem kleinen Laden, in dem es nur jeweils zwei gibt. Die meisten investieren ihr Geld für die Altersvorsorge lieber über ein Unternehmen, das 40 Möglichkeiten anbietet, als über eines, das nur vier anbietet. Doch wenn den Menschen eine große Auswahl offen steht – etwa eine Auswahl zwischen 30 (statt 6) Gourmet-Schokoladen, zwischen denen sie sich entscheiden können, dann treffen sie mit geringerer Wahrscheinlichkeit eine Wahl; und wenn doch, dann sind sie unzufrieden damit.[60] Je mehr Möglichkeiten es gibt, desto mehr erwarten sie, die perfekte zu finden; und gleichzeitig gilt aber auch: Je größer das Angebot ist, desto unwahrscheinlicher ist es, dass sie die beste Wahl treffen. Beim Verlassen des Ladens haben sie weniger Vertrauen in ihre Entscheidung, sie bedauern sie mit höherer Wahrscheinlichkeit und denken wahrscheinlicher an die Möglichkeiten, die sie nicht gewählt haben. Falls sie eine Entscheidung vermeiden können, werden sie das mit größerer Wahrscheinlichkeit tun. Der Psychologe Barry Schwartz nennt das „die Qual der Wahl".[61]

Wir schätzen Wahlmöglichkeiten und bringen uns immer wieder in Situationen, in denen wir wählen können, obwohl Wahlmöglichkeiten häufig unser Glücklichsein unterhöhlen. Aber Schwartz und seine Kollegen[62] stellen fest, dass sich diesem Paradox hauptsächlich solche Menschen gegenübersehen, die sie „Maximierer" nennen – die aus Gewohnheit alle Möglichkeiten abzuwägen versuchen, die mehr Informationen suchen und die die beste Entscheidung treffen wollen (oder ihren „Nutzen maximieren" wollen, wie die Ökonomen es ausdrücken würden). Andere Menschen – die „Genügsamen" – sehen ihre Entscheidungen entspannter. Sie werten eine bestimmte Anzahl von Möglichkeiten aus, bis sie eine finden, die gut genug ist, und hören dann auf zu suchen. Den Genügsamen schadet ein Übermaß an Möglichkeiten nicht. Maximierer treffen im Durchschnitt letztendlich geringfügig bessere Entscheidungen als Genügsame (all die Sorge und das Sammeln von Informationen helfen tatsächlich), aber sie sind mit ihren Entscheidungen unglücklicher und neigen stärker zu Depression und Angst.

In einer sehr geschickten Studie[63] wurden Maximierer und Genügsame gebeten, Anagramme zu lösen, während sie neben einer anderen Versuchsperson saßen (in Wirklichkeit ein Ko-Experimentator), die sie entweder viel schneller oder viel langsamer löste. Die Genügsamen ließen sich von dieser Beobachtung (des anderen) relativ wenig beeindrucken. Das Handeln der anderen Person beeinflusste kaum, wie sie selbst ihre eigenen Fähigkeiten einschätzten und wie viel Vergnügen sie an dieser Studie fanden. Maximierer hingegen waren völlig fertig, wenn die andere Versuchsperson schneller war als sie selbst. Im Nachhinein schätzten sie ihre eigenen Fähigkeiten geringer ein und empfanden mehr negative Emotionen. (Wenn sie mit einem langsameren Partner zusammen waren, wirkte sich das nicht besonders aus – ein weiterer Beleg dafür, dass negative Ereignisse intensiver wirken als positive). Der Punkt hier ist folgender: Maximierer lassen sich stärker auf soziale Vergleiche ein und lassen sich leichter in den sichtbaren Konsum hineinziehen. Paradoxerweise beziehen Maximierer weniger Vergnügen aus jedem ausgegebenen Dollar.

Das heutige Leben ist voller Fallen. Manche dieser Fallen werden von Absatz- und Werbefachleuten aufgestellt, die einfach wissen, was der Elefant will – und das ist nicht: glücklich zu sein.

Die Glückshypothese – nochmals betrachtet

Als ich begann, dieses Buch zu schreiben, dachte ich, Buddha sei ein überzeugender Mitbewerber für den Preis „Bester Psychologe der letzten 3000 Jahre". Er diagnostizierte Streben ja als vergeblich und er versprach innere Ruhe, was sich für mich stimmig anfühlte. Doch bei der Recherche für das Buch gelangte ich zu der Ansicht, dass der Buddhismus auf einer Überreaktion basieren könnte, vielleicht sogar auf einem Irrtum.

Nach der Legende[64] war Buddha ein Königssohn in Nordindien. Bei seiner Geburt (als Siddharta Gautama) wurde dem König prophezeit, dass es seinem Sohn bestimmt sei, ihn zu verlassen, in die Wälder zu gehen und dem Königreich den Rücken zu kehren. Als der Junge heranwuchs, versuchte sein Vater ihn mit sinnlichen Vergnügungen zu fesseln und alles vor ihm zu verbergen, was seinen Geist beunruhigen könnte. Der junge Prinz wurde mit einer wunderschönen Prinzessin verheiratet und in den oberen Stockwerken des Palastes aufgezogen, umgeben von einem Harem anderer bildschöner Frauen.

Aber das wurde ihm langweilig (Prinzip der Anpassung) und er war neugierig auf die Welt draußen. Schließlich überredete er seinen Vater dazu, ihn einen Ausflug im Wagen machen zu lassen. Am Morgen der Ausfahrt befahl der König allen alten, kranken und verkrüppelten Menschen, sich in ihren Häusern aufzuhalten. Doch ein alter Mann blieb auf der Straße und der Prinz sah ihn. Der Prinz bat seinen Wagenlenker, ihm das seltsame Aussehen des Mannes zu erklären, und dieser sagte ihm, dass *jeder* alt werde. Fassungslos kehrte der junge Prinz in seinen Palast zurück. Bei der Ausfahrt am nächsten Morgen sah er einen Kranken, der aufgrund einer Krankheit körperbehindert war. Wieder bekam es der junge Prinz erklärt, und wieder fuhr er nach Hause. Am dritten Tag sah der Prinz, wie ein Leichnam durch die Straßen getragen wurde. Das brachte das Fass zum Überlaufen. Als er erkannte, dass Alter, Krankheit und Tod das Schicksal aller Menschen sind, weinte er: „Fahre zurück! Das ist weder Zeit noch Ort für eine Vergnügungsfahrt. Wie könnte ein intelligenter Mensch in einer Zeit des Unglücks nicht Acht geben, wenn er weiß, dass seine Zerstörung bevorsteht?"[65]

Daraufhin ließ der Prinz seine Frau, seinen Harem und, wie prophezeit, seine Zukunft als König hinter sich. Er ging in den Wald und machte sich auf den Weg zur Erleuchtung. Nachdem er erleuchtet war, predigte Buddha (der „Erwachte")[66], dass das Leben Leiden bedeute und dass man dem Leiden nur entkommen könne, indem man die Anhaftungen durchbreche, die uns an Vergnügen, Errungenschaften, Ruhm und das Leben binden.

Doch was wäre geschehen, wenn der junge Prinz tatsächlich von seinem vergoldeten Wagen herabgestiegen wäre und mit den Menschen gesprochen hätte, die er für so unglücklich und elend hielt? Was, wenn er die Armen, Alten, Kranken und Verkrüppelten befragt hätte? Einer der experimentierfreudigsten jungen Psychologen, Robert Biswas-Diener (Sohn des „Glücks-Pioniers" Ed Diener) tat genau das. Er ist in der Welt umhergereist und hat Menschen über ihr Leben befragt und wie zufrieden sie damit sind. Wo immer er hinging, von Grönland über Kenia bis Kalifornien, stellte er fest, dass die meisten Menschen (ausgenommen die Obdachlosen) mit ihrem Leben eher zufrieden als unzufrieden sind.[67] Er interviewte sogar Prostituierte in den Slums von Kalkutta, die die Armut dazu zwingt, ihren Körper zu verkaufen und ihre Zukunft Krankheiten zu opfern. Obwohl diese Frauen erheblich weniger mit ihrem Leben zufrieden waren als eine Vergleichsgruppe von College-Studenten in Kalkutta, stuften sie doch ihre Zufriedenheit in jedem der zwölf spezifischen Lebensbereiche eher als hoch oder als neutral ein (weder zufrieden, noch unzufrieden). Ja, sie leiden Mangel, der uns im Westen unerträglich erscheint, aber sie haben auch enge Freunde und Freundinnen, mit denen sie viel Zeit verbringen, und die meisten von ihnen bleiben in Kontakt mit ihren Familien.

Biswas-Diener folgert daraus, dass die Armen von Kalkutta zwar kein *beneidenswertes* Leben, aber ein *sinnerfülltes* Leben führten. Sie schlügen Kapital aus den immateriellen Ressourcen, die ihnen zur Verfügung stehen, und fänden in vielen Lebensbereichen Zufriedenheit.[68] Wie bei den Querschnittsgelähmten, den Alten oder jeder anderen Gruppe, die der junge Buddha bemitleidet haben mag, war das Leben dieser Prostituierten innerlich viel besser, als es von außen erscheint.

Ein weiterer Grund, warum Buddha die innere Distanz so betonte, mag die turbulente Zeit gewesen sein, in der er lebte: Könige und Stadtstaaten bekriegten einander und das Leben und der Besitz der Menschen konnten über Nacht zerstört sein. Wenn das Leben unberechenbar und gefährlich ist (wie es für die stoischen Philosophen unter den römischen Kaisern war), dann mag es töricht sein, Glück darin zu suchen, die äußere Welt zu kontrollieren. Das ist jetzt aber nicht der Fall. Menschen in wohlhabenden Demokratien können sich langfristige Ziele setzen und erwarten, dass sie diese auch erreichen. Wir sind gegen Krankheiten immunisiert, vor Stürmen geschützt und gegen Feuer, Diebstahl und Einsturz versichert. Erstmals in der Geschichte der Menschheit werden die meisten Menschen (in den reichen Ländern) älter als 70 Jahre und müssen nicht mit ansehen, dass ihre Kinder vor ihnen sterben. Zwar erleben wir alle unliebsame Überraschungen auf dem Weg, doch wir passen uns an fast alle an und kommen mit ihnen zurecht; und viele von uns glauben, wir seien *besser* dran, weil wir sie erlitten haben.

> Sich von allen Anhaftungen zu lösen, die Sinnesfreuden auszuschließen und sich erfolgreich zu bemühen, schmerzliche Verluste und Niederlagen zu vermeiden – das erscheint mir jetzt als unangemessene Reaktion auf das in *gewissem* Maß unvermeidliche Leid in jedem Leben.

Viele westliche Denker haben die gleichen Leiden betrachtet wie Buddha – Krankheit, Alter und Sterblichkeit – und haben daraus ganz andere Schlüsse gezogen: Durch leidenschaftliche Verbundenheit mit Menschen, Zielen und Vergnügen muss das Leben ganz ausgekostet werden. Ich hörte einmal einen Vortrag des Philosophen Robert Solomon, der die Philosophie des Nicht-Anhaftens geradeheraus in Frage stellte und als Affront gegen die menschliche Natur bezeichnete.[69] Ein Leben rein intellektueller Reflexion und emotionaler Gleichgültigkeit (*apatheia*), das viele griechische und römische Philosophen propagierten, und ein Leben des gelassenen Nicht-Strebens, das Buddha befürwortet, wolle Leidenschaft vermeiden und ein solches Leben sei kein menschliches Leben. Ja, Anhaftungen brächten Schmerz mit sich, aber sie verschafften uns auch die größten Freuden, und gerade die Abwechslung, die die Philosophen vermeiden wollten, sei an sich wertvoll.

Ich war völlig verblüfft, einen Philosophen zu hören, der so viel von der alten Philosophie ablehnt, aber es inspirierte mich auch auf eine Art, wie ich in meinem Philosophiestudium nie inspiriert war. Ich verließ den Vortrag mit dem Gefühl, dass ich auf der Stelle und augenblicklich das Leben irgendwie begeistert annehmen wollte. Solomons Botschaft ist in der Philosophie zwar unorthodox, ist aber in den Werken romantischer Dichter, Romanciers und Naturschriftsteller häufig zu finden:

> *Wir leben unser Leben nur zu einem Viertel – warum geben wir uns nicht dem Fluss hin – öffnen die Schleusen – und setzen uns in Bewegung – Wer Ohren hat zu hören, der möge hören. Gebrauche deine Sinne.*
>
> *Henry David Thoreau (1851)*[70]

Sogar ein späterer Richter am obersten Gerichtshof in den USA – das ist ein sehr vernunftbetontes Gremium – äußerte folgende Meinung:

> *Da das Leben Handeln und Leidenschaft ist, halte ich es für die Aufgabe des Menschen, an der Leidenschaft und dem Handeln seiner Zeit teilzuhaben, sonst läuft er Gefahr, dass man das Urteil über ihn fällt, er habe nicht gelebt.*
>
> *Oliver Wendell Holmes jr. (1884)*[71]

Buddha, Laotse und andere Weise des Ostens entdeckten einen Weg zu Frieden und Gelassenheit, den Weg des Loslassens. Sie teilten uns mit, wie man den Weg mithilfe von Meditation und Stille geht. Millionen von Menschen im Westen sind diesen Weg gegangen und wenn auch nur wenige (falls überhaupt jemand) das Nirvana erreicht haben, haben viele ein gewisses Maß an Frieden, Glücklichsein und spirituellem Wachstum gefunden. Deshalb will ich keineswegs den Wert oder die Bedeutung des Buddhismus in der Welt von heute in Frage stellen, ebenso wenig wie die Wichtigkeit, an sich selbst zu arbeiten, um glücklich zu sein. Vielmehr würde ich empfehlen, die Glückshypothese zu erweitern – für jetzt einmal – in eine Yin-Yang-Formulierung:

> Glücklichsein kommt von innen und von außen.

In Kapitel 10 entwickle ich die Hypothese noch einmal weiter. Um sowohl das Yin als auch das Yang zu leben, brauchen wir eine Anleitung. Buddha ist der scharfsinnigste Führer überhaupt für die eine Hälfte; er erinnert uns sanft, aber beständig an die innere Arbeit, das Yin. Doch ich glaube, dass das westliche Ideal des Handelns, Strebens und der leidenschaftlichen Anhaftung nicht so töricht ist, wie Buddha behauptet. Wir brauchen nur etwas mehr Gleichgewicht, Balance (aus dem Osten) und eine konkrete Anleitung (von der modernen Psychologie) dafür, wonach zu streben sich lohnt.

KAPITEL 6

Liebe und andere Bindungen

Niemand ist eine Insel, niemand ist ganz für sich allein; jeder ist ein Stück des Kontinents – ein kleiner Teil des Ganzen.

JOHN DONNE [1]

Auch kann niemand ein glückliches Dasein führen, der nur auf sich schaut, der alles zum eigenen Vorteil wendet: Für den anderen sollst Du leben, wenn Du für Dich leben willst.

SENECA [2]

Bei meinem Vater wurde 1931 Polio diagnostiziert – er war damals vier Jahre alt. Er wurde sofort in ein Isolationszimmer im Krankenhaus von Brooklyn (New York) gebracht. Damals gab es für Polio keine Behandlung und keinen Impfstoff und die Bewohner des Stadtteils lebten in der Angst, die Krankheit könnte sich ausbreiten. Mehrere Wochen lang hatte mein Vater keinen Kontakt zu anderen Menschen, abgesehen vom gelegentlichen Besuch einer Krankenschwester, die eine Maske trug. Seine Mutter besuchte ihn täglich, aber sie konnte ihm nur zuwinken und versuchen, durch die Glasscheibe in der Tür mit ihm zu sprechen. Mein Vater erinnert sich daran, nach ihr gerufen und gebettelt zu haben, sie möge doch hereinkommen. Es muss ihr das Herz gebrochen haben und eines Tages ignorierte sie die Vorschriften und trat ein. Sie wurde erwischt und streng ermahnt. Mein Vater genas ohne Lähmungen, aber dieses Bild hat sich mir eingeprägt: ein kleiner Junge allein in einem Zimmer, der seine Mutter durch eine Glasscheibe anstarrt.

Mein Vater hatte das Pech, zu einem Zeitpunkt auf die Welt zu kommen, als drei große Ideen (zu Gesundheit und Krankheit) aufeinandertrafen:

1. Die erste war die *Erregertheorie*, die Ignaz Semmelweis in den vierziger Jahren des 19. Jahrhunderts aufgestellt hatte und die mit allmählich zunehmender Vehemenz in den darauf folgenden 100 Jahren in Krankenhäusern und Heimen Einzug hielt. Als Kinderärzte in den zwanziger Jahren des 20. Jahrhunderts begannen, Statistiken aus Waisenhäusern und Findlingsheimen zu sammeln, hatten sie vor allem vor Erregern Angst. Soweit die Aufzeichnungen zurückreichten, zeigten diese, dass die meisten Kinder, die in den Findlingsheimen abgegeben wurden, innerhalb eines Jahres starben. 1915 berichtete der New Yorker Arzt Henry Chapin vor der *American Pediatric Society* (Amerikanische Gesellschaft für Kinderheilkunde), dass in neun von zehn Findlingsheimen, die er untersucht hatte, *alle* Kinder vor ihrem zweiten Geburtstag gestorben waren.[3] Als die Kinderärzte sich mit der „tödlichen Wirkung“ auseinandersetzten, die diese Institutionen auf Kleinkinder zu haben schienen, reagierten sie ganz logisch mit einem Feldzug gegen Erreger. In Waisen- und Krankenhäusern wurde es zur obersten Priorität, Kinder so gut wie möglich in sauberen kleinen Kammern zu isolieren, damit sie sich nicht gegenseitig ansteckten. Die Betten wurden getrennt, zwischen den Betten wurden Trennwände aufgestellt, Krankenschwestern trugen Masken und Handschuhe und die Mütter wurden gescholten, wenn sie die Quarantäne missachteten. –

Die beiden anderen großen Ideen waren die *Psychoanalyse* und der *Behaviorismus*. Diese beiden Theorien stimmten nur in wenigen Punkten überein, doch sie waren sich darin einig, dass der Säugling über die Muttermilch eine besondere Bindung zur Mutter erfahre:

2. *Freud* glaubte, dass die kindliche Libido (das Verlangen nach Lust) zuerst von der Brust befriedigt werde und dass das Kind deshalb seine erste Bindung oder Abhängigkeit (als psychisches Bedürfnis, Verlangen) über die Brust entwickele. Erst nach und nach generalisiere das Kind das Verlangen auf die Frau, der die Brust gehöre.

3. Die *Behavioristen* kümmerten sich nicht um die Libido, aber auch sie betrachteten die Brust (die Milch) als den ersten Verstärker, die erste Belohnung für die erste Verhaltensweise (Saugen). Das Herzstück des Behaviorismus – falls er denn ein Herz hatte – war die Konditionierung, die Vorstellung, dass Lernen stattfinde, wenn Belohnungen durch Verhalten *bedingt* würden. Bedingungslose Liebe – das Kind grundlos halten, hätscheln und liebkosen – wurde als sicherster Weg dahin betrachtet, dass Kinder faul, verzogen und schwach würden.

Freudianer und Behavioristen waren sich einig in ihrer Ansicht, dass sehr liebevolles Bemuttern den Kindern schade und dass wissenschaftliche Prinzipien das Aufziehen von Kindern fördern könnten. Drei Jahre, bevor mein Vater ins Krankenhaus kam, veröffentlichte John Watson, der führende amerikanische Behaviorist in den Jahren vor B. F. Skinner, den Bestseller *Psychische Erziehung im frühen Kindesalter (Psychological Care of Infant and Child)*.[4] Watson schrieb von seinem Traum, dass Babys eines Tages in „Babyfarmen“ aufgezogen würden, fern vom korrumpierenden Einfluss der Eltern. Doch bis dahin wurden die Eltern dazu angehalten, mithilfe behavioristischer Techniken starke Kinder großzuziehen: Nehmen Sie sie nicht auf den Arm, wenn sie schreien; liebkosen oder verzärteln Sie sie nicht, verteilen Sie einfach Belohnungen und Strafen für jede gute und jede schlechte Handlung …

Wie konnte die Wissenschaft so danebenliegen? Wie konnten Ärzte und Psychologen übersehen, dass Kinder Liebe ebenso brauchen wie Milch? In diesem Kapitel geht es um dieses Bedürfnis – das Bedürfnis nach anderen Menschen, nach Berührung und nach engen Beziehungen. Kein Mann, keine Frau und kein Kind ist eine Insel. Seit John Watson haben es die Wissenschaftler weit gebracht und mittlerweile ist die Wissenschaft von der Liebe viel menschlicher geworden. Die Geschichte dieser Wissenschaft beginnt mit Waisen und Rhesusaffen und endet damit, dass sie die trostlose, bedrückende Auffassung von Liebe in Frage stellt, die viele frühere Lehrmeister in Ost und West vertraten. Die Helden dieser Geschichte sind zwei Psychologen, die die Hauptdogmen ihrer Ausbildungen ablehnten: Harry Harlow und John Bowlby. Diese beiden Forscher wussten, dass im Behaviorismus und in der Psychoanalyse jeweils etwas fehlte. Gegen große Widerstände veränderten sie die vorherrschenden Ideen in ihren wissenschaftlichen Disziplinen, sie machten die Behandlung der Kinder humaner und sie machten es möglich, dass die Wissenschaft über die Weisheit der Alten noch weit hinauskam.

Haben und Halten

Harry Harlow[5] promovierte 1930 in Stanford mit einer Dissertation über das Fütterungsverhalten junger Ratten. Er nahm eine Stelle an der Universität von Wisconsin an, wo er sehr viele Lehrveranstaltungen halten musste und die Forschungsmittel spärlich waren – er hatte keinen Platz im Labor, keine Ratten, keine Möglichkeiten, die Experimente durchzuführen, über die er veröffentlichen sollte. Aus schierer Verzweiflung nahm Harlow seine Studenten mit in den kleinen Zoo in Madison, Wisconsin, der einige wenige Primaten hatte. Harlow und sein erster Doktorand, A. Maslow, konnten mit so wenigen Tieren keine kontrollierten Experimente durchführen. Stattdessen waren sie gezwungen zu *beobachten*, ihre Sinne und ihren Geist offen zu halten und von der Spezies zu lernen, die den Menschen so eng verwandt ist. So ziemlich als Erstes fiel ihnen deren Neugier auf. Die Menschenaffen und Affen lösten gern Rätsel (die Menschen stellten Tests an, um ihre körperliche Geschicklichkeit und Intelligenz zu messen) und arbeiteten, wie es schien, aus reinem Vergnügen. Im Gegensatz dazu behauptet der Behaviorismus, dass Tiere nur das tun, für was sie verstärkt werden.

Harlow hatte das Gefühl, dass er eine Schwachstelle im Behaviorismus entdeckt hatte, doch er konnte das nicht mit Erlebnissen aus dem örtlichen Tiergarten beweisen. Er wünschte sich sehnlichst ein Labor, in dem er Primaten beobachten konnte, keine Ratten, deshalb baute er sich selbst eines – er *baute* es buchstäblich mit der Unterstützung seiner Studenten in den Ruinen eines leer stehenden Gebäudes. In diesem provisorischen Labor trieben Harlow und seine Studenten in den nächsten 30 Jahren die Behavioristen zur Weißglut, weil sie immer genauer zeigten, dass Affen neugierige, intelligente Wesen sind, die gern Dinge austüfteln. Zu einem gewissen Grad halten sie sich an das Gesetz der Verstärkung – wie Menschen das auch tun –, doch in einem Affenhirn findet viel mehr statt, als das Gehirn eines Behavioristen erfassen konnte.

Ein Beispiel:

Belohnt man Affen mit einer Rosine für jeden richtigen Schritt beim Lösen einer Aufgabe (wenn sie etwa einen mechanischen Schnappriegel mit mehreren beweglichen Teilen öffnen sollen), so stört man in Wirklichkeit das Lösen der Aufgabe, weil man die Affen ablenkt.[6] Sie haben Freude an der Aufgabe *an sich*.

Als Harlows Labor immer größer wurde, mangelte es ständig an Affen. Sie waren nur schwer zu importieren und bei ihrer Ankunft häufig krank, sodass sie diverse neue Infektionen ins Labor einschleppten. 1955 verfiel Harlow auf die kühne Idee, seine eigene Kolonie von Rhesusaffen zu züchten. Niemand hatte jemals eine eigenständige Zuchtkolonie von Rhesusaffen in den Vereinigten Staaten aufgebaut, schon gar nicht im kalten Wisconsin, aber Harlow ließ sich davon nicht abschrecken. Er ließ die Rhesusaffen sich paaren und nahm der Mutter innerhalb von Stunden nach der Geburt ihre Jungen weg – um sie vor Infektionen in dem überfüllten Labor zu schützen. Nach vielen Experimenten entwickelte er mit seinen Studenten eine künstliche Babynahrung voller Nährstoffe und Antibiotika. Sie fanden die optimale Mischung aus Nahrung, Licht- und Dunkelphasen sowie Temperatur.

Jeder kleine Affe wuchs in seinem eigenen Käfig auf, geschützt vor Krankheiten. In gewisser Weise hatte Harlow Watsons Traum von einer Babyfarm verwirklicht und die Herde wurde groß und sah gesund aus. Doch als die ersten auf der Farm aufgezogenen Affen mit anderen zusammengebracht wurden, waren sie wie gelähmt. Sie hatten weder soziale Fähigkeiten noch Fertigkeiten zur Problemlösung entwickelt, deshalb waren sie für Experimente nutzlos. Harlow und seine Studenten waren ratlos. Was hatten sie vergessen?

Die Lösung hatten sie direkt vor Augen, die Affen hielten sie „in Händen", und schließlich entdeckte der Student Bill Mason sie: Windeln. Die Käfige in der Abteilung für die jungen Affen waren manchmal mit alten Windeln ausgelegt worden – man wollte bequeme Liegeplätze zur Verfügung stellen und die Jungen vor dem kalten Boden schützen. Die Affen klammerten sich an die Windeln, besonders wenn sie Angst hatten, und trugen sie mit sich herum, wenn sie in neue Käfige gebracht wurden.

Mason schlug Harlow einen Test vor: Einige junge Affen sollten mit einem Stoffbündel in Berührung kommen, andere mit einem Holzbündel. Das sollte zeigen, ob die Affen nur irgendetwas Beliebiges zum Festhalten brauchen oder ob das mit dem weichen Stoff zu tun hatte. Diese Idee gefiel Harlow und als er darüber nachdachte, tauchte eine noch viel bedeutendere Frage auf: Waren die Windeln in Wirklichkeit ein Ersatz für die Mütter? Hatten die Affen ein angeborenes Bedürfnis, sich festzuhalten und gehalten zu werden, ein Bedürfnis, dem auf der „Babyfarm" keinerlei Rechnung getragen wurde? Falls ja, wie konnte er das beweisen? Harlows Beweis wurde eines der berühmtesten Experimente in der Psychologie überhaupt.

Harlow überprüfte die Hypothese mit der Milch in einem direkten Versuch. Er entwickelte zwei verschiedene Mutterattrappen oder „Ersatzmütter", jede davon war eine zylinderförmige Figur von der Größe einer ausgewachsenen Rhesusäffin, vollständig mit einem Kopf aus Holz, der Augen und einen Mund hatte. Die eine „Ersatzmutter" war aus Draht, die andere wurde mit einer Schicht Schaumstoff und dann mit einer Schicht aus weichem Plüsch überzogen. Jeder der acht jungen Rhesusaffen wurde allein in einem Käfig mit zwei Ersatzmüttern (von jedem Typ eine) großgezogen. Vier Affen bekamen ihre Milch nur einen Schlauch aus der Brust der *Drahtmutter*. Für die anderen vier kam die Milch aus der Brust der *Plüschmutter*.

Falls Freud und Watson Recht damit hatten, dass die Bindung über die *Milch* stattfand, dann mussten die Affen sich an die jeweilige Milchspenderin binden. Doch das geschah nicht. *Alle* Affen hielten sich fast die ganze Zeit bei der *Plüschmutter* auf, klammerten sich an sie, kletterten auf sie und kuschelten sich in ihre weichen Falten. Harlows Experiment[7] ist so intelligent angelegt und so überzeugend, dass man keine Statistiken braucht, um die Ergebnisse zu verstehen. Man braucht sich nur das berühmte Foto anzuschauen, auf dem sich ein junger Affe mit seinen Hinterbeinen an die Plüschmutter klammert, während er sich nach vorn beugt, um an der Drahtmutter zu trinken. Dieses Foto ist mittlerweile in jedem Einführungsbuch der Psychologie abgedruckt.

Harlow argumentierte, dass Kontaktbehaglichkeit (*contact comfort*) ein Grundbedürfnis junger Säugetiere darstelle. Sie wollten den Körperkontakt mit ihren Müttern. Fehle die echte Mutter, so suchten sie sich das, was sich einer *Mutter* am ähnlichsten anfühle. Harlow wählte diesen Begriff mit Bedacht, weil die *Mutter*, selbst eine solche aus Stoff, tröstet, wenn es am nötigsten ist, und dieser Trost kommt in erster Linie vom direkten Kontakt.

Darstellungen von familiärer Liebe rühren Menschen oft zu Tränen und in Deborah Blums wunderbarer Biografie von Harlow – *Love at Goon Park*[8] – kommt diese ganz ergreifend zum Ausdruck. Letztendlich ist es eine erhebende Geschichte, doch zwischendurch ist auch viel Traurigkeit und unerwiderte Liebe. Der Einband des Buches etwa zeigt das Bild eines jungen Rhesusaffen, der allein in einem Käfig sitzt und durch eine Glasscheibe seine Plüschmutter anstarrt.

Liebe ist stärker als Angst

John Bowlbys Leben nahm einen völlig anderen Weg als dasjenige von Harlow, und doch entdeckte er letztlich das Gleiche.[9] Bowlby war ein englischer Aristokratensohn, der von einer Kinderfrau aufgezogen und dann in ein Internat geschickt wurde. Er studierte Medizin und wurde Psychoanalytiker; in den ersten Jahren seiner Ausbildung meldete er sich freiwillig für eine Arbeit, die seine gesamte weitere Berufslaufbahn prägte. Er arbeitete in zwei Heimen für verhaltensgestörte Kinder, von denen viele keinen wirklichen Kontakt zu ihren Eltern hatten. Einige waren unnahbar und kommunizierten nicht; andere waren überaus anhänglich und folgten ihm ängstlich, wenn er ihnen nur die geringste Aufmerksamkeit widmete.

Nach seinem Einsatz im Zweiten Weltkrieg kehrte Bowlby nach England zurück, um dort in einem Krankenhaus die Kinderabteilung zu leiten. Er untersuchte, wie sich die Trennung von den Eltern auf die Kinder auswirkte. Damals waren in Europa mehr Kinder von ihren Eltern getrennt als irgendwo sonst in der Geschichte der Menschheit. Der Krieg hatte unzählige Kinder zu Waisen und zu Flüchtlingen gemacht, auch wurden Kinder zu ihrer eigenen Sicherheit aufs Land geschickt. Die neue Weltgesundheitsorganisation beauftragte Bowlby, einen Bericht darüber zu schreiben, wie man mit diesen Kindern am besten umgehen könne. Bowlby besuchte Kranken- und Waisenhäuser und in seinem 1951 erschienenen Bericht bezog er leidenschaftlich Stellung gegen die vorherrschende Auffassung, dass Trennung und Isolation harmlos seien und dass körperliche Bedürfnisse wie das nach Nahrung vorrangig seien. Kinder brauchen Liebe, um sich richtig zu entwickeln, so argumentierte er; Kinder brauchen Mütter.

In den fünfziger Jahren entwickelte Bowlby seine Ideen und trotzte dem Hohn von Psychoanalytikern wie Anna Freud und Melanie Klein, deren Theorien über Libido und die Brust er widersprach. Er hatte das Glück, einen führenden Ethnologen seiner Zeit zu treffen, Robert Hinde, der ihm von der neuen Forschung über Tierverhalten berichtete. Konrad Lorenz beispielsweise hatte gezeigt, dass Entenküken – zehn bis zwölf Stunden, nachdem sie geschlüpft sind – sich jedem entengroßen beweglichen Objekt in ihrer Umgebung anschließen und ihm monatelang folgen.[10] In der Natur ist dieser „Gegenstand“ normalerweise immer die echte Mama, aber in Lorenz' Versuchen funktionierte alles, was er bewegte, selbst seine eigenen Stiefel (an seinen Füßen).

Dieser Mechanismus der visuellen „Prägung“ unterscheidet sich zwar sehr von der Entwicklung beim Menschen, doch sobald Bowlby darüber nachzudenken begann, wie die Evolution sicherstellt, dass Mütter und Kinder zusammenbleiben, wurde ein ganz neuer Ansatz in der Eltern-Kind-Beziehung möglich. Es ist nicht notwendig, die Bindung über Milch, Verstärkung, Libido oder irgendetwas anderes herzuleiten. Vielmehr ist die Bindung zwischen Mutter und Kind für das Überleben des Kindes so enorm wichtig, dass in allen Spezies, bei denen mütterliche Fürsorge entscheidend ist, Mutter und Kind ein spezielles System „eingebaut“ haben.

Als Bowlby sich stärker mit dem Verhalten von Tieren beschäftigte, entdeckte er viele Ähnlichkeiten zwischen den Verhaltensweisen von Affen- und von Menschenbabys: Beide klammern sich an, saugen, weinen, wenn sie allein gelassen werden, beide folgen, wann immer das möglich ist. Alle diese Verhaltensweisen dienten bei anderen Primaten dazu, das Kind nahe bei der Mutter zu halten, und alle waren auch bei Menschenkindern zu beobachten, selbst die nach oben ausgestreckten Arme, die signalisieren: „Heb mich hoch!“

1957 erfuhr Hinde von Harlows Untersuchungen mit der Plüschmutter, die damals noch nicht veröffentlicht waren, und berichtete Bowlby davon; dieser schrieb an Harlow und besuchte ihn später auch in Wisconsin. Die beiden taten sich zusammen und unterstützten sich gegenseitig. Der große Theoretiker Bowlby schuf den Rahmen, der den meisten späteren Untersuchungen zur Eltern-Kind-Beziehung gemeinsam war; und Harlow, der große Experimentator, demonstrierte die Theorie als Erster unwiderlegbar in seinem Labor.

Bowlbys großartige Synthese wird als Bindungstheorie bezeichnet.[11] Sie macht Anleihen bei der Kybernetik – diese Wissenschaft untersucht, wie mechanische und biologische Systeme sich selbst steuern, um vorgegebene Ziele zu erreichen, während sich die äußere Umgebung und das innere Milieu ändern. Bowlbys erste Metapher war das einfachste kybernetische System überhaupt – ein Thermostat, der eine Heizung einschaltet, wenn die Temperatur unter einen Sollwert sinkt.

Die Bindungstheorie geht von dem Gedanken aus, dass zwei Grundziele das Verhalten des Kindes leiten: Sicherheit und neugieriges Erkunden. Ein Kind, das in Sicherheit ist, überlebt; ein Kind, das Dinge ausprobiert und spielt, entwickelt Fertigkeiten und Intelligenz, die es später im Erwachsenenalter braucht. (Deshalb spielen alle jungen Säugetiere; und je größer ihr Stirnlappen ist, desto mehr müssen sie spielen).[12] Doch diese beiden Bedürfnisse stehen oft im Widerspruch zueinander, deshalb werden sie von einer Art Thermostat geregelt, der den Grad an Sicherheit in der Umgebung überwacht. Ist die Sicherheit angemessen, spielt das Kind und probiert Neues aus. Sobald die Sicherheit zu weit absinkt, ist es, als würde ein Schalter umgelegt, und plötzlich bekommt das Sicherheitsbedürfnis Vorrang. Das Kind hört auf zu spielen und läuft zur Mutter. Ist die Mutter außer Reichweite, so beginnt das Kind zu weinen, und zwar mit wachsender Verzweiflung. Wenn die Mutter zurückkommt, sucht das Kind Körperkontakt oder eine andere Beruhigung, bevor das System sich neu einstellt und das Kind wieder zu spielen beginnt.

Das ist ein Beispiel für „Design"-Prinzipien, wie ich sie in Kapitel 2 vorgestellt habe: Entgegengesetzte Systeme üben Druck aufeinander aus, bis ein Ausgleichspunkt erreicht wird. (Auch Väter eignen sich hervorragend für Bindungen, doch Bowlby konzentrierte sich auf die Mutter-Kind-Bindung, die gewöhnlich früher beginnt.)

Falls Sie das System einmal in der Praxis erleben wollen, fordern Sie einfach ein zweijähriges Kind zum Spielen auf. Wenn Sie Freunde besuchen und das Kind zum ersten Mal treffen, dürfte das nur eine Minute dauern. Das Kind fühlt sich sicher in seiner vertrauten Umgebung und seine Mutter fungiert als „sichere Basis“, wie Bowlby es nannte, also als Bezugsperson, deren Anwesenheit Sicherheit garantiert, Angst abstellt und so die neugierige Erkundungstour ermöglicht, die zu einer gesunden Entwicklung gehört. Doch wenn Ihre Freunde ihren Sohn erstmals zu *Ihnen* nach Hause bringen, wird es länger dauern. Wahrscheinlich müssen Sie erst um Ihre Freunde herumgehen, um den kleinen Kopf hinter deren Beinen zu finden. Wenn es Ihnen dann gelingt, ein Spiel zu beginnen – Grimassen schneiden zum Beispiel, um das Kind zum Lachen zu bringen –, beobachten Sie einfach, was passiert, wenn die Mutter in die Küche geht, um sich ein Glas Wasser zu holen. Der Thermostat klickt, das Spiel ist vorüber und Ihr Spielpartner flitzt ebenfalls in die Küche.

Harlow hat genau das gleiche Verhalten bei Affen gezeigt.[13] Junge Affen, die man mit ihrer Plüschmutter in die Mitte eines offenen Raumes voller Spielsachen brachte, kletterten schließlich von ihrer Mutter herab, um sich auf Erkundungstour zu begeben, aber sie kehrten oft zu ihr zurück, um sie zu berühren und sich wieder mit ihr zu verbinden. Wurde die Plüschmutter aus dem Raum entfernt, hörte das Spiel auf und es ertönte rasendes Geschrei.

Wenn Kinder lange Zeit von ihren Bezugspersonen getrennt werden (wie etwa bei einem Krankenhausaufenthalt), gleiten sie rasch in Passivität und Verzweiflung ab. Wird ihnen eine stabile und dauerhafte Bindung und Beziehung vorenthalten (wenn Kinder beispielsweise durch eine Reihe von Pflegeeltern oder Kindermädchen aufgezogen werden), dann tragen sie einen Schaden fürs Leben davon, so meint Bowlby. Sie können zu distanzierten Einzelgängern werden oder hoffnungslos klammern, wie es Bowlby bei seiner freiwilligen Arbeit gesehen hatte.

Bowlbys Theorie widersprach der von Watson und Freud (Sigmund und Anna) völlig: Wenn Sie wollen, dass Ihre Kinder gesund und unabhängig werden, dann sollten Sie sie halten, umarmen, streicheln und lieben! Geben Sie ihnen eine „sichere Basis“ und sie werden die Welt allein erforschen und erobern. Dass Liebe stärker ist als Angst, steht bereits im *Neuen Testament*:

> *Furcht gibt es in der Liebe nicht, sondern die vollkommene Liebe vertreibt die Furcht.*
>
> *1. Brief des Johannes 4, 18*

Der Beweis liegt in der Trennung

Wer den herrschenden Ansichten seiner Zeit widersprechen will, der braucht schon sehr gute Beweise. Harlows Studien waren sehr gut, aber die Skeptiker behaupteten, sie ließen sich nicht auf Menschen übertragen. Bowlby brauchte noch mehr Beweise und er bekam sie eher zufällig von einer Kanadierin, die auf eine seiner Anzeigen antwortete, in denen er 1950 eine Forschungsassistentin oder einen Forschungsassistenten suchte. Mary Ainsworth, die mit ihrem Mann nach London gezogen war, arbeitete drei Jahre lang mit Bowlby an seinen frühen Untersuchungen mit hospitalisierten Kindern zusammen. Als ihr Mann eine akademische Stelle in Uganda annahm, begleitete sie ihn und nutzte die Gelegenheit, Kinder in den dortigen Dörfern aufmerksam zu beobachten.

Selbst in einer Kultur, in der sich Frauen die Mutterpflichten für alle Kinder des erweiterten Familienclans teilten, beobachtete sie eine spezielle Bindung zwischen einem Kind und seiner *eigenen* Mutter. Die Mutter war eine viel stärkere „sichere Basis“ als andere Frauen. Ainsworth ging dann an die Johns Hopkins Universität in Baltimore und anschließend an die Universität von Virginia; dort dachte sie darüber nach, wie sich Bowlbys Ideen und ihre eigene über die Mutter-Kind-Beziehung testen ließen.

Nach Bowlbys kybernetischer Theorie zeigen sich Veränderungen im *Handeln*. Man kann ein Kind nicht nur beim Spielen beobachten; man muss schauen, wie sich die Erkundungs- und die Sicherheitsbedürfnisse verändern als Reaktion auf sich wandelnde äußere Bedingungen. Deshalb entwickelte Ainsworth ein kleines schauspielartiges Experiment, das später als der „Fremde-Situations-Test“ (FST) bezeichnet wurde und in dem Kinder die Hauptrolle spielten.[14] Im Wesentlichen stellte sie die Experimente nach, bei denen Harlow Affen in einen offenen Raum mit neuen Spielsachen gebracht hatte:

Der „Fremde-Situations-Test“ (FST):

In der ersten Szene betreten die Mutter und ihr Kind einen behaglichen Raum voller Spielsachen. Die meisten Kinder in dem Experiment krabbeln bald davon oder trollen sich, um die Sachen zu erkunden. In der zweiten Szene kommt eine freundliche Frau herein, spricht einige Minuten mit der Mutter und spielt dann mit dem Kind. In der dritten Szene steht die Mutter auf und lässt das

Kind einige Minuten lang mit der Fremden allein. In der vierten Szene kehrt sie zurück und die Fremde geht wieder. In der fünften Szene verlässt die Mutter wieder den Raum und das Kind ist allein im Zimmer. In der sechsten Szene kommt die Fremde wieder herein; und in der siebten Szene kommt die Mutter dauerhaft wieder herein.

Dieses Spiel will den Stresspegel des Kindes schrittweise erhöhen, um zu sehen, wie das Bindungssystem des Kindes mit den sich verändernden Szenen zurechtkommt. Ainsworth stellte drei häufige Muster fest, mit denen Kinder die Situation bewältigen:

1. Bei ungefähr zwei Drittel der amerikanischen Kinder verhält sich das System genau so, wie Bowlby es vorhergesagt hatte, das heißt, es wechselt problemlos zwischen Spiel und Sicherheitsuchen hin und her, während sich die Situation ändert. Kinder, die sich nach diesem Muster verhalten, das man „sichere Bindung" nennt, schränken ihr Spiel ein oder hören auf zu spielen, wenn ihre Mütter den Raum verlassen, und zeigen dann Angst, die die Fremde nicht vollständig lindern kann. In den beiden Szenen, in denen die Mutter zurückkommt, zeigen diese Kinder Freude, gehen oft zur Mutter hin oder berühren sie, um den Kontakt mit ihrer Sicherheitsbasis wiederherzustellen, beruhigen sich dann aber rasch und spielen bald wieder. –

Beim restlichen Drittel der Kinder sind die Szenenwechsel schwieriger; bei diesen Kindern ist die Bindung unsicher und das kann sich auf zwei Arten äußern:

2. Die meisten von ihnen scheinen sich nicht sonderlich darum zu kümmern, ob ihre Mutter kommt oder geht, wenngleich anschließende physiologische Untersuchungen zeigen, dass sie durch die Trennung sehr wohl in Stress geraten. Vielmehr scheinen diese Kinder ihr Unbehagen zu unterdrücken, indem sie versuchen, mit der Situation allein zurechtzukommen, statt sich auf den mütterlichen Trost zu verlassen. Dieses Muster nannte Ainsworth „unsicher-vermeidende Bindung".

3. Die übrigen Kinder, in den USA circa zwölf Prozent, sind die ganze Untersuchung hindurch ängstlich und klammernd. Sie sind völlig bestürzt, wenn sie von ihren Müttern getrennt werden, und widersetzen sich manchmal auch dem mütterlichen Bemühen, sie zu trösten, wenn diese

wiederkommen; sie werden nie so ruhig, dass sie in einem unbekannten Zimmer spielen würden. Ainsworth nannte dieses Muster „unsicher-ambivalente Bindung".[15]

Zuerst dachte Ainsworth, diese Unterschiede rührten vollständig von gutem oder schlechtem Bemuttern her. Sie beobachtete Mütter in deren Zuhause und stellte fest, dass die warmherzigen Frauen, die stark auf ihre Kinder eingingen, mit hoher Wahrscheinlichkeit Kinder hatten, die in der fremden Situation eine sichere Bindung zeigten. Diese Kinder hatten gelernt, dass sie sich auf ihre Mütter verlassen konnten, und waren deshalb am wagemutigsten und zuversichtlichsten. Kinder distanzierter und nicht immer sofort reagierender Mütter zeigten oft eine unsicher-vermeidende Bindung, denn die Kinder hatten gelernt, nicht viel Hilfe und Trost von der Mutter zu erwarten. Mütter, die launisch und unberechenbar reagierten, hatten häufig unsicher-ambivalente Kinder, die gelernt hatten, dass sich ihr Bemühen um Trost manchmal lohnte und manchmal nicht.

Doch immer wenn ich von Wechselbeziehungen zwischen Müttern und Kindern höre, bin ich skeptisch. Untersuchungen mit Zwillingen ergeben fast immer, dass die Persönlichkeitseigenschaften eher mit den Genen zu tun haben als mit der Erziehung.[16] Vielleicht ist es einfach so, dass glückliche Frauen, die in der kortikalen Lotterie das große Los gezogen haben, warm und liebevoll sind und ihre glücklichen Gene an ihre Kinder weitergeben, die dann eine sichere Bindung zeigen. Vielleicht funktioniert die Wechselbeziehung auch andersherum: Kinder haben ein gleich bleibendes angeborenes Temperament[17] – sonnig, launisch oder ängstlich – und die sonnigen sind so gut zu haben, dass ihre Mütter einfach stärker auf sie eingehen *wollen*.

Meine Skepsis wird durch folgende Tatsache verstärkt: Bei Studien, die nach dem Vorbild der Ainsworth-Studien bei den Familien zu Hause durchgeführt wurden, stellte man im Allgemeinen nur einen schwachen Zusammenhang zwischen dem Bindungstyp der Kinder und der Empfänglichkeit und Zugänglichkeit der Mütter fest.[18] Andererseits ergaben Studien mit Zwillingen, dass die Gene nur eine untergeordnete Rolle spielen, wenn man den Bindungsstil ermitteln will.[19] Jetzt stehen wir vor einem wirklichen Rätsel, nämlich einer Eigenschaft, die nur geringfügig mit dem Bemuttern und genauso wenig mit den Genen zusammenhängt. Wie kommt das?

Bowlbys kybernetische Theorie zwingt uns, in unserem Denken über die vertraute Dichotomie „angeboren oder anerzogen" hinauszugehen. Man muss den Bindungstyp als eine Eigenschaft betrachten, die sich allmählich im Laufe von Tausenden von Interaktionen entwickelt. Ein Kind mit einem bestimmten (genetisch bedingten) Temperament sucht Schutz. Eine Mutter mit einem (genetisch bedingten) Temperament reagiert oder reagiert eben nicht, abhängig von ihrer Stimmung oder davon, wie überarbeitet sie ist oder welchen „Guru" der Kindererziehung sie gelesen hat. Nicht ein einzelnes Ereignis ist besonders wichtig, sondern das Kind entwickelt im Lauf der Zeit ein „inneres Arbeitsmodell" (wie Bowlby es nennt) von sich selbst, seiner Mutter und ihrer beider Beziehung. Falls das Modell sagt, dass Mama immer für sie da ist, dann sind sie wagemutiger beim Spielen und Erkunden. Mit jeder neuen Runde bauen vorhersagbare und wechselseitige Interaktionen Vertrauen auf und stärken die Beziehung.

Kinder mit einem sonnigen Gemüt und glücklichen Müttern spielen das Spiel mit fast hundertprozentiger Sicherheit gut und entwickeln einen sicheren Bindungsstil, doch eine engagierte Mutter kann entweder ihre eigene oder die weniger angenehme Veranlagung ihres Kindes überwinden und ein inneres Arbeitsmodell ihrer beider Beziehung fördern. (Alle meine Äußerungen gelten auch für Väter, doch in allen Kulturen verbringen die meisten Kinder mehr Zeit mit ihren Müttern.)

Das gilt nicht nur für Kinder

Als ich dieses Kapitel zu schreiben begann, plante ich, die Bindungstheorie auf ein oder zwei Seiten darzustellen und dann zu dem Stoff überzugehen, der uns Erwachsenen mehr am Herzen liegt: Wenn wir das Wort „Liebe" hören, denken wir an romantische Liebe, Liebesbeziehungen. In einem Radiosender, in dem viel Country-Musik gespielt wird, hören wir gelegentlich einmal ein Lied über die Liebe zwischen Eltern und Kindern, aber in allen anderen Sendern bedeutet Liebe: Man verliebt sich und bemüht sich, an der Liebe festzuhalten. Je intensiver ich forschte, desto deutlicher erkannte ich jedoch, dass Harlow, Bowlby und Ainsworth uns auch helfen können, die Liebe der Erwachsenen (untereinander) zu verstehen. Prüfen Sie das einmal für sich selbst:

Welche Aussage beschreibt Ihre Erfahrungen in Liebesbeziehungen am treffendsten?

- Ich komme anderen leicht nahe und es geht mir gut damit, dass ich mich auf andere Menschen verlasse und sie sich auf mich. Ich mache mir selten Gedanken darüber, verlassen zu werden, oder darüber, dass mir jemand zu nahe kommt.
- Wenn ich anderen nahe bin, fühle ich mich etwas unbehaglich; ich empfinde es als schwierig, ihnen völlig zu vertrauen und mir zu gestatten, mich auf sie zu verlassen. Ich bin nervös, wenn mir jemand zu nahe kommt, und oft wollen Liebespartner oder -partnerinnen häufiger intim sein, als mir angenehm ist.
- Nach meiner Erfahrung kommen mir andere nur ungern so nahe, wie ich es gern hätte. Ich mache mir oft Sorgen, ob mein Partner, meine Partnerin mich wirklich liebt und mit mir zusammenbleiben will. Ich möchte vollständig mit einem anderen Menschen verschmelzen und dieser Wunsch verschreckt andere bisweilen.[20]

Die Bindungsforscher Cindy Hazan und Phil Shaver entwickelten diesen einfachen Test, um herauszufinden, ob Ainsworths drei Bindungsstile auch bei Erwachsenen vorkommen. Ergebnis: Das ist der Fall! Manche wechseln ihren Bindungstyp während ihrer Kindheit und Jugend, doch die große Mehrheit entscheidet sich für die Beschreibung, die auch in ihrer Kindheit auf sie zutraf.[21] (Die drei oben skizzierten Varianten entsprechen bei Ainsworth den Mustern sicher, unsicher-vermeidend und unsicher-ambivalent.) Innere Arbeitsmodelle sind ziemlich stabil (obgleich nicht unveränderlich), sie begleiten die Menschen bei ihren wichtigsten Beziehungen ihr Leben lang. Und wie „sichere" Babys glücklicher und ausgeglichener sind, so genießen „sichere" Erwachsene glücklichere und längere Beziehungen und lassen sich seltener scheiden.[22]

Doch entwickeln sich Liebesbeziehungen Erwachsener wirklich aus dem gleichen psychologischen System, das Kinder an ihre Mütter bindet? Um das herauszufinden, hat Hazan den Prozess verfolgt, wie sich die Kindheitsbindung mit zunehmendem Alter verändert. Bowlby hatte die vier entscheidenden Merkmale von Bindungsbeziehungen eindeutig definiert:[23]

1. Aufrechterhalten von Nähe (Das Kind will die elterliche Nähe und sucht danach.)
2. Trennungsstress (Dieser Begriff erklärt sich selbst.)
3. Sicherer Hafen (Das Kind kommt zu den Eltern, um Trost zu suchen, wenn es sich fürchtet oder unwohl fühlt.)
4. Sichere Basis (Das Kind nutzt die Eltern als Basis, von der aus es die Welt erforscht und sich entwickelt.)

Hazan und ihre Kollegen[24] befragten Hunderte Personen im Alter von 6 bis 82; sie wollten wissen, welche Menschen in ihrem Leben jedes der vier Bindungsmerkmale erfüllten (zum Beispiel: „Mit wem sind Sie am liebsten zusammen?" – „An wen wenden Sie sich, wenn Sie außer Fassung sind?"). Wenn Babys den Fragebogen ausfüllen könnten, würden sie auf alle Fragen mit „Mutti" oder „Vati" antworten, doch im Alter von 8 Jahren sind Kinder am liebsten mit ihren Freunden zusammen. (Wenn Kinder sich weigern, von ihren Freunden wegzugehen und zum Abendessen nach Hause zu kommen, dann ist das Aufrechterhalten von Nähe.) Zwischen 8 und 14 Jahren erweitert sich der sichere Hafen von den Eltern auf Gleichaltrige, wenn Jugendliche beginnen, *beieinander* emotionale Unterstützung zu suchen. Erst gegen Ende der Adoleszenz, ungefähr zwischen 15 und 17 Jahren, werden alle vier Bindungsaspekte von Gleichaltrigen erfüllt, besonders von einem festen Freund oder einer festen Freundin. Das *Neue Testament* belegt diesen normalen Wechsel in der Bindung: „Darum wird der Mann Vater und Mutter verlassen [und sich an seine Frau binden], und die zwei werden *ein* Fleisch sein. Sie sind also nicht mehr zwei, sondern eins." (*Markus* 10, 7–8)

Dass Liebespartner auch wirkliche Bindungspartner werden, ähnlich wie Eltern, das lässt sich beweisen, wenn man Untersuchungen durchsieht, die ermittelt haben, wie Menschen mit dem Tod des Partners oder der Partnerin oder mit einer langen Trennung fertig werden.[25] Man stellte fest, dass Erwachsene die gleichen Stadien durchlaufen, die Bowlby bei Kindern in Krankenhäusern beobachtet hatte: anfangs Angst und Panik, gefolgt von Lethargie und Depression, danach Genesung durch emotionale Distanz. Bei der Auswertung der Studien ergab sich außerdem, dass der Kontakt mit engen Freunden nur wenig half, den Schmerz zu lindern, dass dafür vielmehr ein neuer Kontakt mit den eigenen *Eltern* wirksamer war.

Bei genauerem Nachdenken liegen die Ähnlichkeiten zwischen Liebesbeziehungen und Eltern-Kind-Beziehungen auf der Hand. In der ersten heißen Liebesphase verbringen Liebende stundenlang damit, sich gegenseitig ins Gesicht zu schauen, sich zu halten, sich zu drücken, zu liebkosen und zu küssen, wobei sie oft mit Babystimme sprechen, und dabei erleben sie die gleiche Oxytocinausschüttung, die Mutter und Kinder in einer Art Sucht aneinander bindet. Oxytocin bereitet weibliche Säugetiere auf eine Geburt vor (es löst Uteruskontraktionen aus und regt den Milchfluss an), aber es wirkt auch auf das Gehirn und fördert fürsorgliches Verhalten; gleichzeitig reduziert es Stressgefühle, wenn Mütter mit ihren Kindern in Kontakt sind.[26]

Diese starke Bindung von Müttern an ihre Kinder (auch als *caregiving system* = Pflege- oder Fürsorgeverhalten bezeichnet) unterscheidet sich vom Bindungssystem bei Kleinkindern, doch natürlich haben beide sich miteinander entwickelt. Die kindlichen Signale von Unwohlsein wirken nur deshalb, weil sie bei der Mutter den Wunsch nach Fürsorge (Pflegeverhalten) auslösen. Oxytocin ist der „Leim", der die beiden Teile zusammenhält. Die Boulevardpresse hat Oxytocin in einer allzu groben Vereinfachung als ein Hormon beschrieben, das Menschen (selbst übellaunige Männer) plötzlich weich und liebevoll macht, doch neuere Arbeiten legen nahe, dass man es auch als Stresshormon bei Frauen betrachten kann: Es wird ausgeschüttet, wenn Frauen unter Stress stehen und ihr Bindungsbedürfnis *nicht* befriedigt wird; das führt dazu, dass sie sich Kontakt zu einem geliebten Menschen wünschen.[27]

Wenn hingegen Oxytocin das Gehirn gleichsam überschwemmt (bei Männern oder Frauen), während zwei Menschen Hautkontakt *haben*, wirkt es beruhigend und besänftigend und stärkt die Verbindung zwischen ihnen. Bei Erwachsenen wird das meiste Oxytocin – abgesehen von der Geburt und vom Stillen – beim Sex ausgeschüttet.[28] Sex (insbesondere wenn er Kuscheln, ausgiebiges Berühren und Orgasmus einschließt) schaltet viele der „Schaltkreise" ein, die auch Kinder und Eltern aneinander binden. Es ist also kein Wunder, dass die Bindungsstile der Kindheit im Erwachsenenalter fortbestehen: Das ganze Bindungssystem bleibt bestehen.

Liebe und der größer werdende Kopf

Liebesbeziehungen bei Erwachsenen bestehen deshalb aus zwei ganz alten und verzahnten Systemen: einem „Bindungssystem", das das Kind an die Mutter bindet, und einem „Fürsorgesystem", das die Mutter an das Kind bindet. Beide sind so alt wie die Säugetiere – vielleicht sogar älter, weil auch Vögel sie haben. Doch wir müssen noch einen Punkt ergänzen und erklären: Warum hängt Sex mit Liebe zusammen? Kein Problem: Die Natur hat Tiere schon dazu motiviert, sich zu paaren, lange bevor Säugetiere oder Vögel existierten. Der Paarungstrieb ist völlig getrennt von den beiden anderen Systemen (Bindungssystem und Fürsorgesystem) und hat mit bestimmten Gehirnarealen und Hormonen zu tun.[29] Bei manchen Tieren, etwa bei Ratten, bringt der Paarungstrieb Männchen und Weibchen nur für die Zeit der Begattung zusammen. Bei anderen Tierarten, zum Beispiel den Elefanten, bleiben männliche und weibliche Tiere einige Tage lang zusammen – für die Dauer der Brunstperiode –, in der sie sich liebkosen, freudig spielen und viele Verhaltensweisen zeigen, die menschliche Beobachter an gegenseitige Vernarrtheit erinnern.[30]

Wie lange diese Phase auch jeweils dauern mag: Grundsätzlich sind die drei genannten Verhaltensweisen bei den meisten Säugetieren (im Gegensatz zu den Menschen) absolut vorhersagbar miteinander verknüpft:

1. Zuerst sorgen hormonelle Veränderungen bei den Weibchen um die Zeit des Eisprungs dafür, dass sie ihre Paarungsbereitschaft kundtun: Hündinnen und Katzen beispielsweise schütten Pheromone aus; Schimpansenweibchen und Bonobos (Zwergschimpansen) zeigen ihre roten, angeschwollenen Genitalien.

2. Als Nächstes geraten die Männchen in Erregung und kämpfen (bei manchen Tierarten) darum, wer sich paaren darf. Dabei treffen die Weibchen (bei den meisten Arten) eine Art von Entscheidung, die ihren eigenen Paarungstrieb aktiviert.

3. Einige Monate später löst die Geburt das Fürsorgeverhalten der Mutter und das Bindungsverhalten der Jungen aus. Der Vater bleibt außen vor und schnüffelt nach weiteren Pheromonen oder hält nach weiteren Schwellungen Ausschau. –

Sex dient der Fortpflanzung; dauerhafte Liebe ist anscheinend den Müttern und Kindern (bzw. den Jungen) vorbehalten. Warum unterscheiden wir Menschen uns so stark davon? Wie kam es dazu, dass Menschenfrauen ihre Eisprunganzeichen verbargen und Männer dazu brachten, sich in sie und ihre Kinder zu verlieben?

Das weiß niemand so genau, aber die meiner Ansicht nach plausibelste Theorie[31] beginnt mit der enormen Erweiterung und Entwicklung des menschlichen Gehirns, die ich in Kapitel 1 und 3 besprochen habe. Als die ersten Hominiden sich von den Vorfahren der heutigen Schimpansen abspalteten, waren ihre Gehirne nicht größer als die von Schimpansen. Diese menschlichen Vorfahren waren im Grunde nur Menschenaffen auf zwei Füßen. Aber dann, vor circa drei Millionen Jahren, änderte sich etwas. Etwas in der Umwelt dieser Lebewesen oder vielleicht ein verstärkter Einsatz von Werkzeugen, den zunehmend geschicktere Hände ermöglichten, förderten die Entwicklung und das Wachstum des Gehirns und der Intelligenz. Allerdings gab es in der Gehirnentwicklung buchstäblich eine „Engstelle“: den Geburtskanal. Der Kopf durfte eine bestimmte Größe nicht überschreiten, damit weibliche Hominiden ihn gebären und gleichzeitig ein Becken haben konnten, das ihnen den aufrechten Gang ermöglichte.

Zumindest *eine* Spezies von Hominiden, unsere Vorfahren, entwickelte eine neuartige Technik, mit der sie diese Einschränkung umging: Sie brachten ihre Babys auf die Welt, lange bevor das Gehirn des Neugeborenen weit genug entwickelt war, seinen Körper zu beherrschen. Bei allen anderen Primatenspezies verlangsamt sich das Gehirnwachstum bald nach der Geburt dramatisch, weil es dann weitgehend ausgereift und einsatzbereit ist; für die Feinabstimmung ist nur während der ersten paar Jahre etwas Spielen und Lernen erforderlich. Bei den Menschen jedoch geht das rasche Gehirnwachstum des Embryos bis mindestens zwei Jahre nach der Geburt weiter, danach nimmt das Gehirn ungefähr zwanzig Jahre lang langsam, aber stetig an Gewicht zu.[32] Menschen sind die einzigen Lebewesen auf der Erde, deren „Junge“ jahrelang völlig hilflos und länger als zehn Jahre auf die Fürsorge Erwachsener angewiesen sind.

Angesichts der enormen Belastung, die ein Menschenkind (auch) darstellt, schaffen Frauen das nicht allein. Untersuchungen in Jäger-und-Sammler-Gesellschaften belegen, dass Mütter von Kleinkindern nicht genügend Kalorien sammeln können, damit sie und ihre Kinder überleben.[33] Sie brauchen viel Nahrung sowie den Schutz, den die Männer auf der Höhe ihrer Zeugungsfähigkeit bieten. Große Gehirne, die für Klatsch ebenso nützlich sind wie für das Organisieren des sozialen Miteinanders (und genauso für Jagen und Sammeln) konnten sich deshalb nur dann entwickeln, wenn Männer etwas beizusteuern begannen. Doch in dem wettbewerbsartigen Spiel, das die Evolution darstellt, ist es für einen Mann ein „verlorener Zug", einem Kind, das nicht sein eigenes ist, zu Ressourcen zu verhelfen.

Aktive Vaterschaft, die Paarbindung zwischen Mann und Frau, männliche sexuelle Eifersucht und die Kopfgröße der Babys haben sich alle zusammen entwickelt – das heißt, sie entstanden nach und nach, aber miteinander. Ein Mann, der den Wunsch verspürte, mit einer Frau zusammenzubleiben, auf ihre Treue zu achten und zum Aufziehen ihrer Kinder etwas beizutragen, konnte gescheitere Kinder zeugen als seine weniger väterlichen Konkurrenten. In einem Umfeld, in dem die Intelligenz sich stark anpasste (das kann in jedem menschlichen Umfeld gewesen sein, sobald „wir" Werkzeuge herstellten), kann sich die Investition der Männer in Kinder auch für sie selbst, das heißt für ihre Gene, ausgezahlt haben, deshalb setzte sie sich mit jeder Generation weiter durch.

Aber aus welchem „Rohmaterial" konnte sich ein Band zwischen Männern und Frauen entwickeln, wo vorher keines bestand? Die Evolution kann nicht etwas von Grund auf Neues entwickeln. Vielmehr ist sie ein Prozess, bei dem sich Knochen, Hormone und Verhaltensmuster, die in den Genen schon programmiert waren, leicht verändern (durch die zufällige Mutation dieser Gene) und dann selektiert werden, wenn sie dem Individuum nützen. Es musste nicht viel geändert werden, damit sich das Bindungssystem, mit dem sich jeder Mann und jede Frau als Kind mit ihren Müttern verbunden haben, mit dem Paarungstrieb verknüpft, der in jedem jungen Menschen zur Zeit der Pubertät erwacht.

Zugegeben, diese Theorie ist spekulativ (die Knochenfunde eines *engagierten* Vaters sehen nicht anders aus als die eines nicht engagierten), aber sie verknüpft viele eindeutige Merkmale menschlichen Lebens so geschickt miteinander – etwa unsere schmerzhafte Geburt, das lange Kleinkindalter, die großen Gehirne und die hohe Intelligenz. Die Theorie verbindet diese biologischen Eigenheiten der Menschen mit einigen wichtigen emotionalen Eigentümlichkeiten unserer Spezies: mit dem Bestehen einer intensiven und (oft) dauerhaften emotionalen Bindung zwischen Männern und Frauen und zwischen Männern und Kindern. Weil Männer und Frauen in einer Beziehung viele entgegengesetzte Interessen haben, betrachtet die Evolutionstheorie Liebesbeziehungen nicht als harmonische Partnerschaften zum Aufziehen von Kindern[34]; aber in menschlichen Kulturen weltweit gehen Männer und Frauen Beziehungen ein, die jahrelang halten sollen (Ehe), die ihr Sexualverhalten in gewisser Weise einschränken und ihre Bindung zu den Kindern und zueinander institutionalisieren.

Zweierlei Liebe – zweierlei Irrtümer

Nehmen Sie ein altes Bindungssystem, mischen Sie es mit dem gleichen Quantum an Fürsorgesystem und geben Sie noch einen gemäßigten Paarungstrieb dazu: Voilà, das ist romantische Liebe! Allerdings scheine ich hier etwas ausgelassen zu haben: Eine romantische Liebesbeziehung ist ja so viel mehr als die Summe ihrer Teile. Sie ist ein außergewöhnlicher psychischer Zustand, der (unter anderem) den Trojanischen Krieg auslöste, die beste (und die schlechteste) Musik und Literatur der Weltgeschichte inspirierte und vielen von uns die schönsten Tage ihres Lebens schenkte. Doch meiner Ansicht nach wird die romantische Liebe weithin missverstanden; einige Rätsel lassen sich lösen und so manche Fallgruben der Liebe vermeiden, wenn wir die psychischen Bestandteile betrachten.

In einigen Nischen von Universitäten erzählen Professoren ihren Studenten, die romantische Liebe sei ein gesellschaftliches Konstrukt, das die französischen Troubadours des 12. Jahrhunderts erfunden hätten – mit ihren Geschichten über Ritterlichkeit, mit der Idealisierung von Frauen und dem erhebenden Schmerz ungelebter Sehnsucht. Es ist sicher richtig, dass Kulturen ihr je eigenes Verständnis psychischer Phänomene entwickeln, doch viele solche Phänomene treten unabhängig *davon* auf, was die Menschen darüber denken. (Beispielsweise hat jede Kultur auch eine gesellschaftliche Vorstellung vom Tod, aber Körper sterben, ohne diese Vorstellungen um Rat zu fragen.) Eine Übersicht über ethnografische Untersuchungen in 166 verschiedenen Kulturräumen bewies eindeutig, dass in 88 Prozent davon die romantische Liebe vorkommt; bei den übrigen waren die Aufzeichnungen zu spärlich, um eine zuverlässige Aussage in die eine oder andere Richtung machen zu können.[35]

Aber was die Troubadours schufen, das war ein ganz bestimmter Mythos von „wahrer" Liebe: die Idee, dass wirkliche Liebe lichterloh und leidenschaftlich brenne und dass sie bis zum Tode brenne und auch über den Tod hinaus, wenn die Liebenden sich im Himmel wieder vereinigten. Dieser Mythos scheint sich verbreitet und heutzutage zu einem Netz diverser, miteinander verknüpfter Ideen über Liebe und Ehe verzweigt zu haben. Aus meiner Sicht umfasst der moderne Mythos von wahrer Liebe folgende Überzeugungen:

- Wahre Liebe ist leidenschaftliche Liebe, die nie nachlässt.
- Falls Sie einen Menschen wirklich lieben, sollten Sie ihn heiraten.
- Falls die Liebe aufhört, sollten Sie ihn verlassen, weil es dann keine wahre Liebe war.
- Sie müssen nur den richtigen Menschen finden, dann werden Sie für immer die wahre Liebe erleben.

Vielleicht glauben Sie persönlich nicht (mehr) an diesen Mythos – insbesondere wenn Sie älter als 30 sind; doch viele junge Leute in den westlichen Ländern wachsen mit diesem Mythos auf und tragen ihn als unbewusstes Ideal mit sich herum, selbst wenn sie darüber spötteln. (An diesem Mythos „strickt" nicht nur Hollywood – Bollywood, die indische Filmindustrie, romantisiert noch viel stärker.)

Doch wenn wahre Liebe als ewige Leidenschaft definiert wird, dann ist sie biologisch unmöglich. Um das zu erkennen und die Würde der Liebe zu bewahren, muss man den Unterschied zwischen zwei Arten von Liebe kennen: leidenschaftliche und kameradschaftliche Liebe. Nach Aussage zweier Psychologinnen, die das Thema Liebe erforschen – Ellen Berscheid und Elaine Walster –, ist die leidenschaftliche Liebe ein überaus emotionaler Zustand, in dem zärtliche und sexuelle Gefühle, Hochgefühl und Schmerz, Angst und Erleichterung, Altruismus und Eifersucht in einem Gefühlsmix nebeneinander existieren.[36]

In der Alltagssprache würde man sagen: *Leidenschaftliche Liebe* ist, wenn man sich verliebt. Sie tritt auf, wenn Amors goldener Pfeil Ihr Herz trifft und die Welt um Sie herum sich schlagartig verändert. Sie sehnen sich danach, mit dem geliebten Menschen zusammen zu sein. Sie wollen irgendwie ineinander hineinkriechen. Das ist der Drang, den Platon in seiner Schrift *Symposion* wiedergab, in der Aristophanes' Trinkspruch auf die Liebe den Mythos ihrer Entstehung erzählt. Aristophanes sagt, dass die Menschen ursprünglich vier Beine, vier Arme und zwei Gesichter gehabt hätten; doch eines Tages fühlten sich die Götter von der Macht und der Arroganz der Menschen bedroht und beschlossen, jeden in zwei Hälften zu teilen. Seit diesem Tag wandern die Menschen auf der Welt umher und jeder sucht seine andere Hälfte. (Einige Menschen hatten ursprünglich zwei männliche Gesichter, manche zwei weibliche und die übrigen ein männliches und ein weibliches – so erklärt er die unterschiedlichen sexuellen Orientierungen.) Als Beweis dafür bittet uns Aristophanes, uns vorzustellen, dass Hephaistos (der Gott des Feuers und damit der Schmiedekunst) zwei Liebende findet, während sie beieinander liegen, und zu ihnen sagt:

> *Was wollt ihr denn eigentlich voneinander, ihr Menschen? … Mögt ihr etwa das: einander so nah als möglich zu sein, daß ihr Tag und Nacht nicht voneinander ablassen müßtet? Wenn ihr das begehrt, so bin ich bereit, euch zusammenzuschmelzen und aneinanderzuschweißen, daß ihr aus zweien einer werdet und, solange ihr lebt, beide gemeinsam als einer lebt und, wenn ihr gestorben seid, auch dort im Hades statt zweien einer seid, in gemeinsamem Tode. So seht denn, ob ihr das wünscht …*[37]

Aristophanes sagt, dass Liebende ein solches Angebot nicht ausschlagen würden.

Berscheid und Walster definieren die *kameradschaftliche Liebe* im Gegensatz dazu als die Zuneigung, die wir für die Menschen empfinden, mit denen unser Leben eng verwoben ist.[38] Kameradschaftliche Liebe entwickelt sich langsam im Laufe der Jahre, wenn Liebende sich aneinander binden und sich umeinander kümmern und sich mehr und mehr auf den anderen verlassen, füreinander sorgen und sich vertrauen. Ist die Metapher für die leidenschaftliche Liebe das Feuer, so ist die für die kameradschaftliche Liebe der Wein bzw. zwei Weinreben, die wachsen, sich verflechten und allmählich zwei Menschen aneinander binden. Der Unterschied zwischen wilden und ruhigen Formen der Liebe ist den Menschen in vielen Kulturen aufgefallen. Eine Frau aus einem Jäger-und-Sammler-Stamm in Namibia formuliert es so: „Wenn zwei Menschen sich begegnen, dann sind ihre Herzen entflammt und ihre Leidenschaft ist stark. Nach einer Weile kühlt sich das Feuer ab und so bleibt es.“ [39]

Leidenschaftliche Liebe ist eine Droge. Ihre Symptome überschneiden sich mit denen von Heroin (euphorisches Wohlgefühl, manchmal in sexuellen Begriffen beschrieben) und Kokain (Euphorie kombiniert mit Leichtsinn und Energie).[40] Das ist kein Wunder: Leidenschaftliche Liebe verändert die Aktivität mehrerer Gehirnareale, auch solcher, die an der Dopaminausschüttung mitwirken.[41] Bei jeder Erfahrung, die sich besonders gut anfühlt, wird Dopamin ausgeschüttet, und die Dopaminverbindung ist hier entscheidend, weil Drogen, die den Dopaminspiegel künstlich erhöhen (wie Heroin und Kokain), süchtig machen können. Falls Sie nur *einmal* im Monat Kokain nehmen, werden Sie nicht süchtig; nehmen Sie es aber täglich, dann schon. Keine Droge kann Sie ständig in einem Hochgefühl halten. Das Gehirn reagiert auf ein dauerhaftes Überangebot an Dopamin, löst neurochemische Reaktionen dagegen aus und stellt so sein Gleichgewicht wieder her. An diesem Punkt hat Toleranz eingesetzt, und wenn die Droge nicht mehr verfügbar ist, gerät das Gehirn in die andere Richtung aus dem Gleichgewicht: Schmerzen, Lethargie und Verzweiflung folgen dem Kokainentzug oder dem Entzug von leidenschaftlicher Liebe.

Wenn leidenschaftliche Liebe also eine Droge ist – buchstäblich eine Droge –, dann muss sie letztlich in ihrer Wirkung nachlassen. Niemand kann immer „high“ bleiben. (Allerdings: Wenn Sie leidenschaftliche Liebe in einer *Beziehung auf große Entfernung* finden, dann ist das so, wie wenn Sie *einmal pro Monat* Kokain nehmen; die Droge behält dann ihre Wirkung, weil sie zwischen den Gelegenheiten der Einnahme *leiden.*) Wenn die leidenschaftliche Liebe ihren freudigen Lauf nehmen kann, dann muss ein Tag kommen, an dem sie nachlässt. *Ein* Partner empfindet die Veränderung zuerst. Das ist so, wie wenn man aus einem (gemeinsamen) Traum erwacht und sieht, dass dem schlafenden Partner oder der Partnerin Speichel aus dem Mund läuft.

In solchen Momenten, wenn die Vernunft wieder zurückkehrt, sieht der oder die Liebende Makel oder Fehler, die ihm oder ihr vorher nicht aufgefallen waren. Der geliebte Mensch stürzt von seinem Sockel und dann kann das veränderte Gefühl eine übertriebene Wichtigkeit bekommen, weil unser Geist Veränderungen so deutlich wahrnimmt. „Oh mein Gott", denkt sie, „der Zauber ist dahin – ich liebe ihn nicht mehr." Falls sie dem Mythos von der wahren Liebe anhängt, spielt sie eventuell mit dem Gedanken, sich von ihm zu trennen. Schließlich ist der Zauber vorüber, deshalb kann es nicht die wahre Liebe sein. Doch wenn sie die Beziehung wirklich beendet, begeht sie vielleicht einen Fehler.

Leidenschaftliche Liebe verwandelt sich nicht in kameradschaftliche Liebe. Leidenschaftliche und kameradschaftliche Liebe sind zwei getrennte Prozesse mit unterschiedlichen Zeitkurven. Bei ihren voneinander abweichenden Verläufen gibt es zwei gefährliche Punkte, zwei Stellen, an denen viele Menschen schwer wiegende Fehler machen. In der Abbildung auf Seite 176 oben habe ich dargestellt, wie die Intensität der leidenschaftlichen und der kameradschaftlichen Liebe sich im Laufe von sechs Monaten in der Beziehung verwandeln kann:

1. Leidenschaftliche Liebe entflammt, brennt und kann ihren Höhepunkt innerhalb von Tage erreichen. Während der Wochen oder Monate der Verrücktheit können die Liebenden nicht anders, als ans Heiraten zu denken, und sie reden auch oft darüber. Manchmal akzeptieren sie Hephaistos' Angebot und gehen eine Ehe ein. Das ist häufig ein Fehler. Niemand kann klar denken, wenn er „high" ist von leidenschaftlicher Liebe. Der Reiter ist ebenso vernarrt wie der Elefant. Im Zustand der Trunkenheit dürfen Menschen keine Verträge unterschreiben und ich wünschte mir bisweilen, wir könnten sie auch davon abhalten, im Liebesrausch *Heiratsanträge* zu machen, denn sobald ein solcher Antrag angenommen ist, werden die Familien verständigt, ein Hochzeitstermin wird festgesetzt und dann lässt sich der Zug nur noch schwer anhalten. Wahrscheinlich lässt die Droge nämlich irgendwann während der stressigen Hochzeitsvorbereitungen nach und viele dieser Paare schreiten durch das Kirchenschiff mit Zweifel im Herzen und mit der irgendwann bevorstehenden Scheidung vor Augen.

2. Der andere gefährliche Punkt ist der Tag, an dem die Droge ihren Griff lockert. Die leidenschaftliche Liebe endet nicht an diesem Tag, sehr wohl aber die verrückte und die zwanghafte Hochphase. Der Reiter kommt wieder zu Sinnen und kann erstmals feststellen, wohin der Elefant ihn gebracht hat. An diesem Punkt trennen sich viele Paare und das ist gut so. Amor wird häufig als schelmischer Kerl dargestellt, weil er gerne die

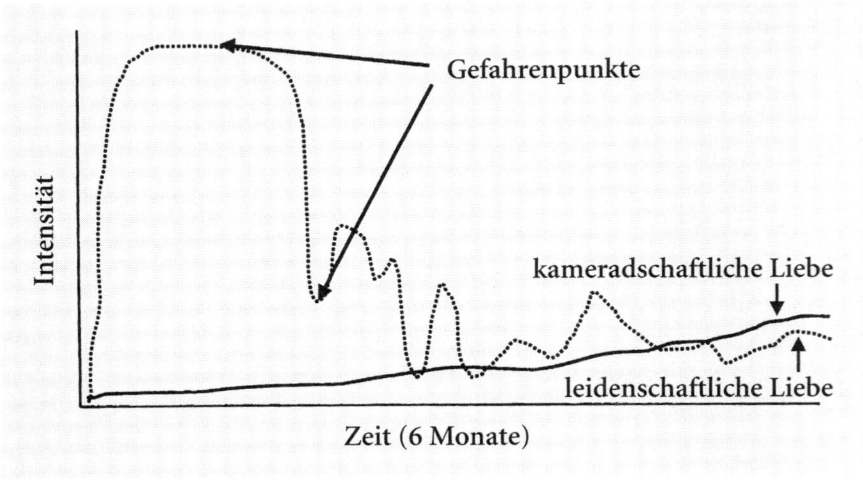

Beispiel für den zeitlichen Verlauf der beiden Arten der Liebe – kurzfristig

unpassendsten Partner zusammenführt. Bisweilen kommt die Trennung allerdings zu früh, denn wenn die Liebenden durchgehalten hätten, wenn sie der kameradschaftlichen Liebe die Gelegenheit zum Wachsen gegeben hätten, dann hätten sie wahre Liebe finden können.

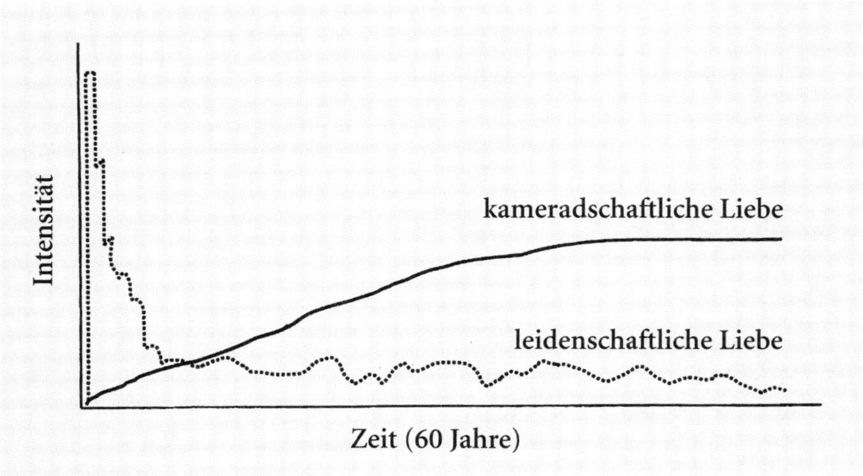

Zeitlicher Verlauf der beiden Arten der Liebe – langfristig

Ich bin davon überzeugt, dass es wahre Liebe gibt, aber sie ist nicht eine ewig anhaltende Leidenschaft und kann es auch nicht sein. Wahre Liebe, das Fundament starker Ehen, ist einfach eine starke kameradschaftliche Liebe mit einem Quantum Leidenschaft – zwischen zwei Menschen, die sich stark füreinander engagieren.[42]

Kameradschaftliche Liebe sieht in der oberen Abbildung schwach aus, weil sie nie die Intensität leidenschaftlicher Liebe erreichen kann. Doch wenn wir den Zeitrahmen von sechs Monaten auf sechzig Jahre erweitern (wie in der unteren Abbildung), dann erscheint die leidenschaftliche Liebe trivial, wie ein Strohfeuer, während die kameradschaftliche Liebe ein Leben lang anhalten kann. Wenn wir ein Paar bewundern, das an seiner goldenen Hochzeit noch verliebt ist, dann bewundern wir diese Mischung der beiden Formen mit dem überwiegenden Anteil kameradschaftlicher Liebe.

Warum Philosophen die Liebe verabscheuen

Falls Sie leidenschaftlich verliebt sind und Ihre Leidenschaft feiern wollen, dann lesen Sie Lyrik. Wenn Ihr Feuer nachgelassen hat und Sie Ihre sich entwickelnde Beziehung verstehen wollen, dann sollten Sie Psychologiebücher lesen. Doch wenn Sie gerade eine Beziehung beendet haben und glauben wollen, dass Sie ohne Liebe besser zurechtkommen, dann lesen Sie am besten Philosophiebücher. Natürlich, viele philosophische Werke *preisen* die Vorzüge der Liebe, doch wenn man genau hinschaut, bemerkt man eine tiefe Ambivalenz. Liebe zu Gott, Liebe zu den Nachbarn, Wahrheitsliebe, Liebe zur Schönheit – sie alle werden uns aufgedrängt. Aber die leidenschaftliche, erotische Liebe eines lebendigen Menschen? Um Himmels willen, nein!

Im antiken Osten liegt das Problem mit der Liebe klar auf der Hand: Liebe ist Anhaftung, Abhängigkeit. Und Anhaftungen, insbesondere sinnliche und sexuelle, müssen gelöst, durchbrochen werden, nur so ist spirituelles Wachstum möglich. Buddha sagte:

> *Denn solange das kleinste bißchen Unterholz eines Mannes für Frauen nicht gerodet ist, ist das Herz gebunden, wie ein säugendes Kalb an seine Mutter.*[43]

Die Gesetze des Manu, ein alter hinduistischer Text darüber, wie ein junger Brahmane leben sollte, äußerte sich noch negativer über Frauen: „Es liegt im Wesen der Frauen, die Männer hier auf der Erde zu verderben.“ [44] Selbst Konfuzius, dem es nicht darum ging, Anhaftungen zu durchbrechen, sah die romantische Liebe und Sexualität als Bedrohung für den höheren Wert der Kindespietät und der Loyalität gegenüber den Ahnen: „Nie ist mir jemand begegnet, dem die Tugend wichtiger war als Sex.“ [45] (Freilich unterscheiden sich Buddhismus und Hinduismus und beide haben sich je nach Ort und Zeit gewandelt. Einige heutige Führer religiöser oder philosophischer Gemeinschaften, wie der Dalai Lama, akzeptieren die romantische Liebe und die damit einhergehende Sexualität als wichtigen Teil des Lebens. Doch der Geist der alten religiösen und philosophischen Texte ist weit negativer.) [46]

Im Westen sieht die Geschichte ein wenig anders aus: Die Liebe wird seit Homer weithin gefeiert. Die Liebe stößt das Drama der *Ilias* an und die Odyssee endet mit Odysseus’ sehnsüchtiger Heimkehr zu Penelope. Wenn die griechischen und römischen Philosophen die romantische Liebe erwischen, dann verachten sie sie jedoch meist oder versuchen, sie zu etwas anderem zu machen. Platons *Gastmahl* beispielsweise ist ein Dialog, der vollständig dem Lob der Liebe gewidmet ist. Aber man weiß nie, welchen Standpunkt Platon vertritt, bis Sokrates spricht; und wenn Sokrates spricht, verreißt er die Lobpreisungen auf die Liebe, die Aristophanes und andere kurz zuvor ausgesprochen hatten. Er beschreibt, wie die Liebe bei den Tieren eine „Krankheit“ hervorruft: „Erst begehren sie einander aufs innigste, dann wollen sie ihren Nachwuchs aufziehen.“ [47] (Wie bereits gesagt: Der Paarungstrieb führt zum Fürsorgeverhalten.)

Für Platon ist die menschliche Liebe entwürdigend, wenn sie der tierischen Liebe ähnelt. Die Liebe eines Mannes zu einer Frau ist deshalb eine im Wert mindere Form der Liebe, da sie der Fortpflanzung dient. Platons Sokrates zeigt dann, wie die Liebe ihren animalischen Ursprung transzendieren kann, indem sie auf etwas Höheres abzielt. Wenn ein älterer Mann einen jungen Mann liebt, kann ihre Liebe für beide erhebend sein, weil der ältere Mann (in der Zeit zwischen den Geschlechtsakten) den jungen Mann Tugend und Philosophie lehren kann. Doch selbst diese Liebe darf nur ein Trittstein sein: Wenn ein Mann einen herrlichen Körper liebt, muss er lernen, die Schönheit im Allgemeinen zu lieben, nicht die Schönheit eines bestimmten Körpers. Er muss so weit kommen, die Schönheit in der Seele der Männer zu finden und dann in den Ideen und der Philosophie. Schließlich gelingt es ihm, die Idee der Schönheit selbst zu erkennen:

> *… damit er nunmehr auch die Schönheit der Wissenschaften schaut und in einer Sicht, die bereits die Fülle des Schönen umfaßt, nicht mehr in sklavischer Gebundenheit an das Schöne in einem Einzelnen so niedrig und engherzig bleibt, daß er sich mit der Schönheit eines Knaben oder eines bestimmten Menschen oder einer einzelnen Einrichtung begnügt, sondern sich auf das weite Meer des Schönen wendet und im Betrachten viele schöne und herrliche Reden und Gedanken zeugt in ungemessener Weisheitsliebe …*[48]

Die eigentliche Natur der Liebe als eine Bindung zwischen zwei Menschen wird hier abgelehnt; die Liebe kann nur dann gepriesen werden, wenn sie in eine Verehrung der Schönheit im Allgemeinen verwandelt wird.

Die Stoiker lehnen die Liebe zum Einzelnen ebenfalls ab; sie lehnen es ab, die Quelle des eigenen Glücks in die Hände eines anderen Menschen zu legen, den man nicht völlig kontrollieren kann. Selbst die Epikureer, deren Philosophie darauf beruht, die Lust zu suchen, schätzen die Freundschaft, aber sind gegen die romantische Liebe. In seinem Lehrgedicht *Welt aus Atomen* stellt der Philosoph und Dichter Lukrez die Philosophie Epikurs so vollständig dar, wie sie sonst nirgends erhalten ist. Das Ende des vierten Buches ist als „Tirade gegen die Liebe“ bekannt geworden, in der Lukrez die Liebe mit einer Wunde, einem Krebs und einer Krankheit vergleicht. Die Epikureer verstanden sich hervorragend auf Verlangen und seine Befriedigung; sie lehnten die leidenschaftliche Liebe ab, weil sie nicht befriedigt werden könne:

> *Wenn sie zum Schluß mit vereinigten Gliedern genießen des Lebens Blüte, wenn schon der Leib vorher ihnen ahnet die Freuden und so weit ist die Venus, daß sie sät den weiblichen Acker,pressen sie gierig den Leib aneinander und mischen des Mundes Speichel und atmen tief, einpressend die Zähne dem Mund, fruchtlos, da sie ja nichts dort abzukratzen vermögen, ein nicht zu dringen, zu tauchen den ganzen Leib in den Leib ein;*

scheinen sie dies doch bisweilen zu wollen und darum zu eifern.
So hängen gierig sie in der Venus festem Gefüge.[49]

Das Christentum hat viele dieser klassischen Ängste vor der Liebe gefördert. Jesus fordert von seinen Jüngern primär, *Gott* zu lieben, und benutzt dabei die gleichen Worte wie Moses: „Du sollst den Herrn, deinen Gott, lieben mit ganzem Herzen, mit ganzer Seele und mit all deinen Gedanken.“ (*Matthäus* 22, 37 mit Bezugnahme auf *Deuteronomium* 6, 5) Jesu zweites Gebot besagt, dass wir *einander* lieben sollen: „Du sollst deinen Nächsten lieben wie dich selbst.“ (*Matthäus* 22, 39) Doch was kann das bedeuten, andere so zu lieben wie sich selbst? Psychologisch hat die Liebe ihre Wurzeln in der Bindung an die Eltern und an Sexualpartner. Wir haben keine Bindung mit uns selbst; wir suchen Sicherheit und Erfüllung nicht in uns selbst. Jesus scheint zu meinen, dass wir andere so sehr *schätzen* sollen wie uns selbst; wir sollten auch Fremden gegenüber freundlich und großzügig sein und selbst unseren Feinden gegenüber.

Diese erbauliche Botschaft ist wichtig für Gegenseitigkeit und Heuchelei, über die ich in Kapitel 3 und 4 gesprochen habe, aber sie hat wenig zu tun mit dem Thema dieses Kapitels. Stattdessen konzentriert sich die christliche Liebe auf zwei Schlüsselbegriffe: *caritas* und *agape*. *Caritas* ist eine Art starkes Wohlwollen und guter Wille. *Agape* ist ein griechisches Wort, das selbstlose, spirituelle Liebe ohne Sexualität bezeichnet, die sich nicht an eine besondere Person klammert. (Freilich befürwortet das Christentum die Liebe zwischen Mann und Frau in einer Ehe, aber selbst diese Liebe ist idealisiert als die Liebe Christi zu seiner Kirche – *Epheser* 5, 25.) Wie bei Platon ist die Liebe ihrer wesentlichen Besonderheit beraubt, ihres Fokus auf eine *bestimmte* andere Person. Die Liebe wird umgeformt in eine allgemeine Haltung gegenüber einer viel größeren, ja unendlichen Gruppe von Objekten.

Caritas und Agape sind wunderbar, aber sie sind nicht verwandt mit oder abgeleitet von der Art von Liebe, die Menschen *brauchen*. Obgleich ich gern in einer Welt leben würde, in der alle einander wohl wollen, so würde ich doch noch lieber in einer Welt leben, in der mindestens eine Person lebt, die mich ganz besonders liebt und die ich ebenso lieben kann. Angenommen, Harlow hätte Rhesusaffen unter zwei Bedingungen großgezogen: In der ersten Gruppe wäre jedes Tier in seinem eigenen Käfig aufgewachsen, aber jeden Tag hätte Harlow eine neue, allerdings sehr nährende erwachsene

Äffin als Gefährtin gebracht. In der zweiten Gruppe wäre jeder Affe in einem Käfig mit seiner eigenen Mutter aufgewachsen und dann hätte Harlow jeden Tag einen neuen und nicht besonders netten Affen hereingebracht. Die Affen der ersten Gruppe bekamen so etwas wie Caritas – Wohlwollen, ohne dass sie für den anderen etwas Besonderes waren – und hätten wahrscheinlich emotional Schaden genommen. Ohne eine Bindungsbeziehung hätten sie wahrscheinlich Angst vor neuen Erfahrungen und wären unfähig, andere Affen zu lieben oder für sie zu sorgen. Die Affen der zweiten Gruppe wären etwas näher an der normalen Kindheit von Rhesusaffen dran und würden wahrscheinlich gesund aufwachsen und lieben können. Affen und Menschen brauchen enge und lange anhaltende Bindungen an bestimmte andere Personen. In Kapitel 9 werde ich darstellen, dass Agape real ist, aber normalerweise nur von kurzer Dauer. Sie kann Leben verändern und bereichern, aber sie kann diejenigen Arten der Liebe, die auf Bindungen basieren, nicht ersetzen.

Es gibt mehrere Gründe dafür, dass Philosophen sich mit der realen zwischenmenschlichen Liebe schwertun:

1. Zum einen ist die leidenschaftliche Liebe bekannt dafür, dass sie Menschen irrational und unlogisch handeln lässt, und die westlichen Philosophen gingen lange Zeit davon aus, dass ethisch-moralisches Handeln auf Rationalität beruht. (In Kapitel 8 werde ich diese Sichtweise in Frage stellen.) Liebe ist eine Art Verrücktheit und viele Menschen haben, als sie auf diese Art verrückt vor Leidenschaft waren, ihr eigenes Leben sowie das Leben anderer ruiniert. Der philosophische Widerstand gegen die Liebe mag deshalb großenteils der wohl meinende Rat der Weisen an die Jugend sein: Hört nicht auf den trügerischen Gesang der Sirenen! – Ich glaube jedoch, dass da noch mindestens zwei weniger wohl meinende Beweggründe mit hineinspielen:

2. Zunächst mag da ein heuchlerisches Eigeninteresse mitschwingen, wenn die ältere Generation sagt: „Macht es so, wie wir es euch *sagen*, nicht so, wie wir selbst es *gemacht haben*." Buddha und der heilige Augustinus etwa kosteten als junge Männer die leidenschaftliche Liebe aus und entwickelten sich erst viel später zu Gegnern sexueller Bindungen. Der Sittenkodex soll die gesellschaftliche Ordnung aufrechterhalten; er drängt uns, unsere Begierden zu zügeln und die uns zugeschriebene Rolle zu spielen. Die romantische Liebe bringt junge Menschen bekanntlich oft dazu, sich

nicht einen Deut um die gesellschaftlichen Regeln und Konventionen zu scheren, um Kasten oder die Fehden zwischen Capulets und Montagues (in Shakespeares *Romeo und Julia*) ... Die ständig neuen Versuche der Weisen, Liebe als etwas Spirituelles und Prosoziales zu definieren, klingen in meinen Ohren wie der Moralismus von Eltern, die in ihren jungen Jahren verschiedene Liebesbeziehungen genossen, ihrer Tochter jetzt aber zu erklären versuchen, warum sie auf die Ehe warten solle.

3. Der andere Beweggrund ist die Furcht vor dem Tod. Wenn Menschen gebeten werden, über ihre eigene Sterblichkeit nachzudenken, dann empfinden sie – so hat Jamie Goldenberg (Universität von Colorado) nachgewiesen[50] – die körperlichen Aspekte der Sexualität als widerlich und stimmen mit geringerer Wahrscheinlichkeit einem Text zu, der die grundsätzliche Ähnlichkeit zwischen Menschen und Tieren behauptet. Goldenberg und ihre Kollegen glauben, dass die Menschen in allen Kulturen eine tief greifende Furcht vor dem Tod haben. Alle Menschen wissen, dass sie sterben werden, und deshalb bemühen sich die Kulturen sehr, Systeme der Sinngebung zu konstruieren, die das Leben besonders wertschätzen und die Menschen davon überzeugen, dass ihr Leben bedeutsamer sei als das der Tiere, die um sie herum sterben. Umfangreiche Vorschriften vieler Kulturen zur Sexualität und der Versuch, die Liebe an Gott zu knüpfen und dann die Sexualität davon abzutrennen, gehören zu einer ausgeklügelten Abwehr gegen die nagende Furcht vor Sterblichkeit.[51]

Falls das stimmt, falls die Weisen verschiedene unausgesprochene Gründe haben, uns vor der leidenschaftlichen Liebe und vor vielen anderen Bindungen zu warnen, dann sollten wir uns vielleicht genauer überlegen, wessen Rat wir befolgen wollen. Vielleicht sollten wir unser eigenes Leben anschauen, das wir in einer anderen Welt als der ihren leben, und vielleicht sollten wir auch die „Beweise" dafür überprüfen, dass Bindungen schlecht für uns seien.

Freiheit kann Ihrer Gesundheit schaden

Im späten 19. Jahrhundert vollbrachte Émile Durkheim, einer der Begründer der Soziologie, ein wissenschaftliches Wunder. Er sammelte Daten aus ganz Europa, um die Faktoren zu untersuchen, die die Suizidrate beeinflussen. Seine Erkenntnisse lassen sich in einem Wort zusammenfassen: Eingebundensein. [Im Original steht hier: *constraints* = soziale Regeln, Normen, Zwänge, etwa in Form von Recht, Religion u. Ä.] Wie er die Daten auch drehte und wendete: Unter den Menschen, die *weniger* soziale Normen, Bindungen oder Verpflichtungen hatten, war die Selbsttötungsrate höher.

Durkheim betrachtete den Grad der Integration in eine religiöse Gemeinschaft und stellte fest, dass Protestanten, an die ihre Religion damals die *geringsten* Anforderungen stellte, höhere Selbstmordraten hatten als Katholiken; Juden mit ihrem dichten Netz gesellschaftlicher und religiöser Verpflichtungen hatten die niedrigste Selbstmordrate. Er untersuchte auch den Grad der Integration in eine häusliche Gemeinschaft – die Familie – und kam zum gleichen Ergebnis. Allein lebende Menschen nahmen sich mit höherer Wahrscheinlichkeit das Leben, Verheiratete seltener und Verheiratete mit Kindern noch seltener. Durkheim folgerte daraus, dass Menschen Verpflichtungen und soziale Bindungen brauchen, die ihrem Leben Struktur und Bedeutung geben: „Je weiter die Schwächung in der Gruppe fortschreitet, der er angehört, umso weniger ist er von ihr abhängig und umso mehr steht es demzufolge bei ihm, ob er noch andere Verhaltensregeln anerkennt als die, die in seinem Privatinteresse liegen.[52]

Einhundert Jahre weiterer Forschung bestätigen Durkheims Diagnose. Falls Sie vorhersagen wollen, wie glücklich jemand ist oder wie lange er leben wird (und falls Sie ihn nicht über seine Gene oder seine Persönlichkeit befragen können), dann sollten Sie seine soziale Einbindung betrachten. Starke soziale Bande stärken das Immunsystem, verlängern das Leben (mehr als wenn man mit dem Rauchen aufhört!), beschleunigen die Heilung nach Operationen und verringern das Risiko von Depressionen und Angststörungen.[53] Es ist nicht nur so, dass Extrovertierte glücklicher und gesünder sind; wenn Introvertierte zu stärkerer Aufgeschlossenheit gezwungen werden, dann genießen sie sie meist und stellen fest, dass das ihre Stimmung verbessert.[54]

Selbst Menschen, die meinen, nicht viele soziale Kontakte zu brauchen, profitieren von ihnen. Und es ist keineswegs nur so, dass wir alle jemanden zum Anlehnen brauchen; neuere Arbeiten zum Thema „Unterstützung gewähren" belegen, dass die *Fürsorge für andere* oft förderlicher ist als selbst Hilfe zu *bekommen*.[55] Wir *brauchen* enge Kontakte zu anderen; wir brauchen das Geben *und* das Nehmen; wir müssen „dazugehören".[56] Eine Ideologie extremer persönlicher Freiheit kann gefährlich sein, weil sie Menschen dazu ermuntert, ihr Zuhause, ihren Arbeitsplatz, ihre Stadt und ihre Ehe zu verlassen, um persönliche oder berufliche Erfüllung zu finden, und dabei mit *den* Bindungen zu brechen, die wahrscheinlich gerade die größte Hoffnung auf solch eine Erfüllung versprachen.

Seneca hatte recht: Es kann niemand ein glückliches Dasein führen, der nur auf sich schaut, der alles zum eigenen Vorteil wendet. John Donne hatte recht: Kein Mann, keine Frau und kein Kind ist eine Insel. Aristophanes hatte recht: Wir brauchen andere, die uns vollständig machen. Wir sind eine „ultrasoziale" Spezies, voller Emotionen, die fein abgestimmt sind auf Liebe, Freundschaft und darauf, zu helfen, zu teilen und unser Leben anderweitig mit anderen zu verflechten. Bindungen und Beziehungen können uns Schmerz bereiten – wie eine Figur in Jean-Paul Sartres Stück *Geschlossene Gesellschaft* sagte: „Die Hölle, das sind die anderen."[57] – Der Himmel sind sie aber auch!

Kapitel 7

Vom Nutzen der Widrigkeiten

Will der Himmel einem Menschen eine große Verantwortung übertragen, so wird er seinen Geist durch Leid schulen, seine Sehnen und Knochen harter Arbeit aussetzen, seinen Körper hungern und ihn in Armut leben lassen, seinen Taten Steine in den Weg legen – dies alles, um seinen Geist anzuregen, sein Wesen zu festigen und ihn in allem zu verbessern, worin er unfähig ist.

Mengzi (China, 3. Jh. v. Chr.)[1]

Was mich nicht umbringt, macht mich stärker.

Friedrich Nietzsche[2]

Viele Traditionen kennen Schicksal, Vorherbestimmung oder göttliche „Vorsehung". Nach hinduistischem Volksglauben schreibt Gott am Tag der Geburt jedes Kindes dessen Schicksal auf seine Stirn. Stellen Sie sich vor, dass Sie am Tag der Geburt Ihres Kindes zwei Geschenke erhalten: eine Brille, mit der Sie diese Vorhersage lesen können, und einen Stift, mit dem Sie sie überschreiben können. (Nehmen Sie weiter an, dass diese Geschenke von Gott sind und Sie sie nach Ihrem Gutdünken nutzen dürfen.) Was würden Sie machen? – Sie lesen in diesem Lebenslauf etwa Folgendes: „Im Alter von 9 Jahren: bester Freund stirbt an Krebs. Mit 18: verlässt die *High School* als Bester (oder Beste). Mit 20: Autounfall wegen Trunkenheit am Steuer führt zur Amputation des linken Beins. Mit 24: wird alleinerziehende Mutter (oder alleinerziehender Vater). Mit 29: Heirat. Mit 32: veröffentlicht einen erfolgreichen Roman. Mit 33: Scheidung." Und so weiter ... Wie sehr würde es Sie schmerzen, das künftige Leid Ihres Kindes schriftlich vor sich zu sehen? Welche Eltern könnten da dem Drang widerstehen, die Traumata zu tilgen und die selbst zugefügten Wunden zu korrigieren?

Aber seien Sie vorsichtig mit diesem Stift. Gute Absichten könnten die Dinge nur verschlimmern. Falls Nietzsche richtig liegt damit, dass Sie das stärker macht, was Sie nicht umbringt, dann würden Ihre Tochter oder Ihr Sohn schwach und unterentwickelt bleiben, wenn Sie alles schlimme Unglück aus ihrer oder seiner Zukunft streichen würden. Dieses Kapitel handelt von einem Thema, das wir „Unglückshypothese" nennen könnten:

> Die Unglückshypothese besagt, dass Menschen Unglück, Widrigkeiten, Rückschläge und vielleicht sogar Traumata *brauchen*, um zu ihrer wahren Stärke zu finden, erfüllt zu leben und sich vollständig zu entwickeln.

Nietzsches Ausspruch kann nicht im buchstäblichen Sinne stimmen, zumindest nicht ständig. Menschen, die aktuell wirklich vom Tode bedroht sind oder die den gewaltsamen Tod anderer mit ansehen, entwickeln bisweilen eine posttraumatische Stressstörung (PTSD); das ist ein lähmender Zustand, in dem die Opfer ängstlich und überreaktiv bleiben. Menschen, die an PTSD leiden, sind verändert, manchmal dauerhaft: Sie geraten leichter in Panik oder brechen angesichts späterer Widrigkeiten leichter zusammen. Selbst wenn wir Nietzsche im übertragenen Sinn verstehen (was ihm ohnehin lieber gewesen wäre), belegen 50 Jahre Stressforschung, dass Stressoren allgemein den Menschen schaden und Depressionen, Angststörungen und Herzkrankheiten begünstigen.[3]

Stimmen wir der „Unglückshypothese" also allenfalls mit Vorsicht zu: Wir wollen mithilfe wissenschaftlicher Untersuchungen herausfinden, wann Widrigkeiten nutzen und wann sie schaden. Die Antwort lautet nicht einfach: „Widrigkeiten in bestimmten Grenzen." Die Geschichte ist viel interessanter, denn sie offenbart, wie Menschen wachsen und aufblühen und wie Sie (und Ihr Kind) am besten von den Widrigkeiten profitieren können, die seine Zukunft ihm gewiss bringen wird.

Posttraumatisches Wachstum

Zum Beispiel Greg

Gregs Leben brach am 8. April 1999 auseinander. An diesem Tag verschwanden seine Frau und seine beiden Kinder im Alter von vier und sieben Jahren. Greg brauchte drei Tage, um herauszufinden, dass sie nicht bei einem Autounfall ums Leben gekommen waren; Amy hatte die Kinder mitgenommen und war mit einem Mann auf und davon, dem sie einige Wochen vorher in einem Einkaufszentrum begegnet war. Die vier reisten nun im Land umher und waren in mehreren Staaten im Westen der USA kurz entdeckt worden. Der Privatdetektiv, den Greg angeheuert hatte, fand rasch heraus, dass der Mann, der Gregs Leben ruiniert hatte, seinen Lebensunterhalt als Schwindler und Kleinkrimineller verdiente. Wie konnte das passieren? Greg fühlte sich wie Hiob, der an einem einzigen Tag praktisch all dessen beraubt wurde, was er am meisten liebte. Und wie Hiob konnte er sich das, was ihm widerfahren war, überhaupt nicht erklären.[4]

Greg ist ein alter Freund von mir und er rief mich an, ob ich als Psychologe ihm nicht erklären könne, wie seine Frau auf solch einen Schwindler hereinfallen konnte. *Eine* Erklärung, die ich geben konnte, war die, dass das nach einem Psychopathen klang. Die meisten Psychopathen sind nicht gewalttätig (wenngleich die meisten Serienmörder und Serienvergewaltiger Psychopathen sind). Es sind Menschen, meistens Männer, die keine ethisch-moralischen Gefühle haben, keine Bindung und kein Interesse an anderen.[5] Weil sie kein Schamgefühl, keine Peinlichkeit oder Schuld empfinden, fällt es ihnen leicht, Menschen dazu zu bringen, ihnen Geld zu geben, mit ihnen zu schlafen und ihnen zu vertrauen. Ich sagte Greg, falls der Mann wirklich ein Psychopath sei, dann sei er unfähig zu lieben und würde rasch das Interesse an Amy und den Kindern verlieren. Greg würde seine Kinder wahrscheinlich bald wiedersehen.

Wie es Greg weiter erging

Zwei Monate später kam Amy zurück. Die Polizei gab die Kinder in Gregs Obhut. Gregs Panik war vorbei, aber auch seine Ehe, und Greg begann mit dem langen und schmerzlichen Prozess, sein Leben neu aufzubauen. Er war nun alleinerziehender Vater, der vom Gehalt eines Assistenzprofessors leben musste, und es standen ihm Jahre mit Prozesskosten bevor, in denen er mit Amy um das Sorgerecht für die Kinder stritt. Er hatte nur wenig Hoffnung, das Buch fertig zu stellen, von dem seine akademische Laufbahn abhing, und er sorgte sich um seine eigene geistige Gesundheit und die seiner Kinder. Was sollte er tun?

Ich besuchte Greg einige Monate später. Es war ein herrlicher Augustabend und wir saßen auf seiner Veranda; Greg erzählte mir, welche Auswirkungen seine Krise immer noch hatte. Er empfand immer noch Schmerz, aber er hatte erfahren, dass er vielen Menschen wichtig war und sie ihm halfen. Familien aus seiner Kirchengemeinde brachten ihm Essen und halfen ihm bei der Kinderbetreuung. Seine Eltern verkauften ihr Haus in Utah und zogen nach Charlottesville, um ihm zu helfen, die Kinder großzuziehen.

Greg sagte auch, dass diese Erfahrung seine Sicht in Bezug auf das, was im Leben wirklich zählt, radikal verändert habe. Solange er seine Kinder bei sich hatte, war ihm eine erfolgreiche Karriere nicht mehr so wichtig. Er sagte, dass er nun anders mit Menschen umgehe – was mit seinen geänderten Werten zusammenhing: Er reagierte auf andere mit viel mehr Mitgefühl, Liebe und Vergebung. Er konnte wegen Kleinigkeiten nicht mehr wütend auf andere Leute sein.

Und dann sagte Greg etwas so Kraftvolles, was mich völlig überwältigte – er spielte damit auf das oft traurige und bewegende Solo auf

> dem Höhepunkt vieler Opern an: „Jetzt ist es an mir, die ‚Arie' zu singen. Ich möchte nicht, ich will diese Gelegenheit gar nicht haben, aber sie ist jetzt da und wie gehe ich damit um? Nehme ich die Herausforderung an?"

Dass er seine Lage so formulierte, zeigte schon, dass er die Herausforderung annahm. Mithilfe seiner Familie, seiner Freunde und seines tiefen religiösen Glaubens baute Greg sein Leben wieder auf, stellte sein Buch fertig und fand zwei Jahre später eine bessere Stelle. Als ich kürzlich mit ihm sprach, sagte er mir, dass ihn die Geschehnisse immer noch schmerzten, aber er sagte auch, dass viele der positiven Veränderungen immer noch anhielten und dass er nun jeden Tag mehr Freude mit seinen Kindern erlebe als vor der Krise.

Jahrzehntelang hat die Psychologie Stress und seine negativen Auswirkungen untersucht. Ein wesentliches Anliegen in dieser Forschungsliteratur war immer *resilience*, das heißt so viel wie Elastizität, Spannkraft, Beweglichkeit im Sinne von Widerstandsfähigkeit, Wiedergenesungsfähigkeit, durchstehen, trotzen, und es meint die Fähigkeit, mit Unglück umzugehen, Schaden abzuwenden, wieder auf die Beine zu kommen und wieder normal zu „funktionieren". Doch erst seit etwa 15 Jahren sind die Forscher über die Kategorie der Widerstandsfähigkeit hinausgegangen und haben sich auch mit den *Vorteilen* (mit dem Nutzen oder Gewinn) starken Stresses beschäftigt. Diese werden manchmal insgesamt als „posttraumatisches Wachstum"[6] bezeichnet – in direktem Gegensatz zur posttraumatischen Stress-Störung.

Forscher haben Menschen untersucht, die vielfältiges Unglück erlebt haben: Krebs oder Herzerkrankungen, HIV, Vergewaltigung, Körperverletzung, Lähmungen, Unfruchtbarkeit, Hausbrände, Flugzeugabstürze oder Erdbeben. Sie haben ermittelt, wie die Menschen mit dem Verlust ihrer engsten Bindungen fertig werden: dem Verlust von Kindern, Ehepartnern und Eltern. Fazit: Wenngleich Traumata, Krisen und Tragödien in unzähligen Formen auftreten können, so profitieren Menschen doch hauptsächlich auf drei Arten von ihnen, und zwar genau auf die Arten, die Greg nannte:

1. Der erste Gewinn besteht darin, dass sich *verborgene Fähigkeiten* zeigen, wenn man seine Herausforderungen annimmt, und indem man diese Fähigkeiten sieht, verändert sich das Selbstkonzept. Niemand von uns weiß, was zu ertragen er wirklich in der Lage ist. Vielleicht sagen Sie sich: „Ich würde sterben, wenn ich X verlöre", oder: „Ich würde das nie überleben, was Y gerade durchmacht", doch diese Aussagen stammen aus der dünnen Luft des Reiters. Falls Sie X verlören oder in der gleichen Lage wären wie Y, dann würde Ihr Herz nicht aufhören zu schlagen. Sie würden auf die Welt reagieren, wie Sie sie vorfänden, und die meisten Ihrer Reaktionen wären automatisch. Manchmal sagen Menschen nach einem schrecklichen Verlust oder Trauma, sie seien wie betäubt oder „auf Autopilot geschaltet". Das Bewusstsein ist massiv verändert, doch irgendwie bewegt sich der Körper weiter.

Im Laufe der darauf folgenden Wochen kehrt ein gewisses Maß an Normalität wieder ein, während man sich bemüht, den Verlust und die veränderten Umstände zu verstehen. Was Sie nicht umbringt, das lässt Sie – per definitionem – überleben und dann werden die Leute *über Sie* sagen: „Ich könnte das nie überleben, was Y gerade durchmacht." Eine der wichtigsten Lektionen, die Menschen aus einem schmerzlichen Verlust oder Trauma lernen, ist die, dass sie viel stärker sind, als sie gedacht hatten, und diese neue Wertschätzung ihrer Stärke gibt ihnen dann mehr Vertrauen und Mut, sich künftigen Herausforderungen zu stellen. Und sie konfabulieren nicht nur einen Silberstreif um eine dunkle Wolke herum; Menschen, die Krieg, Vergewaltigung, Konzentrationslager oder traumatische persönliche Verluste durchlitten haben, erscheinen oft künftigem Stress gegenüber immun: Sie erholen sich viel schneller, teils weil sie wissen, dass sie damit fertig werden.[7]

Religionsführer haben häufig auf diesen Nutzen oder Gewinn des Leidens hingewiesen. Wie Paulus in seinem Brief an die Römer sagte (5, 3–4): „Bedrängnis bewirkt Geduld, Geduld aber Bewährung, Bewährung Hoffnung." In neuerer Zeit äußerte sich der Dalai Lama so: „Wer mehr Erfahrung mit Belastungen hat, der hat angesichts von Problemen einen festeren Stand als ein Mensch, der nie gelitten hat. Aus dieser Sicht kann ein gewisses Maß an Leid eine gute Lektion für's Leben sein."[8]

2. Der zweite Gewinn des Unglücks betrifft Beziehungen. Unglück ist ein Filter. Wenn bei jemandem Krebs diagnostiziert wird oder ein Paar ein

Kind verliert, dann nehmen manche Freunde und Familienmitglieder die Herausforderung an und suchen nach allen Möglichkeiten, wie sie die Betroffenen unterstützen und ihnen helfen können. Andere wenden sich ab, vielleicht weil sie nicht wissen, was sie sagen sollen, oder weil sie ihr eigenes Unbehagen der Situation gegenüber nicht überwinden können.

Doch Unglück trennt nicht nur die „Schön-Wetter-Freunde" von den wahren; es *festigt* Beziehungen und öffnet die Herzen der Menschen füreinander. Oft entwickeln wir *Liebe* den Menschen gegenüber, um die wir uns kümmern, und meist lieben wir diejenigen (und sind ihnen dankbar), die sich in Zeiten der Not um *uns* gekümmert haben. In einer großen Untersuchung über schmerzlichen Verlust stellten Susan Nolen-Hoeksema und ihre Kollegen an der Universität von Stanford fest, dass Trauernde andere Menschen in ihrem Leben mehr *schätzten* und ihnen gegenüber *toleranter* wurden – das geschieht häufig nach einem Verlust. Eine Frau, deren Mann an Krebs gestorben war, erklärte: „[Der Verlust] verbesserte meine Beziehung zu anderen Menschen, weil ich erkenne, dass die Zeit so wichtig ist und man so viel Mühe mit kleinen, unbedeutenden Ereignissen oder Gefühlen vergeuden kann."[9] Wie Greg stellte auch diese Frau fest, dass sie selbst mit anderen liebevoller und weniger kleinlich umging. Traumata scheinen die Neigung zu kappen, „Wie-du-mir-so-ich-dir" à la Machiavelli zu spielen und dabei noch Selbstdarstellung und Wettbewerb zu betonen.

3. Dieser andere Umgang mit anderen weist auf den dritten häufig auftretenden Gewinn des Unglücks hin: Ein Trauma verschiebt die Prioritäten und ändert unsere Einstellung zur Gegenwart („Nutze den Tag") sowie zu anderen Menschen. Wir alle haben Geschichten haben von reichen und mächtigen Menschen gehört, die sich angesichts des Todes bekehrten. 1993 sah ich eine der großartigsten Geschichten dieser Art in Stein gemeißelt; das war in den Außenbezirken der indischen Stadt Bhubaneswar, wo ich drei Monate lang die Kultur und Moral studierte:

Zum Beispiel Ashoka:

Nachdem König Ashoka um das Jahr 272 v. Chr. das Maurya-Reich (in Zentralindien) unter seine Herrschaft gebracht hatte, bereitete er sich auf weitere Eroberungen vor. Er war erfolgreich und unterwarf viele Völker und Königreiche ringsum gewaltsam. Doch nach einem besonders blutigen Sieg über die Bewohner von Kalinga, nahe dem heutigen Bhubaneswar, packten ihn Entsetzen und Reue. Er konvertierte zum Buddhismus, schwor allen weiteren gewaltsamen Eroberungen ab und widmete sein Leben der Aufgabe, ein Königreich zu errichten, das auf Gerechtigkeit und Respekt vor dem Dharma (dem kosmischen Gesetz des Hinduismus und Buddhismus) beruhte. Er schrieb seine Vision einer gerechten Gesellschaft und seine Regeln für tugendhaftes Verhalten öffentlich auf und ließ diese Edikte in die Steinmauern überall in seinem Reich einmeißeln. Er schickte Gesandte bis nach Griechenland, die seine Vision von Frieden, Tugend und Religionstoleranz verbreiten sollten.

Ashoka konvertierte aufgrund eines Sieges, nicht aufgrund eines Unglücks, doch Menschen werden häufig dadurch traumatisiert, dass sie töten oder aber vom Tode bedroht sind – das belegen moderne Untersuchungen an Soldaten.[10] Wie so viele, die posttraumatisches Wachstum erleben, durchlief Ashoka eine tief greifende Transformation. In seinen Edikten beschrieb er sich selbst als jemanden, der nachsichtiger, mitfühlender und toleranter gegenüber Andersdenkenden geworden war.

Nur wenige Menschen haben die Chance, sich von einem Massenmörder zu einem Wohltäter der Menschheit zu wandeln, doch viele berichten, dass ihre Werte und Ansichten sich angesichts ihres bevorstehenden Todes wandelten. Eine Krebsdiagnose wird in der Rückschau oft als Weckruf, Realitätsprüfung oder Wendepunkt beschrieben. Viele Menschen überlegen dann, ihren Beruf zu wechseln oder weniger zu arbeiten. Sie erkennen dann plötzlich, dass das Leben ein Geschenk ist, das sie als selbstverständlich angenommen haben, und dass Menschen wichtiger sind als Geld. Charles Dickens erfasst in seiner *Weihnachtsgeschichte* eine tiefe Wahrheit, wie sich der bevorstehende Tod auswirken kann. Einige Minuten mit dem „Geist der kommenden Weihnacht“ verwandeln Scrooge, einen ausgesprochenen Geizkragen, in einen großzügigen Mann, der sich an seiner Familie erfreut, an seinen Angestellten und den Passanten auf der Straße.

Ich möchte das Leiden nicht verherrlichen, es allen verschreiben oder den moralischen Imperativ, das Leiden zu verringern, so gut wir können, bagatellisieren. Ich möchte den Schmerz nicht ignorieren, der von jeder Krebsdiagnose ausgeht und sich unter den Verwandten und Freunden ausbreitet. Ich möchte nur darauf hinweisen, dass Leiden nicht immer für alle Menschen schlecht ist. Gewöhnlich mischt sich etwas Gutes unter das Schlechte, und wer das findet, hat etwas Wertvolles gefunden: einen Schlüssel für ethisch-moralische und spirituelle Entwicklung. Shakespeare formuliert es so:

Süß ist die Frucht der Widerwärtigkeit,
die, gleich der Kröte, hässlich und voll Gift,
ein köstliches Juwel im Haupte trägt.[11]

Müssen wir leiden?

Von der „Unglückshypothese" gibt es eine schwache und eine starke Version. In der *schwachen* Version *kann* (!) Unglück zu Wachstum, Stärke, Freude und Selbstverbesserung führen, und zwar durch die drei oben beschriebenen Mechanismen des posttraumatischen Wachstums. Diese Version ist in der Forschung gut belegt, aus ihr ergibt sich aber weniger eindeutig, wie wir leben sollten.

Die *starke* Version ist beunruhigender: Nach ihr *müssen* Menschen Unglück ertragen, um zu wachsen, und das größte Wachstum und die größte Entwicklung stehen *nur* denen offen, die großes Unglück erlebt und überwunden haben. Falls die starke Version gilt, hat sie tief greifende Auswirkungen darauf, wie wir leben und unsere Gesellschaft organisieren sollten. Sie bedeutet, dass wir mehr Chancen ergreifen und mehr Niederlagen erleiden sollten. Sie bedeutet, dass wir unsere Kinder vielleicht in gefährlicher Weise zu sehr behüten, indem wir ihnen ein Leben in fader Sicherheit mit zu viel Rat bieten und ihnen so die „entscheidenden Vorkommnisse"[12] vorenthalten, die ihnen helfen würden, in ihre Kraft zu kommen und die intensivsten Freundschaften zu entwickeln. Sie bedeutet, dass heroische Gesellschaften, die Schande stärker fürchten als den Tod, oder Gesellschaften, die einen Krieg durchmachen, bessere Menschen hervorbringen würden als eine Welt des Friedens und Wohlstands, in der die Erwartungen der Menschen so steigen, dass sie einander wegen „emotionaler Schädigung“ verklagen.

Doch ist die starke Version stichhaltig? Manche sagen, dass sie sich durch ein Unglück grundlegend verändert hätten, doch die Forscher haben bislang nur wenige Belege dafür sammeln können, die über die persönlichen Berichte hinausgehen. Menschen schneiden bei Persönlichkeitstest über die Jahre hinweg ziemlich gleich ab, selbst solche, die angeben, sich zwischenzeitlich stark verändert zu haben.[13] Bei einer der wenigen Untersuchungen, bei der die Freunde der Versuchspersonen (über deren Entwicklung) befragt wurden, gaben die Freunde viel weniger Veränderung an, als die Versuchspersonen selbst behauptet hatten.[14]

Diese Untersuchungen können jedoch an der falschen Stelle nach der Veränderung geschaut haben. Psychologen betrachten eine Persönlichkeit oft nur so, indem sie fünf Grundmerkmale messen, die *Big Five* (so nannte sie der amerikanische Psychologe Lewis Goldberg), die „großen Fünf“, nämlich:

- Neurotizismus (emotionale Labilität),
- Extraversion (Reizbedürfnis),
- soziale Verträglichkeit (Prosozialität),
- Gewissenhaftigkeit (Kontrolliertheit/Selbstkontrolle) und
- Offenheit für Erfahrungen (Bedürfnis nach Neuem).[15]

Diese Merkmale gelten für den „Elefanten“, dafür, wie ein Mensch in verschiedenen Situationen *automatisch* reagiert. Bei getrennt aufgewachsenen eineiigen Zwillingen sind sie recht ähnlich, was zeigt, dass sie teilweise von den Genen beeinflusst werden, wenngleich sie auch beeinflusst werden durch Veränderungen in den Lebensbedingungen und den Rollen, die man im Leben durchlebt, etwa indem man Vater oder Mutter wird.[16]

Demgegenüber entwickelte der Psychologe Dan McAdams die Modellvorstellung, dass die Persönlichkeit aus drei Ebenen bestehe[17] und dass die unterste Ebene (die Grundmerkmale) zu viel Beachtung gefunden habe. Zu der von ihm angenommenen zweiten Persönlichkeitsschicht („charakteristische Anpassungen“) gehören persönliche Ziele, Verteidigungs- und

Bewältigungsmechanismen, Werte, Überzeugungen und Anliegen des jeweiligen Lebensabschnitts (etwa Elternschaft oder Ruhestand); die Menschen entwickeln sie, um in ihren jeweiligen Rollen und Nischen zurechtzukommen.

Diese Anpassungen sind von den Grundmerkmalen beeinflusst: Jemand mit einem hohen Neurotizismuswert wird viel mehr Verteidigungsmechanismen haben; ein extrovertierter Typ wird sich stärker auf soziale Beziehungen verlassen. Doch in dieser mittleren Ebene sind die Grundmerkmale viel stärker mit Umweltfaktoren und dem Lebensstadium verzahnt. Wenn sich diese Faktoren wandeln – wie nach dem Verlust eines Partners –, ändern sich auch die charakteristischen Anpassungen einer Person. Der Elefant ändert sich vielleicht langsam, aber Elefant und Reiter finden in der Zusammenarbeit neue Wege, durch den Tag zu kommen.

Die dritte Ebene der Persönlichkeit ist bei McAdams die Ebene der „Lebensgeschichte". In allen Kulturen sind Menschen von Geschichten fasziniert; wir erfinden sie, wann immer wir nur können. („Sehen Sie die sieben Sterne dort oben? Das sind sieben Schwestern, die einmal …") Mit unserem Leben ist es nicht anders. Wir können nicht aufhören mit dem, was McAdams als „die sich entfaltende Geschichte" bezeichnet, „die eine rekonstruierte Vergangenheit, eine wahrgenommene Gegenwart und eine vorweggenommene Zukunft in einen schlüssigen und Kraft spendenden Mythos integriert".[18]

In der untersten Schicht geht es hauptsächlich um den Elefanten, die Lebensgeschichte hingegen schreibt überwiegend der Reiter. Sie kreieren Ihre Geschichte in Ihrem Bewusstsein, wenn Sie Ihr eigenes Verhalten interpretieren und den Gedanken anderer über Sie zuhören. Die Lebensgeschichte ist nicht die Arbeit eines Historikers – erinnern Sie sich: Der Reiter kann nicht auf die *wahren* Gründe Ihres Verhaltens zugreifen. Sie ähnelt mehr einem historischen Roman, der viele Bezüge zu wahren Ereignissen hat und sie verbindet, indem er sie dramatisiert und interpretiert, sodass sie dem Geist der Geschehnisse mehr oder weniger entsprechen.

Aus dieser Perspektive der drei Schichten lässt sich erkennen, warum Unglück für eine optimale menschliche Entwicklung notwendig sein kann. Die meisten Lebensziele, die Menschen auf der Ebene der „charakteristischen Anpassungen" anstreben, lassen sich – wie der Psychologe Robert Emmons feststellte[19] – in vier Kategorien unterteilen:

- Arbeit und Leistung,
- Beziehungen und Intimität,
- Religion und Spiritualität sowie
- Generativität (ein Erbe zu hinterlassen und etwas zur Gesellschaft beizutragen).

Es ist zwar grundsätzlich gut für Sie, Ziele zu verfolgen, doch nicht alle Ziele sind gleich. Menschen, die hauptsächlich nach Leistung und Reichtum streben, so stellte Emmons fest, sind im Durchschnitt weniger glücklich als solche, die sich auf die anderen drei Kategorien konzentrieren.[20] Der Grund dafür führt uns zurück zu den Glücksfallen und dem demonstrativen Konsum (siehe Kapitel 5): Weil die Evolution die Menschen so geprägt hat, dass sie nach Erfolg, nicht nach Glücklichsein streben, verfolgen sie begeistert Ziele, mit denen sie in „Nullsummen-Wettbewerben" Ansehen gewinnen. Erfolg in diesen Wettbewerben fühlt sich gut an, verschafft aber keinen anhaltenden Genuss und erhöht die Messlatte für künftigen Erfolg.

Wenn es dann zu einer Tragödie kommt, katapultiert diese Sie aus Ihrer Tretmühle heraus und erzwingt eine Entscheidung: Springen Sie wieder zurück in die Tretmühle und machen Sie weiter wie bisher oder probieren Sie etwas anderes? Es gibt ein Zeitfenster – nur einige Wochen oder Monate nach dem Unglück –, in dem Sie offener für etwas Neues sind. In dieser Zeit verlieren Ziele aus der Leistungskategorie häufig ihre Anziehungskraft, bisweilen erscheinen sie bedeutungslos. Falls Sie sich auf andere Ziele hinorientieren – Familie, Religion oder Unterstützung anderer –, gehen Sie zum „nicht-demonstrativen" Konsum über und für dieses Vergnügen brauchen Sie sich der Tretmühle nicht völlig zu unterwerfen. Das Streben nach diesen Zielen macht Sie glücklicher, bringt aber (im Durchschnitt) weniger Reichtum.

Durch den Weckruf des Unglücks ändern viele Menschen ihre Ziele; sie entschließen sich dazu, weniger zu arbeiten und mehr zu lieben und zu spielen. Falls Sie in diesen ersten paar Monaten gleich aktiv werden – also etwas tun, wodurch sich Ihr Alltag ändert –, dann könnte die Veränderung Bestand haben. Falls es aber nur bei dem Vorsatz bleibt („Ich darf meine neue Sicht des Lebens nicht vergessen"), dann werden Sie bald in die alten Gewohnheiten zurückfallen und alte Ziele verfolgen. An den Weggabelungen kann der Reiter einen gewissen Einfluss ausüben; aber der Elefant bewältigt den Alltag und er reagiert automatisch auf die Umgebung. Unglück kann notwendig sein für Wachstum, weil es Sie zwingt, auf der Straße des Lebens nicht mehr nur weiterzurasen; so können Sie die Abzweigungen überall wahrnehmen und darüber nachdenken, wo sie wirklich hin wollen.

In der dritten Persönlichkeitsschicht ist die Notwendigkeit von Unglück noch offenkundiger: Um eine gute Geschichte schreiben zu können, brauchen Sie interessanten Stoff. McAdams sagt, dass Geschichten „im Wesentlichen von dem Auf und Ab der menschlichen Absicht“ handeln, „das in der Zeit organisiert ist.“[21] Ohne dieses Auf und Ab bekommen Sie keine gute Lebensgeschichte und falls Ihnen nur einfällt, dass Ihre Eltern Ihnen zu Ihrem 18. Geburtstag keinen Sportwagen kaufen wollten, dann wird niemand Ihre Memoiren lesen wollen. Unter den Tausenden von Lebensgeschichten, die McAdams gesammelt hat, gibt es mehrere Genres oder Typen von Geschichten, die sich um eine Entwicklung hin zu Wohlergehen drehen. In den „Engagement-Geschichten“ beispielsweise wird der Protagonist von seiner Familie unterstützt, wird früh im Leben für das Leiden anderer sensibilisiert und handelt dann aus einer klaren und zwingenden persönlichen Ideologie heraus; an einem bestimmten Punkt verwandelt er Versagen, Fehler oder Krisen in etwas Positives und macht sie so wieder gut; dabei setzt er sich oft neue Ziele und verpflichtet sich selbst innerlich, anderen zu helfen. Das Leben Buddhas ist ein klassisches Beispiel dafür.

Im Gegensatz dazu zeigen die Lebensgeschichten mancher Menschen eine Sequenz der „Vergiftung“ oder Verschlimmerung (*contamination*), in der sich emotional positive Ereignisse zum Schlechten entwickeln und alles daneben geht. Menschen, die solche Geschichten erzählen, sind mit großer Wahrscheinlichkeit depressiv, was nicht sonderlich überrascht.[22] Ja, zum Krankheitsbild der Depression gehört es, beim Sinnieren die Lebensgeschichte umzugestalten, wobei der oder die Depressive die Instrumente der Beck’schen negativen Triade benutzt: „Ich bin schlecht, die Welt ist verrückt und meine Zukunft ist düster.“ Zwar stimmt es schon, dass nicht überwundenes Unglück zu einer düsteren und trostlosen Geschichte führen kann, doch kann andererseits ein echtes, gravierendes Unglück für die Entwicklung einer bedeutungsvollen Geschichte auch notwendig sein.

McAdams’ Ideen sind von großem Wert für das bessere Verständnis von posttraumatischem Wachstum. Seine drei Persönlichkeitsschichten animieren dazu, über die *Kohärenz* der drei nachzudenken. Was passiert, wenn die drei Schichten oder Ebenen nicht zusammenpassen?

Stellen Sie sich eine Frau vor, deren „Grundmerkmale" (Charakterzüge) Wärme und Geselligkeit sind, die aber gleichzeitig eine erfolgreiche Karriere anstrebt (die nur wenig Gelegenheiten für engen Kontakt mit Menschen bietet) und deren Lebensgeschichte von einer Künstlerin handelt, die von ihren Eltern gezwungen wird, einen praktischen Beruf zu ergreifen. Diese Person ist ein einziges Durcheinander von Motiven und Geschichten und es kann sein, dass sie nur durch ein Unglück die radikalen Veränderungen herbeiführen kann, die sie braucht, damit die drei Ebenen kohärent werden.

Die Psychologen Ken Sheldon und Tim Kasser haben festgestellt, dass geistig gesunde und glückliche Menschen in ihren Zielen „vertikal kohärenter" sind – das heißt, dass die Ziele der höheren Ebene (die langfristigen) und die der niedrigeren Ebene (die kurzfristigen) gut zusammenpassen, sodass man bei den kurzfristigen auch gleichzeitig auf die langfristigen hinarbeitet.[23]

Traumata erschüttern oft das persönliche Glaubenssystem und rauben den Menschen das Gefühl von Sinnhaftigkeit (ihres Lebens). So zwingen sie diese Menschen, die auseinandergebrochenen „Teile" wieder zusammenzusetzen, und diese tun das oft in der Weise, dass sie dabei Gott oder einen höheren Zweck als einendes Prinzip heranziehen.[24] Ein Beispiel: London und Chicago nutzten die Gelegenheiten der großen Brände in ihrer Geschichte dazu, größere und kohärentere Städte zu werden. Manchmal ergreifen Menschen ebenfalls solche Gelegenheiten, um die Teile ihres Lebens und ihrer Lebensgeschichten wunderbar neu zusammenzubauen – die sie niemals freiwillig eingerissen hätten. Wenn sie angeben, nach einem Unglück „gewachsen" zu sein, dann versuchen sie ein neues Gefühl innerer Kohärenz zu beschreiben. Diese Kohärenz fällt ihren Freunden vielleicht nicht auf, aber sie fühlt sich an wie Wachstum, Stärke, Reife und Weisheit im Inneren.[25]

Selig sind die, die den Geschehnissen Sinn verleihen können

Wenn *guten* Menschen schlimme Dinge passieren, haben wir ein Problem. Verstandesmäßig wissen wir, dass das Leben ungerecht ist, aber unbewusst betrachten wir die Welt durch die Brille der Gegenseitigkeit. Der Sturz eines *schlechten* Menschen ist (nach unserer voreingenommenen moralistischen Einschätzung) „kein Wunder“: Es musste ja einfach so kommen. Doch wenn das Opfer rechtschaffen war, fällt es uns schwer, in der Tragödie einen Sinn zu erkennen. Auf einer intuitiven Ebene glauben wir doch alle an Karma, die hinduistische Vorstellung, wonach Menschen ernten, was sie säen. Der Psychologe Mel Lerner hat gezeigt, dass wir *so* gerne glauben, dass Menschen bekommen, was sie verdienen (und dass sie verdienen, was sie bekommen), dass wir häufig dem *Opfer* Vorwürfe machen, besonders wenn wir keine Gerechtigkeit herstellen können, indem wir den Täter bestrafen oder das Opfer entschädigen.[26]

Nach Lerners Experimenten kann das verzweifelte Bedürfnis, Geschehnissen einen Sinn zu verleihen, Menschen zu falschen Schlussfolgerungen verleiten (etwa derart, dass eine Frau ihren Vergewaltiger „verführt“ habe); doch im Allgemeinen ist die Fähigkeit, dem Unglück einen Sinn zu verleihen und dann den Nutzen darin zu erkennen, der Schlüssel für posttraumatisches Wachstum.[27] Beim Erleben eines Traumas stellen manche Menschen fest, dass sie sozusagen den Schlüssel (zu weiterem Wachstum) um den Hals hängen haben und die Bedienungsanleitung gleich mitgeliefert wird. Andere müssen sich vielleicht selbst zurechtfinden und das gelingt ihnen nicht besonders gut.

Psychologen haben sich sehr darum bemüht herauszufinden, wer (welcher Typ) von einem Trauma profitiert und wer daran zerbricht. Die Antwort verschlimmert die bereits große Ungerechtigkeit des Lebens: Optimisten profitieren mit höherer Wahrscheinlichkeit davon als Pessimisten.[28] Optimisten sind größtenteils Menschen, die in der kortikalen Lotterie gewonnen haben: Sie haben einen hohen Sollwert für Glücklichsein, sie sind es gewohnt, die sonnige Seite zu betrachten, und sie finden leichter den Silberstreif am Horizont. Das Leben hat so eine Art, die Reichen reicher und die Glücklichen glücklicher zu machen.

Mit Krisensituationen gehen Menschen im Wesentlichen auf drei Arten um:

1. aktive Bewältigung (Sie handeln unmittelbar, um das Problem zu lösen.)
2. Neubewertung (Sie arbeiten in ihrem Inneren, das heißt, sie bringen die eigenen Gedanken in Ordnung und halten nach dem Silberstreif Ausschau.)
3. Problemvermeidung (Sie bemühen sich, die eigenen emotionalen Reaktionen abzuschwächen, indem sie die Ereignisse leugnen oder ihnen ausweichen – durch Trinken, Drogen und andere Ablenkungen.)[29]

Menschen mit dem Grundmerkmal Optimismus (bei McAdams die Schicht 1) entwickeln oft einen Bewältigungsstil (bei McAdams' in der Schicht 2), der zwischen aktivem Handeln und Neubewertung schwankt. Weil Optimisten erwarten, dass ihre Mühe sich lohnt, machen sie sich sofort daran, das Problem zu lösen. Falls es ihnen nicht gelingt, gehen sie dennoch davon aus, dass sich die Dinge zum Besten entwickeln, und deshalb können sie gar nicht anders, als nach dem möglichen Nutzen zu suchen. Sobald sie ihn finden, schreiben sie ein neues Kapitel in ihrer Lebensgeschichte (McAdams: Schicht 3) – eine Geschichte, in der sie kontinuierlich etwas bewältigen und wachsen.

Im Gegensatz dazu erleben Menschen mit einem relativ negativen affektiven Stil (bei ihnen ist der rechte frontale Kortex aktiver als der linke) die Welt als viel bedrohlicher und sie vertrauen auch weniger darauf, mit diesen Bedrohungen fertig zu werden. Bei ihrem Bewältigungsstil stützen sie sich stärker auf das Vermeiden und andere Abwehrmechanismen. Sie bemühen sich mehr, mit ihrem *Schmerz* zurechtzukommen, als ihre *Probleme* zu lösen, deshalb verschlimmern sich diese häufig. Daraus folgern sie, dass die Welt ungerecht und unkontrollierbar sei und dass die Dinge oft noch viel schlimmer kämen; diese Lektion weben sie in ihre Lebensgeschichte ein, wo sie die ganze Erzählung „vergiftet".

Falls Sie Pessimist sind, fühlen Sie sich jetzt im Moment wahrscheinlich bedrückt. Doch verzweifeln Sie nicht! Der Schlüssel zu Wachstum ist nicht Optimismus an sich; den Optimisten fällt es leicht, Ereignissen Sinn zu verleihen. Wenn *Sie* eine Möglichkeit finden, einem Unglück Sinn zu verleihen, und eine konstruktive Lehre daraus ziehen, dann können auch Sie profitieren. Und das können Sie *lernen* – etwa indem Sie Jamie Pennebakers Buch *Sag, was dich bedrückt* lesen.[30]

Zu Beginn seiner Forschungen untersuchte Pennebaker den Zusammenhang zwischen einem Trauma (etwa sexuellem Missbrauch in der Kindheit) und späteren gesundheitlichen Problemen. Traumata und Stress schaden den Menschen gewöhnlich und Pennebaker dachte, dass die Bereitschaft, sich zu öffnen und etwas von sich zu erzählen – mit Freunden oder Therapeuten zu sprechen –, dem Körper und gleichzeitig dem Geist helfen könne. Eine seiner frühen Hypothesen lautete: Traumata, die stärker mit Scham besetzt sind, wie etwa vergewaltigt zu werden (im Gegensatz zu einem nichtsexuellen Überfall) oder den Partner bzw. die Partnerin wegen Selbstmordes zu verlieren (statt bei einem Verkehrsunfall), würden zu schlimmeren Krankheiten führen, weil die Betroffenen weniger bereit seien, mit anderen über solche Ereignisse zu reden. Doch es stellte sich heraus, dass die Art des Traumas praktisch keine Rolle spielte. Wichtig hingegen war, wie die Betroffenen sich hernach verhielten: Diejenigen, die mit Freunden sprachen oder eine Selbsthilfegruppe aufsuchten, blieben von der gesundheitsschädigenden Wirkung des Traumas weitgehend verschont.

Sobald Pennebaker die Wechselbeziehung zwischen dem Darüberreden und dem Gesundheitszustand festgestellt hatte, ging er im wissenschaftlichen Prozess einen Schritt weiter und versuchte einen Nutzen für die Gesundheit *hervorzurufen*, indem er Menschen dazu brachte, sich zu öffnen und zu reden. Dafür bat Pennebaker sie, über die „aufwühlendste oder traumatischste Erfahrung ihres ganzen Lebens" zu schreiben, vorzugsweise über eine solche, über die sie mit anderen noch nicht ausführlich gesprochen hatten. Er gab ihnen reichlich unbeschriebenes Papier und bat sie, an vier aufeinanderfolgenden Tagen jeweils 15 Minuten lang zu schreiben. Die Versuchspersonen der Kontrollgruppe bat er, die gleiche Zeit über ein anderes Thema zu schreiben (beispielsweise über ihr Haus, ihren typischen Arbeitstag).

Bei jeder seiner Studien gestatteten die Versuchspersonen Pennebaker, zu einem späteren Zeitpunkt ihre Krankenakten einzusehen. Dann wartete er ein Jahr und prüfte, wie oft die Leute in den beiden Gruppen erkrankt waren. In diesem Jahr gingen die Personen, die über *Traumata* geschrieben hatten, seltener zum Arzt oder ins Krankenhaus. Als ich dieses Ergebnis erstmals hörte, konnte ich es nicht glauben. Wie um alles in der Welt konnte eine Stunde Schreiben sechs Monate später eine Erkältung abwehren? Pennebakers Ergebnisse schienen eine altmodische Freud'sche Vorstellung von Katharsis zu untermauern: Menschen, die ihre Emotionen ausdrücken, „schaffen sie sich vom Hals" oder „lassen Dampf ab" und sind gesünder. Da ich früher schon einmal die Literatur über die Katharsis-Hypothese durchgesehen hatte, wusste ich, dass sie nicht bewiesen war.[31] Dampf abzulassen macht Menschen wütender, nicht ruhiger.

Pennebaker entdeckte, dass es nicht darum geht, Dampf abzulassen; vielmehr geht es darum, Ereignissen Sinn zu verleihen. Diejenigen Teilnehmer an seinen Untersuchungen, die sich mit dem Schreiben lediglich Luft verschaffen wollten, profitierten nicht davon. Diejenigen, die am ersten Tag des Schreibens bereits eine tiefe Einsicht in die Ursachen und Folgen des Ereignisses zeigten, profitierten genauso wenig: Sie *hatten* dem Geschehen schon Sinn verliehen. Gesünder wurden aber *die* Menschen (im Laufe des nachfolgenden Jahres), die über die vier Tage des Schreibens hinweg *Fortschritte* machten, die zunehmend mehr erkannten.

In späteren Studien bat Pennebaker die Teilnehmer, ihre Emotionen zu singen oder zu tanzen, doch das nützte der Gesundheit nicht.[32] Sie müssen Wörter benutzen und diese müssen Ihnen helfen, eine sinnvolle Geschichte zu erfinden. Falls Sie solch eine Geschichte schreiben können, ernten Sie auch die Früchte der Neubewertung (einer der beiden gesunden Bewältigungsstile), selbst Jahre nach einem Ereignis. So können Sie ein Kapitel Ihres Lebens abschließen, das noch offen war, immer noch Ihre Gedanken beeinflusste und Sie davon abhielt, in der größeren Erzählung weiterzugehen.

> Ausnahmslos *alle* können daher von einem Unglück profitieren – wenngleich ein *Pessimist* noch einige Extraschritte unternehmen muss, die vom Reiter bewusst eingeleitet werden, um den Elefanten sanft in die richtige Richtung zu lenken.

1. Der erste Schritt besteht darin, alles zu tun, was Sie können, um anders zu denken (Ihren kognitiven Stil zu verändern), *bevor* Ihnen ein Unglück widerfährt. Falls Sie Pessimist sind, erwägen Sie doch Meditation, kognitive Therapie oder sogar Fluoxetin. Mit allen drei Methoden werden Sie

unabhängiger von negativem Grübeln, können Sie Ihre Gedanken in eine positive Richtung lenken und deshalb künftigem Unglück leichter standhalten, Sinn darin finden und dadurch wachsen.

2. Der zweite Schritt besteht darin, ein Netzwerk sozialer Unterstützung wertzuschätzen und aufzubauen. Ein oder zwei gute Beziehungen mit enger Bindung zu haben hilft Erwachsenen und Kindern (wie auch Rhesusaffen), möglichen Bedrohungen ins Auge zu sehen. Treue Freunde, die gut zuhören, können eine wunderbare Unterstützung sein, wenn es darum geht, eine Bedeutung in einem Ereignis zu finden und ihm Sinn zu verleihen.

3. Drittens können auch religiöser Glaube und religiöse Praxis Wachstum fördern; denn sie helfen, Ereignisse einzuordnen (Religionen bieten Geschichten und Deutungen für Verluste und Krisen an), und die Gemeinschaft mit anderen bietet Unterstützung (religiöse Menschen haben Beziehungen durch ihre Kirchengemeinden und viele haben eine Beziehung zu Gott). Von der Religiosität kann man teils auch deshalb profitieren, weil man den inneren Aufruhr bekennt und darüber spricht, entweder mit Gott oder mit einem Geistlichen (wozu viele Religionen aufrufen).[33]

Ganz egal, wie gut Sie vorbereitet sind, wenn Schwierigkeiten auftauchen: Ziehen Sie an irgendeinem Tag in dem Monat danach schließlich ein Stück Papier hervor und beginnen Sie zu schreiben. Pennebaker empfiehlt, mehrere Tage hintereinander jeweils 15 Minuten am Stück zu schreiben.[34] Redigieren oder zensieren Sie nichts; machen Sie sich keine Gedanken über Grammatik oder Satzbau; schreiben Sie einfach weiter. Schreiben Sie über das, was geschah, was Sie fühlten und *warum* Sie sich so fühlen. Falls Ihnen das Schreiben zuwider ist, sprechen Sie auf einen Kassettenrekorder oder ein Diktiergerät. Entscheidend ist, Ihre Gedanken und Gefühle zu äußern, ohne sie irgendwie zu ordnen – aber doch so, dass einige Tage später eine eigene Ordnung auftauchen kann. Bevor Sie die letzte Schreibsitzung abschließen, stellen Sie sicher, dass Sie, so gut Sie konnten, diese beiden Fragen beantwortet haben: *Warum* ist das passiert? Welchen *Nutzen* könnte ich daraus ziehen?

Alles zu seiner Zeit

Wenn die Unglückshypothese wirklich stimmt und man dann von einem Unglück profitieren kann, wenn man ihm Sinn verleiht und die drei Persönlichkeitsschichten kohärent werden, dann gibt es ja vielleicht auch Zeiten im Leben, in denen ein Unglück *mehr* oder eben *weniger* nützt. Vielleicht gilt die „starke" Version der Hypothese (siehe oben) auch nur in einem bestimmten Lebensabschnitt?

Aus vielen Gründen kann man glauben, dass Unglück Kindern besonders zusetze. Die Gene steuern die Gehirnentwicklung in der Kindheit, aber auch Umweltfaktoren wirken darauf ein; einer der wichtigsten äußeren Faktoren ist das allgemeine Maß an Sicherheit versus Bedrohung. Gutes Verhalten der Eltern kann helfen, das Bindungssystem „fein abzustimmen" und so ein Kind wagemutiger zu machen; doch auch unabhängig davon wird ein Kind (im Durchschnitt) einen positiveren affektiven Stil entwickeln und als Erwachsener weniger ängstlich sein, wenn es seine Umwelt als sicher und kontrollierbar empfindet.[35] Treten im Umfeld jedoch täglich unkontrollierbare Bedrohungen auf (in Form von Menschen, die etwas von ihm wollen, es herumkommandieren oder willkürlich Gewalt anwenden), so verändert sich das Gehirn des Kindes, das Kind vertraut weniger und wird wachsamer.[36]

In Anbetracht dessen, dass in den westlichen Industrienationen heute die meisten Menschen in einer sicheren Welt leben, in der Optimismus und „Annäherungsmotivation" sich im Allgemeinen lohnen, und in Anbetracht dessen, dass die meisten Menschen in der Psychotherapie *lockerer* werden müssen, nicht die Zügel straffen müssen, ist es für Kinder wahrscheinlich am besten, sie entwickeln den positivsten affektiven Stil oder den höchsten Sollwert (S aus Kapitel 5), den ihre Gene ermöglichen. Es ist eher unwahrscheinlich, dass ein schlimmes Unglück Kindern großen oder überhaupt einen Nutzen bringt. (Andererseits sind Kinder auch erstaunlich widerstandsfähig und einmalige Ereignisse, selbst sexueller Missbrauch, schaden ihnen nicht so sehr, wie die meisten Erwachsenen meinen.[37] Die *dauerhaften* Bedingungen sind wesentlich wichtiger.) Freilich brauchen Kinder auch Grenzen, um Selbstbeherrschung zu lernen, und sie müssen viele Fehler machen, um zu lernen, dass Erfolg harte Arbeit und Ausdauer erfordert. Kinder sollten beschützt, aber nicht in diesem Sinne verzogen werden.

Für Jugendliche sieht die Sache wieder anders aus. Kleinere Kinder kennen einige Geschichten über sich selbst, doch das aktive und dauerhafte Bemühen, die eigene Vergangenheit, Gegenwart und Zukunft zu einer kohärenten Geschichte zusammenzufassen, beginnt erst im mittleren bis späten Jugendalter.[38] Diese Behauptung stützt sich auf eine interessante Tatsache bei der eigenen Erinnerung, die als „Erinnerungsbeule" (*memory bump*) bezeichnet wird. Werden über 30-Jährige gebeten, sich an die wichtigsten oder lebhaftesten Ereignisse ihres Lebens zu erinnern, so erinnern sie sich überproportional oft an Begebenheiten, die sie zwischen 15 und 25 erlebten.[39] In dieser Zeit blüht ein Mensch gleichsam auf – erste Liebe, Studium und intellektuelles Wachstum, allein leben und vielleicht reisen – und es ist die Zeit, in der junge Leute (zumindest in den westlichen Ländern) viele Entscheidungen treffen, die ihr Leben definieren. Wenn es denn eine bestimmte Phase gibt, in der man die Lebensgestaltung festmachen kann, eine Phase, deren Lebensereignisse die übrige Lebensgeschichte am stärksten beeinflussen, dann ist es diese. Deshalb ist Unglück wahrscheinlich in den späten Jugend- und den frühen Zwanzigerjahren am nützlichsten, besonders wenn man es vollständig überwinden kann.

Aus ethischen Gründen lassen sich keine Experimente durchführen, die Traumata in verschiedenen Altersstufen verursachen, doch in gewisser Weise hat das Leben diese Experimente für uns durchgeführt. Wesentliche Ereignisse des 20. Jahrhunderts – die Weltwirtschaftskrise und der 2. Weltkrieg – haben die Menschen in verschiedenen Lebensaltern getroffen und der Soziologe Glen Elder hat eine erstklassige Analyse langfristiger Daten erstellt (von den gleichen Personen über Jahrzehnte hinweg erhoben), um herauszufinden, warum manche aufblühten und andere an Schicksalsschlägen zerbrachen.[40] Einmal fasste Elder seine Erkenntnisse so zusammen:

> *Quer durch all meine Arbeit zieht sich ein roter Faden: Ereignisse an sich haben keine Bedeutung. Die Bedeutung ergibt sich aus den* Interaktionen *zwischen Menschen, Gruppen und der Erfahrung an sich. Kinder, die schwierige Umstände durchlebten, kamen meist recht unversehrt davon.*[41]

Elder stellte fest, dass viel von der Familie und dem Grad an Integration in die Gemeinschaft abhängt: Denjenigen Kindern und Erwachsenen, die in Krisen in starke soziale Gruppen und Netzwerke eingebunden waren, ging es viel besser; sie gingen aus der schwierigen Zeit mit höherer

Wahrscheinlichkeit stärker und geistig gesünder hervor als Menschen, die dem Unglück ohne Unterstützung durch die Gemeinschaft ausgesetzt waren. Soziale Netzwerke linderten nicht nur das Leid, sie boten auch Wege, Bedeutung und Sinn zu finden (wie Durkheim aus seinen Studien über Selbstmord schloss).[42] Die Weltwirtschaftskrise, die alle traf, bot vielen jungen Menschen die Chance, einen wirklichen Beitrag für ihre Familie zu leisten, indem sie eine Arbeit fanden und ein paar Dollar pro Woche mit nach Hause brachten. Die Notwendigkeit für die Einwohner vieler Staaten, im 2. Weltkrieg an einem Strang zu ziehen, scheint zumindest in den USA die Generation, die diese Zeit erlebte, verantwortlicher und patriotischer gemacht zu haben, selbst wenn sie an den Kriegsanstrengungen nicht direkt beteiligt war.[43]

Beim ersten Unglück gibt es jedoch ein Zeitlimit. Elder sagt, das Leben beginne sich in den späten Zwanzigerjahren zu „kristallisieren". Selbst junge Männer, die vor ihrem Einsatz im Krieg nicht „zu Potte" gekommen waren, rissen das Ruder anschließend herum; doch Menschen, die ihre erste wirkliche Lebensprüfung erst mit über 30 machten (beispielsweise bei einem Kampfeinsatz im Krieg oder beim finanziellen Ruin in der Weltwirtschaftskrise), waren weniger widerstandsfähig und wuchsen weniger wahrscheinlich an ihren Erfahrungen. Deshalb dürfte in den späten Jugend- und den frühen Zwanzigerjahren Unglück für die Menschen am nützlichsten sein.

Elders Arbeit erinnert immer wieder daran, dass das eigentliche Handeln in *Interaktionen* stattfindet – das heißt darin, wie ein Individuum mit Einzelheiten eines Ereignisses und dem sozialen Kontext umgeht, sodass es ein besonderes und oft nicht vorhersagbares Ergebnis erzielt. Es gibt nur wenige einfache Regeln von der Art „X verursacht Y"; in der Forschung spricht man von der „Lebensspannenentwicklung".[44] Niemand kann daher einen idealen Lebensverlauf vorschlagen, mit sorgfältig eingeplantem Unglück, das allen nützen würde. Wir können jedoch sagen, dass viele Menschen durch ein Unglück stärker, besser und glücklicher wurden als ohne es – vor allem, wenn sie es in ihren Zwanzigern gemeistert haben.

Irrtum und Weisheit

Ich gehe davon aus, dass ich, wenn ich einmal Kinder habe, genauso sein werde wie andere Eltern und ebenso ihre Zukunft ändern und alles Unglück tilgen will. Selbst wenn ich überzeugt davon wäre, dass meine Tochter aus einem Trauma, das sie mit 24 erlebt, eine wichtige Lektion lernen kann, wodurch sie ein besserer Mensch wird, so würde ich dennoch fragen: Warum kann ich sie diese Lektionen nicht direkt lehren? Kann sie nicht den Nutzen haben, ohne den Preis dafür zu zahlen? – Doch eine weltweit verbreitete Lebensweisheit besagt, dass die wichtigsten Lektionen nicht direkt gelehrt werden können. Marcel Proust schreibt:

> *Wir empfangen die Wahrheit nicht, wir müssen sie uns selbst entdecken nach einer Reise durch die Wildnis, die niemand an unserer statt antreten, die niemand uns ersparen kann, denn unsere Weisheit ist der Standpunkt, von dem aus wir schließlich die Welt betrachten.*[45]

Die neue Weisheitsforschung bestätigt Proust. *Wissen* gibt es in zwei Hauptformen: explizites und implizites (stilles) Wissen. Explizites Wissen sind all die Fakten, die Sie wissen und über die Sie bewusst reden können, unabhängig vom Zusammenhang. Wo immer ich bin, weiß ich, dass Sofia die Hauptstadt von Bulgarien ist. Explizites Wissen wird in Schulen direkt gelehrt. Der Reiter sammelt es ein und speichert es, bereit, es bei einem späteren Gedankengang zu nutzen. Doch *Weisheit* basiert auf „implizitem Wissen" – nach Robert Sternberg[46], einem führenden Weisheitsforscher. Implizites Wissen orientiert sich am *Verfahren* (es meint „wissen, wie ...", nicht „wissen, dass ..."), wir erwerben es ohne direkte Hilfe anderer und es hängt mit Zielen zusammen, die jemandem wichtig sind. Implizites Wissen befindet sich im Elefanten. Es sind die Fertigkeiten, die der Elefant nach und nach aus der Lebenserfahrung erwirbt. Es hängt vom Kontext ab: Es gibt kein universelles Muster dafür, wie man am besten eine Liebesbeziehung beendet, einen Freund tröstet oder eine moralische Meinungsverschiedenheit beilegt.

Weisheit, so sagt Sternberg, ist das implizite Wissen, mit dem Menschen zweierlei im Gleichgewicht halten:

1. Weise Menschen können ein Gleichgewicht herstellen zwischen ihren eigenen Bedürfnissen, den Bedürfnissen anderer und denen Dritter, die

nicht unmittelbar beteiligt sind (zum Beispiel Institutionen, die Umwelt oder Menschen, die später dadurch beeinträchtigt würden). Unwissende Menschen sehen alles als schwarz oder weiß an – sie berufen sich vehement auf den Mythos des absoluten Bösen und lassen sich von ihren Eigeninteressen leiten. *Weise* können die Dinge vom Blickwinkel anderer aus betrachten, Grauschattierungen wertschätzen und sich dann für ein Handeln entscheiden (oder dazu raten), das langfristig allen am meisten nützt.

2. Außerdem sind weise Menschen imstande, zwischen drei Reaktionen auf Situationen ein Gleichgewicht herzustellen: Anpassung (sich selbst verändern, um sich der Umgebung anzupassen), Formen (die Umgebung verändern) und Aussonderung (sich entscheiden, eine neue Umgebung aufzusuchen). Dieses zweite Gleichgewicht entspricht in etwa dem bekannten „Gebet um Gelassenheit“:

> *Gott gebe mir die Gelassenheit, Dinge hinzunehmen, die ich nicht ändern kann, den Mut, Dinge zu ändern, die ich ändern kann, und die Weisheit, das eine vom anderen zu unterscheiden.*[47]

Falls Sie dieses Gebet schon kennen, dann kennt Ihr Reiter es (explizit). Falls Sie nach diesem Gebet leben, kennt es Ihr Elefant auch (implizit) und Sie sind weise.

Sternbergs Vorstellungen belegen, warum Eltern ihre Kinder Weisheit nicht direkt lehren können. Das Beste, was sie tun können, ist, verschiedene Lebenserfahrungen zu bieten, die den Kindern helfen, implizites Wissen in vielfältigen Lebensbereichen zu erwerben. Eltern können außerdem Weisheit selbst vorleben und Kinder sanft ermuntern, über Situationen *nachzudenken*, andere Blickwinkel einzunehmen und in schwierigen Zeiten im Gleichgewicht zu bleiben. Bieten Sie Ihren Kindern Schutz, solange Sie noch klein sind, doch wenn der Schutz in den Jugend- und Zwanzigerjahren so weitergeht, dann verhindert er womöglich neben dem Schmerz auch Weisheit und Wachstum. Durch Leiden werden Menschen mitfühlender und es hilft ihnen, ein Gleichgewicht zwischen sich und anderen zu finden. Leiden führt häufig zu aktiver Bewältigung (was Sternberg „Formen“, *shaping*, nennt), zu Neubewertung (was Sternberg als „Anpassung“ bezeichnet) oder es lässt uns unsere Pläne und Richtungen ändern (Sternbergs „Aussonderung“). Posttraumatisches Wachstum beinhaltet daher gewöhnlich auch einen Zuwachs an Weisheit.

Die *starke* Version der Unglückshypothese kann stimmen, doch nur, wenn wir einige Warnungen ergänzen:

> Damit Unglück wirklich nützt, muss es zur richtigen Zeit geschehen (im jungen Erwachsenenalter), den richtigen Menschen widerfahren (denen mit den sozialen und psychischen Ressourcen, sich den Herausforderungen zu stellen und den Nutzen zu erkennen), und es muss das rechte Maß haben (nicht so stark sein, dass es zu einem posttraumatischen Belastungssyndrom führt).

Jedes Leben ist so unvorhersehbar, dass wir nie wissen können, ob ein bestimmter Rückschlag einem Menschen langfristig nützt. Doch vielleicht wissen wir genug, um die (den Kindern) auf der Stirn „festgeschriebene" Zukunft ein wenig zu überarbeiten: Radieren Sie einige der frühen Traumata aus, aber denken Sie zweimal darüber nach oder warten Sie weitere Forschungsergebnisse ab, bevor Sie den Rest ausradieren!

Kapitel 8

„Tugendhaftigkeit" als Weg zum Glück?

Es ist nicht möglich, lustvoll zu leben, ohne einsichtsvoll, vollkommen und gerecht zu leben; ebenso wenig einsichtsvoll, vollkommen und gerecht zu leben, ohne lustvoll zu leben.

Epikur[1]

Wenn du etwas Gutes getan hast,
So tue es wieder und wieder.
Erwecke den Wunsch danach,
Denn all dies Gute bringt dir Glück.

Wohl mag auch ein böser Mensch Gutes erfahren,
Solange die Frucht des Bösen noch nicht gereift ist,
Doch sobald diese Frucht reift,
Wird er eben Böses erfahren.

Wohl mag auch ein guter Mensch Böses erfahren,
Solange die Frucht des Guten noch nicht gereift ist,
Doch sobald diese Frucht reift,
Wird er eben Gutes erfahren.

Buddha[2]

Wenn Weise und Ältere die Jungen zur „Tugendhaftigkeit" drängen, dann klingen sie manchmal wie Quacksalber. Die Weisheitsliteratur vieler Kulturen sagt im Wesentlichen: „Hört her, ich habe ein Stärkungsmittel, das euch glücklich, gesund, reich und weise macht! Es wird euch in den Himmel bringen und Freude auf eurem Erdenweg: Seid einfach tugendhaft!" Doch junge Leute verstehen sich perfekt darauf, mit den Augen zu rollen und die Ohren zu verschließen. Ihre Interessen und Wünsche stimmen oft nicht mit denen Erwachsener überein; sie finden rasch Wege, ihre Ziele zu verfolgen und sich in Schwierigkeiten zu bringen, und oft prägt so ein Abenteuer den Charakter. Huckleberry Finn beispielsweise läuft seiner Pflegemutter davon, um mit einem entlaufenen Sklaven auf einem Floß den Mississippi stromab zu fahren; der junge Buddha verlässt den väterlichen Palast und beginnt seine spirituelle Suche im Wald; Luke Skywalker verlässt seinen Heimatplaneten, um sich den galaktischen Rebellen anzuschließen. Alle drei machen sich auf zu einer epischen Reise, die jeden zum Erwachsenen macht, ausgestattet mit einem „Sortiment" neuer Tugenden. Diese schwer erworbenen Tugenden sind für uns als Leser besonders bewunderungswürdig, weil sie von einer charakterlichen Tiefe und Authentizität zeugen, die wir im gehorsamen Kind nicht sehen, das einfach die Eigenschaften akzeptiert, mit denen es groß wurde. In dieser Hinsicht ist Benjamin Franklin besonders bewundernswert.

Das Beispiel Benjamin Franklin

Er wurde 1706 in Boston geboren und ging im Alter von 12 Jahren zu seinem älteren Bruder James in die Lehre, der eine Druckerei besaß. Nach vielen Auseinandersetzungen mit (und Schlägen von) seinem Bruder sehnte er sich nach Freiheit, doch James entließ ihn nicht aus seinem Ausbildungsvertrag. Im Alter von 17 verstieß Benjamin Franklin gegen das Gesetz und verließ die Stadt. Er bestieg ein Schiff nach New York, fand dort keine Arbeit und zog weiter nach Philadelphia. Dort fand er Arbeit als Druckerlehrling, eröffnete schließlich aufgrund seines Geschicks und seiner Sorgfalt seine eigene Druckerei und gab seine eigene Zeitung heraus. Er erzielte spektakuläre

Erfolge: wirtschaftlich (*Poor Richard's Almanack* – eine Sammlung von Sprichwörtern und Maximen, die damals hoch im Kurs standen), wissenschaftlich (er bewies, dass Blitze Elektrizität sind, und „zähmte" sie durch die Erfindung des Blitzableiters), politisch (er hatte so viele Ämter inne, dass ich sie hier gar nicht alle aufzählen kann) und diplomatisch (er überredete Frankreich, sich im Krieg gegen England mit den amerikanischen Kolonien zu verbünden, obwohl Frankreich bei dieser Unternehmung nur wenig zu gewinnen hatte). Er wurde 84 Jahre alt und genoss sein Leben. Er war stolz auf seine wissenschaftlichen Entdeckungen und staatlichen Neuerungen; er sonnte sich in der Liebe und dem Ansehen Frankreichs wie Amerikas und selbst als alter Mann genoss er die Aufmerksamkeit der Frauen.

Was war sein Geheimnis? Moralisch vorbildliches Verhalten, Tugendhaftigkeit (im Sinne von Humanität). Nicht so ein „verklemmter", lustfeindlicher Puritanismus, den manche heute mit diesem Wort assoziieren, sondern eine umfassendere Art von Tugend, die auf das antike Griechenland zurückgeht. Das griechische Wort *areté* bedeutet Tüchtigkeit, Vollkommenheit, Tugend, auch Glück, in einem funktionellen Sinne: Die *areté* eines Messers ist es, gut zu schneiden; die *areté* der Augen ist es, gut zu sehen; die *areté* eines Menschen besteht darin, … nun, das ist eine der ältesten philosophischen Fragen: Was ist die Aufgabe, das Ziel oder das wahre Wesen eines Menschen, an dem gemessen wir sagen können, dass dieser Mensch gut oder schlecht lebt?

Indem Aristoteles sagte, Glücklichsein (*eudaimonía*) sei eine der Tugend gemäße Tätigkeit der Seele[3], sagte er nicht, dass man dann glücklich sei, wenn man den Armen gebe und die eigene Sexualität unterdrücke. Er behauptete, dass das Leben dann gut sei, wenn man die eigenen Stärken entwickle, das eigene Potenzial verwirkliche und so werde, wie es im eigenen Wesen angelegt sei. (Aristoteles glaubte, alle Dinge im Universum hätten ein *télos*, ein Ziel, zu dem alles strebe – obwohl er andererseits *nicht* glaubte, dass die Götter alle Dinge erschaffen hätten.)

Eine von Franklins zahllosen Begabungen war seine außergewöhnliche Fähigkeit, ein Potenzial zu sehen und es zu verwirklichen. Er sah die Möglichkeit gepflasterter und beleuchteter Straßen, freiwilliger Feuerwehren und öffentlicher Bibliotheken und er drängte darauf, dass all das in Philadelphia verwirklicht wurde. Er sah das Potenzial der jungen amerikanischen Republik und erschuf sie in vielfältigen Funktionen mit. Außerdem sah er sein eigenes Potenzial, seine Möglichkeiten zu verbessern, und machte sich daran, sie umzusetzen. In seinen späten Zwanzigerjahren, als junger Drucker und Unternehmer, fasste er den „kühnen und ernsten Vorsatz, nach sittlicher Vervollkommnung zu streben.“[4] Er suchte sich einige Tugenden aus, die er vervollkommnen wollte, und versuchte nach ihnen zu leben. Dabei entdeckte er sofort die Grenzen des Reiters:

> *Während ich alle Sorgfalt aufbot, um mich vor dem einen Fehler zu hüten, wurde ich häufig von einem anderen überrascht; die Gewohnheit gewann die Übermacht über die Unachtsamkeit, und die Neigung war zuweilen stärker als die Vernunft. Ich kam zuletzt zu dem Schluß, die bloße spekulative Überzeugung, daß es in unserem Interesse liege, vollkommen tugendhaft zu sein, reiche nicht hin, um uns vor dem Straucheln zu bewahren, und die gegenteiligen Gewohnheiten müssen gebrochen, gute dafür erworben und befestigt werden, ehe wir irgend Vertrauen auf eine stetige gleichförmige Rechtschaffenheit des Wandels haben können.*[5]

Franklin war intuitiv ein hervorragender Psychologe. Er erkannte, dass der Reiter nur in dem Maß erfolgreich sein kann, in dem er den Elefanten trainiert (– auch wenn er nicht diese Begriffe verwendete); deshalb riet er zu einem Trainingsplan. Er verfasste eine Liste von 13 Tugenden, jede mit bestimmten Verhaltensweisen verknüpft, die man tun oder lassen sollte. Beispiele:

- „Mäßigkeit: Iss nicht bis zum Stumpfsinn.“
- „Sparsamkeit: Mache keine Ausgabe, als um anderen oder dir selbst Gutes zu tun.“
- „Keuschheit: Übe geschlechtlichen Umgang selten, nur um der Gesundheit oder der Nachkommenschaft willen.“

Dann druckte er eine Tabelle mit sieben Spalten (für jeden Tag in der Woche eine) und dreizehn Zeilen (für jede Tugend eine) und machte immer dann einen schwarzen Punkt in das jeweilige Kästchen, wenn es ihm nicht gelungen war, einen ganzen Tag in Übereinstimmung mit einer bestimmten Tugend zu leben. Er konzentrierte sich pro Woche nur auf eine Tugend, in der Hoffnung, seine Zeile frei von Punkten halten zu können; dabei achtete er nicht sonderlich auf die anderen Tugenden, obwohl er auch dort Punkte eintrug, wenn er gegen eine verstieß. Im Laufe von 13 Wochen arbeitete er sich durch die ganze Tabelle hindurch. Er wiederholte den Vorgang und stellte fest, dass die Tabelle mit jeder Wiederholung immer weniger Punkte enthielt. Obwohl er vom Erreichen der Perfektion weit entfernt war, schrieb Franklin in seiner Autobiografie:

> *Es mag nützlich sein, meine Nachkommen wissen zu lassen, daß ihr Ahnherr nächst dem Segen Gottes diesem kleinen Kunstgriff das dauernde Glück seines Lebens bis zu seinem neunundsiebzigsten Jahr, worin dies geschrieben wurde, verdankt.*[6]

Wir können nicht wissen, ob Franklin ohne seine Tugendtabelle weniger glücklich oder erfolgreich gewesen wäre, aber wir können nach anderen Beweisen suchen, um seine wichtigste psychologische Behauptung zu prüfen. Diese Behauptung, die ich die „Tugendhypothese" nenne, ist die gleiche Behauptung, die auch Epikur und Buddha in den Zitaten zu Beginn dieses Kapitels aufstellten:

> Tugendhaftigkeit, also sittliches Denken und Verhalten zu entwickeln macht glücklich.

Die Tugendhypothese lässt sich aus unzähligen Gründen anzweifeln. Franklin selbst gab zu, dass er bei der Tugend der Bescheidenheit völlig versagte; dennoch erntete er großes gesellschaftliches Ansehen, indem er lernte, sie vorzutäuschen. Vielleicht wird sich die Tugendhypothese nur in einer zynischen Art à la Machiavelli als zutreffend erweisen: Den *Anschein* von Tugend zu entwickeln macht erfolgreich und deshalb glücklich, unabhängig vom wahren Charakter.

Die Tugenden der Alten

Ideen haben einen Stammbaum und „Gepäck“ aus der Vergangenheit. Wenn wir Menschen im Westen über Moral nachdenken, dann verwenden wir Konzepte, die Jahrtausende alt sind, die sich aber in den vergangenen 200 Jahren anders entwickelt haben. Wir merken nicht, dass unser Ansatz von Ethik und Moral aus der Sicht anderer Kulturen seltsam ist oder dass er auf bestimmten psychologischen Annahmen basiert – Annahmen, die jetzt falsch erscheinen.

In jeder Kultur macht man sich Gedanken über die ethisch-moralische Entwicklung der Kinder und in jeder Kultur, die uns mehr als nur ein paar Schriftseiten hinterlassen hat, finden wir Texte, die ihre Moralvorstellungen erläutern. Bestimmte Regeln und Verbote variieren, doch die groben Umrisse dieser Auffassungen haben viel gemeinsam. Die meisten Kulturen schrieben über zu entwickelnde Tugenden und viele davon stehen heute noch bei den meisten Kulturen hoch im Kurs: etwa Ehrlichkeit, Gerechtigkeit, Mut, Wohlwollen, Selbstbeherrschung und Respekt gegenüber Autoritäten.[7] Die meisten Darstellungen beschrieben dann genau, welche Handlungen gemäß diesen Tugenden gut oder schlecht waren. Die meisten Ansätze waren pragmatisch und darauf angelegt, Tugenden einzuimpfen, die der Person, die sie pflegt, auch nützen.

Eine der ältesten direkten Moralvorschriften ist die *Lehre des Amenemope*, ein ägyptischer Text, der, wie man vermutet, circa 1300 v. Chr. verfasst wurde. Gleich zu Beginn beschreibt er sich selbst als „Anleitung für das Leben“ und als „Leitfaden für Wohlergehen“; er verspricht, dass derjenige, der seine Lektionen beherzigt, „ein Schatzhaus des Lebens finden und sein Körper auf der Erde blühen wird.“ Amenemope liefert dann 30 Kapitel mit Ratschlägen, wie man andere Menschen behandeln, sich selbst beherrschen und dabei Erfolg und Zufriedenheit finden soll. Der Text fordert mehrfach zu Ehrlichkeit auf, besonders wenn es darum geht, die Grenzsteine anderer Bauern zu beachten, und fährt fort:

> *Bestelle deine Felder, so wirst du haben, was du brauchst,*
> *Brot bekommst du dann von deiner Tenne,*
> *besser ein Scheffel, von Gott dir gegeben*
> *als fünftausend Scheffel unrecht erworben …*

Brot mit einem glücklichen Herzen ist besser
Als Reichtum mit Verdruß.[8]

Falls Ihnen der letzte Vers bekannt vorkommt, dann deshalb, weil das Buch der Sprüche in der Bibel viel von Amenemope übernommen hat: „Besser wenig in Gottesfurcht als reiche Schätze und keine Ruhe." (*Sprüche* 15,16)

Diese alten Texte basieren stark auf Vorschriften und Rollenmodellen, nicht auf Beweisen und Logik, das ist ein gemeinsames Merkmal. Lebensregeln sind sorgfältig formuliert, um eine Einsicht zu fördern oder Zustimmung hervorzurufen. Rollenmodelle werden so vorgestellt, dass sie Bewunderung und Ehrfurcht hervorrufen. Wenn moralische Anweisungen Emotionen auslösen, dann sprechen sie Elefanten und Reiter an. Die Weisheiten von Konfuzius und Buddha beispielsweise sind uns als Aphorismen überliefert, die so zeitlos und sinnträchtig sind, dass auch heute noch Menschen sie lesen, um sich daran zu erfreuen, sich an sie halten, sie als „universelle Lebensgesetze"[9] bezeichnen und Bücher über ihre wissenschaftliche Gültigkeit schreiben.

Ein drittes Merkmal vieler alter Texte ist, dass sie praktisches Handeln und Gewohnheiten betonen statt Faktenwissen. Konfuzius[10] verglich die ethisch-moralische Entwicklung mit dem Erlernen eines Musikinstruments: Bei beiden muss man Texte studieren, Rollenvorbilder beobachten und viele Jahre üben, um „Virtuosität" zu erreichen. (Lateinisch *vírtus* = Tugend …) Aristoteles benutzte eine ähnliche Metapher:

> *Baumeister wird man, indem man Häuser baut, und Kitharakünstler, indem man das Instrument spielt. So werden wir auch gerecht, indem wir gerecht handeln, besonnen, indem wir besonnen, und tapfer, indem wir tapfer handeln.*[11]

Buddha bot seinen Schülern den „Edlen Achtfachen Pfad" an, eine Reihe von Handlungsanweisungen, durch deren Üben sich ein Mensch ethisch richtiger verhält (das rechte Sprechen, das rechte Handeln und den rechten Lebenserwerb) und die seinen Geist schulen (durch rechtes Bemühen, rechte Achtsamkeit und rechtes Sichversenken).

Auf all diese Arten zeigen die Alten ein hoch entwickeltes Verständnis von Moralpsychologie, ähnlich dem von B. Franklin. Sie alle wussten, dass einem gut ausgebildeten Elefanten Tugendhaftigkeit innewohnt. Sie wussten alle, dass diese Ausbildung tägliches Üben und unzählige Wiederholungen erfordert. Der Reiter muss in die Ausbildung einbezogen werden, doch wenn die moralischen Anweisungen nur *explizites* Wissen vermitteln (Fakten, die der Reiter aufsagen kann), wird sich das nicht auf den Elefanten und deshalb auch wenig auf das Verhalten auswirken. Ethisch-moralische Erziehung muss auch *implizites* Wissen vermitteln – die Fertigkeit, die Umgebung so fein abgestimmt wahrzunehmen und ein Gefühl dazu zu entwickeln, dass man in jeder Situation automatisch das Richtige *empfindet*, *weiß*, was zu tun ist, und es dann tun *will*. Ethik war für die Alten eine Art praktische Weisheit.

Wie der Westen vom Weg abkam

Die westliche Auffassung zu Ethik und Sittlichkeit hatte einen großartigen Anfang; wie andere Kulturen konzentrierte sie sich auf Tugenden. Das *Alte* und das *Neue Testament*, Homer und Äsop belegen alle, dass unsere Gründungskulturen sich stark auf Sprichwörter, Lebensregeln, Fabeln und Rollenmodelle stützten, die die Tugenden veranschaulichten und lehrten. Platons *Staat* und Aristoteles' *Nikomachische Ethik*, zwei der bedeutendsten Werke der griechischen Philosophie, handeln im Wesentlichen von Tugenden und wie man sie entwickelt. Selbst die Epikureer, die die *Lust* für das Ziel des Lebens hielten, glaubten, dass Menschen nur mit Tugenden lustvoll leben können.

Doch diese frühen Triumphe der griechischen Philosophie enthalten bereits den Samen späteren Versagens:

Erstens verdanken wir dem griechischen Denken ethisch-moralische Untersuchungen wie auch die Anfänge wissenschaftlicher Arbeiten, die die Grundgesetze suchen, mit denen sich die vielfältigen Ereignisse in der Welt erklären lassen. Die Wissenschaft schätzt es knapp und bündig, doch Theorien über Tugendhaftigkeit waren mit ihrer langen Tugendliste niemals knapp. Wie viel befriedigender wäre es für Wissenschaftler, *eine* Tugend zu haben, *ein* Prinzip oder *eine* Regel, von der sich alle anderen ableiten ließen?

Zweitens: Da die Philosophen weithin die Vernunft verehrten, konnten sie in Gewohnheiten und Gefühlen nur schwer Tugendhaftigkeit erkennen.

Die meisten Tugenden machte Platon zwar in der Ratio seines Wagenlenkers aus, doch auch er musste eingestehen, dass Tugendhaftigkeit die rechten Leidenschaften erforderte; deshalb entwickelte er die komplizierte Metapher, in der eines der zwei Pferde über etwas Tugendhaftigkeit verfügt, das andere hingegen nicht. Für Platon und viele spätere Denker war die Vernunft ein Geschenk der Götter, ein Instrument, um unsere animalischen Lüste zu kontrollieren. Die Ratio musste das Sagen haben.

Diese beiden Samen – die Suche nach Knappheit (in der Theorie) und die Verehrung der Vernunft – schlummerten in den Jahrhunderten nach dem Fall Roms, aber sie sprossen und blühten in der europäischen Aufklärung des 18. Jahrhunderts. Als durch die Fortschritte in Technologie und Handel eine neue Welt entstand, suchten manche nach auf Vernunft basierenden gesellschaftlichen und politischen Übereinkünften. Der französische Philosoph René Descartes, der im 17. Jahrhundert schrieb, konnte seine Ethik noch ganz auf dem Wohlwollen Gottes aufbauen, doch die Denker der Aufklärung suchten eine ethische Grundlage, die nicht auf einer göttlichen Offenbarung beruhte oder von Gott eingesetzt wurde. Es war, als hätte jemand einen Preis gestiftet – wie die Preise, die die frühen Piloten verlockten, waghalsige Flüge zu unternehmen: 10.000 Pfund Sterling (oder Euro) für den ersten Philosophen, der eine einzige Moralregel (er)findet, die Gut und Böse eindeutig trennt und die allein aus Vernunft zu begründen und anzuwenden ist.

Hätte es einen solchen Preis gegeben, dann hätte ihn der deutsche Philosoph Immanuel Kant gewonnen.[12] Wie Platon glaubte auch Kant, dass Menschen eine duale Natur haben: einen animalischen und einen rationalen Anteil. Der animalische Anteil in uns folgt den Naturgesetzen, etwa diesen: dass ein losgelöster Felsbrocken zu Boden fällt oder dass ein Löwe seine Beute tötet. In der Natur gibt es keine Moral; es gibt nur Kausalität. Doch der rationale Anteil in uns, so sagt Kant, kann einer anderen Art von Gesetzen folgen: Er kann Verhaltensregeln respektieren und deshalb können Menschen (nicht aber Löwen) moralisch nach dem Grad beurteilt werden, in dem sie die richtigen Regeln beachten.

Welche Regeln könnten das sein? Hier ersann Kant den geschicktesten Trick der gesamten Moralphilosophie. Er argumentierte, dass Moralregeln universell gelten müssen, um *Gesetze* zu sein. Falls die Schwerkraft bei Männern und Frauen oder bei Italienern und Ägyptern unterschiedlich wirken würde, könnten wir sie nicht als Gesetz bezeichnen. Doch statt nach Regeln zu suchen, denen alle Menschen tatsächlich zustimmen würden (eine schwierige Aufgabe, bei der wahrscheinlich nur ein paar fade Allgemeinplätze herauskämen), stellte Kant das Problem auf den Kopf und sagte, dass die Menschen darüber nachdenken sollten, ob die Regeln, die ihr eigenes Handeln bestimmen, vernünftigerweise als universelle Gesetze *vorgeschlagen* werden könnten.

Beispiel:

Falls Sie vorhaben, ein unbequem gewordenes Versprechen zu brechen, können Sie dann wirklich eine universell gültige Regel empfehlen, die besagt, dass Menschen Versprechen brechen *sollten,* die unbequem geworden sind?

Eine solche Regel zu billigen würde alle Versprechen bedeutungslos machen. Noch könnten Sie durchweg wünschen, dass Menschen betrügen, lügen, stehlen oder andere Personen auf andere Art ihrer Rechte oder Ihrer Habe berauben, denn solche Übel würden früher oder später sicher auch Sie heimsuchen. Dieser einfache Test, den Kant den „kategorischen Imperativ" nannte, war außerordentlich wirkungsvoll. Durch ihn konnte die Ethik zu einem Zweig der angewandten Logik werden und die Bestimmtheit erlangen, die der säkularen Ethik ohne Rückgriff auf ein heiliges Buch immer wieder entglitt.

Im Laufe der darauf folgenden Jahrzehnte machte der englische Philosoph Jeremy Bentham Kant den (hypothetischen) Preis fast streitig. Als Bentham 1767 Jurist wurde, stieß ihn die Komplexität und die Ineffizienz des englischen Rechts ab. Mit der für die Aufklärung typischen Kühnheit machte er sich daran, das gesamte Rechtssystem und die gesamte Legislative neu zu entwerfen, indem er klare Ziele setzte und die vernünftigsten Möglichkeiten vorschlug, diese Ziele zu erreichen. Das höchste Ziel aller Gesetzgebung, so folgerte er, war das Wohl der Menschen; und je größer das Wohl, desto besser. Bentham war der Vater des Utilitarismus, der Lehre, nach der wir bei all unseren Entscheidungen (rechtlichen und persönlichen) auf den höchsten Nutzen abzielen sollten (Utilität) – aber *wer* diesen Nutzen hat, interessierte dabei wenig.[13]

Die „Diskussion" zwischen Kant und Bentham hält noch an. Die Nachfolger Kants (als „Deontologen" bezeichnet, nach dem griechischen Wort *déon* = die Pflicht und Schuldigkeit, das Schickliche) versuchen die Pflichten und Verpflichtungen auszuarbeiten, die ethisch verantwortlich handelnde Menschen einhalten müssen, selbst wenn ihr Handeln zu schlimmen Ergebnissen führt. (Ein Beispiel: Man darf nie eine unschuldige Person töten, selbst wenn diese Tat 100 Menschenleben retten würde.) Die Nachfolger Benthams (nennen wir sie „Konsequenzialisten", weil sie das Handeln nur nach seinen Folgen beurteilen) versuchen Regeln und Verfahren auszuarbeiten, die zum höchsten Wohl führen, selbst wenn man dabei manchmal andere ethische Prinzipien verletzt. (Zum Beispiel würden sie sagen: Töte den einen Menschen, um die hundert zu retten – außer die Tat setzt ein schlechtes Beispiel und führt zu späteren Problemen.)

Trotz ihrer vielen Unterschiede stimmen die beiden Lager in wichtigen Punkten überein: Beide glauben an Knappheit. Entscheidungen sollten letztlich auf einem einzigen Prinzip beruhen, sei es auf dem des kategorischen Imperativs oder auf dem der Maximierung des Nutzens. Beide Lager betonen, dass nur der Reiter solche Entscheidungen treffen könne, weil moralische Entscheidungen logisches Denken und bisweilen sogar mathematische Berechnungen erforderten. Beide misstrauen intuitiven Ahnungen und „Bauchgefühlen", die sie als Hindernisse für gute Argumentation betrachten. Und beide meiden das Spezielle zugunsten des Abstrakten: Man brauche keine umfangreiche, ausufernde Beschreibung der beteiligten Personen oder ihrer Überzeugungen und kulturellen Traditionen. Man brauche nur einige wenige Fakten und eine abgestufte Liste ihrer Vorlieben und Abneigungen (falls sie Utilitaristen wären). Es spiele keine Rolle, in welchem Land oder in welcher Zeit sie lebten; es sei unerheblich, ob die übrigen beteiligten Personen ihre Freunde, ihre Feinde oder Fremde seien. Das moralische Gesetz gelte wie ein physikalisches Gesetz für alle Menschen zu allen Zeiten gleichermaßen.

Diese beiden philosophischen Ansätze haben Politik und Rechtswesen in Theorie und Praxis enorm bereichert; ja, sie halfen, Gesellschaften zu entwickeln, die die Rechte des Individuums respektieren (Kant) und gleichzeitig zum Wohl der Menschen (Bentham) beitragen. Doch diese

Vorstellungen haben die westliche Kultur ganz allgemein durchdrungen und einige unbeabsichtigte Folgen mit sich gebracht. Der Philosoph Edmund Pincoffs[14] argumentiert, dass Konsequenzialisten und Deontologen die westlichen Menschen im 20. Jahrhundert gemeinsam davon überzeugen wollten, dass Moralität (oder Ethik) das Studieren moralischer Schwierigkeiten und Dilemmata beinhalte.

Die Griechen konzentrierten sich auf den *Charakter* des Menschen und fragten, was für ein Mensch zu werden wir erstreben sollten. Die moderne Ethik hingegen konzentriert sich auf das *Handeln* und fragt, ob eine bestimmte Handlung richtig oder falsch sei. Philosophen ringen mit Fragen, bei denen es um Leben und Tod geht: Soll man gegebenenfalls *einen* Menschen töten und damit *fünf* retten? Soll man gestatten, dass abgegangene Feten für die Stammzellenforschung verwendet werden? Soll man die künstliche Ernährung einer Frau einstellen, die seit fünfzehn Jahren bewusstlos ist? Nichtphilosophen ringen mit kleineren Dilemmata: Soll ich meine Steuern zahlen, während andere Steuern hinterziehen? Eine Brieftasche voll Geld abgeben, die einem Drogendealer zu gehören scheint? Soll ich meinem Partner, meiner Partnerin von einer Affäre erzählen?

Diese Wendung von der „Charakter-Ethik“ zur „Ethik des Dilemmas“ hat alle moralische Erziehung von den Tugenden weg und zur moralischen Vernunft hingelenkt. Wenn es bei der Ethik um Dilemmata geht, dann lernt man von einer ethisch-moralischen Erziehung, wie man Probleme löst. Kinder müssen lernen, wie sie über ethisch-moralische Probleme nachdenken können, besonders wie sie ihren natürlichen Egoismus überwinden und die Bedürfnisse anderer in ihre Überlegungen einbeziehen können. Als die Vereinigten Staaten von Amerika in den siebziger und achtziger Jahren des 20. Jahrhunderts ethnisch immer vielfältiger wurden und autoritäre Erziehungsmethoden immer stärker ablehnten, kam es aus der Mode, bestimmte ethische und moralische Grundsätze und Werte zu vermitteln. Stattdessen bescherte uns das rationalistische Vermächtnis der Ethik des Dilemmas Lehrer und viele Eltern, die diesem Satz aus einem kürzlich erschienenen Handbuch über Kindererziehung begeistert zustimmen: „Mit meinem Ansatz lehre ich Kinder nicht, was sie tun und was sie lassen sollen und *warum*, sondern vielmehr lehre ich sie zu denken, damit sie selbst entscheiden können, was sie tun und was nicht und warum.“[15]

Ich halte diese Wendung von der Charakter-Ethik zur Ethik des Dilemmas für einen gravierenden Fehler, und zwar aus zwei Gründen. Erstens schwächt sie die Moral und schränkt ihre Reichweite ein. Wo die Alten Tugendhaftigkeit und Charakter in jeder Handlung eines Menschen sahen, beschränkt sich die moderne Moralvorstellung auf eine Reihe von Situationen, die für jeden Menschen nur wenige Male pro Woche auftauchen: Kompromisse zwischen eigenen Interessen und denen anderer. Nach unserer substanzlosen und eingeschränkten modernen Auffassung ist ein Mensch dann moralisch, wenn er für wohltätige Zwecke spendet, anderen hilft, sich an die Regeln hält und ganz allgemein seine eigenen Interessen nicht zu weit über die der anderen stellt. Die meisten Handlungen und Entscheidungen im Leben sind deshalb von ethisch-moralischen Erwägungen unbeeinflusst.

Doch wo Ethik auf das Gegenteil von Eigeninteresse reduziert ist, wird die Tugendhypothese paradox: Modern ausgedrückt besagt die Tugendhypothese, gegen das eigene Interesse zu handeln liege im eigenen Interesse. Die Menschen sind nur schwer davon zu überzeugen, dass das stimmt, und es kann natürlich nicht auf alle Situationen zutreffen. Zu seiner Zeit stand Benjamin Franklin vor einer wesentlich leichteren Aufgabe, als er seine Tugendhypothese rühmte. Wie die Alten hatte auch er eine umfassendere, ergiebigere Vorstellung von Tugenden als einem Garten vorzüglicher Leistungen, die ein Mensch kultiviert, um erfolgreicher und für andere ansprechender zu werden. Von dieser Warte aus ist die Tugendhaftigkeit offenkundig eine Belohnung in sich selbst. Franklins Beispiel stellt implizit seinen Zeitgenossen und Nachfolgern diese Frage: Bist du bereit, jetzt etwas für dein späteres Wohlergehen zu tun, oder bist du so faul und kurzsichtig, dass du die Anstrengung nicht unternimmst?

Das zweite Problem mit der Wendung zur moralischen Argumentation besteht darin, dass sie auf der „schlechteren“ Psychologie basiert. Viele Bemühungen in der Moralerziehung seit den siebziger Jahren nehmen den Reiter vom Elefanten herunter und bringen ihm bei, Probleme selbst zu lösen. Kinder beschäftigen sich viele Stunden mit Fallbeispielen, diskutieren im Unterricht über moralische Dilemmata und sehen Videos über Menschen in der Klemme, die sich dann richtig entschieden haben; so lernen die Kinder, wie (nicht was) sie denken können. Dann ist der Unterricht zu Ende, der Reiter steigt wieder auf den Elefanten und auf dem Pausenhof ändert sich nichts. Der Versuch, Kinder zu ethisch verantwortlichem Handeln zu bringen, indem man ihnen beibringt, vernünftig zu denken, gleicht dem Versuch, einen Hund glücklich zu machen, indem man seine Rute hin- und herbewegt. So zäumt man das Pferd von hinten auf.

Während meines ersten Jahres im Graduiertenstudium an der Universität von Pennsylvania habe ich die Schwachstellen der moralischen Argumentation am eigenen Leib erfahren. Ich las ein wunderbares Buch – *Praktische Ethik* – von Peter Singer[16], einem Philosophen in Princeton. Singer, ein menschenfreundlicher Konsequenzialist, zeigt, wie wir mit ständiger Sorge um das Wohlergehen anderer viele ethische Probleme des täglichen Lebens lösen können. Singers ethische Auffassung über das Töten von Tieren lässt mich ein für alle Mal über die Auswahl meines Essens anders denken. Er schlägt ein paar Leitlinien vor und rechtfertigt diese:

Erstens sei es falsch, irgendeinem fühlenden Lebewesen Schmerz und Leid zuzufügen, deshalb sind die derzeitigen Methoden der fabrikmäßigen Tierhaltung ethisch nicht vertretbar.

Zweitens sei es falsch, ein fühlendes Lebewesen zu töten, das ein Identitätsgefühl und Bindungen habe; deshalb sei es falsch, Tiere mit großen Gehirnen und einem hoch entwickelten Sozialleben zu töten (wie andere Primaten und die meisten anderen Säugetiere) – selbst wenn sie in einer Umgebung aufwachsen könnten, in der sie sich wohlfühlen, und dann schmerzlos getötet würden. Singers klare und zwingende Argumente überzeugten mich auf der Stelle und seit diesem Tag bin ich ein moralischer Gegner aller Formen fabrikmäßiger Tierhaltung. In meiner moralischen Ansicht bin ich dagegen, doch nicht in meinem Verhalten. Ich liebe den Geschmack von Fleisch und das Einzige, was sich in den ersten sechs Monaten nach der Lektüre von Singers Buch änderte, war, dass ich jedes Mal über meine Heuchelei nachdachte, wenn ich einen Hamburger bestellte.

Während meines zweiten Jahres im Graduiertenstudium begann ich, die Emotion Ekel zu untersuchen, und arbeitete mit Paul Rozin zusammen, einem der führenden Experten in der Psychologie des Essens. Rozin und ich suchten Videoclips, um bei unseren geplanten Experimenten Ekel auszulösen; eines Morgens trafen wir uns mit einem Forschungsassistenten, der uns einige zeigte, die er gefunden hatte. Eines davon war *Gesichter des Todes*, eine Zusammenstellung echten und gestellten Videofilmmaterials von Menschen, die getötet werden. (Diese Szenen waren so aufwühlend, dass wir sie aus ethischen Gründen nicht verwenden konnten.) Neben den auf Video aufgezeichneten Selbsttötungen und Exekutionen gab es eine lange Sequenz aus einem Schlachthof. Ich beobachtete mit Entsetzen, wie Kühe, die sich auf einem Fließband herunterbewegten, niedergeknüppelt, festgehakt und aufgeschnitten wurden.

Anschließend gingen Rozin und ich zum Mittagessen, um über unser Projekt zu sprechen. Wir bestellten beide vegetarische Gerichte. Tagelang ekelte ich mich vor dem Anblick roten Fleisches. Mein Bauchgefühl stimmte nun mit den Überzeugungen überein, die ich von Singer gewonnen hatte. Der Elefant stimmte nun dem Reiter zu und ich wurde Vegetarier. Ungefähr drei Wochen lang. Ganz allmählich, als der Ekel nachließ, kehrten Fisch und Hähnchen wieder auf meinen Speiseplan zurück. Dann auch rotes Fleisch; allerdings esse ich auch jetzt noch, nach 18 Jahren, weniger rotes Fleisch und wähle Fleisch aus natürlicher Haltung, wenn es angeboten wird.

Aus dieser Erfahrung habe ich viel gelernt. Ich halte mich selbst für einen relativ vernünftigen Menschen. Ich fand Singers Argumente überzeugend. Aber um es mit einer Paraphrase von Medeas Klage (Kapitel 1) zu sagen: Ich sah das Bessere und fand es gut – folgte aber trotzdem der schlechteren Gewohnheit, bis eine Emotion hinzukam und mir genügend Druck machte.

Die „Tugenden“ der Positiven Psychologie

Der Warnruf, wir seien vom rechten Weg abgekommen, ist in jedem Land und zu jeder Zeit aus einer bestimmten Ecke zu hören, doch in den USA ist er besonders laut vernehmbar seit den sozialen Unruhen der sechziger Jahre und der Wirtschaftsschwäche und der steigenden Kriminalität in den Siebzigern. Politisch Konservative, besonders solche mit starken religiösen Überzeugungen, nahmen Anstoß an dem „wertfreien“ Ansatz in der ethisch-moralischen Erziehung und daran, dass man Kinder bestärkte und ermutigte, selbst zu denken, statt ihnen Fakten und Werte beizubringen, über die sie nachdenken konnten. In den achtziger Jahren forderten diese

Konservativen die Bildungseinrichtungen heraus, indem sie auf Charakterbildung in den Schulen drängten und ihre eigenen Kinder zu Hause unterrichteten.

Ebenfalls während der achtziger Jahre trugen mehrere Philosophen dazu bei, die Tugendtheorien wiederzubeleben. Vor allem Alasdair MacIntyre argumentierte in seinem Buch *Der Verlust der Tugend*[17], dass das Projekt Aufklärung, das eine allgemeingültige, kontextunabhängige Ethik entwickeln wollte, von Anfang an zum Scheitern verurteilt gewesen sei. Kulturen, die gemeinsame Werte und reiche Traditionen teilten, bildeten zwangsläufig einen Rahmen, in dem die Menschen einander schätzen und einschätzen könnten. Über die Tugenden eines Priesters, eines Soldaten, einer Mutter oder eines Händlers im lasse sich leicht reden. Doch wenn man von Identität und Kontext völlig abstrahiere, dann bleibe wenig, woran man sich halten könne. Wie viel lasse sich über die Tugenden eines „verallgemeinerten“ *Homo sapiens* sagen, der ohne bestimmtes Geschlecht und Alter, ohne einen bestimmten Beruf oder eine bestimmte Kultur im Raum schwebe? Das heutige Postulat, dass die Ethik das Konkrete ignoriere, schwäche unsere Moral – die überall anwendbar sein solle, aber nichts beinhalten dürfe. Dass wir die Sprache der Tugendhaftigkeit verloren hätten, die in einer bestimmten Tradition gründete, so MacIntyre, das mache es uns so schwer, Sinn, Bedeutung und Kohärenz im Leben zu finden.[18]

In den letzten Jahren war auch die Psychologie davon betroffen. 1998 begründete Martin Seligman die „Positive Psychologie“, als er erklärte, dass die Psychologie vom Weg abgekommen sei. Die Psychologie war mehr und mehr von der Pathologie und der dunklen Seite der menschlichen Natur besessen, blind gegenüber allem Guten und Edlen im Menschen. Seligman bemerkte, dass Psychologen zwar ein umfangreiches Handbuch erstellt hatten (*Diagnostic and Statistical Manual of Mental Disorders;* dt. Ausgabe: *Diagnostisches und Statistisches Handbuch psychischer Störungen,* abgekürzt DSM-IV), um alle möglichen Geistesstörungen und auffälligen Verhaltensweisen zu klassifizieren, doch die Psychologie hatte nicht einmal eine Sprache, in der sie über das positive „obere“ Spektrum von Gesundheit, Begabung und Potenzial reden konnte.

Als Seligman die Positive Psychologie begründete, strebte er zuerst danach, ein „Diagnosehandbuch“ für Stärken und Tugenden zu erstellen. Er und ein anderer Psychologe von der Universität von Michigan machten sich daran, eine Liste der Stärken und Tugenden zusammenzustellen, die für alle menschlichen Kulturen gültig sein sollte. Ich diskutierte mit ihnen, dass die Liste *nicht* für alle Kulturen zu gelten brauche, um dennoch nützlich zu sein; sie sollten sich nur auf die großen Industrienationen konzentrieren. Mehrere Anthropologen sagten ihnen, dass eine allgemeingültige Liste nie erstellt werden könne. Glücklicherweise jedoch blieben sie standhaft.

In einem ersten Schritt überprüften Peterson und Seligman jede Tugendliste, die sie nur finden konnten, von den heiligen Büchern der wichtigsten Religionen bis zum Pfadfinderversprechen („vertrauenswürdig, loyal, hilfsbereit, freundlich …“). Sie stellten große Listen von Tugenden zusammen und schauten, welche davon in *allen* Listen auftauchten. Zwar tauchte keine Tugend in *allen* Listen auf, doch erschienen sechs übergeordnete Tugenden oder Gruppen verwandter Tugenden auf beinahe allen Listen: Weisheit, Mut, Menschlichkeit, Gerechtigkeit, Mäßigung und Transzendenz (die Fähigkeit, sich mit etwas Größerem zu verbinden als man selbst). Diese Tugenden werden weithin gut geheißen, weil sie abstrakt sind: Weise, mutig oder menschenfreundlich kann man auf viele Arten sein und keine menschliche Kultur lehnt alle Formen dieser Tugend ab. (Können wir uns überhaupt eine Kultur vorstellen, in der Eltern hoffen, dass ihre Kinder dumm, feige und grausam werden?)

Doch der eigentliche Wert dieser Sechserliste besteht darin, dass er einen Rahmen für spezifischere *Charakterstärken* bildet. Peterson und Seligman definieren Charakterstärken als spezifische Arten, Tugenden zu zeigen, zu praktizieren und zu entwickeln. Zu jeder einzelnen Tugend führen mehrere Wege. Menschen wie auch Kulturen unterscheiden sich in dem Grad, in dem sie jeden Weg schätzen. Das ist die eigentliche Leistung der Klassifikation: Sie weist auf spezielle Wege des Wachstums zu weithin geschätzten Zielen hin, ohne darauf zu bestehen, dass ein einzelner Weg für alle Menschen zu allen Zeiten vorgeschrieben sei. Mithilfe der Klassifikation lassen sich die verschiedenen Stärken der Menschen ermitteln und Wege finden, wie die Menschen diese Stärken optimal ausbilden können.

Peterson und Seligman stellen die These auf, dass man 24 grundlegende Charakterstärken unterscheiden könne, von denen jede zu einer der sechs übergeordneten führt.[19]

Sie können sich nun einmal selbst beurteilen, indem Sie diese Liste durchsehen oder indem Sie den Test zum Ermitteln Ihrer Stärken machen (unter www.authentichappiness.org).

1. **Weisheit:**

- Neugier
- Liebe zum Lernen
- Urteilsfähigkeit
- Kreativität
- Emotionale Intelligenz
- Blick für das richtige Verhältnis der Dinge

2. **Mut:**

- Tapferkeit
- Ausdauer
- Integrität

3. **Menschlichkeit:**

- Freundlichkeit
- Liebesfähigkeit

4. **Gerechtigkeit:**

- Bürgerverantwortung
- Fairness
- Führungsvermögen

5. **Mäßigung:**

- Selbstregulation
- Besonnenheit
- Bescheidenheit

6. **Transzendenz:**

- Sinn für das Schöne

- Dankbarkeit
- Hoffnung
- Spiritualität
- Vergebungsbereitschaft
- Humor
- Lebensfreude

Die Chancen stehen gut, dass Sie mit der Liste der 6 Gruppen von Tugenden keine großen Schwierigkeiten haben, aber sehr wohl Einwände gegen die längere Liste der 24 Stärken. Wieso ist Humor ein Weg zur Transzendenz? Warum ist Führungsvermögen auf der Liste, nicht aber die Tugenden der Unterordnung – Pflichtgefühl, Respekt und Gehorsam? Bitte widersprechen Sie! Die Klassifikation von Peterson und Seligman will gerade das Gespräch anregen und eine spezifische Liste von Stärken und Tugenden vorschlagen, und nun können Wissenschaftler und Therapeuten die Details ausarbeiten. Wie das DSM alle 10 oder 15 Jahre gründlich überarbeitet wird, so wird sicher auch die Klassifikation der Stärken und Tugenden (von den Positiven Psychologen auch *un-DSM* genannt, zu Deutsch etwa: „Anti-DSM“) in einigen Jahren überarbeitet und verbessert. Indem Peterson und Seligman es wagten, konkret zu werden und sich zu täuschen, haben sie Kreativität, Führungsvermögen und Hoffnung gezeigt.

Diese Klassifikation führt bereits zu spannenden Untersuchungen und befreienden Ideen. Meine Lieblingsidee ist folgende: Arbeiten Sie an Ihren Stärken, nicht an Ihren Schwächen. Bei wie vielen Ihrer Neujahrsvorsätze ging es darum, einen Fehler auszumerzen? Wie viele dieser Vorsätze haben Sie schon jahrelang? Einen Persönlichkeitsaspekt durch reine Willenskraft zu ändern, ist schwierig, und falls Sie sich dann auch noch entscheiden, an einer Schwäche zu arbeiten, dann werden Sie an dem Prozess sicher nicht viel Freude haben. Und wenn Sie sich während des Prozesses nicht freuen oder bestärkt werden, dann werden Sie bald aufgeben, es sei denn, Sie haben die Willenskraft eines Benjamin Franklin. Aber Sie brauchen wirklich nicht in allem gut zu sein. Das Leben bietet so viele Möglichkeiten, bei denen wir *eine* Methode durch eine andere ersetzen können, und oft lässt sich eine *Schwäche* mit einer *Stärke* wettmachen.

In dem Seminar über Positive Psychologie, das ich an der Universität von Virginia halte, geht es im Abschlussprojekt darum, sich selbst zu verbessern. Dafür können die Teilnehmer alle Instrumente der Psychologie nutzen und sollen dann beweisen, dass sie zu besseren Menschen wurden. Ungefähr die Hälfte der Studenten ist jedes Jahr erfolgreich und am besten schneiden gewöhnlich diejenigen ab, die die kognitive Verhaltenstherapie bei sich selbst anwenden (sie wirkt tatsächlich!) oder eine Stärke nutzen oder beides. Eine Studentin beklagte beispielsweise ihre Unfähigkeit zu verzeihen. Ihr Denken kreiste ständig darum, wie ihr Nahestehende sie verletzt hatten. Bei ihrem Projekt zog sie ihre Fähigkeit zu lieben heran: Jedes Mal, wenn sie bemerkte, dass sie sich wieder in Gedankenschleifen des Opferdaseins verwickelte, rief sie sich eine positive Erinnerung zu der jeweiligen Person ins Gedächtnis, mit der Zuneigung auftauchte. Und wann immer Zuneigung auftauchte, unterbrach das den Ärger und befreite sie vorübergehend von ihren Grübeleien. Im Laufe der Zeit wurde ihr dieser anstrengende mentale Prozess zur Gewohnheit und sie konnte leichter vergeben (wie sie anhand ihrer täglichen Aufzeichnungen demonstrierte, mit denen sie ihre Fortschritte dokumentierte.) Der Reiter hatte den Elefanten mit Belohnungen für jeden Schritt umerzogen.

Das Beispiel Julia

Ein anderes herausragendes Projekt führte eine junge Frau durch, der kurz vorher ein Gehirntumor entfernt worden war. Im Alter von 21 hatte Julia gerade noch die Chance zu überleben. Um mit ihren Ängsten besser umzugehen, entwickelte sie eine ihrer Stärken: Lebensfreude. Sie listete sich Angebote (Events) auf, die an der Universität stattfanden, und sie erstellte Listen von wunderbaren Wanderungen und Parks in den nahe gelegenen *Blue Ridge Mountains*. Diese Listen zeigte sie den anderen Kursteilnehmern, sie nahm sich von ihren Studien eine Auszeit, um diese Wanderungen zu machen, und lud Freunde und Studienkameraden ein, sie zu begleiten. Menschen sagen ja oft, dass ein Unglück sie dazu mahne, jeden einzelnen Tag voll auszukosten, und als sich Julia bewusst bemühte, ihre natürliche Stärke Lebensfreude zu entwickeln, tat sie genau das. (Auch heute strotzt sie noch vor Lebensfreude.)

Tugendhaftigkeit klingt manchmal wie harte Arbeit und oft ist sie das auch. Doch wenn Tugenden in herausragende Eigenschaften umgedeutet werden, von denen man jede einzelne durch das Üben mehrerer Charakterstärken erlangen kann, und wenn das Üben dieser Stärken sich oft für einen selbst lohnt, dann wird die Arbeit stärker zum *Flow* im Sinne von M. Csikszentmihalyi und strengt weniger an. Es ist Arbeit, die uns – ähnlich wie Seligman die Belohnungen beschreibt – ganz in Bann zieht, die unsere Stärken fordert und uns ermöglicht, unsere Befangenheit abzulegen und ganz im Tun aufzugehen. Franklin wäre sehr erfreut: Die Tugendhypothese lebt und es geht ihr gut, sie hat sich in der Positiven Psychologie gemütlich eingerichtet.

Schwierige Frage – einfache Antworten

Tugendhaftigkeit kann sich um ihrer selbst willen lohnen, doch das ist nur bei Tugenden offensichtlich, die man als lohnend betrachtet. Falls Neugier und Lerneifer zu Ihren Stärken zählen, dann bereitet es Ihnen Freude, weise zu werden, indem Sie reisen, Museen besuchen und öffentliche Vorträge besuchen. Falls es zu Ihren Stärken gehört, dankbar zu sein und Schönheit zu würdigen, dann wird Ihnen auch das Gefühl der Transzendenz, das Sie beim Anblick des *Grand Canyon* empfinden, Freude bereiten. Doch es wäre naiv zu glauben, dass man sich *immer* gut fühlt, wenn man das Richtige tut. Um die Tugendhypothese wirklich zu überprüfen, muss man schauen, ob sie auch in unserem heutigen eingeschränkten Verständnis von moralischem Handeln als Altruismus noch Geltung hat. Vergessen Sie das ganze Gerede über inneres Wachstum und Vortrefflichkeit. Wenn ich zum Wohle anderer widerwillig gegen meine eigenen Interessen handle, ist das dann trotzdem gut für mich? Weise und Moralisten haben das immer uneingeschränkt bejaht, doch die Wissenschaft ist aufgefordert, das zu modifizieren: Wann trifft das zu und warum?

Religion und Wissenschaft beginnen beide mit einer leichten und unbefriedigenden Antwort, fahren dann aber rasch mit scharfsinnigeren und interessanteren Erklärungen fort:

1. Die Antwort der Religion

Weise religiöse Menschen berufen sich auf die göttliche Reziprozität im Leben nach dem Tode, damit sind sie leicht heraus: Tu Gutes, denn Gott bestraft die Bösen und belohnt die Guten … Im Christentum gibt es Himmel und Hölle. Für die Hindus gibt es das unpersönliche Wirken des Karmas: Das Universum wird es Ihnen im nächsten Leben mit einer höheren oder niedrigeren Wiedergeburt vergelten und diese hängt von Ihrer Tugendhaftigkeit in diesem Leben ab.

Ich kann nicht sagen, ob Gott, der Himmel oder ein Leben nach dem Tode wirklich existieren, aber als Psychologe bin ich dazu berechtigt, darauf hinzuweisen, dass der Glaube an eine Gerechtigkeit nach dem Tod zwei Anzeichen primitiven moralischen Denkens trägt. In den zwanziger Jahren des 20. Jahrhunderts ging der große Entwicklungspsychologe Jean Piaget[20] auf die Knie, um mit Kindern Murmeln und Jacks (ein amerikanisches Kinderspiel, Anm. d. Übers.) zu spielen; dabei zeichnete er auf, wie sich Moralgefühl entwickelt. Während Kinder ein immer komplexeres Verständnis von richtig und falsch entwickeln, so fand er heraus, durchlaufen sie eine Phase, in der viele Regeln geradezu heilig und unveränderlich werden. In dieser Phase glauben Kinder an eine „immanente Gerechtigkeit“ – eine Gerechtigkeit, die einer Handlung an sich innewohnt. In diesem Stadium meinen sie, ihnen würde etwas Schlimmes widerfahren, wenn sie die Regeln auch nur versehentlich brächen und sogar dann, wenn niemand von ihren Überschreitungen wüsste. Die Vorstellung von immanenter Gerechtigkeit zeigt sich auch bei Erwachsenen, vor allem wenn es gilt, Krankheit oder schlimmes Unglück zu erklären. Eine Überprüfung von Überzeugungen zu den Ursachen von Erkrankungen in verschiedenen Kulturen ergab folgende drei am meisten genannten Gründe:

- biomedizinische Faktoren (die materiellen, physischen Ursachen von Krankheiten),
- zwischenmenschliche Faktoren (Krankheit wird durch Hexerei verursacht oder hängt mit Neid oder Konflikten zusammen) und
- moralische Faktoren (Krankheit entsteht durch das eigene Verhalten in der Vergangenheit, besonders dadurch, dass man sexuelle Tabus und Ernährungstabus verletzt).[21]

Die meisten Menschen im Westen bevorzugen *bewusst* die biomedizinische Erklärung und verwerfen die beiden anderen, doch wenn eine Krankheit auftritt und der westliche Mensch sich fragt: „Warum ich?“, dann sucht er auch oft unter seinen eigenen früheren „Fehltritten“. Der Glaube, dass Gott oder das Schicksal gutes und schlechtes Verhalten belohnen oder bestrafen, erscheint auf den ersten Blick wie die kosmische Erweiterung unseres Kindheitsglaubens an die immanente Gerechtigkeit, der seinerseits Teil unserer fixen Idee von Gegenseitigkeit ist.

Das zweite Problem mit der Gerechtigkeit nach dem Tod besteht darin, dass sie auf dem Mythos des absoluten Bösen beruht.[22] Jeder einzelne von uns kann die Welt leicht in Gut und Böse einteilen, aber wahrscheinlich würde Gott unter den vielen verzerrten Vorlieben und den machiavellinischen Motiven nicht so leiden wie wir. Moralische Motive (Gerechtigkeit, Ehre, Loyalität, Patriotismus) spielen in die meisten Gewalttaten mit hinein, auch in Terrorismus und Krieg. Die meisten Menschen halten ihr Handeln für moralisch gerechtfertigt. Ein paar wenige Musterexemplare des Bösen ragen als Kandidaten für die Hölle heraus, doch bei fast allen anderen bliebe es in der Schwebe. Gott lässt sich nicht einfach in den Nikolaus verwandeln, einen Buchhalter der Moral, der sechs Milliarden Konten verfolgt, denn die meisten Leben lassen sich nicht eindeutig der netten oder der unartigen Rubrik zuordnen.

2. Die Antwort der Wissenschaft

Die Wissenschaft begegnet dieser Frage mit einer einfachen und unbefriedigenden Antwort: Tugendhaftigkeit ist unter bestimmten Umständen gut für Ihre Gene. Als das „Überleben des Stärkeren“ zum „Überleben der besser angepassten Gene“ wurde, war leicht zu erkennen, dass die am besten angepassten Gene in zwei Szenarien freundliches und kooperatives Verhalten fördern würden: wenn diejenigen davon profitierten, die ebenfalls diese Gene trugen (das heißt: Verwandte) oder wenn die Träger der Gene direkt davon profitierten, indem sie mithilfe der „Wie-du-mir-so-ich-dir“-Strategie die Vorteile des Nichtnullsummenspiels ernten konnten. Diese beiden Prozesse – Verwandtschaftsaltruismus und reziproker Altruismus – erklären in der Tat praktisch den gesamten Altruismus in der Tierwelt und auch viel beim Menschen.

Dennoch ist diese Antwort unbefriedigend, weil unsere Gene zu einem gewissen Grad Puppenspieler sind, die uns Dinge wünschen lassen, die gut für sie, aber schlecht für uns sind (etwa außereheliche Affären oder Ansehen, das auf Kosten von Glücklichsein erworben wurde). Wir können das genetische Eigeninteresse nicht als Leitlinie für ein tugendhaftes oder glückliches Leben betrachten. Dazu kommt noch: Alle, die den reziproken Altruismus als *Rechtfertigung* für Altruismus anführen (statt nur als einen Grund dafür), könnten dann frei wählen: Sei nett zu denjenigen, die dir helfen können, aber vergeude deine Zeit oder dein Geld nicht für jemand anderen! (Beispiel: Geben Sie nie Trinkgeld in einem Restaurant, in das Sie mit Sicherheit nicht mehr gehen werden ...) Um die Vorstellung zu überprüfen, dass sich Altruismus für den Altruisten auszahlt, müssen wir die Weisen und die Wissenschaftler ein wenig genauer befragen: Lohnt sich Altruismus sogar dann, wenn es *keine* Belohnung nach dem Tod gibt und auch keine gegenseitige (aktuelle)?

Schwierige Frage – schwierige Antworten

Der heilige Paulus zitiert Jesus mit der Aussage: „Geben ist seliger als Nehmen.“ (*Apostelgeschichte* 20, 35)[23] Aber bringt es dem Gebenden wirklich Glückseligkeit (Wohlergehen), wenn er anderen hilft? Ich kenne keine Beweise, die belegen, dass Altruisten durch ihren Altruismus zu Geld kommen, aber es ist durchaus belegt, dass sie oft *glücklicher* werden. Menschen, die als Freiwillige, Ehrenamtliche arbeiten, sind gesünder und glücklicher als solche, die das nicht tun. Doch wie immer müssen wir uns mit dem Problem der umgekehrten Korrelation beschäftigen: Von Natur aus glückliche Menschen sind schlicht und einfach netter, damit geht es los[24], deshalb kann ihre freiwillige Arbeit aus ihrem Glücklichsein resultieren, wäre in diesem Fall also nicht die Ursache dafür.

Ein Experiment:

Die Psychologin Alice Isen[25] ließ in den Telefonzellen Philadelphias Zehncentstücke liegen. Dieses Experiment bestätigte die Hypothese vom Glücklichsein (über den Fund) als Ursache für altruistisches Verhalten: Personen, die in diesen Telefonzellen telefonierten und die Münzen *fanden*, halfen mit höherer Wahrscheinlichkeit anderen, denen vor der Telefonzelle gerade ein Stapel Papier herunterfiel (– das war sorgfältig arrangiert, es geschah genau in dem Moment, wenn die Finder der Münzen die Zellen verließen), als solche Menschen, die *kein* Geldstück gefunden hatten.

Alice Isen hat mehr solche zufälligen Gesten der Freundlichkeit ausgeführt als irgendein anderer Psychologe: Sie hat Kekse verteilt, andere Süßigkeiten und Unmengen von Schreibwaren; sie hat die Ergebnisse von Videospielen manipuliert (um Leute gewinnen zu lassen) und sie hat fröhliche Bilder gezeigt und dabei immer das Gleiche festgestellt:

Glückliche Menschen sind freundlicher und hilfsbereiter als die Menschen in der Kontrollgruppe.

Doch wir müssen ja nach der umgekehrten Wirkung suchen: dass altruistisches Handeln direkt glücklich macht und/oder andere langfristige Auswirkungen hat. Sagt das amerikanische Rote Kreuz die Wahrheit mit seiner Aufforderung: „Spende Blut, dann geht's dir gut"? Die Psychologin Jane Piliavin hat Blutspender genauestens untersucht und herausgefunden, dass Blutspenden wirklich dazu führt, dass Menschen sich wohl fühlen und ein gutes Selbstgefühl haben. Piliavin[26] hat die recht umfangreiche Literatur über ehrenamtliche Arbeit durchgesehen und kam zu dem Schluss, dass es dem Selbst hilft, wenn wir anderen helfen, aber auf komplexe Art, die vom jeweiligen Lebensabschnitt abhängt. Untersuchungen zu „Lernen durch Verantwortung" (*service learning*), bei dem (meistens) Schüler weiterführender Schulen freiwillige Arbeiten durchführen und dann als Teil des Kurses in der Gruppe gemeinsam über ihr Handeln reflektieren, liefern allgemein ermutigende Ergebnisse: weniger Kriminalität und Verhaltensauffälligkeiten, mehr bürgerschaftliches Engagement und stärkeres Engagement für positive soziale Werte.

Doch diese Programme scheinen sich nicht sonderlich auf den Selbstwert oder das Glücklichsein der Teilnehmer auszuwirken. Bei Erwachsenen sieht das schon wieder anders aus. Mit einer Langzeitstudie[27], bei der über viele Jahre hinweg ehrenamtliche Arbeit und Wohlbefinden Tausender Menschen beobachtet wurden, konnte man einen Kausalzusammenhang nachweisen: Wenn sich jemand stärker freiwillig engagierte, dann verbesserten sich anschließend alle seine Parameter des Glücklichseins und Wohlbefindens, solange die freiwillige Arbeit Teil des Lebens war. Ältere Menschen profitieren davon sogar noch stärker als Erwachsene, besonders wenn sie direkt anderen Menschen helfen oder in einer religiösen Organisation tätig sind. Diese Altersgruppe profitiert von ehrenamtlicher Arbeit so sehr, dass sich das sogar in besserer Gesundheit und längerem Leben widerspiegelt.

Stephanie Brown und ihre Kollegen von der Universität von Michigan fanden überzeugende Beweise für solche Auswirkungen, als sie die Daten einer großen Langzeitstudie mit älteren Ehepaaren untersuchten.[28] Diejenigen, die ihrem Partner, Freunden und Verwandten halfen und sie *aktiv unterstützten*, lebten länger als die, die weniger gaben (dabei wurden Faktoren wie der Gesundheitszustand zu Beginn der Studie mitberücksichtigt); das Maß an Hilfe, das Menschen *empfangen*, zeigte keine Korrelation zur Lebensdauer. Browns Erkenntnisse belegen direkt, dass zumindest für ältere Menschen Geben wirklich seliger ist als Nehmen.

Dieses Muster der altersabhängigen Veränderung weist auf zwei große Vorteile ehrenamtlicher Arbeit hin: Sie führt Menschen zusammen und hilft ihnen, eine Lebensgeschichte im Sinne von McAdams zu verfassen.[29] Jugendliche sind bereits in ein enges Netz sozialer Beziehungen eingebunden und *beginnen* gerade erst, ihre Lebensgeschichte zu schreiben, deshalb brauchen sie diesen Gewinn nicht so sehr. Mit dem Alter jedoch beginnt die Geschichte Gestalt anzunehmen und altruistisches Handeln verleiht dem Charakter Tiefe und Tugendhaftigkeit. Im Alter, wenn das soziale Netz sich durch den Tod von Freunden und Familienangehörigen ausdünnt, sind die *sozialen* Vorteile freiwilliger Arbeit am stärksten (und tatsächlich profitieren *isolierte* ältere Menschen am allermeisten von ehrenamtlicher Arbeit).[30] Außerdem spielen im Alter Beziehungen und spirituelle Suche eine größere Rolle, wohingegen Leistungsstreben dann eher unpassend erscheint[31]; dieses eignet sich eher für die mittleren Kapitel einer Lebensgeschichte;

deshalb passt eine Aktivität, bei der man „etwas zurückgeben" kann, gut in die Geschichte und hilft, zu einem befriedigenden Abschluss zu kommen.

Die Zukunft der Tugendhaftigkeit

Die wissenschaftliche Forschung bestätigt die Tugendhypothese, selbst wenn sie auf die Behauptung reduziert wird, dass Altruismus Ihnen gut tue. Wenn sie so beurteilt wird, wie Benjamin Franklin sie meinte, nämlich als eine umfassende Forderung nach Tugendhaftigkeit, dann wird sie so tief wahr, dass sich die Frage stellt, ob die kulturell Rechtsorientierten nicht richtig liegen mit ihrer Kritik am modernen Leben und seiner freizügigen Moral? Sollten wir im Westen zu einer eher auf Tugendhaftigkeit basierenden Ethik zurückkehren?

Ich glaube, wir haben etwas Wichtiges verloren – ein reich gewebtes *gemeinsames* ethisches Bewusstsein mit weithin gültigen Tugenden und Werten. Schauen Sie sich nur ein paar Filme aus den dreißiger und vierziger Jahren an. In ihnen bewegen sich die Menschen in einem dichten Netz moralischen Gewebes: Die Akteure sind um ihre Ehre besorgt, um ihr Ansehen und den Anschein von Anstand. Kinder werden häufig von Erwachsenen zurechtgewiesen, die nicht ihre Eltern sind. Die Guten gewinnen immer und Verbrechen zahlen sich nie aus. Das mag für uns heute spießig und einengend klingen, doch es geht um Folgendes: Gewisse Beziehungen und Einengungen sind gut für uns, völlige Freiheit nicht. Der Soziologe Émile Durkheim, der feststellte, dass Freiheit von sozialen Bindungen mit der Neigung zur Selbsttötung korreliert[32], prägte auch einen Begriff dafür: „Anomie" (Gesetzlosigkeit, Orientierungslosigkeit, fehlende Ordnungen, Normen und Regeln).

Anomie bezeichnet den Zustand einer Gesellschaft, in dem es keine klaren Regeln, Normen oder verbindlichen Werte gibt. In einer anomischen Gesellschaft können die Menschen sich verhalten, wie sie wollen; doch ohne klare Normen oder angesehene gesellschaftliche Institutionen, die diese Normen durchsetzen, erkennen die Menschen auch schwerer, was sie wollen. Anomie begünstigt Gefühle des Entwurzeltseins und der Angst und führt zu verstärkt amoralischem und antisozialem Verhalten. Die aktuelle soziologische Forschung bestätigt Durkheim: Wie intakt eine Nachbarschaft (in den USA) ist, lässt sich mit am besten danach beurteilen, wie Erwachsene auf die „Missetaten“ der Kinder anderer Leute reagieren.[33] Wenn die gemeinschaftlichen Normen durchgesetzt werden, dann gibt es Einschränkungen und Kooperation. Wenn sich jeder um seine eigenen Angelegenheiten kümmert und wegschaut, herrschen Freiheit und Anomie.

Der Soziologe James Hunter, mein Kollege an der Universität von Virginia, führt Durkheims Ideen in die aktuelle Debatte über Charakterbildung ein. In seinem provokativen Buch *The Death of Character*[34] verfolgt Hunter, wie Amerika seine älteren Ideen von Tugendhaftigkeit und Charakter verlor. Vor der industriellen Revolution ehrte Amerika die Tugenden der „Produzenten“ – harte Arbeit, Selbsteinschränkung, Opfer für die Zukunft und Opfer für das Gemeinwohl. Doch als die Menschen im 20. Jahrhundert wohlhabender wurden und die Gesellschaft der Produzenten sich allmählich in eine des Massenverbrauchs verwandelte, entstand auch eine andere Vorstellung vom Selbst – und zwar eine, die sich auf die Idee individueller Vorlieben und persönlicher Erfüllung konzentriert. Der ethisch-moralische Begriff „Charakter“ geriet aus der Mode und wurde ersetzt durch den moralfreien Begriff „Persönlichkeit“.

Hunter verweist auf einen zweiten Grund für den „Tod“ des Charakters: Integration bzw. Einbeziehung. Die ersten amerikanischen Siedler bildeten ethnisch, religiös und moralisch homogene Enklaven, doch die amerikanische Geschichte seitdem ist eine Geschichte wachsender Vielfalt. Als Reaktion darauf haben sich Pädagogen bemüht, die ständig weniger werdenden ethisch-moralischen Ideen auszumachen, denen alle zustimmen. Diese Rückentwicklung fand in den sechziger Jahren zu ihrem logischen Abschluss in der bekannten Bewegung *values clarification*, die „Werte klären“ wollte, aber überhaupt keine Moral mehr vermittelte. Sie lehrte die Kinder, ihre eigenen Werte zu finden, und ermahnte die Lehrer, nur ja niemandem Werte aufzuzwingen. Das Ziel der Einbeziehung war zwar lobenswert, doch es hatte unbeabsichtigte Nebenwirkungen: Es schnitt Kinder vom Boden der Tradition, Geschichte und Religion ab, der ältere Tugendvorstellungen genährt hatte.

Ein Vergleich: Man kann zwar Gemüse in Hydrokultur züchten, doch selbst dann muss man dem Wasser Nährstoffe zusetzen. Wenn man Kinder auffordert, Tugenden sozusagen in der Hydrokultur wachsen zu lassen, wobei sie nur in ihrem Inneren nach Führung suchen sollen, dann ist das so, als würde man jedes Kind einzeln bitten, seine eigene Sprache zu erfinden – eine zwecklose und isolierende Aufgabe, wenn es keine Gemeinschaft gibt, mit der man sprechen kann. (In seinem Buch *The Ethics of Identity* analysiert Anthony Appiah das Bedürfnis nach „kulturellen Ressourcen" für die Identitätsbildung aus einer liberalen Sichtweise.)[35]

Ich halte Hunters Analyse zwar für richtig, bin aber noch nicht davon überzeugt, dass wir mit unserer eingeschränkten modernen Ethik im Großen und Ganzen schlechter bedient sind. *Ein* Punkt quält mich an alten Filmen und Fernsehprogrammen (wie es sie sogar bis in die sechziger Jahre hinein gab), nämlich wie eingeschränkt Frauen und Afroamerikaner lebten. Wir haben einen Preis gezahlt für unsere Integration und Einbeziehung, aber wir haben uns auch eine menschlichere Gesellschaft erkauft, mit mehr Chancen für rassische Minderheiten, Frauen, Homosexuelle, Behinderte und andere – also für die meisten Menschen. Selbst wenn einige den Preis für überteuert halten, wir können nicht zurück zu einer Gesellschaft *vor* dem Massenkonsum oder zu ethnisch homogenen Enklaven. Wir können lediglich nach Wegen suchen, wie wir unsere Anomie verringern können, ohne große Bevölkerungsschichten auszuschließen.

Da ich weder Soziologe noch Experte in Bildungspolitik bin, versuche ich hier nicht, einen radikal neuen Ansatz zur Erziehung in Ethik und Moral zu entwerfen. Vielmehr will ich eine Erkenntnis aus meinen eigenen Untersuchungen zu Diversität oder Vielfalt vorstellen. Der Begriff „Diversität" erlangte erst 1978 nach einer Entscheidung des Obersten Gerichtshofes in den USA seine heutige Bedeutung. Damals entschieden die Richter (in dem Fall Regents gegen Bakke), dass es gegen die Verfassung verstoße, wenn bestimmte Rassen bevorzugt würden, um bestimmte Quoten an Universitäten einzuhalten; zulässig allerdings seien rassische Bevorzugungen, um die Vielfalt der Studentenschaft zu erhöhen. Seit damals ist die Vielfalt oft gepriesen worden, auf Autoaufklebern und in Anzeigen oder an Tagen der Vielfalt in den Universitäten. Für viele Liberale ist Diversität zu einem unangefochtenen Gut geworden – wie Gerechtigkeit, Freiheit und Glücklichsein: je vielfältiger, desto besser.

Meine Studien zur Ethik spornten mich jedoch an, das zu hinterfragen. Angesichts dessen, wie leicht sich Menschen in feindliche Gruppen auseinander dividieren lassen, die auf trivialen Unterschieden beruhen[36], fragte ich mich, ob es nicht auch die Trennung fördert, wenn man Vielfalt feiert; die Gemeinsamkeit zu feiern würde Menschen hingegen helfen, geschlossene Gruppen und Gemeinschaften zu bilden. Ich erkannte rasch, dass es zwei Hauptformen von Vielfalt gibt – die demografische und die moralische.

Bei der demografischen geht es um soziodemografische Kategorien wie Rasse, Volkszugehörigkeit, Geschlecht, sexuelle Orientierung, Alter und Behindertenstatus. Der Ruf nach demografischer Diversität ist vor allem ein Ruf nach Gerechtigkeit, danach, früher ausgeschlossene Gruppen mit einzubeziehen. Moralische Diversität hingegen ist im Wesentlichen das, was Durkheim als Anomie beschrieb: ein Mangel an Übereinstimmung über moralische Normen und Werte. Sobald Sie diese beiden Formen unterscheiden, erkennen Sie, dass niemand vernünftigerweise moralische Diversität auch nur *wollen* kann. Beispiel: Falls Sie für die Abtreibung sind, würden Sie es *vorziehen*, dass es *vielfältige* Ansichten und keine herrschende gibt? Oder wäre es Ihnen lieber, wenn alle Ihnen zustimmten und die Gesetze des Landes diese Übereinstimmung widerspiegelten? Wenn Sie bei einem Thema für Vielfalt plädieren, dann ist das für Sie kein moralisches Thema, sondern eines des persönlichen Geschmacks.

Mit meinen Studenten Holly Hom und Evan Rosenberg untersuchte ich verschiedene Gruppen an der Universität von Virginia.[37] Wir stellten fest, dass selbst Studenten, die sich als politisch konservativ bezeichneten, weitere demografische Diversität wünschten (etwa in Rasse, Religion und sozialer Schicht). Moralische Vielfalt (Meinungen über kontroverse politische Fragen) jedoch war in den meisten Kreisen weniger willkommen, mit der interessanten Ausnahme einiger Seminare. In Seminaren wollten Studenten durchaus mit moralischer Vielfalt zu tun haben, doch nicht bei den Menschen, mit denen sie zusammenlebten und Kontakt hatten. Wir folgerten daraus, dass es mit Diversität ähnlich ist wie mit Cholesterin: Es gibt eine gute und eine schlechte Art und vielleicht sollten wir beide nicht bis zum Exzess erhöhen.

Liberale tun gut daran, für eine Gesellschaft einzutreten, die offen ist für Menschen aller demografischen Gruppen, doch die Konservativen haben vielleicht recht in ihrer Sichtweise, dass wir uns gleichzeitig viel stärker dafür einsetzen sollten, eine gemeinsame Identität zu entwickeln. Obwohl ich politisch liberal eingestellt bin, glaube ich, dass die Konservativen die ethisch-moralische Entwicklung besser verstehen (allerdings nicht die Moralpsychologie insgesamt – sie haben sich zu stark dem Mythos des absoluten Bösen verschrieben). Die Konservativen wollen Schulen, in denen gelehrt wird, wie man eine positive und ausschließlich amerikanische Identität entwickelt; das geht einher mit einer großen Portion amerikanischer Geschichte und Sozialkunde und Englisch als der einzigen Landessprache. Liberale sind mit gutem Grund argwöhnisch gegenüber Chauvinismus, Nationalismus und dem Fokus auf Bücher von „toten weißen Männern", doch ich meine, wem immer die Bildung und Erziehung am Herzen liegt, der sollte sich daran erinnern, dass das amerikanische Motto *e pluribus unum* (zu Deutsch etwa: aus mehreren eines ...) zwei Seiten hat. Die Verherrlichung von *pluribus* sollte ausgeglichen werden durch eine Politik, die *unum*, das Eine, stärkt.

Vielleicht ist es zu spät. Vielleicht kann in der Feindseligkeit der heutigen Kultur niemand mehr irgendeinen Wert in den Ideen der anderen Seite finden. Oder vielleicht können wir uns Benjamin Franklin als großartiges moralisches Vorbild nehmen. Als Franklin darüber reflektierte, wie die Geschichte von Menschen und Parteien vorangetrieben wurde, die einander erbittert bekämpften, um ihre eigenen Interessen durchzusetzen, empfahl er, eine „Vereinigte Partei für die Tugendhaftigkeit" zu gründen. Diese Partei, deren Mitglieder die Tugendhaftigkeit in sich selbst kultiviert hatten, hätte bei ihrem Handeln nur das Wohl der Menschheit im Auge. Vielleicht war das schon zu Franklins Zeiten naiv und es erscheint unwahrscheinlich, dass es diesen „guten und weisen Männern" so leicht fallen würde, sich auf einer von Franklin vorgeschlagenen Basis zu verständigen.

Trotzdem mag Franklin richtig damit liegen, dass eine Führerschaft der Tugendhaftigkeit nie von den wichtigsten politischen Akteuren ausgehen kann; sie muss von einer Bewegung von Menschen kommen, wie etwa den Bewohnern einer Stadt, die sich zusammentun und darauf verständigen, eine ethisch-moralische Kohärenz über viele Lebensbereiche von Kindern hinweg zu kreieren. Solche Bewegungen bilden sich bereits. Der Entwicklungspsychologe William Damon[38] nennt sie *youth charta movements* („Jugend-Charta-Bewegungen"), denn in ihnen arbeiten alle zusammen, die mit der Erziehung von Kindern zu tun haben – Eltern, Lehrer, Coaches, religiöse Führer und die Kinder selbst – die sich auf eine „Charta" verständigen, die das gemeinsame Verständnis beschreibt, sowie Pflichten und

Werte; gleichzeitig verpflichtet sie alle, die gleichen hohen Verhaltensstandards in allen Situationen zu erwarten und aufrechtzuerhalten. Vielleicht können diese Jugend-Charta-Gemeinschaften nicht mit dem moralischen Reichtum des antiken Athen mithalten, aber sie tun etwas, um ihre eigene Anomie zu verringern, wobei sie Athen an *Gerechtigkeit* weit übertreffen.

KAPITEL 9

Transzendenz – mit oder ohne Gott

Wir dürfen dem Unedlen nicht erlauben, den Edlen zu verletzen, und den Kleineren nicht, das Größere zu verletzen. Wer das Kleinere nährt, wird klein. Wer das Größere nährt, groß.

MENGZI[1]

Gott erschuf die Engel aus dem Geist und ohne Sinnlichkeit, die Tiere aus der Sinnlichkeit und ohne Geist oder Vernunft und die Menschheit schuf er aus Vernunft und Sinnlichkeit. Wenn die Vernunft eines Menschen stärker ist als seine Sinnlichkeit, dann ist er besser als die Engel, aber wenn seine Sinnlichkeit stärker ist als seine Vernunft, dann ist er schlimmer als die Tiere.

MOHAMMED[2]

Wir erschaffen unser Leben aus unserem Geist und denken dabei vielfach in Metaphern. Wir sehen neue Dinge in den Kategorien der Dinge, die wir bereits kennen: Das Leben ist eine Reise, eine Auseinandersetzung ist wie ein Krieg, der Geist ist der Reiter auf dem Elefanten … Mit der falschen Metapher gehen wir in die Irre; ohne Metapher sind wir blind.

Die Metapher, die mir am meisten geholfen hat, Ethik, Religion und die menschliche Sinnsuche zu verstehen, heißt *Flächenland* – das ist der Titel eines reizenden Büchleins, das der englische Lehrer und Autor Edwin Abbot 1884 schrieb.[3] „Flächenland" ist eine zweidimensionale Welt, ihre Bewohner sind geometrische Figuren. Der Protagonist ist *Square*, ein Quadrat. Eines Tages bekommt Square Besuch von einer Kugel aus einer dreidimensionalen Welt, die Raumland genannt wird. Wenn eine Kugel Flächenland besucht, dann können die Bewohner von Flächenland nur den Teil der Kugel sehen, der in ihrer Ebene liegt – mit anderen Worten: einen Kreis! Square ist erstaunt, dass der Kreis willentlich wachsen oder schrumpfen kann (indem er sich erhebt oder in die Ebene von Flächenland sinkt) und dass er sogar verschwinden und an einem anderen Ort wieder auftauchen kann (indem die Kugel die Ebene verlässt und dann wieder betritt). Die Kugel versucht dem zweidimensionalen Square das Konzept der dritten Dimension zu erklären, aber Square versteht es nicht, obwohl er sich in der zweidimensionalen Geometrie recht gut auskennt. Er kann nicht verstehen, was es bedeutet, zusätzlich zu Höhe und Breite auch noch Tiefe zu haben, und genauso wenig versteht er, dass der Kreis von „oben" (über ihm) kam, wobei „oben" hier nicht etwa bedeutet: „von Norden her". Die Kugel demonstriert in Analogien und geometrisch, wie man sich von einer Dimension in zwei Dimensionen hineinbewegt und dann von zwei in drei Dimensionen; doch Square findet die Vorstellung, man könne sich „nach oben" bewegen, also aus der Ebene von Flächenland hinaus, nach wie vor lächerlich.

Ganz verzweifelt reißt die Kugel Square mit einem kräftigen Ruck aus Flächenland heraus und in die dritte Dimension, sodass Square auf seine Welt hinunterschauen und alles auf einmal sehen kann. Nun sieht er das Innere aller Häuser und die Eingeweide aller Bewohner. Square erinnert sich an die Erfahrung so:

> *Unsagbares Entsetzen packte mich. Um mich herum war Dunkelheit, ein verschwommenes, Übelkeit erregendes Gefühl von Sehen, das doch kein Sehen war. Ich sah eine Linie, und es war doch keine Linie; Raum, und es war kein Raum; ich war ich selbst und auch wieder nicht ich selbst. Als ich meine Stimme wiederfand, schrie ich in Todesangst auf: „Entweder ist dies Wahnsinn, oder es ist die Hölle!" „Es ist keines von beiden", antwortete ruhig die*

> *Stimme der Kugel, „es ist Wissen; es ist Drei Dimensionen! Öffnen Sie Ihre Augen und versuchen Sie ruhig zu sehen!“ Ich blickte mich um und schaute eine neue Welt!*

Square ist von Ehrfurcht ergriffen. Er wirft sich der Kugel demütig zu Füßen und wird ihr Schüler. Bei seiner Rückkehr ins Flächenland bemüht er sich, seinen Kameraden, den zweidimensionalen Wesen, die „Prinzipien der Drei Dimensionen“ zu predigen – vergeblich.

In gewisser Weise ähneln wir alle der Figur Square vor seiner „Erleuchtung“. Wir alle sind schon Phänomenen begegnet, die wir nicht verstanden, und glaubten doch selbstgefällig, wir hätten sie verstanden – weil wir die neue Dimension nicht erfassen konnten, der gegenüber wir blind waren. Dann geschieht eines Tages etwas, was in unserer „zweidimensionalen“ Welt keinerlei Sinn ergibt, und wir gewinnen den ersten Einblick in die andere Dimension.

In allen menschlichen Kulturen besteht die soziale Welt aus zwei eindeutigen Dimensionen: einer horizontalen Dimension der Nähe oder des Mögens und einer vertikalen der Hierarchie und des Status. In der horizontalen Dimension unterscheiden die Menschen ganz natürlich zwischen engen und entfernten Verwandten und zwischen Freunden und Fremden. In vielen Sprachen gibt es eine Anredeform für Menschen, die uns persönlich nahe stehen (im Deutschen „du“), und ein anderes Wort für Menschen, die uns fremd sind („Sie“). Auch bereiten uns zahlreiche angeborene mentale Strukturen auf hierarchische Interaktionen vor. Selbst in Jäger-und-Sammler-Kulturen, die in vieler Hinsicht egalitär sind, wird die Gleichheit nur aufrechterhalten durch die aktive Unterdrückung der stets gegenwärtigen Tendenz zur Hierarchie.[4]

Viele Sprachen drücken die Position in der Hierarchie mit dem gleichen Wort aus, mit dem sie auch den Grad an Nähe kennzeichnen (im Deutschen *du* für Untergebene wie Freunde, *Sie* für Höherstehende und Fremde). Selbst in Sprachen wie dem Englischen, das keine unterschiedlichen Wörter für unterschiedliche soziale Beziehungen verwendet, finden die Menschen Möglichkeiten, diese auszudrücken: Wir reden Leute, die uns fernstehen oder überlegen sind, mit ihrem Titel und ihrem Familiennamen an (Mr. Smith, Richter Brown) und nennen diejenigen beim Vornamen, die uns vertraut oder uns untergeordnet sind.[5] Unser Verstand beachtet diese beiden Dimensionen automatisch.

Zwei Beispiele:

Denken Sie daran, wie unangenehm es war, als Ihnen einmal jemand, den Sie kaum kannten, aber sehr verehrten, das Du anbot. Blieb Ihnen der Name nicht beinahe im Halse stecken? Und umgekehrt, wenn ein Verkäufer Sie duzt, ohne dass Sie ihn dazu aufgefordert haben, ist er Ihnen damit nicht zu nahe getreten?

Stellen Sie sich nun vor, wie Sie sich glücklich in Ihrer zweidimensionalen sozialen Welt bewegen, einem flachen Land, in dem X die Achse der Vertrautheit darstellt und Y die Hierarchieachse (siehe Abbildung Seite 247). Eines Tages sehen Sie, dass jemand etwas Außergewöhnliches macht, oder Sie erleben überwältigende Schönheit in der Natur und fühlen sich „erhoben". Doch das ist kein „hoch" in der Hierarchie, es ist eine andere Art von Erhebung. Um diese vertikale Bewegung geht es in diesem Kapitel. Ich behaupte, dass der menschliche Geist eine dritte Dimension wahrnimmt, eine spezielle ethische Dimension, eine Dimension der Transzendenz, die ich „Göttlichkeit" nennen möchte. (Sehen Sie die Z-Achse in der Abbildung genau an, wie sie aus der zweidimensionalen Ebene der Buchseite herausragt bzw. herauszeigt).

Mit der Bezeichnung „Göttlichkeit" setze ich nicht voraus, dass Gott existiert und wahrgenommen werden kann. (Ich selbst bin ein jüdischer Atheist.) Vielmehr hat mich meine Forschung über ethisch-moralische Emotionen zu der Schlussfolgerung geführt, dass der menschliche Geist so etwas wie Transzendenz oder Göttlichkeit oder Heiligkeit tatsächlich wahrnimmt – ob Gott nun existiert oder nicht! Dadurch dass ich zu diesem Schluss kam, verlor ich die selbstgefällige Verachtung für Religion, die ich in meinen Zwanzigerjahren empfand.

In diesem Kapitel geht es um die antike Weisheit, die überzeugte religiöse Menschen erfassen, rein „weltlich" (materialistisch) Denkende jedoch oft nicht: Mit unserem Handeln und unseren Gedanken bewegen wir uns in der vertikalen Dimension auf und ab. Im einleitenden Zitat zu diesem Kapitel bezeichnete Mengzi sie als eine Dimension von Edlem und Unedlem. Mohammed beschrieb sie (wie Juden und Christen vor ihm) als göttliche Dimension mit Engeln oben und Tieren unten. Aus dieser Wahrheit

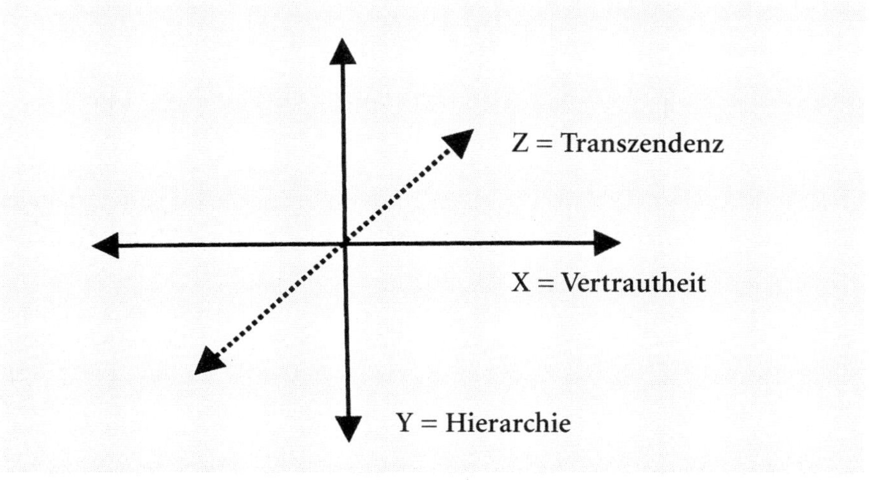

Die drei Dimensionen des sozialen Raums

ergibt sich, dass wir als Menschen verarmen, wenn wir diese Dimension aus den Augen verlieren und unsere Welt in zwei Dimensionen kollabieren lassen. Das andere Extrem ist das Markenzeichen des religiösen Fundamentalismus, der sich bemüht, sozusagen eine „dreidimensionale" Gesellschaft zu errichten und sie allen Bürgern aufzuoktroyieren. Fundamentalisten – ob sie nun Christen, Juden, Hindus oder Muslime sind – wollen in Staaten leben, deren Gesetze mit einem bestimmten heiligen Buch übereinstimmen oder ihm entnommen sind. Es gibt viele Gründe dafür, dass westliche Demokratien sich solch einem Fundamentalismus widersetzen, doch meiner Ansicht nach muss der *erste* Schritt in diesem Widerstand darin bestehen, die ethisch-moralischen Motive des Fundamentalismus aufrichtig und mit Respekt zu verstehen. Ich hoffe, dass dieses Kapitel zu einem solchen Verständnis beiträgt.

Sind wir nicht tierische Lebewesen?

Transzendenz entdeckte ich zuerst im Ekel. Als ich Ethik zu studieren begann, las ich die Moralkodizes vieler Kulturen und als Erstes lernte ich, dass die meisten Kulturen sehr besorgt sind um Nahrung, Sexualität, Menstruation und den Umgang mit Leichen. Weil ich immer geglaubt hatte, in der Ethik gehe es darum, wie die Menschen miteinander umgehen, ließ ich diesen ganzen Kram über „Reinheit“ und „Verunreinigung“ (wie die Anthropologen es nennen) als irrelevant für die wahre Ethik außen vor. Ich dachte etwa so: Warum ist es in vielen Kulturen den Frauen während der Menstruation oder einige Wochen nach einer Geburt verboten, Tempel zu betreten oder religiöse Artefakte zu berühren?[6] Das muss eine sexistische Bemühung sein, Frauen zu beherrschen. Und warum empfinden es Juden und Muslime als abstoßend, Schweinefleisch zu essen? Das muss gesundheitliche Gründe haben, nämlich dass die Menschen Trichinose vermeiden wollen.

Doch als ich weiterlas, begann ich eine zugrunde liegende Logik zu erkennen: die Logik des Ekels. Nach der in den achtziger Jahren führenden Theorie des Ekels, die Paul Rozin[7] aufgestellt hatte, ekeln wir uns hauptsächlich vor Tieren und den Ausscheidungen von Tierkörpern (nur wenige Pflanzen oder anorganische Stoffe sind ekelig) und ekelige Dinge sind bei Berührung ansteckend. Ekel schien deshalb irgendwie zusammenzuhängen mit den Dingen, die mit Tieren, mit Körperausscheidungen (Blut, Exkremente), Waschen und Berührung zu tun haben und die im *Alten Testament*, im *Koran*, in den hinduistischen Schriften und vielen Ethnografien traditioneller Gesellschaften so eindeutig benannt sind. Als ich einmal mit Rozin über die mögliche Rolle des Ekels in Ethik und Religion sprach, stellte ich fest, dass er bereits über diese Frage nachgedacht hatte. Zusammen mit Professor Clark McCauley vom *Bryn Mawr College* begannen wir Ekel und seine Rolle im sozialen Leben zu untersuchen.

Von der Evolution her gesehen hilft der Ekel den Menschen zu unterscheiden, was sie essen können und was nicht.[8] Während des evolutionären Stadiums, in dem sich das Gehirn unserer Vorfahren enorm erweiterte, stellten diese auch mehr Werkzeuge und Waffen her und aßen mehr Fleisch.[9] (Viele Wissenschaftler glauben, dass diese Veränderungen alle zusammenhingen und auch mit der stärkeren gegenseitigen Abhängigkeit von Männern und Frauen einhergingen, die ich in Kapitel 6 besprochen habe.) Doch als sich die frühen Menschen auf die Suche nach Fleisch machten, indem sie auch die Überreste durchstöberten, die andere Beutejäger übrig gelassen hatten, setzten sie sich einer Schar neuer Mikroben und Parasiten aus, von denen die meisten in einer Art ansteckend sind, wie es bei Pflanzengiften nicht der Fall ist: Wenn eine giftige Beere an Ihrer gebackenen Kartoffel vorbeiwischt, dann wird dadurch die Kartoffel weder gesundheitsschädlich noch eklig.

Ursprünglich entwickelte sich Ekel durch natürliche Selektion, als Wächter des Mundes: Er brachte *den* Menschen Vorteile, die nicht nur auf die sinnesspezifischen Eigenschaften eines potenziell essbaren Gegenstandes achteten (riecht er gut?), sondern auch darüber nachdachten, wo die Nahrung herkam und womit sie in Berührung gekommen war. Tiere, die von Natur aus Leichen, Exkremente oder von Müllhaufen fressen oder darüber kriechen (Ratten, Maden, Geier oder Kakerlaken), erregen Ekel in uns: Wir würden sie nicht essen und alles, was sie berührt haben, ist verunreinigt. Auch ekeln wir uns vor den meisten Körperausscheidungen anderer Menschen, besonders vor Exkrementen, Schleim und Blut, über die Krankheiten von Mensch zu Mensch übertragen werden können. Ekel löscht Verlangen (Hunger) aus und regt uns zu reinigenden Verhaltensweisen an, etwa zum Waschen oder – wenn es schon zu spät ist – zum Erbrechen.

Doch Ekel schützt nicht nur den Mund; während der biologischen und kulturellen Evolution empfanden wir immer mehr als Ekel erregend, sodass Ekel jetzt den Körper insgesamt schützt.[10] Analog zur Auswahl der Nahrung spielt Ekel auch in der Sexualität eine Rolle, indem er Menschen dahin führt, eine kleine Gruppe kulturell akzeptabler Sexualpartner und -praktiken auszusuchen. Auch hier schaltet der Ekel das Verlangen aus und lässt uns über Reinigung und Trennung nachdenken. Ekel löst außerdem ein flaues Gefühl aus, wenn wir Menschen sehen mit Hautverletzungen, Missbildungen, Amputationen, extremer Fettsucht oder Magerkeit und anderen Erscheinungen, die von den kulturellen Idealvorstellungen von der menschlichen Körperhülle abweichen. Das Äußere entscheidet: Krebs in der Lunge oder eine fehlende Niere sind nicht eklig, ein Tumor im Gesicht oder ein fehlender Finger aber schon.

Aus rein biologischer Sicht ist diese Erweiterung vom Wächter des Mundes zu dem des Körpers durchaus sinnvoll: Wir Menschen haben immer in größeren, engeren Gruppen gelebt als die meisten anderen Primaten und wir lebten auch auf der *Erde*, nicht auf Bäumen, sodass wir dem Wüten von Mikroben und Parasiten, die durch Körperkontakt übertragen werden, stärker ausgesetzt waren. Ekel lässt uns bei Kontakt vorsichtig sein. Das Faszinierendste am Ekel aber ist, dass er für so viele Normen, Rituale und Überzeugungen herhalten muss, über die sich unsere Kulturen selbst definieren.[11] Viele Kulturen unterscheiden beispielsweise streng zwischen Menschen und Tieren und bestehen darauf, dass Menschen irgendwie über den Tieren stehen, besser sind als diese oder den Göttern ähnlicher als andere Lebewesen. Der menschliche Körper wird oft als Tempel betrachtet, in dem das Göttliche wohnt: „Oder wisst ihr nicht, dass euer Leib ein Tempel des Heiligen Geistes ist, der in euch wohnt und den ihr von Gott habt? Ihr gehört euch nicht selbst; … Verherrlicht also Gott in euerem Leib!" (*1. Korinther* 6, 19–20)

Allerdings steht eine Kultur, die behauptet, Menschen seien keine Tiere und der Körper sei ein Tempel, vor einem großen Problem: Unser Körper macht genau das Gleiche wie ein Tierkörper: essen, ausscheiden, sich fortpflanzen, bluten und sterben. Unwiderlegbar ist, dass wir in vieler Hinsicht tierische Lebewesen *sind*; deshalb muss eine Kultur, die unsere tierische Natur leugnet, sich alle Mühe geben, das Beweismaterial zu verbergen. Biologische Vorgänge müssen richtig ausgeführt werden und Ekel wacht über diese Richtigkeit.

Stellen Sie sich vor, Sie besuchen eine Stadt, in der die Menschen nicht bekleidet sind, sich niemals baden, in der Öffentlichkeit Sex haben wie Hunde und rohes Fleisch essen, das sie direkt vom Kadaver abbeißen. Gut, vielleicht würden Sie sogar dafür zahlen, um so jemanden einmal in einer Monstrositätenschau zu sehen, doch wie bei allen solchen Ausstellungen würden Sie erniedrigt herauskommen. Sie würden sich vor diesem „unzivilisierten" Verhalten ekeln und instinktiv wissen, dass mit diesem Menschen irgendetwas nicht stimmt. Ekel ist der Wächter des Körpertempels. In der imaginären Stadt des eben erwähnten Beispiels sind die Wächter umgebracht worden und die Tempel sind vor die Hunde gegangen.

Cotton Mather, ein Puritaner des 17. Jahrhunderts aus Neuengland, erfasste dieses Konzept vollkommen, wonach die dritte Dimension – Göttlichkeit – sich von den Tieren *unter* uns bis zu den Göttern *über* uns erstreckt und der Mensch sich in der Mitte befindet. Eines Tages beobachtete er einen Hund, der gleichzeitig mit ihm Wasser ließ. Weil es ihn vor seinem Wasserlassen so ekelte, notierte er folgenden Entschluss in seinem Tagebuch:

> *Dennoch will ich ein edleres Wesen sein; und immer dann, wenn mein natürliches Bedürfnis mich in den Tierzustand herabwürdigt, soll sich mein Geist (und zwar absolut gleichzeitig!) erheben und aufschwingen.*[12]

Wenn denn der menschliche Körper ein Tempel ist, der bisweilen schmutzig wird, dann ergibt es Sinn, dass Reinlichkeit gleich nach Gottseligkeit kommt.[13] Falls Sie diese dritte Dimension *nicht* wahrnehmen, dann ist auch nicht klar, warum Gott sich um den Schmutz auf Ihrer Haut oder in Ihrem Zuhause kümmern sollte. Doch falls Sie in einer dreidimensionalen Welt leben, dann ist Ekel wie die Jakobsleiter: Sie steht fest auf der Erde, gründet gleichsam in unseren natürlichen Bedürfnissen, aber sie führt oder geleitet Menschen in Richtung Himmel – oder zumindest zu dem, was sich gefühlsmäßig irgendwie „oben" befindet.

Die Ethik der Transzendenz

Nach meinem Graduiertenstudium arbeitete ich zwei Jahre mit Richard Shweder, einem psychologischen Anthropologen an der Universität von Chicago, dem Vordenker in der Kulturpsychologie. Shweder forscht viel in der indischen Stadt Bhubaneswar (im Bundesstaat Orissa in der Bucht von Bengalen). Bhubaneswar ist eine antike Tempelstadt – die alte Stadt wuchs rund um den beeindruckenden und reich geschmückten Lingaraj-Tempel; er wurde im 7. Jahrhundert erbaut und zählt auch heute noch zu den wichtigsten Pilgerstätten für Hindus.

Shweders Untersuchungen[14] ergaben: Wenn die Menschen über Ethik nachdenken, dann kristallisieren sich drei Kategorien von Ethik heraus; er nennt sie die Ethik der Autonomie, die Ethik der Gemeinschaft und die Ethik der Transzendenz oder Göttlichkeit:

- Wenn Menschen aus der *Ethik der Autonomie* heraus denken und handeln, dann wollen sie den Einzelnen vor Schaden bewahren und ihm größtmögliche Autonomie zugestehen, die sie dann auch für ihre eigenen Ziele nutzen können.

- Vor dem Hintergrund der *Ethik der Gemeinschaft* wollen Menschen die Unversehrtheit von Gruppen, Familien, Firmen oder Nationen schützen; sie schätzen Werte wie Gehorsam, Loyalität und weise Führerschaft.
- Mit der *Ethik der Transzendenz* wollen Menschen verhindern, dass der göttliche Aspekt, der in jedem Menschen existiert, erniedrigt wird; sie schätzen ein reines und heiliges Leben, frei von ethisch-moralischen „Schadstoffen" wie Lust, Gier und Hass.

Kulturen stützen sich in unterschiedlichem Maß auf diese drei Kategorien der Ethik, die ungefähr den X-, Y- und Z-Achsen in der Abbildung auf Seite 247 entsprechen. Bei den Untersuchungen für meine Doktorarbeit über moralisches Urteilen in Brasilien und den USA[15] stellte ich fest, dass sich gebildete Amerikaner aus der Oberschicht in Gesprächen über Moral auf die Ethik der Autonomie beriefen, wohingegen Brasilianer und Angehörige unterer Schichten in beiden Ländern die Ethik der Gemeinschaft und der Transzendenz stärker berücksichtigten.

1993 ging ich für drei Monate nach Bhubaneswar, um mehr über die Ethik der Transzendenz zu erfahren; ich interviewte Priester, Mönche und andere Fachleute für hinduistische Gottesverehrung und Religionspraxis. Zur Vorbereitung las ich alles, was ich über Hinduismus und die Anthropologie von Reinheit und Verunreinigung finden konnte, darunter auch *Die Gesetze von Manu*[16], einen Leitfaden für Brahmanen (die Priesterkaste), der im ersten oder zweiten Jahrhundert verfasst wurde. Manu teilt den Brahmanen mit, wie sie leben, essen, beten und mit anderen Menschen Kontakt haben und dabei gleichzeitig mit ihrer „natürlichen Notwendigkeit" in Kontakt bleiben sollen, wie Cotton Mather es nennt. In einer Passage führt Manu die Zeitpunkte und Gelegenheiten an, in denen ein Priester „nicht einmal daran denken" sollte, die Veden (die heiligen Schriften) zu rezitieren:

> *... während er Urin oder Kot ausscheidet; wenn er noch Essen an seinem Mund oder seinen Händen hat; wenn er bei einer Totenfeier isst; ... wenn er Fleisch oder das Essen einer Frau gegessen hat, die gerade erst ein Kind zur Welt brachte; ... wenn die Schakale heulen; ... auf einem Friedhof; ... wenn er Kleidung trägt, die er auch beim Geschlechtsverkehr trug; wenn er bei einer Totenfeier irgendetwas annimmt; wenn er gerade erst gegessen oder sein Essen noch nicht verdaut hat oder wenn er erbrochen*

> *oder aufgestoßen hat; ... wenn er aus einem seiner Glieder blutet oder wenn er von einer Waffe verwundet wurde.*

Dieser Abschnitt ist außergewöhnlich, weil er jede Kategorie des Ekels aufführt, die Rozin, McCauley und ich untersucht haben: Nahrung, Körperausscheidungen, Tiere, Sexualität, Tod, Verletzungen der Körperhülle und Hygiene. Manu sagt, dass das bloße *Denken* an die heiligen Veden sich mit der Verunreinigung des *Körpers* durch irgendeine Quelle des Ekels nicht in Einklang bringen lasse.[17] Göttlichkeit und Ekel müssen zu allen Zeiten getrennt bleiben.

Als ich in Bhubaneswar ankam, stellte ich rasch fest, dass die Ethik der Transzendenz nicht nur alte Geschichte war. Obwohl die Stadt von ihrer Lage her flach ist, hat sie eine höchst abwechslungsreiche spirituelle Topografie mit Hunderten von Tempelspitzen. Als Nicht-Hindu durfte ich die Höfe der Tempelanlagen betreten; und wenn ich meine Schuhe auszog und alle Gegenstände aus Leder, die ich bei mir trug, ablegte (weil Leder „verunreinigt"), dann konnte ich sogar in die Vorkammern der Tempel. Ich konnte in das innere Heiligtum schauen, in dem die Gottheit wohnte; doch wenn ich die Schwelle übertreten und mich zu dem brahmanischen Priester innen gesellt hätte, hätte ich den Tempel verunreinigt und alle verletzt. An der heiligsten Stätte, dem Lingaraja-Tempel, durfte ich nicht einmal das Tempelgelände betreten; allerdings durften Fremde von einer Besucherplattform gleich außerhalb der Mauern hineinschauen. Das war keine Geheimniskrämerei; sondern es ging um eine Verunreinigung durch Personen wie mich, die nicht die entsprechenden Vorschriften in puncto Körperreinigung, Ernährung, Hygiene und Gebet befolgten, um die religiöse Reinheit aufrechtzuerhalten.

Die Privathäuser der Hindus in Bhubaneswar sind genauso konzentrisch konstruiert wie die Tempel: Ziehen Sie Ihre Schuhe an der Tür aus, verkehren Sie mit anderen in den äußeren Räumen, aber gehen Sie nie in die Küche oder in den Raum bzw. Bereich, in dem den Göttern geopfert wird. Diese beiden Bereiche bleiben Zonen höchster Reinheit. Selbst der menschliche Körper hat reine und unreine Stellen: Der Kopf und die rechte Hand sind rein, die linke Hand und die Füße unrein. Ich musste extrem aufpassen, um niemanden mit meinen Füßen zu berühren und um zu vermeiden, mit meiner linken Hand etwas an andere weiterzugeben. Als ich in Bhubaneswar umherschlenderte, fühlte ich mich wie das (weiter oben vorgestellte) „Quadrat im Raumland", weil ich versuchte, mich in einer dreidimensionalen Welt zu orientieren, und dabei diese dritte Dimension kaum wahrnehmen konnte.

Durch die Interviews, die ich führte, konnte ich ein wenig besser sehen. Ich wollte herausfinden, ob Reinheit und Verunreinigung nur damit zu tun haben, körperliche „Notdurft" von Göttlichkeit zu trennen, oder ob diese Praktiken auf einer tieferen Ebene mit Tugendhaftigkeit und Ethik zu tun hatten. Ich stieß auf höchst unterschiedliche Meinungen. Einige der weniger gebildeten Dorfpriester sahen die Rituale im Zusammenhang mit Reinheit und Verunreinigung als die Grundregeln des Spiels, etwas, was man einfach tut, weil die religiöse Tradition es so verlangt. Doch viele Interviewpartner vertraten eine umfassendere Sichtweise und sahen die Praktiken um Reinheit und Verunreinigung als Mittel zu einem Zweck: zu spiritueller und ethisch-moralischer Entwicklung oder einer Bewegung hinauf in die dritte Dimension. Auf meine Frage, warum es so wichtig sei, auf die eigene Reinheit zu achten, antwortete der Direktor einer Sanskrit-Schule (sie bietet eine religiöse Ausbildung an) wie folgt:

> *Wir selbst können Götter oder Dämonen sein. Das hängt vom Karma ab. Wenn sich jemand wie ein Dämon verhält, wenn er beispielsweise jemanden tötet, dann ist dieser Mensch wirklich ein Dämon. Wer sich göttlich verhält, weil er Göttlichkeit in sich trägt, ist wie ein Gott. … Wir sollten erkennen, dass wir in unserem tiefsten Wesen Götter sind. Wenn wir wie Götter denken, dann werden wir wie Götter, doch wenn wir wie Dämonen denken, werden wir wie Dämonen. Was ist verkehrt daran, wie ein Dämon zu sein? Was heute passiert, ist dämonisch. Göttliches Verhalten bedeutet, andere Menschen nicht zu betrügen, nicht zu töten. Vollkommener Charakter. Sie haben Göttlichkeit, Sie sind ein Gott.*

Der Direktor, der Shweder natürlich nicht gelesen hatte, beschrieb die Ethik der Transzendenz perfekt. Reinheit bezieht sich nicht nur auf den Körper, sondern auch auf die Seele. Wenn Sie wissen, dass Sie einen göttlichen Funken in sich tragen, dann handeln Sie entsprechend: Sie behandeln andere Menschen gut und Ihren Körper wie einen Tempel. Dadurch sammeln Sie gutes Karma und Sie werden in Ihrem nächsten Leben auf einer höheren Ebene wiedergeboren – buchstäblich höher in der vertikalen

Dimension der Göttlichkeit. Falls Sie Ihre Göttlichkeit aus den Augen verlieren, werden Sie Ihren niederen Trieben nachgeben. Dadurch sammeln Sie schlechtes Karma und in Ihrer nächsten Inkarnation kommen Sie auf einer tieferen Ebene (etwa als Tier oder Dämon) wieder. Diese Verbindung von Tugendhaftigkeit, Reinheit und Göttlichkeit gibt es nicht nur in Indien; Ralph Waldo Emerson sagt genau das Gleiche:

> *Wer etwas Gutes tut, wird augenblicklich erhoben. Wer etwas Schlechtes tut, wird durch die Tat selbst erniedrigt. Wer etwas Unreines ablegt, legt Reines an. Soweit ein Mensch im Herzen gerecht ist, soweit ist er Gott.*[18]

Die Dimension des Göttlichen lässt sich nicht negieren

Als ich in das „Flächenland“ (die USA) zurückkehrte, brauchte ich nicht mehr über Reinheit und Verunreinigung nachzudenken. Ich musste auch nicht mehr sonderlich über die zweite Dimension, die Hierarchie, nachdenken. Im Vergleich zu den meisten sozialen Situationen in Indien gibt es in der Kultur amerikanischer Universitäten nur schwache Hierarchien (– häufig sprechen die Studenten ihre Professoren mit dem Vornamen an). In gewisser Weise war mein Leben nun wieder auf *eine* Dimension reduziert – Nähe, und mein Verhalten wurde nur durch die Ethik der Autonomie eingeschränkt, deshalb konnte ich tun, was ich wollte, solange ich niemand anderen verletzte.

Doch seit ich gelernt hatte, dreidimensional zu sehen, sah ich die Göttlichkeit überall durchschimmern. Allmählich ekelte ich mich vor der amerikanischen Praxis, bei sich zu Hause sogar im Schlafzimmer mit denselben Schuhen herumzumarschieren, mit denen man durch die Straßen gelaufen war. Ich gewöhnte mir den indischen Brauch an, meine Schuhe an der Tür auszuziehen und auch meine Besucher dazu aufzufordern. Meine Wohnung fühlte sich dadurch eher wie ein heiliger Raum an, ein sauberer und friedlicher Ort, der von der Welt draußen stärker getrennt war. Ich stellte fest, dass es sich komisch anfühlte, bestimmte Bücher ins

Badezimmer mitzunehmen. Mir fiel auf, dass Leute beim Thema Ethik häufig von „höher“ oder „niedriger“ sprachen. Ich wurde meiner eigenen zarten Gefühle gewahr, wenn ich Menschen beobachtete, die sich schändlich oder unwürdig verhielten, diese Gefühle waren stärker als nur missbilligend; es war ein Gefühl dabei, dass ich selbst irgendwie „heruntergezogen“ wurde.

Bei meiner akademischen Arbeit entdeckte ich, dass die Ethik der Transzendenz in den USA bis zum Ersten Weltkrieg ein zentrales Thema der öffentlichen Diskussion gewesen war, dann aber nachließ (außer in einigen Bereichen wie etwa dem amerikanischen Süden – der auch die Praktiken der Rassentrennung beibehielt, die auf der Vorstellung von körperlicher Reinheit basieren). Bei den Ratschlägen an junge Männer in der viktorianischen Zeit beispielsweise ging es um Reinheit und Verunreinigung. In einem häufig nachgedruckten Buch von 1897 mit dem Titel *What a Young Man Ought to Know*[19] widmete Sylvanus Stall ein ganzes Kapitel der „persönlichen Reinheit“. Darin stellt er fest:

> *Gott hat keinen Fehler damit begangen, den Menschen ein starkes sexuelles Verlangen zu geben, doch jeder junge Mann begeht einen verhängnisvollen Fehler, wenn er die Sexualität dominieren und das herabwürdigen und zerstören lässt, was in seinem Wesen am höchsten und edelsten ist.*

Konkret empfahl Stall jungen Männern, kein Schweinefleisch zu essen, nicht zu masturbieren und keine Romane zu lesen, um so ihre Reinheit zu bewahren. In der Ausgabe von 1936 wurde dieses Kapitel gestrichen.

Die vertikale Dimension der Göttlichkeit war den Menschen in der viktorianischen Zeit so selbstverständlich, dass sich sogar Naturwissenschaftler darauf bezogen. In einem Chemielehrbuch aus dem Jahr 1867 beschreibt der Autor zuerst, wie man Äthylalkohol herstellt, und sah sich dann veranlasst, seine jungen Leser zu warnen, dass Alkohol die Wirkung habe, „das Denken und den moralischen Instinkt abzustumpfen; er scheint alles Reine und Heilige im Menschen zu verderben und zu zerstören und er raubt ihm sein höchstes Gut – die Vernunft.“[20] Joseph Le Conte, ein Geologieprofessor an der Universität von Kalifornien in Berkeley, propagiert in seinem 1892 erschienenen Buch Darwins Evolutionstheorie und zitiert darin quasi Mengzi und Mohammed:

> *Der Mensch besitzt zwei Naturen – eine niedere, die er mit den Tieren gemein hat, und eine höhere, die nur ihm eigen ist. Sünde bedeutet lediglich die erniedrigende Gebundenheit des Höheren an das Niedere.*[21]

Doch als Wissenschaft, Technologie und industrielles Zeitalter fortschritten, wurde die westliche Welt immer stärker säkularisiert. Zumindest behauptet das der große Religionshistoriker Mircea Eliade. In seinem Werk *Das Heilige und das Profane*[22] zeigt Eliade, dass alle Menschen Heiligkeit wahrnehmen können. Ungeachtet ihrer Unterschiede haben alle Religionen Stätten (Tempel, Schreine, heilige Bäume), Zeiten (Feiertage, Sonnenaufgang, Sonnenwenden) und Handlungen (Gebet, besondere Tänze), die den Kontakt oder die Kommunikation mit etwas Außerweltlichem und Reinem ermöglichen. Um die Heiligkeit abzugrenzen, werden alle anderen Zeiten, Orte und Handlungen als profan (gewöhnlich, nicht geheiligt) definiert. Die Grenzen zwischen dem Heiligen und dem Profanen müssen sorgfältig beachtet werden und genau darum geht es bei allen Regeln über Reinheit und Verunreinigung. Nach Eliade ist der moderne Westen die erste Kultur in der Menschheitsgeschichte, der es gelungen ist, aller Heiligkeit Raum und Zeit zu entziehen und eine vollständig praktische, effiziente und profane Welt zu erschaffen. Diese Welt finden religiöse Fundamentalisten unerträglich und sind bisweilen sogar bereit, sie gewaltsam zu bekämpfen.

Eliades für mich faszinierendste Erkenntnis ist, dass Heiligkeit sich nicht unterdrücken lässt und auch in der modernen profanen Welt wieder auftaucht – in Form von „kryptoreligiösem" Verhalten. Eliade stellte fest, dass sogar ein Mensch, der sich einer profanen Existenz verschrieben habe, …

> *… Gegenden [hat], die von den übrigen qualitativ verschieden sind: die Heimat, die Landschaft der ersten Liebe, eine bestimmte Straße oder Ecke in der ersten fremden Stadt, die man in der Jugend besucht hat. Alle diese Orte behalten selbst für den völlig unreligiösen Menschen eine außergewöhnliche, „einzigartige" Bedeutung: sie sind die „heiligen Stätten" seines privaten Universums, so als habe sich diesem unreligiösen Menschen eine Realität offenbart, die* anderer *Art ist als die Realität seiner Alltagsexistenz.*

Als ich das las, stockte mir der Atem. Eliade hatte meine zarte Form von Spiritualität perfekt abgesteckt, die sich auf Orte, Bücher, Menschen und Ereignisse beschränkte, die mir Momente der Erhebung und Erleuchtung verschafft hatten. Selbst Atheisten erleben Andeutungen von Heiligkeit, besonders wenn sie verliebt sind oder sich in der Natur aufhalten. Sie folgern daraus nur nicht, dass „Gott" diese Gefühle auslöste.

Erhebung und Agape

Meine Zeit in Indien machte mich nicht religiös, führte jedoch zu einem intellektuellen Erwachen. Kurz nachdem ich 1995 an die Universität von Virginia gekommen war, schrieb ich einen weiteren Artikel darüber, wie Ekel in der Gesellschaft ausgelöst wird, wenn wir sehen, wie jemand auf der vertikalen Dimension der Göttlichkeit „nach unten" rutscht. Plötzlich wurde mir bewusst, dass ich nie über das Gefühl nachgedacht hatte, das wir empfinden, wenn wir sehen, wie Menschen „emporsteigen". Beiläufig hatte ich das Gefühl als „erhebend" bezeichnet, hatte mir aber nie Gedanken darüber gemacht, ob das eine echte Emotion ist. Ich begann Freunde, Familienmitglieder und Studenten zu befragen: „Wenn du siehst, wie jemand eine wirklich gute Tat vollbringt, empfindest du dabei etwas? Was genau ist es? Wo spürst du das im Körper? Hast du dann den Impuls, irgendetwas zu tun?"

Ich stellte fest, dass die meisten Menschen so empfanden wie ich, und sich ebenso schwer taten, ihre Gefühle mit Worten zu beschreiben. Die Menschen sprachen von einem offenen, warmen oder glühenden Gefühl. Einige erwähnten speziell das Herz; andere sagten, sie könnten nicht angeben, wo im Körper sie es empfänden, doch selbst wenn sie sich nicht auf eine Körperstelle festlegen wollten, machten sie gelegentlich eine kreisförmige Handbewegung vor ihrem Brustkorb, bei der die Finger nach innen zeigten, als ob sie ausdrücken wollten, dass sich in ihrem Herzen etwas bewege. Manche sprachen von einem Frösteln, andere davon, dass es ihnen die Kehle zuschnüre. Die meisten sagten, dass sie dann ebenfalls etwas Gutes tun oder irgendwie besser werden wollten. Was immer dieses Gefühl war, allmählich sah es so aus, als lohne sich seine genauere Untersuchung.

Doch in der psychologischen Literatur waren keinerlei Untersuchungen zu dieser Emotion zu finden, denn man konzentrierte sich damals auf die sechs „Grundemotionen“[23], die bekanntlich mit einem je spezifischen Gesichtsausdruck einhergehen: Freude, Traurigkeit, Angst, Ärger, Ekel und Überraschung.

Glaubte ich an Gott, dann würde ich auch glauben, dass er mich aus einem bestimmten Grund an die Universität von Virginia geschickt hatte. An dieser Universität drehen sich viele kryptoreligiöse Handlungen um Thomas Jefferson, den Begründer, dessen Haus wie ein Tempel auf einer kleinen Anhöhe (Monticello) wenige Meilen entfernt thront. Jefferson verfasste den heiligsten Text der amerikanischen Geschichte – die Unabhängigkeitserklärung. Auch schrieb er unzählige Briefe und in vielen von ihnen drückt er seine Ansichten über Psychologie, Erziehung und Bildung sowie Politik aus. Nachdem ich an der besagten Universität angekommen war und auf dem Monticello eine kryptoreligiöse Erfahrung gemacht hatte, wie Eliade sie beschrieb, da verschrieb ich mich dem Jefferson-Kult und las eine Sammlung seiner Briefe. Darin fand ich eine umfassende und vollkommene Beschreibung der Emotion, über die nachzudenken ich gerade begonnen hatte.

1771 fragte Robert Skipwith, ein Verwandter Jeffersons, diesen um Rat, welche Bücher er für seine persönliche Bibliothek, die er gerade anlegte, kaufen solle. Jefferson, der genauso gern Ratschläge erteilte, wie er Bücher liebte, erwies ihm den Gefallen mit Freude. Jefferson schickte ihm eine Aufstellung mit anspruchsvollen Werken aus Geschichte und Philosophie, aber er empfahl auch, Romane zu kaufen. Damals (wie auch zur Zeit Sylvanus Stalls) galten Schauspiele und Romane nicht der Zeit eines Ehrenmannes für würdig, doch Jefferson rechtfertigte seinen unorthodoxen Rat mit dem Hinweis, dass große Literatur wohltuende Emotionen auslösen könne:

> *Wenn wir … einen Akt der Wohltätigkeit oder Großzügigkeit vor Augen oder in unserer Vorstellung haben, sind wir von seiner Schönheit tief beeindruckt und fühlen in uns das tiefe Verlangen, ebenfalls Gutes zu tun und großzügig zu sein. Wenn wir dagegen eine Gräueltat sehen oder davon lesen, ekeln wir uns vor ihrer Verderbtheit und empfinden Abscheu gegenüber dem Laster.* Jede *Emotion ist gleichsam eine Übung unserer tugendhaften*

> *Veranlagungen und diese geistigen Veranlagungen gewinnen, wie die Glieder des Körpers, durch Üben an Stärke.*[24]

Jefferson fuhr fort, dass die körperlichen Empfindungen und die Motivation, die große Literatur auslöse, so kraftvoll seien wie Gefühle infolge *wirklicher* Ereignisse. Als Beispiel führte er ein zeitgenössisches französisches Schauspiel an und fragte, ob die Treue und Großzügigkeit des Helden nicht …

> *… die Brust [des Lesers] weitet und seine Gesinnung so sehr hebt wie irgendeine ähnliche Begebenheit, die die wahre Geschichte bieten kann? Empfindet sich [der Leser] nicht tatsächlich als besserer Mensch, wenn er davon liest und innerlich gelobt, dem guten Beispiel zu folgen?*

Diese außergewöhnliche Aussage ist mehr als nur eine poetische Beschreibung der Lesefreuden. Es ist außerdem eine wissenschaftlich exakte Definition einer Emotion. In der Emotionsforschung untersuchen wir Emotionen im Allgemeinen, indem wir ihre einzelnen Bestandteile spezifizieren, und Jefferson nennt die meisten Hauptkomponenten: einen auslösenden Zustand (Wohltätigkeit, Dankbarkeit oder andere Tugenden an den Tag legen); die körperlichen Veränderungen („Weitwerden" der Brust); eine Motivation (das Verlangen, auch wohltätig und dankbar zu handeln); und ein charakteristisches Gefühl, das über die Körperempfindungen hinausgeht (gehobene seelische Empfindung). Jefferson hatte damit genau die Emotion beschrieben, die ich soeben „entdeckt" hatte. Er beschrieb sie sogar als das Gegenteil von Ekel. Als eine Geste der kryptoreligiösen Verherrlichung erwog ich sogar, diese Emotion „Jefferson-Emotion" zu nennen, aber ich dachte noch einmal darüber nach und entschied mich dann für „Erhebung"; Jefferson selbst hatte das Wort verwendet, um damit ein Gefühl des Emporsteigens in einer vertikalen Dimension zu erfassen, weg vom Ekel.

Sieben Jahre lang habe ich „Erhebung" im Labor untersucht. Mit meinen Studenten habe ich Erhebung auf vielerlei Arten ausgelöst und festgestellt, dass Videoclips von Dokumentarfilmen über Helden und Altruisten gut wirken, ebenso ausgewählte Stellen aus der Oprah-Winfrey-Show. Bei den meisten unserer Studien zeigen wir der einen Gruppe von Teilnehmern ein „erhebendes" Video, der Kontrollgruppe eines zur Unterhaltung, etwa eine Jerry-Seinfeld-Folge. Wir wissen (von Alice Isens

Untersuchungen mit Münzen und Keksen[25]), dass es sich vielfältig positiv auswirkt, wenn wir uns glücklich fühlen; deshalb versuchen wir in unseren Untersuchungen immer zu zeigen, dass Erhebung nicht nur eine Form von Glücklichsein ist.

In unserer umfassendsten Untersuchung[26] zeigte ich mit Sara Algoe Videos, um die Versuchspersonen im Labor zu studieren; dann ließen wir sie einen Protokollbogen darüber ausfüllen, was sie empfanden und tun wollten. Anschließend gab Sara ihnen einen Stapel leerer Protokollbögen, mit der Bitte, in den nächsten drei Wochen darauf zu achten, wenn jemand anderen etwas Gutes tat (in der „Erhebungs"-Gruppe), beziehungsweise darauf, wenn jemand einen Witz erzählte (in der „Unterhaltungs"-Gruppe). Wir nahmen noch einen weiteren Zustand mit auf, um auch die nichtmoralische Bewunderung zu untersuchen: Die Teilnehmer dieser Gruppe schauten ein Video über die übermenschlichen Fähigkeiten des Basketballstars Michael Jordan an; anschließend sollten sie Gelegenheiten notieren, bei denen sie jemanden beobachteten, der etwas ungewöhnlich geschickt machte.

Beide Abschnitte von Sara Algoes Untersuchung belegen, dass Jefferson es absolut richtig getroffen hatte. Menschen reagieren tatsächlich emotional auf die Schönheit würdigen menschlichen Handelns und diese Reaktionen äußern sich in einem warmen oder angenehmen Gefühl in der Brust und dem bewussten Wunsch, anderen zu helfen oder sich selbst zu verbessern. Neu entdeckte Sara Algoe in ihrer Studie, dass die ethisch-moralische Erhebung sich anscheinend von nichtmoralischer Vortrefflichkeit unterscheidet. Versuchspersonen der „Bewunderungs"-Gruppe gaben mit höherer Wahrscheinlichkeit Empfindungen an wie Frösteln oder ein Kribbeln auf der Haut und sprachen davon, sich energiegeladen oder „aufgeputscht" zu fühlen. Außergewöhnlich geschicktes Handeln zu beobachten motiviert Menschen und gibt ihnen die Energie dazu, ebenso zu handeln.[27] Erhebung dagegen ist ein ruhigeres Gefühl, das keine Anzeichen von körperlicher Erregung auslöst. Mit dieser Unterscheidung lässt sich vielleicht ein Rätsel um die Erhebung lösen: Bei all unseren Untersuchungen sagten die Teilnehmer zwar, dass sie gute Taten vollbringen *wollten*; in zwei Studien gaben wir ihnen auch die Gelegenheit dazu; sie konnten sich für ehrenamtliche Arbeit eintragen oder der Versuchsleiterin helfen, einen Papierstapel aufzuheben, den sie fallen gelassen hatte, aber wir stellten nicht fest, dass Erhebung die Menschen anders handeln ließ.

Was war da los? Wie konnte es sein, dass eine Emotion, die Menschen in der Dimension der Göttlichkeit *erhebt*, nicht dazu führte, dass sie sich altruistischer verhielten? Das lässt sich noch nicht genau sagen, aber eine kürzlich gefundene Erkenntnis legt nahe, dass *Liebe* die Antwort sein könnte. Drei besonders qualifizierte Studenten haben mit mir die Physiologie der Erhebung untersucht – Chris Oveis, Gary Sherman und Jen Silvers. Wir sind alle fasziniert, wie häufig Menschen, die Erhebung empfinden, auf ihr Herz deuten. Und wir verstehen das nicht nur metaphorisch:

Chris Oveis und Gary Sherman haben Hinweise darauf gefunden, dass der Vagusnerv bei Erhebung aktiviert sein könnte. Der Vagusnerv ist der Hauptnerv des autonomen Nervensystems, das Menschen beruhigt und die Erregung ausgleicht, die der Sympathikus auslöst (Kampf-oder-Flucht-Verhalten). Vor allem der Vagusnerv kontrolliert die Herzfrequenz und wirkt sich vielfältig auf Herz und Lunge aus; wenn Menschen also etwas in ihrem Brustbereich empfinden, dann ist der Vagusnerv der „Hauptverdächtige“ und er wurde auch schon im Zusammenhang mit Dankbarkeit und Wertschätzung erforscht.[28] Doch die Aktivität des Vagusnervs lässt sich schlecht direkt messen und bislang haben Oveis und Sherman nur Hinweise, aber keinen schlüssigen Beweis gefunden.

Doch Nerven haben „Komplizen“; im Zusammenspiel mit Hormonen wirken sie zum Beispiel langfristig; der Vagusnerv löst zusammen mit dem Hormon Oxytocin Gefühle wie Gelassenheit, Liebe und den Wunsch nach Kontakt aus, der Bonding, also Bindungen fördert.[29] Jen Silvers interessierte sich dafür, wie sich Oxytocin auf Erhebung auswirkt, doch wir hatten nicht die Möglichkeiten, den Testpersonen vor und nach einem erhebenden Video Blut abzunehmen. (Das aber wäre nötig gewesen, um eine Veränderung des Oxytocinwertes festzustellen.) Daher bat ich Jen Silvers, die Forschungsliteratur nach einem indirekten Messverfahren zu durchforsten – nach einer Wirkung des Oxytocins, die wir ohne invasive Technik messen konnten. Sie fand eine: die „Milchproduktion“. Oxytocin regt bei stillenden Müttern den Milchfluss an, das ist eine seiner vielfältigen Aufgaben, um die Bindung zwischen Mutter und Kind zu steuern.

Für eine der kühnsten Studienarbeiten, die an unserer Universität je von noch nicht graduierten Studenten geschrieben wurden, brachte Jen Silvers 45 stillende Mütter mit ihren Babys (nacheinander) in unser Labor und bat sie, Stilleinlagen in ihren BH einzulegen. Die Hälfte der Frauen sah sich einen erhebenden Videoclip aus einer Oprah-Winfrey-Show an. (Er handelte von einem Musiker, der sich bei seinem Musiklehrer dafür bedankte, dass dieser ihn aus einem Leben in einer kriminellen Bande gerettet hatte; anschließend stellte er fest, dass Oprah Winfrey einige *seiner eigenen* Schüler eingeladen hatte, die sich bei *ihm* bedankten.) Die anderen Mütter schauten sich einen Videoclip mit mehreren Komikern an. Die Frauen waren allein in dem Vorführraum und eine (nicht versteckte) Videokamera zeichnete ihr Verhalten auf. Nach den Videos blieben die Mütter fünf Minuten lang mit ihren Kindern allein. Zum Abschluss der Untersuchung wog Silvers die Stilleinlagen, um die abgegebene Milchmenge zu messen, und vermerkte auf den Videos, ob die Mütter ihre Kinder gestillt oder warmherzig mit ihnen gespielt hatten.

Solch eine starke Wirkung habe ich selten bei einer Untersuchung erlebt: Fast die Hälfte der Mütter aus der „Erhebungs“-Gruppe hatten entweder Milch abgesondert oder gestillt, doch nur wenige Mütter aus der Gruppe, die sich die Komiker angeschaut hatte. Außerdem berührten und liebkosten die „inspirierten“ Mütter ihre Babys mit mehr Wärme. Das weist alles darauf hin, dass Oxytocin in Momenten der Erhebung ausgeschüttet werden könnte. Wenn das stimmt, dann war es vielleicht naiv von mir zu erwarten, dass Erhebung tatsächlich dazu führen würde, Fremden zu helfen (selbst wenn die Leute oft sagen, dass sie das tun wollen). Oxytocin führt zu Bonding, nicht zu Handeln. Erhebung lässt Menschen Gefühle empfinden wie Liebe, Vertrauen[30] und Offenheit und macht sie empfänglicher für neue Beziehungen; doch in Anbetracht der Gefühle von Entspannung und Passivität, die sie erleben, sind sie mit geringerer Wahrscheinlichkeit auch zu altruistischem *Handeln* Fremden gegenüber bereit.

Die Beziehung von Erhebung, Liebe und Vertrauen kommt ganz wunderbar in einem Brief zum Ausdruck, den ich einmal von einem Mann aus Massachusetts erhielt, David Whitford, der meine Arbeit über Erhebung gelesen hatte. Whitfords Unitarierkirche hatte jedes Kirchenmitglied gebeten, eine spirituelle Autobiografie zu schreiben – einen Bericht darüber, wie jeder zu dem spirituellen Menschen wurde, der er oder sie inzwischen war. In einem Abschnitt seiner Autobiografie wunderte sich Whitford darüber, warum er in Gottesdiensten so oft zu Tränen gerührt war. Ihm war aufgefallen, dass er in Kirchen zwei Arten von Tränen vergossen hatte. Die ersten nannte der die „Tränen des Mitgefühls“, damit meinte er Tränen, die er bei einer Predigt am Muttertag vergoss, als von verlassenen oder vernachlässigten Kindern die Rede war. Diese Situationen fühlten sich für ihn so an, als sei er „in seiner Seele berührt", und anschließend „strömt Liebe aus" zu leidenden Menschen. Doch die zweite Art von Tränen nannte er „Freudentränen"; er hätte sie auch Tränen der Erhebung nennen können:

> *Es gibt noch eine andere Art von Tränen. Diese haben weniger damit zu tun, Liebe zu schenken, als vielmehr damit, Liebe zu empfangen oder vielleicht nur Liebe zu entdecken (ob sie nun mir gilt oder jemand anderem). Diese Tränen fließen als Reaktion darauf, wenn jemand anders Mut zeigt oder Mitgefühl oder Freundlichkeit. Einige Wochen nach dem Muttertag trafen wir uns nach dem Gottesdienst hier im Chorraum und überlegten, ob wir eine* Welcoming Congregation *werden sollten, [also eine Kirchengemeinde, die Homosexuelle willkommen heißt]. Als John die Resolution befürwortete und davon sprach, wie er sich seines Wissens als erster Homosexueller in den frühen siebziger Jahren in First Parish outete, weinte ich wegen seines Mutes. Später, als unsere Arme alle nach oben gingen und wir die Resolution einstimmig annahmen, weinte ich wegen der Liebe, die unsere Gemeinde durch diesen Akt zum Ausdruck brachte. Das waren tatsächlich Freudentränen, Tränen dafür, das Gute in der Welt zu empfangen, Tränen, die sagen: „Es ist in Ordnung, entspanne dich, gib deine Schutzhaltung auf, es gibt gute Menschen auf der Welt, in den Menschen ist Gutes, Liebe ist wirklich und sie existiert in unserem Wesen." Diese Art von Tränen fühlen sich auch so an, als sei ich in der Seele berührt, nur diesmal fließt die Liebe nach innen.*[31]

Da ich als Jude in einem frommen christlichen Land aufwuchs, wunderte ich mich häufig über die Hinweise auf die Liebe Christi und die Liebe durch Christus. Jetzt, da ich um Erhebung und die dritte Dimension weiß, glaube ich, allmählich zu verstehen. Viele Menschen gehen unter anderem deshalb gern in die Kirche, weil sie dort gemeinsame Erhebung erleben. Sie treten aus ihrer alltäglichen profanen Existenz heraus, in der sie sich nur gelegentlich in der dritten Dimension bewegen können; auch bietet die Kirche die Möglichkeit, mit Gleichgesinnten zusammenzukommen, die sich von den Geschichten über Jesus, über tugendhafte Bibelgestalten, Heilige oder Vorbilder in der eigenen Gemeinde ebenfalls „Erbauung“ erhoffen. Wenn das eintritt, dann fließen sie vor Liebe über, doch es ist nicht die Liebe, die aus Beziehungen und Bindungen erwächst[32] – diese Liebe richtet sich auf ein spezielles Objekt und verwandelt sich in Schmerz, wenn das Objekt verschwindet.

Jene Liebe hat kein bestimmtes Objekt; es ist *Agape*. Sie fühlt sich an wie die Liebe zur ganzen Menschheit; und weil es Menschen schwer fällt zu glauben, dass etwas aus dem Nichts entsteht, erscheint es nur natürlich, dass sie diese Liebe Christus zuschreiben oder dem Heiligen Geist, der sich im eigenen Herzen regt. Solche Erfahrungen vermitteln direkt und subjektiv die Überzeugung, dass Gott in jedem Menschen lebt. Und sobald jemand diese „Wahrheit“ erkannt hat, wird die Ethik der Transzendenz selbstverständlich. Manche Lebensweisen lassen sich mit Göttlichkeit vereinbaren – sie bringen das höhere, edlere Selbst zum Ausdruck –, andere nicht. Die Spaltung zwischen der „christlichen Linken“ und der „christlichen Rechten“ könnte teilweise darin bestehen, dass manche Menschen Toleranz und Akzeptanz als Teil ihres höheren Selbst sehen; andere meinen, sie könnten Gott am besten verehren, indem sie daran arbeiten, die Gesellschaft und ihre Gesetze zu verändern, sodass diese mit der Ethik der Transzendenz übereinstimmen, selbst wenn das bedeutet, religiöse Gesetze Menschen anderen Glaubens aufzuoktroyieren.

Ehrfurcht und Transzendenz

Tugendhaftigkeit ist nicht die einzige Ursache für Bewegung in der dritten Dimension. Die Unermesslichkeit und Schönheit der Natur bewegt die Seele ähnlich. Immanuel Kant verband ausdrücklich Moral und Natur, als er erklärte, dass die beiden Ursachen für wahre Ehrfurcht „der gestirnte Himmel über mir und das Sittengesetz in mir“ seien.[33] Darwin fühlte sich spirituell erhoben, während er Südamerika erkundete:

> *In meinem Tagebuch notierte ich: Inmitten der Herrlichkeit eines brasilianischen Waldes „ist es nicht möglich, die erhabeneren Gefühle des Staunens, der Bewunderung und Verehrung, die das Gemüt erfüllen und erheben, angemessen auszudrücken. Ich*

> *erinnere mich noch gut an meine Überzeugung, dass noch mehr im Menschen steckt als der Atem seines Körpers.*[34]

Der neuenglische Transzendentalismus beruhte unmittelbar auf der Vorstellung, dass Gott in jedem Menschen und in der Natur zu finden sei; wenn man also Zeit allein im Wald verbringt, ist das eine Art, Gott zu kennen und zu verehren. Ralph Waldo Emerson, ein Begründer des Transzendentalismus, schrieb:

> *Ich stehe auf der nackten Erde, mein Haupt umweht von linden Lüften und erhoben in die Unendlichkeit des Raums, und alle niedrige Selbstsucht fällt von mir ab. Ich werde ganz zum durchscheinenden Auge; ich selbst bin nichts und sehe doch alles; Ströme des allumfassenden Seins durchfluten mich; ich bin Teil oder Bestandteil Gottes. Der Name des engsten Freundes klingt dann fremd und unwichtig: mit jemandem verwandt oder bekannt zu sein, Herr oder Diener, alles wird zur Nebensächlichkeit, ja zur Last. Ich bin nur noch Anbeter einer grenzenlosen und unsterblichen Schönheit.*[35]

Etwas an der Unermesslichkeit und Schönheit der Natur lässt das Selbst sich klein und unbedeutend fühlen und alles, was das Selbst schrumpfen lässt, bietet eine Gelegenheit für spirituelle Erfahrung. In Kapitel 1 schrieb ich über das geteilte Selbst – die vielen Arten, wie Menschen das Gefühl haben, aus vielen „Selbsten" oder Intelligenzen zu bestehen, die manchmal miteinander streiten. Diese Teilung wird oft damit erklärt, dass man eine Seele postuliert, ein höheres, edles, spirituelles Selbst, das an einen Körper gebunden ist, ein niederes, unedles, körperliches Selbst. Die Seele entkommt dem Körper nur durch den Tod; doch vorher schon können spirituelle Praktiken, großartige Predigten und Ehrfurcht vor der Natur der Seele einen Vorgeschmack auf die kommende Freiheit geben.

Solch einen Vorgeschmack kann man auf vielerlei Weise bekommen. Hohe Kunst zu betrachten, eine Symphonie zu hören oder einem inspirierenden Redner zuzuhören, das vermittelt oft (krypto-)religiöse Erfahrungen. Und manches gibt auch mehr als einen Vorgeschmack: Es verhilft zu einem völligen, wenn auch vorübergehenden Entkommen. Als die halluzinogenen Drogen LSD und Psilocybin im Westen weithin bekannt wurden, nannten Medizinforscher diese Drogen „psychomimetisch", weil sie einige

Symptome hervorrufen, die auch bei psychotischen Erkrankungen, etwa Schizophrenie, auftreten. Doch die Drogenkonsumenten lehnten solche Bezeichnungen im Allgemeinen ab und erfanden Begriffe wie „psychedelisch“ (die Seele offenbarend) und „entheogen“ (den Gott von innen her erschaffend). Die Azteken bezeichneten die Zauberpilze als *teonanacatl*, was wörtlich „Gottes Fleisch“ bedeutet; viele Menschen hatten eine direkte Gotteserfahrung, wenn sie diese Pilze bei religiösen Zeremonien zu sich nahmen.[36]

Drogen, die einen veränderten Bewusstseinszustand hervorrufen können, helfen offensichtlich, „heilige“ Erfahrungen von profanen abzugrenzen; deshalb spielen viele Drogen, auch Alkohol und Marihuana, bei Religionsriten mancher Kulturen eine Rolle. Doch mit den Phenetylaminen hat es etwas Besonderes auf sich – das ist die Drogenklasse, zu der auch LSD und Psilocybin gehören. Drogen dieser Klasse sind unerreicht in ihrer Wirkung, Wahrnehmung und Emotionen massiv zu verändern, sodass es sich sogar für Konsumenten mit säkularem Hintergrund wie der Kontakt mit Göttlichkeit anfühlt und dass Menschen sich anschließend transformiert fühlen[37]; dabei spielt es keine Rolle, ob die natürlichen Drogen eingenommen werden (wie Psilocybin, Meskalin oder Yagé [eine amazonische Liane; Anm. d. Übers.]) oder die im Labor künstlich hergestellten (LSD, Ecstasy, DMT).

Die Wirkung dieser Drogen hängt in hohem Maß vom *set* und vom *setting* ab, wie Timothy Leary und andere frühe psychedelische Forscher das bezeichneten; damit meinten sie den mentalen Zustand des Konsumenten und den Rahmen, in dem die Drogen eingenommen werden. Wenn Menschen die Drogen mit ehrfürchtiger Haltung und in einer sicheren und unterstützenden Umgebung konsumieren, wie es bei Initiationsriten einiger traditioneller Kulturen geschieht[38], dann können diese Drogen spirituelles und persönliches Wachstum katalysieren.

Für einen direkten Test seiner Katalysator-Hypothese versammelte Walter Pahnke[39], ein Arzt, der eine Doktorarbeit in Theologie schrieb, 1962 am Karfreitag 20 Studenten in einem Raum unter der Kapelle der *Boston University*. Zehn Studenten gab er 30 Milligramm Psilobycin; die anderen bekamen gleich aussehende Tabletten, die Nicotinsäure (ein Vitamin der B-Gruppe) enthielten, die ein Prickeln auf der Haut und Hautrötung auslöst. Die Nicotinsäure ist als aktives Placebo bekannt: Sie löst reale Körperempfindungen aus; wenn also die nützliche Wirkung von Psilocybin nur eine Placebowirkung wäre, dann hätte die Kontrollgruppe gute Chancen, sie zu zeigen. Im Verlauf der nächsten Stunden hörte die ganze Gruppe über Lautsprecher die Karfreitagspredigt an, die in der Kapelle darüber stattfand.

Niemand, nicht einmal Pahnke, wusste, wer was genommen hatte. Zwei Stunden nach der Einnahme gab es daran keinerlei Zweifel mehr. Diejenigen, die das Placebo genommen hatten, spürten als Erste, dass etwas geschah, und sie nahmen an, sie hätten Psilocybin genommen. Doch es passierte nichts weiter. Eine halbe Stunde später setzte bei den anderen Studenten eine Erfahrung ein, die viele später als eine der wichtigsten ihres Lebens beschrieben. Pahnke interviewte sie, gleich nachdem die Wirkung der Droge nachgelassen hatte, sowie eine Woche später und sechs Monate später. Dabei stellte sich heraus: Die Mehrzahl der Teilnehmer der Psilobycin-Gruppe nannten die meisten der neun Merkmale einer mystischen Erfahrung, die er messen wollte. Die stärkste und intensivste Wirkung war das Gefühl der Einheit mit dem Universum, die Transzendenz von Zeit und Raum, Freude, die Schwierigkeit, ihre Erfahrung in Worte zu fassen, und ein Gefühl, sich zu jemand Besserem verändert zu haben. Viele gaben an, wunderschöne Farben und Muster gesehen und intensive Ekstase, Angst und Ehrfurcht empfunden zu haben.

Ehrfurcht ist *die* Emotion der Selbsttranszendenz. Mein Freund Dacher Keltner von der Universität von Kalifornien in Berkeley, ein Experte für Emotionen, schlug mir vor einigen Jahren vor, die Literatur über Ehrfurcht durchzusehen, damit wir uns selbst klar würden. Wir stellten fest[40], dass die wissenschaftliche Psychologie fast nichts über Ehrfurcht zu sagen hat. Ehrfurcht lässt sich weder bei Tieren studieren noch leicht im Labor hervorrufen, deshalb bietet sie sich für Forschungsexperimente nicht an. Philosophen, Soziologen und Theologen hatten allerdings eine Menge über sie zu sagen. Als wir das Wort Ehrfurcht in der Geschichte zurückverfolgten, entdeckten wir, dass sie immer mit Furcht und Respekt in der Gegenwart von etwas viel Größerem als dem Selbst einherging. Erst in jüngster Zeit – in unserer säkularisierten Welt – wurde Ehrfurcht auf Überraschung plus Anerkennung reduziert und der Begriff „Ehrfurcht gebietend“ (*awesome*), den amerikanische Jugendliche gern gebrauchen, bedeutet wenig mehr als „doppelplusgut“ (um mit Orwell und seinem Roman *1984* zu sprechen).

Keltner und ich schlussfolgerten, dass Menschen dann Ehrfurcht empfinden, wenn zwei Bedingungen erfüllt sind: Man nimmt etwas Überwältigendes wahr (gewöhnlich etwas Gegenständliches, aber manchmal auch etwas konzeptuell Überwältigendes, eine großartige Theorie etwa, oder etwas gesellschaftlich Großartiges wie hohes Ansehen oder Macht); und dieses Überwältigende ist nicht mit den eigenen vorhandenen Denkstrukturen in Einklang zu bringen. Etwas Gewaltiges kann nicht verarbeitet werden, und wenn Menschen verblüfft sind und in der Gegenwart von etwas Großartigem in ihrem gewohnten Denken innehalten, dann fühlen sie sich klein, machtlos, passiv und empfänglich. Oft, jedoch nicht immer, empfinden sie Furcht, Bewunderung, Erhebung oder auch Schönheit. Indem die Menschen in ihrem Alltag unterbrochen und dadurch empfänglicher werden, eröffnet Ehrfurcht die Gelegenheit für eine Veränderung, und deshalb tritt Ehrfurcht in den meisten Geschichten religiöser Bekehrung auf.

Wir fanden einen Prototyp der Ehrfurcht – ein vollkommenes, aber extremes Beispiel – im dramatischen Höhepunkt der *Bhagavad Gita*. Die *Gita* ist eine Episode in dem viel längeren *Mahabharata*, einem Epos über den Krieg zwischen zwei Linien einer indischen Königsfamilie. Als der Held der Geschichte, Arjuna, gerade seine Truppen in die Schlacht führen will, verliert er seine Nerven und weigert sich zu kämpfen. Er will seine Angehörigen nicht in ein Gemetzel gegen Angehörige führen. In der *Gita* geht es darum, wie Krishna (eine Erscheinung des Gottes Vishnu) Arjuna überredet, seine Truppen doch in die Schlacht zu führen. Mitten auf dem Schlachtfeld, auf dem die beiden Truppen schon kampfbereit stehen, erteilt Krishna Arjuna eine ausführliche und abstrakte theologische Lektion über das Dharma, die universellen (ethisch-moralischen) Gesetze. Arjunas Dharma erfordert, dass er kämpft und diesen Krieg gewinnt. Arjuna ist ungerührt, was nicht weiter überrascht (angesichts der schwachen Gründe, die ihn zum Handeln motivieren sollen). Arjuna bittet Krishna, ihm das Universum zu zeigen, von dem aus er spricht. Krishna kommt seinem Wunsch nach und gewährt ihm die kosmische Schau, sodass er Gott und das Universum sehen kann, wie sie wirklich sind.

Dann macht Arjuna eine Erfahrung, die für den modernen Leser nach einem LSD-Trip klingt. Er sieht Sonnen, Götter und unendliche Zeit. Er ist voll des Staunens. Seine Haare stehen ihm zu Berge. Er ist durcheinander und verwirrt, unfähig, die Wunder, die er sieht, zu begreifen. Ich weiß nicht, ob Edwin Abbot die *Bhagavad Gita* las, doch Square, das Quadrat, erlebt im Raumland genau das Gleiche wie Arjuna. Arjuna empfindet eindeutig Ehrfurcht, wenn er sagt: „Ich habe Dinge gesehen, die ich nie zuvor gesehen habe, und meine Freude ist ekstatisch; und doch beunruhigen Furcht und Zittern meinen Geist.“[41] Als ihm die kosmische Schau wieder genommen wird und Arjuna von seinem Trip herunterkommt, macht er genau das Gleiche wie Square: Er wirft sich vor Gott nieder, der ihn erleuchtet hat, und bittet, ihm dienen zu dürfen. Krishna befiehlt Arjuna, ihm zu gehorchen und alle anderen Anhaftungen zu durchtrennen. Arjuna gehorcht freudig und ehrt von da an Krishnas Anweisungen.

Arjunas Erfahrung ist natürlich extrem – ein „Stoff“ für eine heilige Schrift; doch viele Menschen hatten schon eine spirituelle Transformationserfahrung, die zahlreiche dieser Elemente enthielt. In dem immer noch bedeutendsten Werk zur Religionspsychologie analysierte William James die „Vielfalt religiöser Erfahrung“[42], darunter auch schnelle und allmähliche religiöse Bekehrungen sowie Erfahrungen mit Drogen und in der Natur. James stellte eine solche Ähnlichkeit zwischen den Berichten über diese Erfahrungen fest, dass sie seiner Meinung nach einige tiefe psychologische Wahrheiten enthalten mussten. Eine der tiefsten Wahrheiten, so James, sei die, dass wir das Leben als geteiltes Selbst wahrnehmen, hin- und hergerissen zwischen widersprüchlichen Wünschen.

Religiöse Erfahrungen sind real und häufig – ob Gott nun existiert oder nicht – und diese Erfahrungen sorgen oft dafür, dass Menschen sich *ganz* und im Frieden fühlen. In der schnellen Bekehrung (wie sie Arjuna und Square erleben), wird das alte Selbst, das voll kleinlicher Bedenken, Zweifel und habgieriger Anhaftungen ist, in einem einzigen Augenblick hinweggespült, meist in einem Moment tiefer Ehrfurcht. Diese Menschen fühlen sich wie neu geboren und erinnern sich oft an die genaue Zeit und den Ort dieser Neugeburt, an den Moment, in dem sie ihren Willen einer höheren Macht unterstellten und eine tiefere Wahrheit unmittelbar erlebten. Nach einer solchen Neugeburt nehmen Furcht und Sorge stark ab und die Welt erscheint rein, neu und hell. Das Selbst ist verändert auf eine Art, die jeder Priester, Rabbi oder Psychotherapeut als übernatürlich oder „wunder-sam“ bezeichnen würde. James beschrieb diese Wandlungen so:

> *Der Mensch, der aus seinem religiösen Energiezentrum heraus lebt und von spirituellen Begeisterungsschüben angetrieben wird,*

> *unterscheidet sich vollkommen von seinem früheren sinnlichen Selbst. Das neue Feuer, das in seiner Brust brennt, verzehrt in seiner Glut die niedrigeren „Neins", von denen er früher besessen war, und schützt ihn dauerhaft vor dem Infiziertwerden von dem ganzen kriecherischen Teil seiner Natur. Großmütige Handlungen, die früher unmöglich waren, fallen jetzt leicht; lächerliche Konventionalitäten und gemeine Triebe, die einst tyrannisch waren, haben keinen Einfluß mehr. Die Steinmauer in seinem Inneren ist gefallen, die Härte in seinem Herzen ist zusammengebrochen.*
>
> *Wir Zurückgelassenen können uns, glaube ich, davon eine Vorstellung machen, wenn wir uns den Gefühlszustand des „Dahinschmelzens" in Erinnerung rufen, der uns manchmal, in Prüfungen des realen Lebens, im Theater oder beim Lesen eines Romans überkommt. Besonders, wenn wir weinen! Dann ist es nämlich, als brächen unsere Tränen durch einen festgewachsenen inneren Damm hindurch, so daß alle frühere Sündhaftigkeit und moralische Stagnation abfließen und wir gereinigt, weichherzig und offen für jede höhere Lenkung zurückbleiben.*[43]

Das von James angesprochene „Dahinschmelzen" ähnelt stark den Gefühlen der Erhebung, wie Jefferson und David Whitford sie beschreiben.

Atheisten mögen protestieren gegen die Behauptung, dass auch sie (ohne Gott) viele dieser Erfahrungen machen können. Ein Psychologe, der solche säkularen Erfahrungen ernst nahm, war Abraham Maslow, Harry Harlows erster Student im Graduiertenstudium und später einer der Mitbegründer der Humanistischen Psychologie. Maslow sammelte Berichte über die von ihm so bezeichneten „Gipfelerfahrungen" (*peak experiences*) – diese außergewöhnlichen Momente, in denen man über sich selbst hinausgeht, die sich qualitativ anders anfühlen als das normale Leben. In seinem Buch mit dem Titel *Religions, Values and Peak Experiences*[44] (ein kleines Juwel!) zählt Maslow 25 häufige Merkmale von Gipfelerfahrungen auf, die sich fast alle auch bei William James finden. Hier sind einige davon:

- Das Universum wird als einheitliches Ganzes wahrgenommen, in dem alles akzeptiert und nichts beurteilt oder klassifiziert wird.
- Egozentrik und das Streben nach Zielen verschwinden, weil man sich mit dem Universum (und oft mit Gott) verbunden fühlt.

- Man nimmt Raum und Zeit anders wahr.
- Man wird überflutet von Gefühlen wie Erstaunen, Ehrfurcht, Freude, Liebe und Dankbarkeit.

Maslow wollte zeigen, dass spirituelles Leben lebensnah ist, dass Gipfelerfahrungen zu den Grundelementen des menschlichen Geistes gehören. In allen Epochen und Kulturen haben viele Menschen diese Erfahrungen gemacht und Maslow vertrat die These, dass alle Religionen auf Einsichten beruhen, die jemand bei seinen Gipfelerfahrungen hatte. Gipfelerfahrungen machen Menschen edler, genau wie James gesagt hatte, und Religionen wurden ins Leben gerufen als Methode, Gipfelerfahrungen zu begünstigen und ihre veredelnde Kraft zu maximieren. Gelegentlich jedoch verlieren Religionen die Verbindung zu ihrem Ursprung; bisweilen haben dann Menschen das Sagen, die keine Gipfelerfahrungen hatten – Bürokraten und Geschäftsleute, die bestimmte Abläufe zur Routine machen wollen und über Orthodoxie um ihrer selbst willen wachen. Deshalb, so sagte Maslow, waren viele junge Menschen Mitte des 20. Jahrhunderts von den organisierten Religionen enttäuscht und suchten ihre Gipfelerfahrungen stattdessen in psychedelischen Drogen, in östlichen Religionen und neuen Formen christlicher Verehrung.

Wahrscheinlich schockiert Maslows Analyse Sie nicht. Als säkulare psychologische Erklärung von Religion ergibt sie Sinn. Überraschend in *Religions, Values and Peak Experiences* ist jedoch Maslows Angriff auf die Wissenschaft, weil sie ebenso steril wurde wie die organisierte Religion. Die Wissenschaftshistorikerinnen Lorraine Daston und Katherine Park[45] haben diesen Wandel dokumentiert. Sie wiesen auf, dass (Natur-) Wissenschaftler und Philosophen die natürliche Welt und die Objekte, die sie untersuchten, *ursprünglich* mit einer Haltung des Staunens betrachteten. Doch im späten 16. Jahrhundert begannen europäische Wissenschaftler, Staunen und Verwunderung gering zu schätzen; sie betrachteten sie als Anzeichen einer kindischen Geisteshaltung, wohingegen reife Wissenschaftler die Gesetze der Welt distanziert katalogisierten. In ihren Memoiren mögen uns Wissenschaftler von ihrem persönlichen Gefühl des Staunens berichten, doch im wissenschaftlichen Alltag werden *Fakten* von Werten und Emotionen scharf getrennt.

Maslow stimmte Eliade zu in seiner Behauptung, dass die (Natur-)Wissenschaft dazu beitrage, die Welt zu „entheiligen“, denn sie dokumentiere nur das, was *ist*, und nicht das, was *gut* oder *schön* ist. Man mag einwenden, dass es eine akademische Arbeitsteilung gebe, wonach das Gute und das Schöne Sache der Geisteswissenschaften sei, nicht aber der Naturwissenschaften. Maslow bezichtigte die Geisteswissenschaften jedoch, ihre Verantwortung abgegeben zu haben, indem sie sich auf den Relativismus zurückgezogen, die Möglichkeit der Wahrheit in Frage gestellt und den Reiz des Neuen und den Bildersturm der Schönheit vorgezogen hätten. Er begründete die Humanistische Psychologie auch deshalb, um das weit verbreitete Bedürfnis nach Wissen um Werte zu stillen und um *die* Art von Wahrheit zu untersuchen, in die Menschen bei Gipfelerfahrungen einen Einblick erhaschen.

Maslow hielt Religionen nicht im buchstäblichen Sinne für „wahr" (als *Tatsachenberichte* über Gott und die Schöpfung), aber seiner Ansicht nach beruhten sie auf den wichtigsten Lebenswahrheiten und diese wollte er mit den Wahrheiten der Wissenschaft verbinden. Er hatte kein geringeres Ziel als das Reformieren der Erziehung und Bildung und damit der Gesellschaft: Erziehung und Bildung sei zumindest zum Teil als das Bemühen anzusehen, gute Menschen hervorzubringen sowie das gute Leben und die gute Gesellschaft zu fördern.[46]

Das „satanische" Selbst

Das Selbst ist eines der großen Paradoxe in der Evolution des Menschen. Wie das Feuer, das Prometheus stahl, verlieh es uns Macht, hatte aber seinen Preis. In dem Buch *The Curse of the Self*[47] legt der Sozialpsychologe Mark Leary dar, dass viele andere Lebewesen denken könnten, dass aber keines – soweit wir wissen – so viel Zeit damit verbringe, über sich selbst nachzudenken. Nur einige wenige andere Primaten (und vielleicht Delfine) könnten überhaupt lernen, dass das Bild in einem Spiegel zu *ihnen* gehöre (das heißt: sie selbst abbilde).[48] Nur ein Lebewesen, das sprechen könne, habe die mentalen Voraussetzungen dafür, seinen Fokus auf sich selbst zu richten, über die (unsichtbaren) Eigenschaften seines Selbst und über langfristige Ziele nachzudenken, sich eine Geschichte über sich selbst auszudenken und dann emotional auf die Gedanken über diese Geschichte zu reagieren.

Leary ist der Auffassung, diese Fähigkeit, ein Selbst zu erschaffen, habe unseren Vorfahren zu vielen nützlichen Fertigkeiten verholfen, etwa zu langfristigem Planen, bewusstem Entscheiden, zu Selbstkontrolle und der Fähigkeit, die Sichtweise anderer zu verstehen. Weil diese Fähigkeiten alle wichtig dafür seien, dass Menschen an großen Projekten eng zusammenarbeiten können, könne die Entwicklung des Selbst entscheidend für die „Ultrasozialität" der Menschen gewesen sein. Doch indem uns das Selbst zu einer inneren Welt verhalf, einer Welt voller Simulationen, sozialer Vergleiche und Sorgen um unser Ansehen, verschaffte es auch jedem und jeder Einzelnen von uns einen inneren Peiniger. Wir lebten nun alle in einem Strudel inneren „Geschnatters", das großenteils negativ (Bedrohungen kreisen häufiger in unseren Gedanken als Chancen) und größtenteils nutzlos sei. Wichtig ist anzumerken, dass das Selbst nicht genau dem Reiter entspricht – vieles am Selbst ist unbewusst und automatisch –, doch weil das Selbst aus dem bewussten verbalen Denken und dem Geschichtenerzählen entsteht, kann nur der Reiter es konstruiert haben.

Learys Analyse legt dar, warum das Selbst für alle bedeutenden Religionen ein Problem darstellt: Das Selbst ist das Haupthindernis für spirituelle Entwicklung, und zwar auf dreierlei Art.

1. Erstens hält der ständige Strom trivialer Bedenken und egozentrischer Gedanken die Menschen in der materiellen und profanen Welt gefangen und macht sie unfähig, Heiligkeit und Göttlichkeit wahrzunehmen. Deshalb legen die östlichen Religionen so viel Wert auf Meditation, eine wirksame Methode, das Geplapper des Selbst zum Verstummen zu bringen.

2. Zweitens ist eine spirituelle Transformation in erster Linie die Transformation des Selbst, indem sie es schwächt, „zurückstutzt", es in gewisser Weise abtötet – und oft widersetzt es sich: „Meine Besitztümer aufgeben und das Ansehen, das sie mit sich bringen? Bestimmt nicht! Meine Feinde lieben, nach allem, was sie mir angetan haben? Vergiss es!"

3. Und drittens ist es zweifellos harte Arbeit, einen spirituellen Weg zu gehen, es erfordert jahrelange Meditation, Gebet, Selbstkontrolle und manchmal Selbstverleugnung. Das Selbst lässt sich gar nicht gern verleugnen und es findet sehr geschickt Gründe, um zu schummeln oder Regeln ein wenig zu beugen. Viele Religionen lehren, dass die

egoistischen Anhaftungen an Vergnügen und Ansehen eine ständige Versuchung darstellen, vom rechten Weg abzukommen. In diesem Sinne ist das Selbst der „Satan“ oder zumindest das Eingangstor für ihn.

Aus all diesen Gründen ist das Selbst ein *Problem* für die Ethik der Transzendenz. Das große, gierige Selbst gleicht einem Stein, der die Seele unterdrückt. Nur indem man das Selbst so sieht, kann man aus meiner Sicht die ethisch-moralischen Beweggründe *der* Menschen verstehen und sogar respektieren, die ihre Gesellschaft stärker an die jeweilige Religion anbinden wollen, die sie vertreten.

Ein „Flächenland“ und der Kampf zweier Kulturen

Humor hilft den Menschen, mit Unglück fertig zu werden, und nachdem George W. Bush bei der amerikanischen Präsidentschaftswahl im Jahr 2004 die Mehrzahl der Stimmen erhalten hatte, gab es für 49 Prozent der Amerikaner vieles, womit sie „fertig werden“ mussten. Viele Leute in den „blauen Staaten“ (also den Staaten, in denen die Mehrheit für John Kerry gestimmt hatte und die auf allen Wahlergebniskarten blau dargestellt waren) konnten nicht verstehen, warum Menschen in den „roten Staaten“ Bush und seine Politik unterstützten. Die Liberalen veröffentlichten im Internet Landkarten, die nur die blauen Staaten (den ganzen Nordwesten, *Upper Midwest* und die Westküste) mit der Bezeichnung „Vereinigte Staaten von Amerika“ versah; die roten Staaten (fast das gesamte Landesinnere und der Süden der Nation) wurden als „Jesusland“ bezeichnet. Die Konservativen konterten mit ihren eigenen Landkarten, auf denen die blauen Staaten als *New France* („Neufrankreich“) bezeichnet wurden, doch meiner Meinung nach wäre die treffendere Parodie, aus Sicht der Rechten, gewesen, die blauen Staaten als „Selbstland“ zu bezeichnen.

Damit will ich nicht behaupten, dass die Wähler, die für John Kerry stimmten, „selbstsüchtiger“ seien als Bush-Wähler (– tatsächlich ist ja die Steuer- und Sozialpolitik beider Kandidaten sogar diametral entgegengesetzt). Aber ich versuche das beiderseitige Unverständnis in diesem „Kulturkampf“ nachzuvollziehen und ich glaube, dass Shweders drei Formen der Ethik, besonders die Ethik der Transzendenz, Schlüssel dafür sind.

Welches der folgenden Zitate inspiriert Sie stärker:

- „Jede Demokratie basiert auf Selbstwertgefühl."
- „Es geht nicht nur um Sie."

Das erste wird Gloria Steinem[49] zugeschrieben, einer Begründerin der Frauenbewegung der siebziger Jahre. Es besagt, dass bestimmte Bevölkerungsgruppen sich aufgrund von Sexismus, Rassismus oder Unterdrückung menschenunwürdig behandelt fühlen, weshalb sie sich weniger in das öffentliche Leben demokratischer Staaten einbringen. Dieses Zitat spiegelt den Kerngedanken der Ethik der *Autonomie* wider: Wirklich wichtig im Leben seien die einzelnen Menschen, deshalb bewahre die ideale Gesellschaft alle Menschen vor Schaden und respektiere ihre Autonomie und ihre Wahlfreiheit. Die Ethik der Autonomie eignet sich hervorragend dazu, Menschen mit unterschiedlichem Hintergrund und unterschiedlichen Werten dabei zu unterstützen, miteinander auszukommen, denn sie gestattet jedem Menschen, *das* Leben zu leben, das er sich aussucht, solange seine Entscheidungen nicht die Rechte anderer einschränken.

Mit dem zweiten Zitat beginnt der Weltbestseller der Jahre 2003 und 2004, *Leben mit Vision*. Das Buch von Rick Warren[50] ist eine Anleitung, durch den Glauben an Jesus Christus und die Offenbarung der Bibel Sinn und Bedeutung zu finden. Aus Warrens Sicht ist das Selbst die Ursache unserer Probleme und deshalb sind Bemühungen absolut schlecht, mit Belohnungen, Lob und Übungen das Selbstwertgefühl von Kindern zu steigern, damit sie sich „besonders" fühlen. Der Kerngedanke der Ethik der *Transzendenz* oder Göttlichkeit besagt, dass jedem Menschen Göttlichkeit innewohne, deshalb unterstütze die ideale Gesellschaft die Menschen dabei, in Übereinstimmung mit diesem göttlichen Funken zu leben. Was sich ein Individuum ersehnt, ist nicht sonderlich wichtig – viele Sehnsüchte kommen vom weltlichen Selbst. Schulen, Familien und Medien sollten die Kinder gemeinsam darin unterstützen, ihr Selbstgefühl und ihre Ansprüche zu überwinden und stattdessen so zu leben, wie es von Christus gedacht war.

In vielen wichtigen Auseinandersetzungen in der amerikanischen Kultur ging es im Wesentlichen darum, ob die Ethik der *Autonomie* oder die der *Transzendenz* bestimmte Aspekte des Lebens regeln solle.[51] (Die

Ethik der *Gemeinschaft*, die die Gruppe höher wertet als das Individuum, lässt sich eher der Ethik der Transzendenz zuordnen.) Soll in Schulen gebetet werden? Sollen die Zehn Gebote in Schulen und Gerichtsgebäuden aufgehängt werden? Soll die Wendung *under God* aus dem amerikanischen Treueeid gestrichen werden? Die Liberalen wollen die Religion gewöhnlich aus dem öffentlichen Leben heraushalten, damit Menschen nicht gezwungen sind, gegen ihren Willen daran teilzunehmen, aber religiöse Konservative wollen Schulen und Gerichtsgebäude wieder „sakralisieren“. Sie wollen, dass ihre Kinder in einer (bestimmten) „dreidimensionalen“ Welt leben, und wenn die Schulen das nicht bieten, unterrichten sie ihre Kinder bisweilen zu Hause.

Sollen Geburtenkontrolle, Abtreibung, Reproduktionsmedizin und Beihilfe zur Selbsttötung gestattet sein, wenn die betroffenen Menschen das möchten? Das hängt davon ab, ob Sie *Menschen* die Macht einräumen wollen, einige der wichtigsten Lebensentscheidungen zu treffen, oder ob Sie glauben, dass *Gott* dies alles entscheiden solle. Wenn der Buchtitel *Unser Körper, unser Leben* für Sie wie eine noble Trotzhaltung klingt, dann werden Sie das Recht der Menschen befürworten, ihre Sexualität selbst zu wählen und ihren Körper nach ihren Wünschen zu verändern. Glauben Sie hingegen, dass Gott jede Einzelheit Ihres Körpers vorgeschrieben habe[52], wie Warren in *Leben mit Vision* schreibt, dann stoßen sexuelle Freizügigkeit und Körpermanipulationen wie Piercings und Schönheitschirurgie Sie wahrscheinlich ab.

Gemeinsam mit meinen Studenten habe ich politisch Liberale und Konservative über Sexualmoral[53] und solche willkürlichen Eingriffe am Körper[54] befragt und wir haben in beiden Studien festgestellt, dass die Liberalen viel toleranter waren und sich überwiegend auf die Ethik der Autonomie beriefen; Konservative zogen alle drei Formen der Ethik heran und waren viel kritischer. Ein konservativer Mann beispielsweise rechtfertigte seine Verurteilung unserer Geschichte über eine ungewöhnliche Form von Masturbation wie folgt:

> *Sie ist eine Sünde, weil sie uns von Gott entfernt. Es ist nur gut, dass Gott uns nicht für den Genuss erschaffen hat, denn die sexuellen Freuden, die – nun ja – ein verheiratetes heterosexuelles Ehepaar erlebt, wurden von Gott erschaffen, damit wir uns fortpflanzen.*[55]

Bei allen Themen wollen Liberale die Autonomie maximieren, indem sie Grenzen, Barrieren und Einschränkungen abschaffen. Die religiösen Rechtsorientierten hingegen möchten die persönlichen, sozialen und politischen Beziehungen in drei Dimensionen strukturieren und so eine Landschaft der Reinheit und eine der Verunreinigung erschaffen, in der Restriktionen das Heilige und das Profane trennen. Für die religiöse Rechte ist ein „Flächenland" uneingeschränkter Freiheit die Hölle auf Erden, in dem „Selbste" sich tummeln, ohne höheren Zweck als sich selbst auszudrücken und zu entwickeln.

*

Als Liberaler schätze ich Toleranz und Offenheit gegenüber neuen Ideen. Ich diesem Kapitel habe ich mich nach Kräften bemüht, Menschen gegenüber tolerant zu sein, deren Politik ich ablehne, und auch solchen religiösen Überzeugungen etwas abzugewinnen, die ich *nicht* teile. Doch obgleich ich mittlerweile die Bereicherung sehe, die die Transzendenz dem menschlichen Erleben ermöglicht, *beklage* ich die „Verflachung" des westlichen Lebens während der letzten Jahrhunderte nicht nur. Denn unerfreulicherweise werden in „dreidimensionalen" Gesellschaften oft eine oder mehrere Gruppen in der dritten Dimension unterdrückt und dann schlecht behandelt oder Schlimmeres. Schauen Sie nur, unter welchen Bedingungen die „Unberührbaren" in Indien bis vor kurzem lebten, oder denken Sie an die Nöte der Juden in Europa während des Mittelalters und im von Reinheit besessenen Deutschland der Zeit des Nationalsozialismus; oder an die Erniedrigungen der Afroamerikaner im von der Rassentrennung geprägten Süden der USA.

Die religiöse Rechte in den USA versucht jetzt anscheinend, Homosexuelle in ähnlicher Weise zu erniedrigen. Liberalismus und die Ethik der Autonomie schützen vor solchem Unrecht. Ich halte es für gefährlich, dass die Ethik der Transzendenz die der Autonomie ablöst, wenn es darum geht, eine vielfältige, moderne Demokratie zu lenken. Allerdings glaube ich auch, dass das Leben in einer Gesellschaft, die die Ethik der Transzendenz komplett ignoriert, hässlich und unbefriedigend wäre.

Weil es im Kulturkampf um Ideologie geht, bedienen sich beide Seiten des Mythos vom absoluten Bösen. Anzuerkennen, dass die Gegenseite vielleicht in *irgendeinem* Punkt recht haben könnte, ist schon ein Verrat. Meine Untersuchungen zur dritten Dimension haben mich von diesem Mythos befreit und es mir leicht gemacht, „verräterische“ Gedanken zu denken. Hier ist einer davon:

> Wenn die dritte Dimension und das Wahrnehmen von Transzendenz wesentlich zur menschlichen Natur gehören, dann sollte die Wissenschaft Religiosität als normalen und gesunden Aspekt des menschlichen Wesens akzeptieren – als einen Aspekt, der so tief gehend, wichtig und interessant ist wie Sexualität oder Sprache (die wir intensiv erforschen).

Und noch ein weiterer „verräterischer“ Gedanke:

> Wenn religiöse Menschen recht damit haben, dass die Religion die Quelle ihres größten Glücks ist, dann können wir übrigen, die wir nach Glück und Sinn suchen, vielleicht etwas von ihnen lernen – ob wir nun an Gott glauben oder nicht!

Darum geht es im letzten Kapitel.

KAPITEL 10

Glück kommt von „dazwischen"

Doch wer die Wesen hier alle wieder erkennt im eignen Selbst und sich selbst in allem, was lebet, der ängstigt sich vor keinem mehr. Wo zu den Wesen hier allen das Selbst ward des Erkennenden, wo wäre Wahn und wo Kummer für ihn, der so die Einheit schaut?

UPANISHADEN[1]

Ich war absolut glücklich. Vielleicht fühlen wir uns so, wenn wir sterben und Teil eines größeren Ganzen werden – sei es die Sonne oder die Luft oder Güte oder Wissen. Wie auch immer – das ist Glücklichsein: in etwas Vollständiges und Großartiges aufgelöst zu werden.

WILLA CATHER[2]

Sprüche und Weisheitsworte verleihen bestimmten Ereignissen eine größere Würde, deshalb schmücken wir mit ihnen häufig wichtige Übergänge im Leben. Für die Abschlussklasse der *Scarsdale High School* in Scarsdale (New York) war die Zitatsuche ein Übergangsritus, eine Gelegenheit, über die eigene, sich entwickelnde Identität nachzudenken und einige Aspekte davon zum Ausdruck zu bringen. Wenn ich mir heute den Jahresbericht dieser Klasse anschaue und die Zitate unter jedem Foto, dann sehe ich vor allem zwei Gruppen:

Viele bringen die Anerkennung für Liebe und Freundschaft zum Ausdruck, was einer Zeit angemessen ist, in der man von Freunden Abschied nimmt: „Freunde, die man liebt, verlässt man nie wirklich. Einen Teil von ihnen nimmt man mit und einen anderen Teil lässt man zurück." [Verfasser unbekannt].

Die anderen Zitate drücken Optimismus aus, manchmal gemischt mit etwas Beklommenheit in Bezug auf den weiteren Weg. Ja, nur schwer lässt sich an den Abschied von der *High School* denken, ohne die Metapher vom Leben als Reise heranzuziehen. Vier Schüler zitierten beispielsweise den Song von Cat Stevens: *On the Road to Find Out.*[3] Zwei zitierten George Washington: „Ich bin auf einem weiten Ozean, grenzenlos in seiner Aussicht, auf dem vielleicht kein sicherer Hafen zu finden ist."[4] Und ein Schüler zitierte folgenden Vers von Bruce Springsteen: „Ich habe ein paar Bier und die Autobahn ist frei und ich habe dich und du, Baby, hast mich."[5] Doch unter all diese Affirmationen über die grenzenlosen Möglichkeiten des Lebens mischt sich eine einzige mit einem düstereren Ton:

> *Wer nicht durch das Schwert oder durch Hunger umkommt, wird der Pest zum Opfer fallen, warum sich also rasieren?*
>
> WOODY ALLEN[6]

Und über diesen Worten steht *mein* Foto …

Ich scherzte damals nur teilweise. Während des vorangegangenen Jahres hatte ich eine Arbeit geschrieben, für die ich das Stück *Warten auf Godot* untersucht hatte; das ist Samuel Becketts existenzialistische Meditation über die Absurdität des Lebens in einer Welt ohne Gott und sie brachte mich zum Nachdenken. Ich war damals bereits Atheist und in meinem letzten Schuljahr beschäftigte ich mich geradezu zwanghaft mit der Frage nach dem Sinn des Lebens. Ich schrieb meine persönliche Bewerbung für die Zulassung zum College über das Thema Sinnlosigkeit des Lebens. Im Winter meines letzten Schuljahres befand ich mich in einer Art philosophischer Depression – keiner klinischen, nur einem alles durchdringenden Gefühl völliger Sinnlosigkeit. Im großen Plan, so glaubte ich, war es nicht wirklich wichtig, ob ich ins College aufgenommen oder ob die Erde von einem Asteroiden oder einem Atomkrieg zerstört würde.

Meine Verzweiflung war besonders komisch, weil mein Leben zum ersten Mal, seit ich vier Jahre alt war, perfekt war. Ich hatte eine wunderbare

Freundin, tolle Freunde und liebevolle Eltern. Ich war der Kapitän unseres Leichtathletikteams und, was für einen Siebzehnjährigen vielleicht am wichtigsten war, ich durfte in dem *Thunderbird*-Cabrio meines Vaters aus dem Jahr 1966 herumfahren. Dennoch fragte ich mich ständig, warum irgendetwas davon Bedeutung haben solle. Wie einer der Verfasser von Sprüchen in der Bibel dachte ich: „Alles ist Windhauch und Luftgespinst." (*Kohelet* 1, 14)

Schließlich entkam ich diesen Gedanken, nachdem ich eine Woche lang über Selbsttötung (als Abstraktum, nicht als Plan) nachgedacht hatte, denn dann drehte ich das Problem um. Es gibt keinen Gott und keinen von außen festgelegten Sinn des Lebens, so dachte ich, deshalb würde es in gewisser Hinsicht auch nichts ausmachen, wenn ich mich morgen umbrächte. Und: Sehr gut, dann ist alles *jenseits* von Morgen ein *Geschenk* ohne Bedingungen oder Erwartungen. Man muss am Ende des Lebens keine Prüfung bestehen, also kann man auch nicht durchfallen. Wenn das wirklich alles ist, warum dann nicht das Geschenk annehmen, statt es wegzuwerfen? Ich weiß nicht, ob diese Erkenntnis meine Stimmung hob oder ob eine sich bessernde Stimmung mir half, das Problem hoffnungsfroh aus einem neuen Blickwinkel zu betrachten; aber meine existenzielle Depression verging und ich *genoss* meine letzten Monate auf der *High School*.

Mein Interesse am Sinn des Lebens hielt jedoch an, deshalb studierte ich im Hauptfach Philosophie, wo ich allerdings nur wenige Antworten fand. Moderne Philosophen spezialisieren sich darauf, die Bedeutung von Wörtern zu analysieren, aber abgesehen von den Existenzialisten (die mein Problem ja gerade ausgelöst haben) hatten sie über den Sinn des Lebens wenig zu sagen. Erst als ich mein Graduiertenstudium in Psychologie begann, erkannte ich, warum die moderne Philosophie so steril erschien: Ihr fehlte ein tiefes Verständnis der menschlichen Natur. Die antiken Philosophen waren oft gute Psychologen, wie ich in diesem Buch gezeigt habe, doch als die moderne Philosophie sich der Erforschung der Logik und Rationalität verschrieb, verlor sie nach und nach das Interesse an der Psychologie und den Kontakt zum leidenschaftlichen, konkreten menschlichen Leben.

Es ist unmöglich, den „Sinn des Lebens" ganz abstrakt oder allgemein zu analysieren oder für ein mythisches Wesen oder für ein vollkommen rationales Wesen.[7] Nur indem man das Wesen *kennt*, das nun einmal unseres ist, mit einer komplexen mentalen und emotionalen Struktur, die wir nun einmal haben, kann überhaupt irgendjemand zu fragen beginnen, was zu einem sinnvollen Leben zu zählen wäre. (In den letzten Jahren ist die Philosophie „psychologischer“ und leidenschaftlicher geworden, was man ihr hoch anrechnen muss.)[8]

Als ich mit der Psychologie weitermachte und selbst über Ethik und Moral forschte, entdeckte ich, dass die Psychologie und verwandte Wissenschaften so viel über die Natur des Menschen aufgedeckt haben, dass jetzt eine Antwort möglich ist. Ja, den größten Teil der Antwort kennen wir seit hundert Jahren und viele weitere Teile haben sich in den letzten zehn Jahren zusammengefügt. In diesem Kapitel stelle ich *meine* Version einer psychologischen Antwort auf die Frage aller Fragen vor.

Wie lautete die Frage?

Die Frage „Was ist der Sinn des Lebens?“ könnte man als die „Heilige Frage“ bezeichnen, in Analogie zum „Heiligen Gral“: Die Suche danach ist edel und jeder sollte eine Antwort finden wollen, und doch erwarten nur wenige Menschen, dass eine zu finden ist. Deshalb verraten uns so viele Bücher und Filme, die vorgeben, uns eine Antwort auf die Heilige Frage zu geben, diese nur im Scherz. In dem Film *Per Anhalter durch die Galaxis* spuckt ein gigantischer Computer, der dafür entwickelt worden ist, die Heilige Frage zu beantworten, nach 7,5 Millionen Jahren Rechenzeit seine Lösung aus: „Zweiundvierzig.“[9]

In der Abschlussszene des Monty-Python-Films *Der Sinn des Lebens* erhält der Schauspieler Michael Palin (in Frauenkleidung) die Antwort auf die Heilige Frage und liest sie laut vor: „Seien Sie nett zu anderen, vermeiden Sie fettes Essen, lesen Sie gute Bücher, gehen Sie spazieren und versuchen Sie, mit allen Menschen in Frieden zu leben.“[10] Diese Antworten sind witzig, weil sie zwar *formal* gute Antworten sind, doch *inhaltlich* sind sie leer oder banal. Diese Parodien lassen uns über uns selbst lachen und wir fragen uns: Was hatte ich erwartet? Welche Art von Antwort *hätte* mich befriedigen können?

In der Philosophie lernte ich vor allem, *Fragen* zu analysieren, also wie man *vor* der Beantwortung genau klärt, wonach gefragt ist. Die Heilige Frage schreit geradezu nach einer Klärung. Wann immer wir fragen: „Was ist der Sinn von X?", was für eine Antwort *könnte* uns dann zufriedenstellen?

Meist wird der Sinn, die Bedeutung *definiert*. Beispiel: „Was ist der Sinn, die Bedeutung von ‚ananym'?" heißt also: „Definieren Sie mir bitte das Wort ‚ananym', damit ich es verstehe, wenn ich es lese." – Ich schlage im Wörterbuch nach und finde: „ein Pseudonym des richtig, aber *rückwärts* geschriebenen Namens."[11] Sehr gut! – Nächstes Beispiel: „Was bedeutet ‚Leben'?" Ich schlage wieder im Wörterbuch nach und finde 21 Bedeutungen, darunter etwa: „die Eigenschaft, durch die ein lebendiges und funktionales Wesen sich von einem toten Körper oder rein physikalisch-chemischer Materie unterscheidet". Oder: „die Zeitspanne von der Geburt bis zum Tod". Sackgasse. Das ist überhaupt nicht die richtige *Art* von Antwort. Wir fragen nämlich nicht nach dem *Wort* „Leben", wir fragen nach dem Leben selbst!

Bei einer zweiten Art von „Bedeutung" geht es um Symbolismus oder um das Ersetzen des Wortes. Falls Sie träumen, einen Keller zu durchsuchen und eine Falltür zu einem darunterliegenden Kellergeschoss finden, könnten Sie sich fragen: „Was bedeutet dieses tiefer liegende Kellergeschoss?" Der Psychologe C. G. Jung hatte einen solchen Traum[12] und kam zu der Schlussfolgerung, dass die *Bedeutung* des Kellergeschosses – also was es *symbolisierte* oder wofür es stand – das kollektive Unbewusste war, eine tiefe Schicht von Vorstellungen, die alle Menschen teilen. Doch das ist wieder eine Sackgasse. Das *Leben* symbolisiert nichts, steht für nichts oder deutet auf nichts hin. Das Leben selbst wollen wir verstehen.

Bei einer dritten Art, nach der *Bedeutung* zu fragen, bitten wir um Hilfe, wenn wir etwas verstehen wollen, und beziehen uns dabei meist auf Intentionen, Absichten oder Überzeugungen von Menschen. Stellen Sie sich vor, Sie kommen eine halbe Stunde zu spät in einen Film und müssen eine halbe Stunde vor Schluss wieder gehen. Später am Abend unterhalten Sie sich mit einem Freund, der den ganzen Film sah, und fragen ihn: „Was hatte das zu bedeuten, als der Kerl mit den Locken dem Kind zublinzelte?" Ihnen war bewusst, dass diese Szene für den Filmplot wichtig war und dass Sie für das Verständnis der Handlung bestimmte Fakten wissen mussten. Vielleicht war in den Eröffnungsszenen eine frühere Beziehung zwischen den beiden Personen gezeigt worden. Mit der Frage „Was bedeutete das Blinzeln?“ meint man eigentlich: „Was muss ich wissen, um das Blinzeln zu verstehen?“

Jetzt kommen wir der Sache schon näher, denn das Leben ist recht ähnlich einem Kinofilm, bei dem wir lange nach der Eröffnungsszene dazustoßen, und wir werden gehen müssen, bevor die meisten Handlungsstränge zum Ende kommen. Wir sind uns überaus bewusst, dass wir viel wissen müssen, wenn wir die paar verwirrenden Minuten verstehen wollen, in denen wir zuschauen. Freilich wissen wir nicht genau, *was* wir *nicht* wissen, deshalb können wir unsere *Frage* nicht gut formulieren. Wir fragen: „Was ist der Sinn des Lebens?“, erwarten darauf aber *keine direkte* Antwort (wie „zweiundvierzig“), sondern hoffen auf eine *erhellende* Antwort, auf eine, die uns zu einem Aha-Erlebnis verhilft, durch das Dinge, die wir vorher nicht verstanden oder als wichtig erkannt haben, plötzlich Sinn ergeben (wie es für Square in der dritten Dimension der Fall war).

Sobald die „Heilige Frage“ also umformuliert ist und jetzt bedeutet: „Sagen Sie mir etwas Erhellendes über das Leben!“, muss die Antwort etwas offenbaren, was Menschen erhellend finden. Es scheint *zwei Teilfragen* zu geben, auf die die Menschen sich Antworten zu wünschen und auf die sie Antworten erhellend finden.

1. Die erste könnte man die Frage nach dem Zweck, dem Sinn oder Grund *des* (!) Lebens nennen. „*Zu welchem Zweck* sind die Menschen auf die Erde gekommen? *Warum* sind wir hier?“

Darauf gibt es zwei Hauptkategorien von Antworten: Entweder Sie glauben an einen Gott, einen Geist, eine Intelligenz, der bzw. die die Idee, den Wunsch oder die Absicht hatte, die Welt zu erschaffen, oder Sie glauben an eine rein materielle Welt, in der diese Welt und Sie *nicht aus irgendeinem Grund* geschaffen wurden; alles *ereignete* sich einfach nur, während Materie und Energie sich den Naturgesetzen entsprechend gegenseitig beeinflussten (die, sobald das Leben erst einmal existierte, die Prinzipien der darwinistischen Evolution mit einschlossen). Religion wird oft *deshalb* als eine Antwort auf die Heilige Frage verstanden, weil viele Religionen die Teilfrage nach dem Zweck des Lebens so eindeutig beantworten. Wissenschaft und Religion werden oft als Gegenspieler betrachtet und tatsächlich *kämpfen* sie (weil sie *widersprüchliche* Antworten anbieten) in den USA darum, wer von beiden für sich in Anspruch nehmen darf, die *richtige* Interpretation der *Evolution* zu liefern.

2. Die zweite Teilfrage erkundigt sich nach dem Zweck oder Sinn *im* (!) Leben: „*Wie* soll ich leben? Was soll ich *tun*, damit mein Leben gut, glücklich, erfüllt und *sinnvoll* ist?“

Wenn Menschen die Heilige Frage stellen, dann hoffen Sie unter anderem auf eine Reihe von Prinzipien oder Zielen, die ihr Handeln leiten und ihren Entscheidungen Sinn oder Wert verleihen. (Deshalb ist die Antwort im Monty-Python-Film der Form nach korrekt: „Seien Sie nett zu anderen, vermeiden Sie fettes Essen ...“). Aristoteles fragte nach der *areté* (Vortrefflichkeit/Tugend) und nach dem *télos* (Zweck/Ziel) und er verwendet die Metapher, wonach Menschen den Bogenschützen gleichen, die ein eindeutiges Ziel brauchen, das sie anvisieren können.[13] Ohne Zielscheibe oder Ziel bleibt man auf der Stufe des Tieres: Lassen Sie – um bei unserer Metapher zu bleiben – einfach den Elefanten umherschweifen oder grasen, wie es ihm gefällt. Und weil Elefanten in Herden leben, tut man letzten Endes das, was alle anderen auch tun. Doch der menschliche Geist hat einen Reiter, und wenn der Reiter im Jugendalter abstrakter zu denken beginnt, mag eine Zeit kommen, in der er sich umschaut, über die Herde hinaus, und fragt: Wohin gehen wir alle? Und warum?

So ging es mir während meines letzten Jahres auf der *High School*. In meinem jugendlichen Existenzialismus habe ich die beiden Teilfragen verknüpft. Weil ich die wissenschaftliche Antwort auf die Frage nach dem Zweck *des* Lebens akzeptierte, hielt ich es für unmöglich, einen Zweck *im* Leben zu finden. Diesen Fehler konnte man leicht begehen, denn viele Religionen lehren, dass die beiden Fragen untrennbar miteinander verbunden sind. Wenn man glaubt, dass Gott einen selbst als Teil seines Planes erschaffen hat, dann kann man sich ausrechnen, wie man leben sollte, um die eigene Rolle ordentlich auszufüllen. *Leben mit Vision*[14] zeigt den Lesern in einem 42-Tage-Kurs, wie sie aus der theologischen Antwort auf die Frage nach dem Zweck des Lebens heraus Zweck *im* Leben finden.

Die beiden Fragen lassen sich jedoch trennen. Die erste fragt von außen nach dem Leben; sie betrachtet die Menschen, die Erde und die Sterne als *Objekte* – „Warum existieren *sie* alle?“ – und diese Frage wird am besten von Theologen, Physiker und Biologen beantwortet. Bei der zweiten Frage geht es um das Leben von innen, als *Subjekt* – „Wie kann *ich* ein Gefühl von Sinn und Zweck finden?" – und diese Frage können Theologen, Philosophen und Psychologen am ehesten beantworten. Die zweite Frage ist eigentlich empirisch – eine Frage nach Fakten, die wissenschaftlich untersucht werden kann: Warum ist das Leben mancher Menschen voll Würze, Engagement und Sinn, wohingegen andere ihr Leben als leer und sinnlos empfinden? Im weiteren Verlauf dieses Kapitels möchte ich die Frage nach dem Sinn *des* Lebens außer Acht lassen und nach Faktoren suchen, die ein Gefühl von Sinn *im* Leben entstehen lassen.

Liebe und Arbeit

Wenn ein Computer kaputt geht, kommt er nicht von selbst wieder in Ordnung. Man muss ihn aufschrauben und den Fehler beheben oder ihn von einem Fachmann neu programmieren lassen. Die Computermetapher hat unser Denken so sehr durchdrungen, dass wir Menschen bisweilen als Computer ansehen und Psychotherapie als Reparaturwerkstatt oder eine Art Neuprogrammierung. Aber Menschen sind keine Computer und sie genesen gewöhnlich bei fast allem, was ihnen widerfährt, von selbst.[15] Menschen sind wie Pflanzen, diese Metapher erscheint mir treffender. Während meines Graduiertenstudiums hatte ich vor dem Haus in Philadelphia einen kleinen Garten. Ich hatte keinen grünen Daumen und reiste im Sommer viel, deshalb verkümmerten meine Pflanzen und gingen fast ein. Doch das Erstaunlichste, was ich dabei über Pflanzen lernte, ist, dass sie sich unter günstigen Bedingungen erholen und wieder aufblühen, solange sie nicht völlig eingegangen sind. Man kann eine Pflanze nicht „reparieren"; man kann ihr nur die richtigen Bedingungen zukommen lassen – Wasser, Sonne und Erde – und dann warten. Den Rest macht sie allein.

Wenn wir Menschen mit Pflanzen vergleichbar sind, welche Bedingungen brauchen wir dann, um aufzublühen? Die Glücksformel aus Kapitel 5 lautete:

G (Glücklichsein) =
S (Sollwert) + L (Lebensbedingungen) +
A (freiwillige Aktivitäten)

Wofür genau steht L? Der größte Teil von L ist, wie ich in Kapitel 6 sagte, die Liebe. Kein Mann, keine Frau, kein Kind ist eine Insel. Wir sind ultrasoziale Lebewesen und wir können nicht glücklich sein ohne Freunde und sichere Bindungen zu anderen Menschen. Der zweitwichtigste Anteil von L besteht darin, die richtigen Ziele zu haben und zu verfolgen, um Zustände von *Flow* und innerem Engagement auszulösen. In der heutigen Welt können Menschen vielerorts Ziele und Flow finden, doch die meisten Menschen finden sie in ihrer Arbeit.[16] (Ich fasse die Definition von Arbeit sehr weit, sodass die Antwort auf die Frage „Und was machen Sie?" Antworten mit einschließt wie: „Ich bin Student." oder „Ich kümmere mich um meine Kinder". Beide sind gute Antworten.)

Liebe und Arbeit sind für die Menschen offensichtlich ähnlich wichtig wie Sonne und Wasser für die Pflanzen.[17] Als Freud gefragt wurde, was ein normaler Mensch gut können sollte, antwortete er (so wird berichtet): „Liebe und Arbeit."[18] Wenn eine Psychotherapie Menschen in diesen beiden Bereichen unterstützt, dann ist sie erfolgreich. Sobald die Menschen in Maslows berühmter Bedürfnispyramide ihre körperlichen Bedürfnisse erfüllt haben (diejenigen nach Nahrung und Sicherheit), gehen sie zum nächsten, dem Bedürfnis nach Liebe und Anerkennung, das man überwiegend durch die eigene Arbeit befriedigt. Schon vor Freud schrieb Leo Tolstoi:

> *Man kann wunderbar auf dieser Welt leben, wenn man zu arbeiten und zu lieben versteht: für den Menschen zu arbeiten, den man liebt, und die eigene Arbeit zu lieben.*[19]

Da ich bereits weiter vorne alles über Liebe gesagt habe, was ich sagen wollte, gehe ich hier nicht weiter darauf ein. Aber ich muss noch vieles über die Arbeit sagen.

Als Harry Harlow seine Studenten in den Zoo führte, waren sie überrascht, dass die (Menschen-)Affen die Rätsel aus reinem Spaß lösten. Der Behaviorismus konnte ein solches nicht verstärktes Verhalten nicht erklären. 1959 zog der Harvard-Psychologe Robert White, nachdem er die Forschung des Behaviorismus und der Psychoanalyse sorgfältig geprüft hatte[20], den Schluss, dass beide Theorien etwas ausgelassen hätten, was Harlow aufgefallen war: den eindeutigen Beweis, dass Menschen und viele andere Säugetiere einen Grundtrieb haben, *Dinge zu veranlassen oder etwas in Bewegung zu bringen.* Das ist leicht an der Freude zu sehen, die

Kleinkinder mit Aktivspielzeug haben, bei dem durch Armbewegungen Glocken ertönen und Räder sich drehen. Man sieht es auch an den Spielsachen, zu denen sich ältere Kinder hingezogen fühlen. Ich sehnte mich als Junge am meisten nach solchen, mit denen ich auf eine Entfernung etwas bewegen oder tun konnte: ferngesteuerte Autos, Pistolen mit Plastikmunition und alle Arten von Raketen oder Flugzeugen. Und man sieht es an der Lethargie, die Menschen oft überkommt, sobald sie aufhören zu arbeiten, sei es, weil ihnen gekündigt wurde, weil sie in den Ruhestand getreten sind oder im Lotto gewonnen haben.

Psychologen bezeichnen diesen Grundtrieb als das Bedürfnis nach Kompetenz, nach Wirksamkeit oder Souveränität. White nannte ihn *effectance motive*, das „Wirksamkeitsmotiv“, das er als das Bedürfnis oder den Trieb definierte, Kompetenz zu entwickeln, indem man auf seine Umgebung einwirkt und sie kontrolliert. Wirksamkeit ist ein fast so bedeutender Grundtrieb wie der nach Nahrung und Wasser, und doch ist sie kein Defizitbedürfnis, wie Hunger, der gestillt wird und dann für einige Stunden verschwindet. Vielmehr ist Wirksamkeit, wie White sagte, in unserem Leben ständig präsent:

> *Sich mit der Umgebung zu beschäftigen bedeutet, ständig Aufgaben zu erledigen, die nach und nach unsere Beziehung zur Umgebung verändern. Weil es keinen abschließenden Höhepunkt gibt, muss die Befriedigung in einer Vielzahl von Aufgaben gesehen werden, in einer Verhaltenstendenz statt in einem Ziel, das man erreicht.*[21]

Mit dem Wirksamkeitsmotiv lässt sich das Fortschrittsprinzip erklären: Auf unser Ziel hin *Fortschritte* zu machen, das macht uns mehr Freude, als es zu *erreichen*, denn, wie Shakespeare sagte: „Ahnung ist Lust.“[22]

Wir können nun die modernen Arbeitsbedingungen betrachten. Karl Marx’ Kapitalismuskritik[23] basierte zum Teil auf seiner gerechtfertigten Behauptung, dass die industrielle Revolution die historische Beziehung zwischen den Handwerkern und den Waren, die sie herstellten, zerstört habe. Fließbandarbeit machte Menschen zu Rädchen in einer riesigen Maschinerie und diese kümmerte sich nicht um das Wirksamkeitsbedürfnis der Arbeiter. Spätere Untersuchungen über die Zufriedenheit am Arbeitsplatz bestätigten Marx’ Kritik, ergänzten aber Kleinigkeiten. 1964 befragten die Soziologen Melvin Kohn und Carmi Schooler[24] 3100 Amerikaner über ihre Arbeitsplätze und stellten Folgendes fest: Der Schlüssel für das Verständnis, welche Arbeitsplätze zufrieden stellen, liegt in der von ihnen so genannten „Selbststeuerung am Arbeitsplatz". Männer, die in ihren wenig komplexen, mit viel Routine verbundenen Jobs streng beaufsichtigt wurden, zeigten die stärkste Entfremdung (sie fühlten sich machtlos, unzufrieden und getrennt von ihrer Arbeit). Männer, die mehr Entscheidungsspielraum hatten, wie sie ihre abwechslungsreiche und anspruchsvolle Arbeit angehen konnten, neigten zu mehr Freude an ihrer Arbeit. Wenn Arbeiter Selbststeuerung am Arbeitsplatz hatten, war ihre Arbeit oft befriedigend.

Die neuere Forschung hat festgestellt, dass die meisten Menschen ihre Arbeit auf eine von drei Arten angehen: als einen Job, eine Karriere oder eine Berufung.[25]

- Wenn Sie Ihre Arbeit als *Job* sehen, dann arbeiten Sie nur wegen des Geldes, Sie schauen häufig auf die Uhr, während Sie vom nächsten Wochenende träumen, und Sie gehen wahrscheinlich Hobbys nach, die Ihr Wirksamkeitsbedürfnis besser befriedigen als Ihre Arbeit.
- Wenn Sie Ihre Arbeit als *Karriere* sehen, dann streben Sie nach Weiterkommen, Beförderung und Ansehen. Das Verfolgen dieser Ziele gibt Ihnen oft Energie und manchmal nehmen Sie auch Arbeit mit nach Hause, weil Sie sie ordentlich erledigen wollen. Und doch wundern Sie sich bisweilen, warum Sie so hart arbeiten. Vielleicht betrachten Sie die Arbeit gelegentlich auch als ein Wettrennen, bei dem die Leute um des Konkurrierens willen konkurrieren.
- Wenn Sie Ihre Arbeit als *Berufung* betrachten, dann empfinden Sie sie als an sich erfüllend – Sie tun sie nicht, um etwas anderes zu erreichen. Sie sehen sie als Beitrag zu einem höheren Gut oder sehen den Sinn darin, bei einer größeren Unternehmung eine Rolle zu spielen, deren Wert Ihnen klar ist. Sie erleben während eines Arbeitstages häufiger Flow-Zustände und Sie freuen sich weder auf den Ruhestand noch wollen Sie hinausposaunen: „Gott sei Dank ist jetzt Freitag!" Wenn Sie plötzlich sehr reich wären, würden Sie auch unbezahlt weiterarbeiten.

Man könnte meinen, Arbeiter im „Blaumann" hätten Jobs, Manager hätten Karrieren und die angeseheneren Berufe (etwa Ärzte, Wissenschaftler oder Kleriker) folgten ihrer Berufung. Zwar ist an dieser Erwartung etwas

Wahres dran, doch wir können hier Marc Aurel paraphrasieren und sagen: „Die Arbeit selbst ist so, wie wir sie wahrnehmen.“ Amy Wrzesniewski, eine Psychologin von der New Yorker Universität, findet alle drei Ausrichtungen in praktisch allen Berufen, die sie untersucht hat.[26] In einer Studie mit Krankenhausmitarbeitern etwa fand sie heraus, dass die Reinigungskräfte, die Bettpfannen ausleerten und Erbrochenes aufwischten – vielleicht die niedrigsten Arbeiten in einem Krankenhaus –, sich manchmal als Mitglieder eines Teams empfanden, dessen Ziel es war, Leute zu heilen. Sie taten mehr als die Mindestanforderungen, indem sie zum Beispiel die Zimmer schwer kranker Patienten freundlicher machten oder die Bedürfnisse der Ärzte und Schwestern vorwegnahmen, statt auf Anweisungen zu warten. Dadurch erhöhten sie ihre Selbststeuerung am Arbeitsplatz und gestalteten sich Arbeitsplätze, die ihr Wirksamkeitsbedürfnis befriedigten. Diese Reinigungskräfte sahen ihre Arbeit als Berufung und empfanden viel mehr Freude als solche Kräfte, die die Arbeit als Job ansahen.

Die optimistische Schlussfolgerung aus dieser Untersuchung der Positiven Psychologie lautet, dass die meisten Menschen Befriedigung aus ihrer Arbeit ziehen können. Der erste Schritt besteht darin, Ihre Stärken zu kennen. Machen Sie den Test zu Ihren Stärken[27] und suchen Sie sich dann eine Arbeit, bei der Sie Ihre Stärken jeden Tag einsetzen können – wodurch Sie sich zumindest dann und wann einen Augenblick des Flows verschaffen können. Falls Sie gerade in einem Job stecken, der Ihren Stärken nicht entspricht, dann betrachten Sie ihn aus einem neuen Blickwinkel und gestalten Sie ihn so um, dass er Ihnen entspricht. Vielleicht müssen Sie eine Zeitlang mehr arbeiten, wie die Reinigungskräfte im Krankenhaus, die ihre Stärken (Freundlichkeit, Liebenswürdigkeit, emotionale Intelligenz oder Einsatz für die Gemeinschaft) auslebten. Falls Sie Ihre Stärken einsetzen *können*, werden Sie die Arbeit als lohnender empfinden; und mit diesem Gefühl der Belohnung gehen Sie positiver und offener an Ihre Arbeit heran und damit erkennen Sie leichter das größere Bild[28], Ihren Beitrag zu einer großen Unternehmung, innerhalb derer Ihr Job sich in eine Berufung verwandeln kann.

Idealerweise geht es bei Arbeit dann um Verbindung, Verbindlichkeit und Engagement. Der Schriftsteller Khalil Gibran formuliert es so: „Arbeit ist sichtbar gemachte Liebe.“ Er wiederholt damit Tolstoi und führt Beispiele für die mit Liebe getane Arbeit an:

Es heißt, das Tuch mit Fäden weben,
die aus eueren Herzen gezogen sind,
als solle euer Geliebter dieses Tuch tragen.

Es heißt, ein Haus mit Zuneigung bauen,
als solle eure Geliebte in dem Haus wohnen.

Es heißt, den Samen mit Zärtlichkeit säen
und die Ernte mit Freude einbringen,
als solle euer Geliebter die Frucht essen.[29]

Liebe und Arbeit sind entscheidend für das Glücklichsein der Menschen, denn wenn sie gelingen, locken sie uns aus uns selbst heraus und verbinden uns mit Menschen und Projekten jenseits von uns selbst. Glücklich sind wir dann, wenn wir diese Verbindungen gut hinbekommen. Glücklichsein kommt nicht von innen, wie Buddha und Epiktet vermuteten, oder von einer Kombination innerer und äußerer Faktoren (wie ich als Notbehelf am Ende des 5. Kapitels vorschlug). Die richtige Version der Glückshypothese, lautet, wie ich weiter unten erläutern werde:

Glücklichsein kommt von „dazwischen".

Lebendiges Engagement

Pflanzen gedeihen unter bestimmten Bedingungen und die Biologen können uns inzwischen sagen, wie Sonnenlicht und Wasser in Pflanzenwachstum umgewandelt werden. Menschen gedeihen ebenfalls unter bestimmten Bedingungen und die Psychologen können uns sagen, wie Liebe und Arbeit in Glücklichsein und in ein Gefühl für Sinn umgewandelt werden.

Der Mann, der den Flow-Zustand entdeckte, Mihalyi Csikszentmihalyi, denkt in großen Kategorien. Er gab sich nicht damit zufrieden, Momente des Flow-Zustandes zu untersuchen (indem er Leute mehrmals täglich anpiepste), sondern er wollte wissen, welche Rolle der Flow-Zustand im ganzen Leben spielt, besonders im Leben kreativer Menschen. Deshalb wandte er sich an die Experten: erfolgreiche Vorbilder in Kunst und Wissenschaft. Mit seinen Studenten interviewte er Hunderte von erfolgreichen Malern, Tänzern, Dichtern, Romanciers, Ärzten, Biologen und Psychologen – lauter Menschen, die es anscheinend geschafft haben, ihr Leben um eine glühende Leidenschaft herum zu gestalten. Diese Lebensentwürfe sind wunderbar, erstrebenswert, von der Art, wie viele junge Leute sie sich erträumen, wenn sie diese Persönlichkeiten als Vorbilder betrachten. Csikszentmihalyi wollte wissen, wie solche Lebensentwürfe zustande kamen. Wie kommt es, dass sich ein Mensch derart einem Fachgebiet verschreibt und dann so außerordentlich kreativ wird?

Seine Interviews zeigten, dass jeder Weg einzigartig ist, dass aber doch die meisten in die gleiche Richtung gingen: von anfänglichem Interesse und Vergnügen mit kurzen Flow-Zuständen über eine Beziehung hin zu Menschen, zum Üben und zu Werten, die sich über viele Jahre hinweg vertieften, und so immer längere Zeiträume des Flow-Zustandes ermöglichten. Csikszentmihalyi und seine Studenten, insbesondere Jeanne Nakamura, haben den Endzustand dieses Vertiefungsprozesses untersucht und ihn lebendiges Engagement (*vital engagement*) genannt; sie definieren ihn als eine Beziehung zur Welt, die sowohl von Flow-Erfahrungen (freudigem Aufgehen in einer Aufgabe) und von Sinn (subjektive Bedeutsamkeit) geprägt ist.[30]

Lebendiges Engagement ist ein anderer Ausdruck dafür, dass Arbeit sichtbar gemachte Liebe ist; Nakamura und Csikszentmihalyi beschreiben lebendiges Engagement sogar mit Worten, die aus einem Liebesroman stammen könnten: Die Verbindung zwischen dem Selbst und dem Objekt wird intensiv empfunden; ein Schriftsteller wird von einem Projekt „mitgerissen“, ein Wissenschaftler ist von den Sternen „hypnotisiert“. Die Beziehung ist subjektiv bedeutsam; die Arbeit ist eine Berufung.[31]

Lebendiges Engagement ist ein subtiles Konzept und in meinem ersten Seminar, das ich über Positive Psychologie hielt, verstanden die Studenten es nicht. Ich dachte, ein Beispiel würde vielleicht helfen, deshalb rief ich eine Frau auf, die im Kurs zwar nicht viel gesagt, aber einmal ihr Interesse an Pferden erwähnt hatte. Ich bat Katherine, uns zu erzählen, wie sie zum Reiten gekommen war.

Zum Beispiel Katherine:

Sie berichtete von ihrer Tierliebe schon in ihrer Kindheit und besonders von ihrer Liebe zu Pferden. Als sie zehn Jahre alt war, bat sie ihre Eltern, Reitstunden nehmen zu dürfen, diese willigten ein. Erst ritt sie zum Spaß, aber schon bald nahm sie an Turnieren teil. Als sie sich für ein College entscheiden musste, entschied sie sich für die Universität von Virginia, teilweise auch wegen des hervorragenden Reitteams.

Katherine war schüchtern und nachdem sie diese Fakten erzählt hatte, hielt sie inne. Sie hatte uns über ihr wachsendes Interesse an Pferden erzählt, doch lebendiges Engagement ist noch mehr. Ich bohrte weiter. Ich fragte, ob sie uns die Namen bestimmter Pferde aus früheren Jahrhunderten nennen könne. Sie lächelte und sagte, fast als plaudere sie ein Geheimnis aus, dass sie über Pferde zu lesen begonnen habe, als sie mit dem Reiten anfing, und dass sie viel über die Geschichte der Pferde und über berühmte Pferde in der Geschichte wusste. Ich fragte sie, ob sie über das Reiten Freundschaften geschlossen habe, und sie berichtete, dass die meisten ihrer engen Freunde „Pferdefreunde" seien, also Menschen, die sie von Reitturnieren oder gemeinsamen Ritten her kenne.

Während sie sprach, wurde sie lebhafter und souveräner. Aus ihrem Verhalten und ihren Worten wurde klar, dass Katherine im Reiten lebendiges Engagement erlebte. Wie Nakamura und Csikszentmihalyi gesagt hatten, erwuchs aus ihrem anfänglichen Interesse eine immer tiefer gehende Beziehung, ein immer dichter werdendes Netz, das sie mit einer Aktivität, einer Tradition und einer Gemeinschaft verband. Reiten war für Katherine zu einer Quelle des Flow-Zustandes geworden, einer Quelle der Freude, der Identität, der Wirksamkeit und der Verbundenheit. Reiten war ein Teil ihrer Antwort auf die Frage nach dem Sinn in ihrem Leben.

Lebendiges Engagement findet sich nicht in der Person oder in der Umgebung; es existiert *in der Beziehung zwischen* beiden. Das Netz des Sinns, das Katherine umgab, wurde im Laufe vieler Jahre allmählich immer dichter.

Genau dieses lebendige Engagement hat mir in meinem letzten Schuljahr an der High School gefehlt. Ich hatte Liebe, ich hatte Arbeit (in Form von Kursen, die mich in einem vernünftigen Rahmen forderten), aber meine Arbeit war nicht Teil eines größeren Projekts, ich wollte damit nur ins College kommen. Ja, es war genau dann, als das Projekt College auslief, als ich mich am College beworben hatte und in der Schwebe war, nicht wissend, wohin ich als Nächstes gehen würde – genau da lähmte mich die Heilige Frage.

Ob Sie die richtige Beziehung zu Ihrer Arbeit finden, hängt nicht allein von Ihnen ab. Manche Tätigkeiten sind geradezu maßgeschneidert für lebendiges Engagement; bei anderen ist das schwieriger. Als die Zwänge des Marktes in den neunziger Jahren in den USA viele Berufe umgestalteten – Medizin, Journalismus, Wissenschaft, Bildung und Künste –, da begannen die in diesen Fachgebieten Tätigen darüber zu klagen, dass das erbarmungslose und verstärkte Profitstreben die Qualität der Arbeit und die Lebensqualität bisweilen beeinträchtigten.

Csikszentmihalyi tat sich mit zwei anderen führenden Psychologen zusammen – Howard Gardner von Harvard und William Damon von Stanford –, um diese Veränderungen zu untersuchen und herauszufinden, warum manche Berufszweige gesund erschienen, während andere krank wurden. Sie suchten sich die Genetik und den Journalismus als Fallbeispiele heraus und führten mit Vertretern beider Bereiche Dutzende von Interviews. Ihre Schlussfolgerung[32] ist so tiefgründig wie einfach:

> Ein Berufsfeld ist dann gesund, wenn man durch gute Arbeit (eine qualitativ hochwertige Arbeit, die anderen nützt) gut dran ist, das heißt, wenn man in diesem Bereich gut verdient und beruflich vorankommt.

Die Genetik beispielsweise ist ein gesundes Berufsfeld, weil alle Beteiligten herausragendes wissenschaftliches Arbeiten respektieren und belohnen. Selbst als Pharmaunternehmen in den neunziger Jahren enorme Summen in Forschungslabors an Universitäten investierten, hatten die Wissenschaftler, die Csikszentmihalyi, Gardner und Damon befragten, nicht den

Eindruck, dass sie dadurch ihre Standards senken und betrügen, lügen oder ihre Seele verkaufen müssten. Die Genetiker glaubten, dass ihr Fachgebiet sich in einem goldenen Zeitalter befinde, in dem ausgezeichnete Arbeit der Öffentlichkeit, den Pharmafirmen, den Universitäten und den Wissenschaftlern selbst großen Nutzen bringe.

Die Journalisten andererseits waren in Schwierigkeiten. Die meisten von ihnen waren mit hohen Idealen an den Journalismus herangegangen – Respekt vor der Wahrheit, dem Wunsch, eine Veränderung in der Welt zu bewirken, und der festen Überzeugung, dass eine freie Presse die Demokratie entscheidend unterstütze. Doch in den neunziger Jahren hatten der Niedergang von Zeitungen, die von Familienunternehmen herausgegeben wurden, und die entstehenden Medienimperien den amerikanischen Journalismus in ein weiteres „Profit-Center" verwandelt, in dem es nur darum ging: Was verkauft sich und was verkauft sich besser als die Nachrichten der Konkurrenten? Guter Journalismus war manchmal schlecht für's Geschäft. Schauermärchen, Übertreibung, erfundene Konflikte und Sexskandale, alles in winzige, leicht verdauliche Häppchen geschnitten, brachten oft mehr Gewinn. Viele Journalisten, die für diese Imperien arbeiteten, sagten, sie fühlten sich gezwungen, sich selbst zu verraten und ihren ethisch-moralischen Werten zuwiderzuhandeln. Ihre Welt war nicht stimmig und sie konnten sich nicht wirklich engagieren für die unwürdige Mission, um jeden Preis Marktanteile zu gewinnen.

Kohärenz zwischen verschiedenen Ebenen

Das Wort „Kohärenz" (*coherence*) bedeutet wörtlich Zusammenhang oder Zusammenhalt, doch gewöhnlich wird damit ein System, eine Idee oder eine Weltanschauung bezeichnet, deren Teile widerspruchsfrei und effizient „zusammenpassen". Kohärentes funktioniert gut: Eine kohärente Weltanschauung kann fast alles erklären, eine inkohärente stolpert über innere Widersprüche. Ein kohärentes Fachgebiet wie die Genetik kann sich auf die Themen der Genetik konzentrieren – ein inkohärentes Berufsfeld wie Journalismus analysiert und kritisiert sich viel selbst: Die meisten Menschen wissen, dass es ein Problem gibt, aber sie können sich nicht einigen, was sie dagegen tun sollen.[33]

Wann immer ein System auf verschiedenen Ebenen analysiert werden kann, tritt eine besondere Art von Kohärenz auf, wenn die Ebenen ineinandergreifen und sich miteinander verflechten. Solch eine Kohärenz zwischen verschiedenen Ebenen sahen wir bei der Persönlichkeitsanalyse: Wenn Ihre Wesensmerkmale der unteren Ebenen zu Ihren Bewältigungsmechanismen passen, die wiederum mit Ihrer Lebensgeschichte im Einklang sind, dann ist Ihre Persönlichkeit stimmig und Sie können sich Ihrem Leben widmen. Stimmen diese Ebenen nicht überein, dann werden Sie wahrscheinlich von inneren Widersprüchen und neurotischen Konflikten zerrissen.[34] Eventuell „brauchen" Sie dann ein Unglück, um sich innerlich auszurichten. Und wenn Sie dann kohärent werden, kann der Moment, in dem sich die Teile zusammenfügen, einer der tiefgehendsten Ihres Lebens sein. Wie bei einem Kinobesucher, der im Nachhinein erkennt, was er in der ersten Hälfte verpasst hat, wird Ihr Leben plötzlich mehr Sinn ergeben. Kohärenz zwischen den verschiedenen Ebenen zu finden fühlt sich sehr erleichternd bzw. erhellend an, und nur mit dieser Kohärenz ist die Frage nach dem Sinn im Leben zu beantworten.[35]

Auch in anderer Hinsicht sind wir Menschen mehrstufige Systeme: Wir sind *materielle* Objekte (Körper und Gehirne), aus denen der *Geist* irgendwie auftaucht; und aus unserem Geist bilden sich irgendwie *Gesellschaften* und *Kulturen*.[36] Um uns selbst vollständig zu verstehen, müssen wir alle drei Ebenen untersuchen – die körperliche, psychische und die soziokulturelle. Lange Zeit war die akademische Arbeit aufgeteilt: Die Biologen untersuchten das Gehirn als materiellen Gegenstand, die Psychologen widmeten sich dem Geist und die Soziologen und Anthropologen beschäftigten sich mit der gesellschaftlich gestalteten Umgebung, in der sich der Geist entwickelt und funktioniert.

Doch eine Arbeitsteilung ist nur dann ergiebig, wenn die Aufgaben kohärent sind – wenn alle Arbeitsgänge schließlich in einen zusammenlaufen und etwas Größeres ergeben als die Summe der Teile. Das ist im 20. Jahrhundert in weiten Bereichen nicht geschehen – jeder Fachbereich ignorierte die anderen und konzentrierte sich auf seine eigenen Fragen. Heutzutage blüht die interdisziplinäre Arbeit und verbreitet sich von der mittleren Ebene (der Psychologie) aus über Brücken (oder vielleicht Leitern) hinunter auf die physische Ebene (etwa zu den kognitiven Neurowissenschaften) und hinauf auf die soziokulturelle Ebene (etwa zur

Kulturpsychologie). Diese Wissenschaften verbinden sich und erzeugen eine Kohärenz zwischen verschiedenen Ebenen – und wie durch ein Wunder beginnen neue Ideen aufzutauchen.

Hier ist eine der tiefgreifendsten Ideen, die sich aus der aktuellen Synthese ergab:

> Menschen bekommen ein Gefühl von Sinn, wenn ihr Leben über die drei Existenzebenen hinweg kohärent ist.[37]

Am besten kann ich diese Vorstellung verdeutlichen, wenn ich Sie noch einmal mit nach Bhubaneswar in Indien mitnehme. Die Logik der Reinheit und Verunreinigung habe ich schon erklärt, sodass Sie verstehen, warum die Hindus baden, bevor sie den Göttern opfern, und warum sie sorgfältig darauf achten, was sie auf dem Weg zum Tempel berühren. Sie verstehen, warum der Kontakt mit einem Hund, einer menstruierenden Frau oder einem Menschen aus einer niederen Kaste einen Menschen einer hohen Kaste vorübergehend verunreinigen kann und er dann nicht opfern kann. Doch Sie verstehen das alles nur auf der geistigen Ebene und selbst da nur als verschiedene Voraussetzungen, die der Reiter erfasst und als explizites Wissen speichert. Sie fühlen sich nicht verunreinigt, wenn Sie eine Frau, von der Sie wissen, dass sie gerade menstruiert, am Arm berühren; Sie wissen nicht einmal, wie es sich anfühlen würde, in dieser Weise verunreinigt zu sein.

Doch nehmen Sie einmal an, Sie wachsen als Brahmane in Bhubaneswar auf. Jeden Tag Ihres Lebens haben Sie die unsichtbaren Grenzen respektiert, die reine vom profanen Orten trennen, und Sie müssen die unterschiedlichen Reinheitsgrade von Menschen beachten, bevor Sie sie berühren oder etwas aus ihren Händen annehmen können. Sie baden mehrmals täglich – kurze Bäder oder kurzes Eintauchen in heiliges Wasser – bevor Sie ein religiöses Opfer bringen. Und Ihre Opfer sind nicht nur Worte: Sie geben Gott ganz real Essen (der Priester berührt mit Ihrer Gabe das Bild, die Ikone oder einen Gegenstand im Allerheiligsten), dann bekommen Sie es wieder zurück, sodass Sie essen können, was Gott übrig gelassen hat. Die Reste von jemandem zu essen bedeutet die Bereitschaft, den Speichel dieses Menschen in sich aufzunehmen, was in Bhubaneswar sowohl Intimität wie auch Unterordnung bedeutet. Die Reste Gottes zu essen ist ein Akt der Intimität und der Unterordnung.

Nach zwanzig Jahren solcher Praktiken sind Ihnen die Hindu-Rituale in *Fleisch und Blut* übergegangen. Ihr explizites Verständnis stützt sich auf hundert Körperempfindungen: ein Frösteln während des Morgenbades bei Sonnenaufgang; das Vergnügen, den Staub abzuwaschen und frische Kleidung anzuziehen nach einem Bad an einem heißen Nachmittag; das Gefühl nackter Füße auf kühlen Steinböden, wenn Sie sich dem Allerheiligsten nähern; der Geruch von Räucherwerk; der Klang, wenn Menschen auf Sanskrit ihre Gebete murmeln; der fade (reine) Geschmack von Reis, der Ihnen von Gott zurückgegeben wird. Auf all diese Arten hat sich Ihr Verständnis auf der geistigen Ebene nach unten in ihre Körperlichkeit verteilt und wenn sich die konzeptuelle und die körperliche Ebene verbinden, dann *fühlen* sich die Rituale richtig für Sie an.

Ihr Verständnis des Rituals dehnt sich auch auf die soziokulturelle Ebene hinauf aus. Sie sind eingetaucht in eine 4000 Jahre alte religiöse Tradition, aus der die meisten Geschichten stammen, die Sie als Kind hörten, und in denen es oft um Reinheit und Verunreinigung ging. Der Hinduismus strukturiert Ihren sozialen Raum durch ein Kastensystem, das auf der Reinheit und Verunreinigung verschiedener Berufe beruht, und er strukturiert Ihren äußeren Raum durch die Beschreibung von Reinheit und Verunreinigung, wodurch Tempel, Küchen und die rechten Hände rein bleiben. Der Hinduismus bietet Ihnen auch eine Kosmologie, in der Seelen wiedergeboren werden und dabei in der vertikalen Dimension der Göttlichkeit auf- oder absteigen.

Jedes Mal, wenn Sie Gott opfern, sind die drei Ebenen Ihrer Existenz im Einklang und miteinander verzahnt. Ihre Körperempfindungen und bewussten Gedanken stimmen mit Ihrem Handeln überein und alles ergibt innerhalb der größeren Kultur, der Sie angehören, vollkommenen Sinn. Während Sie Gott opfern, denken Sie nicht: „Was soll das alles? Warum tue ich das?“ Sie erleben Ihr Handeln einfach als sinnvoll. Das geschieht automatisch, wenn die Ebenen untereinander kohärent sind. Wieder einmal kommt Glücklichsein – oder ein Gefühl von Sinnhaftigkeit, das unsere Erfahrung bereichert – von „dazwischen“.

Denken Sie im Gegensatz dazu an das letzte *leere* Ritual zurück, an dem Sie teilnahmen. Vielleicht wurden Sie gebeten, sich mit einer Gruppe von Fremden an den Händen zu fassen und mit diesen Leuten zu singen, während Sie an einem Hochzeitsgottesdienst von Freunden teilnahmen, die einer anderen Religion angehören. Vielleicht haben Sie an einer New-Age-Veranstaltung teilgenommen, die sich Elemente von den amerikanischen Ureinwohnern, den alten Kelten und den tibetischen Buddhisten geborgt hat. Wahrscheinlich verstanden Sie das Ritual symbolisch – verstanden es bewusst und explizit, in der Art, wie es der Reiter so gut kann. Und doch fühlten Sie sich etwas befangen, vielleicht kamen Sie sich sogar dumm dabei vor. Etwas fehlte.

Man kann kein gutes Ritual erfinden, indem man einfach über seine Symbolik bewusst nachdenkt. Dafür braucht es eine Tradition, in die die Symbole eingebettet sind, und man muss dabei Körperempfindungen hervorrufen, die damit in geeigneter Weise assoziiert sind. Dann braucht es eine Gemeinschaft, die das Ritual eine Zeit lang unterstützt und praktiziert. In dem Maß, in dem eine Gemeinschaft viele Rituale hat, die über die drei Ebenen hinweg übereinstimmen, in dem Maß fühlen die Mitglieder sich wahrscheinlich mit der Gemeinschaft und ihren Traditionen verbunden. Falls diese Gemeinschaft auch noch eine Anleitung zu Lebensweise und Werten anbietet, dann fragen die Mitglieder wahrscheinlich nicht nach dem Zweck in ihrem Leben. Sinn und Zweck ergeben sich ganz einfach aus der Kohärenz und die Mitglieder können sich einfach ihrem Leben widmen.

Allerdings sind Konflikt, Lähmung und Anomie wahrscheinlich, wenn es einer Gemeinschaft nicht gelingt, Kohärenz herzustellen, oder, noch schlimmer, wenn ihre Praktiken dem Bauchgefühl oder der gemeinsamen Mythologie oder Ideologie widersprechen. (Martin Luther King jr. zwang die Amerikaner dazu, ihren Widersprüchen zwischen der Praxis der Rassentrennung und ihren Idealen bezüglich Gleichheit und Freiheit ins Auge zu sehen. Das gefiel vielen Leuten gar nicht.) Die Menschen finden nicht unbedingt Sinn in ihrer nationalen Identität – ja, in großen und multikulturellen Nationen wie den Vereinigten Staaten von Amerika, Russland und Indien verspricht die *Religion* vielleicht eher die Kohärenz zwischen den verschiedenen Ebenen und den Zweck im Leben. Religionen sind so gut darin, Kohärenz herzustellen, dass einige Wissenschaftler glauben, sie seien zu diesem Zweck entwickelt worden.[38]

Gott gibt uns Bienenstöcke

Als ich im College Ethik mit Philosophie als Hauptfach zu studieren begann, fragte mein Vater: „Warum studierst du nicht auch Religion? Wie sollen die Leute eine Ethik haben ohne Gott?“ Als junger Atheist mit einem starken Moralgefühl (weit über das normale Maß hinaus in Richtung Selbstgerechtigkeit) fühlte ich mich durch die Bemerkung meines Vaters gekränkt. Ethik und Moral, so glaubte ich, habe mit den Beziehungen zwischen den Menschen zu tun; sie gehe mit der inneren Verpflichtung einher, recht zu handeln, selbst wenn es gegen die eigenen Interessen verstößt. Religion, so glaubte ich, sei eine Handvoll Regeln, die keinen Sinn ergaben, und Geschichten, die nie passiert sein konnten, jedoch von Leuten aufgeschrieben und dann fälschlicherweise einer übernatürlichen Macht zugeschrieben wurden.

Mittlerweile meine ich, mein Vater hatte recht – Ethik wurzelt in der Religion –, aber nicht aus den Gründen, die er meinte. Moral und Religion kommen in irgendeiner Form in allen menschlichen Kulturen vor[39] und sind fast immer mit den Werten, der Identität und dem Alltagsleben der Kultur verflochten. Wer eine vollständige Darstellung der menschlichen Natur will, die alle Ebenen umfasst und darauf eingeht, wie Menschen in ihrem Leben Zweck und Sinn finden, muss darauf achten, dass diese Darstellung mit dem übereinstimmt, was man über Moral und Religion weiß.

Aus Sicht der Evolution ist Moral ein Problem. Wenn es bei der Evolution nur um das Überleben des Stärkeren geht, warum helfen Menschen sich dann gegenseitig so bereitwillig? Warum spenden sie für wohltätige Zwecke, riskieren ihr Leben, um Fremde zu retten, und kämpfen freiwillig in Kriegen? Darwin hielt die Antwort für einfach: Altruismus entwickele sich zum Wohl der Gruppe. Es könne kein Zweifel daran bestehen, dass ein Stamm mit vielen Angehörigen, die ein hohes Maß an Patriotismus, Treue, Gehorsam, Mut und Mitgefühl besaßen, immer bereit waren, einander zu unterstützen und sich für das Gemeinwohl zu opfern, dass der über die anderen Stämme siegen würde, und dass dies der natürlichen Selektion entspreche.[40]

Darwin nahm an, dass Gruppen in Wettstreit treten, genau wie Einzelpersonen, und dass sich deshalb psychische Merkmale, die Gruppen erfolgreich machen – wie Patriotismus, Mut und Altruismus gegenüber Gruppenmitgliedern – wie jedes andere Merkmal auch durchsetzen. Doch sobald die Evolutionstheoretiker die Vorhersagen präzise zu testen begannen – dafür simulierten sie die Interaktionen von Menschen mit verschiedenen Strategien (etwa reine Selbstsucht versus „Wie-du-mir-so-ich-dir“) auf Computern –, lernten sie bald, wie ernst das „Trittbrettfahrer-Problem“ zu nehmen ist: In Gruppen, in denen die Menschen für das Gemeinwohl Opfer bringen, liegt jemand vorn, der sich nicht aufopfert, der auf Kosten der Altruisten „umsonst fährt“. In der kalten Logik dieser Computersimulationen zeugt in der nächsten Generation mehr Kinder, wer in einer Generation die meisten Ressourcen ansammelt, deshalb ist Selbstsucht anpassungsfähig, Altruismus nicht.

Das Trittbrettfahrer-Problem lässt sich nur lösen, wenn Altruismus sich lohnt, und zwei aufeinanderfolgende Durchbrüche im Evolutionsdenken zeigten, wie das geht. In Kapitel 3 habe ich den Verwandtschaftsaltruismus (Sei nett zu denen, die die gleichen Gene haben wie du) und den reziproken Altruismus (Sei nett zu denen, die in Zukunft auch nett zu dir sein könnten) als zwei Schritte zur Ultrasozialität vorgestellt. Sobald diese beiden Lösungen für das Trittbrettfahrer-Problem veröffentlicht waren (1966 bzw. 1971)[41], betrachteten die meisten Evolutionstheoretiker das Problem des Altruismus als gelöst und erklärten die Gruppenselektion im Allgemeinen für „illegal“. Altruismus ließ sich als eine spezielle Form der Selbstsucht erklären und jeder, der dem Darwin'schen Denken anhing und glaubte, dass die Evolution auf das Wohl der Gruppe statt auf das des Einzelnen achte (oder noch besser: auf das Wohl der Gene)[42], wurde als unterbelichteter Romantiker abgetan.

Der Bann der Gruppenselektion hatte ein Schlupfloch. Für Lebewesen, die wirklich als Gruppe konkurrieren, leben und sterben, wie die anderen ultrasozialen Tiere (Bienen, Wespen, Ameisen, Termiten und Nacktmulche), galten die Erklärungen zur Gruppenselektion. Ein Bienenstock oder eine Ameisenkolonie ist ganz real ein einziger Organismus, jedes Insekt eine Zelle eines größeren Körpers.[43] Wie Stammzellen können Ameisen unterschiedliche körperliche Formen annehmen, um spezielle Funktionen zu erfüllen, die die Kolonie braucht: kleine Körper, um für die Larven zu sorgen, größere Körper mit besonderen Gliedmaßen, um nach Futter zu suchen oder Angreifer abzuwehren.

Wie Zellen im Immunsystem opfern sich Ameisen selbst, um die Kolonie zu schützen: Bei einer Art der malaysischen Ameise[44] speichern Angehörige der „Soldatenkaste“ eine klebrige Substanz direkt unter ihrem Außenskelett. Mitten im Kampf lassen sie ihren Körper explodieren, verwandeln sich sozusagen in „Selbstmordattentäter“ und verkleben ihre Gegner. Für Ameisen und Bienen ist die Königin nicht das Gehirn; sie ist der Eierstock und der ganze Bienenstock oder die ganze Kolonie kann als ein Körper angesehen werden, der durch natürliche Selektion darauf ausgerichtet ist, den Eierstock zu schützen und ihn dabei zu unterstützen, mehr Bienenstöcke oder Kolonien hervorzubringen. Weil alle Mitglieder wirklich im selben Boot sitzen, ist die Gruppenselektion als Erklärung nicht nur zulässig, sondern sogar obligatorisch.

Trifft dieses Schlupfloch vielleicht auch auf Menschen zu? Kämpfen, leben und sterben Menschen als eine Gruppe? Stämme und Volksgruppen wachsen und verbreiten sich oder werden weniger und sterben aus, manchmal ist dieser Prozess durch Völkermord aufgetreten. Außerdem haben menschliche Gesellschaften oft eine außerordentliche Arbeitsteilung, sodass der Vergleich mit Bienen und Ameisen verführerisch ist. Doch solange jeder Mensch die Gelegenheit hat, sich fortzupflanzen, lohnt es sich eher, in das *eigene* Wohlbefinden und das der eigenen Nachkommen zu investieren, als zur Gruppe etwas beizusteuern; langfristig werden sich deshalb selbstsüchtige Züge auf Kosten altruistischer Züge durchsetzen. Selbst während eines Krieges und Völkermordes, wenn die Gruppeninteressen am zwingendsten sind, rennt der Feigling davon und versteckt sich, statt sich mit seinen Kameraden an vorderster Front zusammenzutun, und genau er wird mit höchster Wahrscheinlichkeit seine Gene an die nächste Generation weitergeben. Die Evolutionstheoretiker sind sich deshalb seit den siebziger Jahren einig, dass die Gruppenselektion in der menschlichen Entwicklung keine Rolle spielte.

Doch warten Sie einen Moment. Bei diesem Thema geht es nicht um alles oder nichts. Selbst wenn der Wettbewerb von Einzelnen *innerhalb* einer Gruppe in der menschlichen Evolution der wichtigste Prozess ist, so könnte die Gruppenselektion (Wettbewerb *zwischen* Gruppen) auch eine Rolle gespielt haben. Der Evolutionsbiologe David Sloan Wilson[45] sprach kürzlich davon, dass es der größte Fehler in der Geschichte der modernen Biologie gewesen sei, auf der Grundlage einiger allzu einfacher Computermodelle aus den sechziger Jahren die Theorien der Gruppenselektion zu verwerfen. Wenn man die Simulationen realistischer gestaltet, echten Menschen stärker angleicht, dann springt einem die Gruppenselektion praktisch entgegen. Wilson weist darauf hin, dass sich die Menschen auf zwei Ebenen gleichzeitig entwickeln: genetisch und kulturell. Die einfachen Modelle aus den Sechzigern funktionierten für Lebewesen ohne Kultur; bei ihnen müssen alle Verhaltensmerkmale in den Genen kodiert sein, die nur in Verwandtschaftslinien weitergegeben werden.

Doch alles, was ein *Mensch* tut, wird nicht nur von seinen Genen, sondern auch von seiner *Kultur* beeinflusst, und Kulturen entwickeln sich ebenfalls. Weil bei kulturellen Elementen Variation (Neuerfindungen) und Selektion (diese werden von anderen angenommen oder auch nicht) auftritt, lassen sich Kulturmerkmale ebenso in einem darwinistischen Rahmen[46] analysieren wie Körpermerkmale (Vogelschnäbel, Giraffenhälse). Kulturelemente verbreiten sich jedoch nicht durch den langsamen Prozess des Kinderkriegens; sie verbreiten sich rasch, wann immer Menschen ein neues Verhalten, eine neue Technologie oder einen neuen Glauben übernehmen. Diese Merkmale können sich sogar von Stamm zu Stamm oder von Nation zu Nation verbreiten, wie zu den Zeiten, als etwa der Pflug, die Druckerpresse oder das Reality-TV an vielen Orten und in rascher Folge populär wurden.

Kulturelle und genetische Evolution hängen eng zusammen. Die Fähigkeit der Menschen zur Kultur – ein starker Hang, voneinander zu lernen, einander etwas beizubringen und auf dem Gelernten aufzubauen – ist an sich eine genetische Neuerung, die während der letzten paar Millionen Jahre in verschiedenen Etappen aufgetreten ist.[47] Doch als unser Gehirn eine entscheidende Schwelle erreicht hatte, vielleicht vor 80 000 oder 100 000 Jahren[48], beschleunigte sich die kulturelle Neuerung. Ein starker evolutionärer Druck brachte das Gehirn dazu, sich die Kultur stärker zunutze zu machen. Menschen, die am besten von anderen lernen konnten, waren erfolgreicher als ihre weniger „kultivierten" Verwandten, und als sich die Gehirne immer weiter entwickelten, entwickelten sich auch die Kulturen immer weiter, was den Vorteil eines entwickelten Gehirns weiter verstärkte.

Alle Menschen heute sind das Produkt der „Ko-Evolution" einer Reihe von Genen (die über alle Kulturen hinweg fast identisch sind) und einer

Reihe von Kulturelementen (die sich zwischen den Kulturen unterscheiden, aber dennoch durch die Fähigkeiten und Neigungen des menschlichen Geistes begrenzt werden).[49] Die genetische Entwicklung der Emotion Ekel etwa *ermöglichte* es Kulturen (aber die Entwicklung war nicht zwingend), Kastensysteme zu entwickeln, die sich am Beruf orientierten und vom Ekel denen gegenüber aufrechterhalten wurden, die „verunreinigende“ Tätigkeiten ausführen. Ein Kastensystem schränkt dann Ehen auf Paare derselben Kaste ein, was wiederum den Verlauf der genetischen Evolution verändert.

Nach 1000 Jahren Inzucht innerhalb einer Kaste werden die Kasten in einigen genetischen Merkmalen leicht voneinander abweichen – zum Beispiel dem Ton der Hautfarbe –, was dann zu einer *stärkeren* kulturellen Assoziation einer Kaste mit der *Hautfarbe* (als nur mit dem Beruf) führen kann. (Bei anderen Säugetieren kann man durch Zuchtwahl innerhalb von 20 Generationen große Unterschiede im Aussehen und Verhalten herbeiführen.)[50] In dieser Hinsicht entwickeln sich Gene und Kulturen miteinander[51]; sie beeinflussen sich gegenseitig und bei den Menschen kann keine der beiden Entwicklungen isoliert untersucht werden.

Wilson untersucht die Religion aus dieser Sicht der gemeinsamen Entwicklung. Das lateinische Wort *religio* bedeutet Rückverbindung, Rückbindung an eine höhere Macht; und trotz der immensen Unterschiede zwischen den Religionen der Welt zeigt Wilson, dass Religionen immer dazu dienen, das Verhalten der Menschen zu koordinieren und eine Orientierung aufeinander und auf die Gruppe als Ganzes zu bieten, manchmal mit dem Zweck, mit anderen Gruppen zu konkurrieren. Der Soziologe Émile Durkheim entwickelte 1912 als Erster diese Sichtweise der Religion:

> *Eine Religion ist ein vereinheitlichtes System von Überzeugungen und Praktiken in Bezug auf Heiliges, das heißt auf Dinge, die getrennt und verboten sind – Überzeugungen und Praktiken, die alle, die sich an sie halten, zu einer einzigen moralisch-ethischen Gemeinschaft verbinden, die Kirche genannt wird.*[52]

Wilson zeigt, wie Mitglieder mithilfe religiöser Praktiken Koordinationsprobleme lösen können. Dazu ein Beispiel: Vertrauen und damit auch der Austausch von Gütern und Dienstleistungen steigen enorm, wenn alle Handelspartner der gleichen Glaubensgemeinschaft angehören und wenn die religiöse Überzeugung besagt, dass Gott um die Ehrlichkeit der Partner weiß und diese wichtig ist. (Der Anthropologe Pascal Boyer[53] weist darauf hin, dass Götter und die Seelen der Vorfahren oft für allwissend gehalten werden, doch am wichtigsten ist ihnen im riesigen Universum die ethische Absicht in den Herzen der Lebenden.) Regeln werden stärker respektiert, wenn sie ein heiliges Element enthalten und wenn sie von übernatürlichen Sanktionen und dem Klatsch oder der Ächtung durch Kameraden untermauert werden.

Wilson behauptet, dass sich religiöse Vorstellungen und die Gehirne, die auf diese Vorstellungen reagierten, miteinander entwickelten. Selbst wenn der Glaube an übernatürliche Mächte ursprünglich aus anderen Gründen entstand oder als zufälliges Nebenprodukt in der Evolution des Denkens (wie einige Wissenschaftler behaupten)[54], so haben doch Gruppen, die diese Überzeugungen zur sozialen Koordination genutzt haben (indem sie etwa diese Überzeugungen mit Emotionen wie Scham, Furcht, Schuld und Liebe verknüpften), eine kulturelle Lösung für das Trittbrettfahrer-Problem gefunden und dann die enormen Vorteile von Vertrauen und Miteinander geerntet. Wenn stärkere Überzeugungen zu größeren individuellen Vorteilen führten oder wenn eine Gruppe eine Möglichkeit entwickelte, diejenigen zu bestrafen oder auszuschließen, die die Überzeugungen und Praktiken nicht teilten, dann waren hervorragende Bedingungen dafür gegeben, dass Religion in der Gesellschaft und religiöse Gehirne sich miteinander entwickelten. (In Übereinstimmung mit Wilsons Ansatz hat der Genetiker Dean Hamer kürzlich von Beweisen aus Zwillingsstudien berichtet, die vermuten lassen, dass ein bestimmtes Gen mit einer stärkeren Neigung zu religiösen und selbsttranszendenten Erfahrungen zusammenhängen könnte.)[55]

Die Religion könnte die Menschen daher durch das Schlupfloch der Gruppenselektion gezogen haben. Vor langer Zeit brachten die Religionen die Menschen dazu, sich als *einen* Organismus zu empfinden und auch so zu handeln; dadurch reduzierten sie den Einfluss der individuellen Selektion (die Menschen zum Egoismus neigen lässt) und brachten die wirksame Gruppenselektion ins Spiel (die Menschen zum Wohl der Gemeinschaft handeln lässt). Doch nicht alle schafften den Weg durch dieses Schlupfloch: In der menschlichen Natur sind die Anlagen für extremen Egoismus und extremen Altruismus auf komplexe Art gemischt. Welche Seite unserer

Natur wir ausdrücken, hängt von Kultur und Kontext ab. Wenn Evolutionsgegner einwenden, dass Menschen nicht nur Affen sind, dann haben sie recht. Wir sind zum Teil auch Bienen.

Harmonie und Zweck

Wilsons Buch *Darwin's Cathedral* zu lesen ist wie eine Reise ins „Raumland“. Man kann auf den riesigen Gobelin menschlicher Kulturen hinunterschauen und erkennen, warum die Dinge so verwoben sind, wie sie sind. Wilson sagt, seine persönliche Hölle wäre es, auf ewig in einem Raum eingesperrt zu sein, in dem Menschen die Heucheleien von Religionen diskutieren, etwa dass viele Religionen Liebe, Mitgefühl und Tugend predigen und doch manchmal Krieg, Hass und Terrorismus verursachen. Aus Wilsons höherer Perspektive besteht da kein Widerspruch. Die Gruppenselektion erzeugt miteinander verzahnte genetische und kulturelle Anpassungen, die Frieden, Harmonie und Kooperation *innerhalb* der Gruppe fördern – eigens zu dem Zweck, dass die Gruppe besser mit *anderen* Gruppen konkurrieren kann. Gruppenselektion beendet keine Konflikte; sie schiebt sie nur auf die nächste Ebene sozialer Ordnung. Gewalttaten, die im Namen einer Religion verübt werden, richten sich fast immer gegen Mitglieder außerhalb der Gruppe oder gegen die gefährlichsten Personen überhaupt: Abtrünnige (die versuchen, aus der Gruppe auszusteigen) und Verräter (die die Gruppe untergraben).

Auch ein zweites Rätsel kann Wilson lösen, nämlich warum es bei der Mystik, wo und wann auch immer, darum geht, das Selbst zu transzendieren und mit etwas Größerem als dem Selbst zu verschmelzen. Als William James die Mystik analysierte, konzentrierte er sich auf den psychischen Zustand des „kosmischen Bewusstseins“[56] und auf die Techniken, die alle größeren Religionen entwickelt haben, um dieses Bewusstsein zu erreichen. Hindus und Buddhisten benutzen Meditation und Yoga, um den Zustand des *Samadhi* zu erlangen, in dem die Unterscheidung zwischen Subjekt und Objekt und das Gefühl eines individuellen Selbst sich in einen Zustand auflöst, der gewöhnlich als einer von höchstem Frieden, von Glückseligkeit und Illumination beschrieben wird.[57] James fand in der christlichen und muslimischen Mystik fast das gleiche Ziel, das oft durch wiederholte Gebete erreicht wird. Er zitierte den muslimischen Philosophen Muhammad al-Ghazzali aus dem 11. Jahrhundert, der mehrere Jahre mit den Sufis in Syrien Gott verehrte. Al-Ghazzali erlebte „Entrückung" und eine Offenbarung, die er nicht mit Worten beschreiben konnte, wie er sagt. Gleichwohl versuchte er seinen Lesern die Essenz des Sufismus zu erklären:

> *Die erste Bedingung für einen Sufi ist, sein Herz vollkommen von allem zu reinigen, was nicht Gott ist. Der nächste Schlüssel zum kontemplativen Leben besteht in demütigen Gebeten, die der brennenden Seele entsteigen, und in Gottesmeditationen, in denen das Herz vollkommen aufgeht. Aber in Wirklichkeit ist dies nur der Anfang des Sufidaseins, weil das Endziel des Sufismus die totale Gottesversenkung ist.*[58]

Aus Wilsons Sicht ist eine mystische Erfahrung wie der „Aus"-Schalter für das Selbst. Wenn das Selbst ausgeschaltet ist, werden Menschen nur zu einer Zelle in einem größeren Körper, wie eine Biene in einem Bienenstock. Es ist kein Wunder, dass sich die Nachwirkungen einer mystischen Erfahrung vorhersagen lassen; die Menschen empfinden ein stärkeres Engagement für Gott oder dafür, anderen zu helfen, oft indem sie sie zu Gott führen.

Der Neurowissenschaftler Andrew Newberg[59] hat die Gehirne von Menschen untersucht, die – meist während der Meditation – mystische Erfahrungen gemacht hatten, und hat herausgefunden, wo dieser Aus-Schalter sein könnte. Im hinteren Teil der Scheitellappen (hinten unter der Schädeldecke) bezeichnet Newberg zwei Stellen der Großhirnrinde als „Orientierungs-Assoziations-Areal". Die Stelle in der *linken* Hemisphäre scheint zu dem mentalen Sinneseindruck beizutragen, einen begrenzten und physisch definierten Körper zu haben, und achtet so auf unsere Körpergrenzen. Die entsprechende Stelle in der *rechten* Hemisphäre unterhält eine Karte von dem Raum um Sie herum. Beide Areale erhalten Informationen von Ihren Sinnen, sodass sie eine ständige Repräsentation von Ihrem Selbst und seiner Position im Raum aufrechterhalten.

Genau in dem Moment, in dem Menschen angeben, in den Zustand mystischer Einheit einzutreten, scheinen diese beiden Gehirnareale ausgeschaltet zu sein. Der Input von anderen Gehirnteilen ist herabgesetzt, ebenso die allgemeine Aktivität in diesen Orientierungs-Assoziations-Arealen. Newberg glaubt aber, dass diese immer noch versuchen, ihre Aufgabe zu erfüllen: Das Gebiet in der *linken* Gehirnhälfte versucht, die Empfindung der Körpergrenzen aufrechtzuerhalten, findet sie aber nicht; das Gebiet *rechts* versucht die Positionsbestimmung des Selbst im Raum aufrechtzuerhalten und findet diese nicht. Die Person erlebt einen Verlust des Selbst verbunden mit einer paradoxen Erweiterung des Selbst hinaus in den Raum, jedoch ohne feste Position in der normalen dreidimensionalen Welt. Die Person fühlt, dass sie mit etwas Riesigem eins wird, etwas, was größer ist als das Selbst.

Newberg meint, dass Rituale, die mit wiederkehrenden Bewegungen und Singen einhergehen, solche „Resonanzmuster" in den Gehirnen der Teilnehmer auslösen, die die Wahrscheinlichkeit erhöhen, dass dieser mystische Zustand eintritt, besonders wenn viele Menschen die Rituale gleichzeitig ausführten. Der Historiker William McNeill kommt, sich auf ganz andere Daten stützend, zum gleichen Schluss. Als McNeill 1941 in die US-Army einberufen wurde, musste er als Teil der Grundausbildung auf dem Exerzierplatz Hunderte von Stunden in enger Formation mit wenigen Dutzend anderen Soldaten marschieren. Anfangs glaubte McNeill, das Marschieren sei nur eine Art Zeitvertreib, weil es an seinem Stützpunkt keine Waffen gab, mit denen sie trainieren konnten. Doch nach einigen Wochen versetzte ihn das Marschieren in einen veränderten Bewusstseinszustand:

> *Mit Worten lässt sich die Emotion nur unzureichend beschreiben, die durch die anhaltende Bewegung im Gleichschritt ausgelöst wurde und die wir eingedrillt bekamen. Ich erinnere mich an ein alles durchdringendes Wohlgefühl; genauer an ein seltsames Gefühl, persönlich größer zu werden; gleichsam anzuschwellen, größer zu werden als das Leben – weil ich an einem kollektiven Ritual teilnahm.*[60]

Jahrzehnte später untersuchte McNeill die Rolle, die diese synchronisierte Bewegung in der Geschichte spielte – im Tanz, bei religiösen Ritualen und in der militärischen Ausbildung. In seinem Buch *Keeping Together in Time*[61] kommt er zu dem Schluss, dass menschliche Gesellschaften seit Beginn der Geschichtsschreibung synchronisierte Bewegungen benutzt haben, um Harmonie und Zusammenhalt innerhalb von Gruppen herzustellen, und manchmal auch, um sich auf Feindseligkeiten mit anderen Gruppen vorzubereiten. McNeills Schlussfolgerung lässt vermuten, dass synchrone Bewegung und Singen sich als Mechanismen entwickelt haben, die durch Gruppenselektion entstandene altruistische Triebe aktivieren. Extreme Selbstaufopferung, die für Arten mit Gruppenselektion charakteristisch ist, etwa für Ameisen und Bienen, findet man auch bei Soldaten häufig. McNeill zitiert eine außergewöhnliche Passage aus dem Buch *The Warriors: Reflections of Men in Battle*, die den faszinierenden Zustand der Gemeinsamkeit beschreibt, den Soldaten manchmal erleben:

> *„Ich" gehe unmerklich in ein „wir" über, „mein" wird zu „unser" und das individuelle Schicksal verliert seine zentrale Bedeutung … Ich glaube, dass es nichts anderes ist als das Versprechen der Unsterblichkeit, das die Selbstaufopferung in diesen Momenten so relativ leicht macht … Ich könnte „fallen", aber ich sterbe nicht, denn das, was in mir wahr ist, geht weiter und lebt in den Kameraden, für die ich mein Leben gab.*[62]

Es gibt tatsächlich etwas Größeres als das Selbst, etwas, was den Menschen ein Gefühl des Zwecks geben kann, für den es sich zu sterben lohnt, wie sie glauben: *die Gruppe*. (Freilich ist die edle Absicht einer Gruppe manchmal das absolut Böse einer anderen.)

Der Sinn des Lebens

Was können Sie tun, um ein gutes, glückliches, erfüllendes und sinnvolles Leben zu führen? Wie lautet die Antwort auf die Frage nach dem Zweck *im* Leben? Meiner Meinung nach finden wir diese Antwort nur, wenn wir unsere Natur mit ihren vielen Facetten verstehen. Die persönliche Selektion prägte uns dazu, egoistisch zu sein und um Ressourcen, Genuss und Ansehen zu kämpfen; die Gruppenselektion prägte uns dazu, Mitglieder eines Bienenstocks zu sein, die sich danach sehnen, in etwas Größerem aufzugehen. Wir sind soziale Wesen, die Liebe und Bindungen brauchen, und wir sind fleißige Wesen, wollen etwas bewirken und können uns in unserer Arbeit engagieren. Wir sind Reiter und wir sind Elefant und unsere geistige

Gesundheit hängt davon ab, wie die beiden zusammenarbeiten und dabei die Stärken des anderen nutzen.

Meiner Ansicht nach gibt es keine inspirierende Antwort auf die Frage: „Was ist der Sinn oder Zweck *des* (!) Lebens?“ Doch indem wir uns auf die alte Weisheit und die moderne Wissenschaft stützen, können wir überzeugende Antworten finden auf die Frage nach dem Zweck *im* (!) Leben. Die letzte Version der Glückshypothese lautet:

> Glücklichsein kommt von „dazwischen“. Glück kann man nicht direkt finden, erwerben oder erreichen. Man muss die richtigen Bedingungen schaffen und dann warten. Einige dieser Bedingungen befinden sich in unserem Inneren, wie die Kohärenz zwischen inneren Persönlichkeitsanteilen und -ebenen. Andere Bedingungen erfordern Beziehungen zu Dingen im Außen: Wie die Pflanzen Sonne, Wasser und gute Erde brauchen, um zu gedeihen, so brauchen die Menschen Liebe, Arbeit und eine Verbindung zu etwas Größerem.

Es lohnt sich, nach den richtigen Beziehungen zwischen Ihnen und anderen zu streben, zwischen Ihnen und Ihrer Arbeit sowie zwischen Ihnen und etwas Größerem als Sie selbst. Wenn Sie diese Beziehungen in Ordnung bringen, dann taucht ein Gefühl für Zweck und Sinn auf.

SCHLUSSWORT

Das Gleichgewicht finden

Alles entsteht durch den Kampf der Gegensätze.

HERAKLIT (500 V. CHR.)[63]

Ohne Gegensätze gibt es keinen Fortschritt. Anziehung und Abstoßung, Vernunft und Energie, Liebe und Hass sind für die menschliche Existenz notwendig.

WILLIAM BLAKE (1790)[64]

Das alte chinesische Yin-Yang-Symbol steht für die Bedeutung des sich ewig wandelnden Gleichgewichts zwischen scheinbar entgegengesetzten Prinzipien. Wie die Zitate von Heraklit und Blake zeigen, existiert diese Vorstellung nicht nur im Osten; sie ist eine große Idee, eine zeitlose Einsicht, die in gewisser Weise dieses ganze Buch zusammenfasst. Religion und Wissenschaft werden oft als Gegner betrachtet, doch wie ich gezeigt habe, braucht es die Einsichten antiker Religionen und der modernen Wissenschaft, um die Natur des Menschen und die Bedingungen zu verstehen, unter denen Menschen zufrieden sind. Die Alten wussten wenig über Biologie, Chemie und Physik, aber viele von ihnen waren gute Psychologen. Psychologie und Religion können voneinander profitieren, wenn sie sich gegenseitig ernst nehmen oder sich zumindest darauf verständigen, voneinander zu lernen, und gleichzeitig über unvereinbare Differenzen hinwegsehen.

Der Osten und der Westen gehen angeblich unterschiedlich an das Leben heran, heißt es: Der Osten betone Akzeptanz und Kollektivismus; der Westen fördere Streben und Individualität. Doch wie wir gesehen haben, sind *beide* Sichtweisen wertvoll. Glücklichsein erfordert, sich selbst und die eigene Welt zu verändern. Es erfordert, die eigenen Ziele zu verfolgen und mit anderen übereinzustimmen. Verschiedene Menschen werden in verschiedenen Lebensphasen eher von der einen oder der anderen Herangehensweise profitieren.

Und schließlich sind Liberale und Konservative Gegner im wahrsten Sinn des Wortes, denn beide berufen sich auf den Mythos vom absolut Bösen, um die andere Seite zu dämonisieren und ihre eigene zu einen. Doch die wichtigste Lektion, die ich in meinen zwanzig Jahren Forschung über Ethik und Moral gelernt habe, ist die, dass fast alle Menschen ethisch-moralisch motiviert sind. Egoismus ist eine machtvolle Kraft, besonders bei Entscheidungen Einzelner, doch wenn *Personengruppen* sich gemeinsam bemühen, die Welt zu verändern, können Sie darauf wetten, dass sie sich von der Vision von Tugendhaftigkeit, Gerechtigkeit oder Heiligkeit leiten lassen. Mit materiellen Eigeninteressen lässt sich die Leidenschaft von Parteigängern zu Themen wie Abtreibung, Umwelt oder Rolle der Religion im öffentlichen Leben kaum erklären. (Eigeninteresse kann bestimmt keinen Terrorismus erklären, Selbstlosigkeit aufgrund von Gruppenselektion jedoch sehr wohl.)

Ein wichtiger Grundsatz der Kulturpsychologie besagt, dass jede Kultur in einigen Aspekten der menschlichen Existenz Kompetenz entwickelt, doch keine Kultur kann in *allen* Aspekten „Experte" sein. Das Gleiche gilt für die beiden Hälften des politischen Spektrums. Meine Untersuchungen[65] bestätigen die allgemeine Wahrnehmung, dass Liberale „Experten" für Gleichheit, Autonomie und die Rechte von Individuen sind, besonders für die Rechte von Minderheiten und Nonkonformisten. Konservative hingegen verstehen sich besser auf das Nachdenken über Loyalität der Gruppe gegenüber, Respekt gegenüber Autorität, Tradition und Heiligkeit.[66] Wenn eine Seite die andere erdrückt, ist das Ergebnis wahrscheinlich furchtbar. Eine Gesellschaft ohne Liberale wäre vielen Menschen gegenüber hart und unterdrückend. Eine Gesellschaft ohne Konservative würde viele soziale Strukturen und bindende Beziehungen verlieren, deren Wert Durkheim zeigte. Mit der Freiheit würde auch die Anomie wachsen.

Nach Weisheit sucht man also am besten dort, wo man sie am wenigsten zu finden glaubt: im Denken der Gegner.

Die Vorstellungen *Ihrer* Seite kennen Sie schon. Wenn Sie die Scheuklappen des Mythos vom Bösen abnehmen, könnten Sie erstmals einige gute neue Ideen entdecken.

Indem wir uns auf ausgewogene Weisheit stützen – alte und neue, östliche und westliche, ja liberale und konservative – können wir in unserem Leben Richtungen wählen, die zu Zufriedenheit, Glück und einem Gefühl von Sinn führen.

Wir können nicht einfach ein Ziel auswählen und dann direkt darauf zugehen – so viel Autorität hat der Reiter nicht. Doch wir können uns auf die großartigsten Ideen der Menschheit und die beste Wissenschaft stützen und so dem Elefanten beibringen, unsere Möglichkeiten und Grenzen zu erkennen und weise zu leben.

Danksagung

Dieses Buch entstand aufgrund meiner Beziehung zu vielen Menschen, die sich auf meinem Weg durch vier Universitäten entwickelt haben. Wenn dieses Buch in seiner Sichtweise umfassender ist als die meisten Psychologiebücher, dann deshalb, weil ich das große Glück hatte, John Fischer in Yale und John Baron, Alan Fiske, Rick McCauley, Judith Rodin, Paul Rozin und John Sabini an der Universität von Pennsylvania als Mentoren zu haben sowie Richard Shweder von der Universität von Chicago. Als Assistenzprofessor der Universität von Virginia waren in Pennsylvania Dan Wegner und Marty Seligman meine Mentoren. Diesen großzügigen Lehrern und aufgeschlossenen Denkern werde ich immer dankbar sein.

Bücher erscheinen außerdem nur dann, wenn jemand außer dem Autor eine Möglichkeit sieht und die Chance nutzt. Zu tiefem Dank bin ich Sir John Templeton von der *John Templeton Foundation* verpflichtet sowie ihrem Vizepräsidenten Arthur Schwartz, weil sie meine Forschung über ethisch-moralische Erhebung unterstützten und mir ein Forschungssemester gewährten, in dem ich die Recherchen für dieses Buch beginnen konnte. Mein Agent Esmond Harmsworth nutzte die Chance ebenfalls; er investierte viel Zeit und Geschick, um einen Erstlingsautor durch die komplexe Verlagswelt zu lotsen; danach brachte er mich mit der Lektorin Jo Ann Miller bei *Basic Books* zusammen. Sie ermunterte mich, dieses Buch zu schreiben, lange bevor sie meine Lektorin wurde, und sie hat das Buch auf vielfältige Weise verbessert. Vor allem half sie mir, meine hohen Ziele zu bewahren und gleichzeitig verständlich zu schreiben; ich weiß, dass auch meine wissenschaftlichen Veröffentlichungen von ihrer Kompetenz profitieren. Ich danke allen diesen risikofreudigen Menschen.

Viele Freunde und Kollegen lasen einzelne Kapitel und bewahrten mich vor Fehlern und Übertreibungen. Jesse Graham, Suzanne King, Jayne Riew und Mark Shulman kommentierten das ganze Manuskript ausführlich. Folgende Personen halfen mir, ein oder mehrere Kapitel zu verbessern: Jonathan Adler, Sara Algoe, Desiree Alvarez, Jen Bernhards, Robert Biswas-Diener, David Buss, Fredrik Bjorklund, Jerry Clore, William Damon, Judy Deloache, Nick Epley, Sterling Haidt, Greg LaBlanc, Angel Lillard, Bill McAllister, Rick McCauley, Helen Miller, Brian Nosek, Shige Oishi, James Pawelski, Paul Rozin, Simone Schnall, Barry Schwartz, Patrick Seder, Gary Sherman, Nina Strohminger, Bethany Teachman, Kees Van den Bos, Dan Wegner, Dan Willingham, Nancy Weinfield, Emily Wilson und Tim Wilson. Ich danke ihnen allen.

Und zu guter Letzt erwächst ein Buch aus der Persönlichkeit des Autors, sei sie nun von der Natur oder der Umgebung geprägt. Ich danke meinen Eltern, Harold und Elaine Haidt, sowie meinen Schwestern Rebecca Haidt und Samantha Davenport für ihre liebevolle Unterstützung. Vor allem aber danke ich meiner Frau, Jayne Riew, die mir ein „Dazwischen“ gab.

Quellen und Anmerkungen

Einführung

1. Aus *Hamlet*, II.ii. 249–250. Alle Shakespeare-Zitate sind aus der Ausgabe von G. Blakemore, 1974. *The Riverside Shakespeare* (Boston: Houghton Mifflin). Im Deutschen sind alle Zitate aus: *William Shakespeare. Sämtliche Werke in einem Band*, übersetzt von A. W. Schlegel und L. Tieck, Sankt Gallen: Otus, 2006
2. Seligman, 2002
3. Keyes und Haidt, 2003
4. Genau genommen müsste man sagen: „der Buddha" (der Erwachte), ebenso wie man sagen müsste: „der Christus" (der Gesalbte). Ich werde mich jedoch an den gewohnten Sprachgebrauch halten und einfach von Buddha und Christus sprechen.

Kapitel 1

1. Dieses und alle folgenden Zitate aus dem *Alten* und dem *Neuen Testament* sind im amerikanischen Original aus der *New Revised Standard Version*. (In der deutschen Übersetzung sind alle Bibelzitate der Einheitsübersetzung aus dem Verlag Herder entnommen; Anmerkung der Übersetzerin: I. S.)
2. Franklin, 1980/1733–1758, 3; dt. Übersetzung: I. S.
3. Lakoff und Johnson, 1980
4. *Dhammapada*, Vers 326, in: Mascaro, 1973; dt.: *Dhammapada – Die Weisheitslehren des Buddha*, Freiburg: Herder, 1998
5. Platon: *Phaidros* 253d, in: Cooper, 1997; dt.: Platon: *Sämtliche Werke*, Zürich und München: Artemis, 1974
6. Freud, 1976/1900
7. Ovid: *Metamorphosen*, Buch VII, 249; dt.: *Metamorphosen*, Düsseldorf und Zürich: Artemis, 2004, Verse 19–21
8. Montaigne, 1991/1588, 115. Das zweite Zitat ist auch von Seite 115; dt.: *Essais*, Frankfurt: Eichborn, 1998, Bd. 1, S. 156 bzw. 157
9. Gershon, 1998

10. Lyte, Varcoe und Bailey, 1998
11. Gazzaniga, 1985; Gazzaniga, Bogen und Sperry, 1962
12. Gazzaniga, 1985, S. 72; dt. Übersetzung: I. S.
13. Feinberg, 2001
14. Olds und Milner, 1954
15. Burns und Swerdlow, 2003
16. Damasio, 1994; Rolls, 1999
17. Rolls, 1999
18. Zusammenfassungen der Erkenntnisse über das „emotionale Gehirn“ finden Sie bei Berridge, 2003; LeDoux, 1996
19. Damasio, 1994; Damasio, Tranel und Damasio, 1990
20. Bargh, Chen und Burrows, 1996
21. Bargh u. a. 1996: Wirkung in Bezug auf Alter; Dijksterhuis und van Knippenberg, 1998: Wirkung in Bezug auf andere
22. James, 1950/1890
23. Vgl. den Überblick bei Leakey, 1994
24. Einen Überblick darüber, warum die meisten mentalen Systeme so gut funktionieren, doch unsere logische Vernunft so schlecht, finden Sie bei Margolis, 1987.
25. Rolls, 1999
26. Hume, 1969/1739, 462; dt. Übersetzung: I. S.
27. Shoda, Mischel und Peake, 1990
28. Bei Metcalfe und Mischel, 1999, finden Sie einen Überblick über diese Untersuchungen und eine vollständige Darstellung über das Zusammenspiel von heißen (automatischen) und kalten (kontrollierten) Systemen.
29. Salovey und Mayer, 1990. Über emotionale Intelligenz zu verfügen bedeutet nicht, dass die eigenen Emotionen intelligent sind.
30. Baumeister u. a., 1998
31. Obeyesekere, 1985
32. Wegner, 1994
33. Haidt, 2001; Haidt, Koller und Dias, 1993
34. Gladwell, 2005

Kapitel 2

1. *Meditationen*, 4.3; dt.: *Selbstbetrachtungen*, www.wikipedia.org / Mark Aurel, Literatur, Project Gutenberg, Übersetzung: F. C. Schneider
2. *Dhammapada*, Vers 1, in Mascaro, 1973; dt. Übersetzung: I. S.
3. Carnegie, 1984/1944, S. 113

4. Aus: Dr. Phils „Ten Life Laws“ – Zehn Lebensgesetze, www.drphil.com vom 16.12.04.
5. Boethius 1962/c. 522 CE, 24; dt.: *Trost der Philosophie*, Artemis: Zürich, 1949, S. 83
6. Boethius 1962/c. 522 CE, 22; dt.: ebenda, S. 79
7. Boethius 1962/c. 522 CE, 29; dt.: ebenda, S. 95
8. Einen Überblick bieten Miller und C'de Baca, 2001
9. Bargh u. a., 1996; Fazio u. a., 1986
10. Nosek, Banaji und Greenwald, 2002; Nosek, Greenwald und Banaji: in Druck
11. Pelham, Mirenberg und Jones, 2002
12. Pinker 1997
13. Vgl. zwei neuere Übersichten: Baumeister u. a. 2001; Rozin und Royzman 2001
14. Gottmann, 1994
15. Kahneman und Tversky, 1979
16. Rozin und Royzman, 2001
17. Franklin, 1980/1733–1758, 26; dt. Übersetzung: I. S.
18. Gray, 1994; Ito und Cacioppo, 1999
19. Miller, 1944
20. LaBar und LeDoux, 2003
21. Shakespeare, *Hamlet* I.ii. 133–134
22. Shakespeare, *Hamlet* II.ii. 249–250
23. Angle und Neimark, 1997
24. Lykken u. a., 1992
25. Bouchard, 2004; Plomin und Daniels, 1987; Turkheimer, 2000
26. Marcus, 2004
27. Plomin und Daniels, 1987
28. Lykken und Tellegen, 1996
29. Davidson, 1998
30. Davidson und Fox, 1989
31. Kagan, 1994; Kagan, 2003
32. Milton, *Paradise Lost,* Buch 1, Zeilen 254–255; dt.: *Das verlorene Paradies*, zitiert nach www.deutschesFachbuch.de: Das Rad der Wiedergeburt.
33. Einen Überblick finden Sie bei Shapiro, Schwartz und Santerre, 2002. Die meisten der veröffentlichten Untersuchungen über Meditation sind schlecht oder fehlerhaft konzipiert (etwa indem Leute, die sich dafür entschieden, einen Meditationskurs zu besuchen, verglichen wurden mit Leuten, die das nicht taten). Shapiro u. a. prüfen mehrere Untersuchungen, bei denen die Teilnehmer *zufällig* entweder in die Meditations- oder die Kontrollgruppe eingeteilt wurden. Der Nutzen, den ich im Text erwähne, wird von den Untersuchungen mit der zufälligen Einteilung bestätigt.

34. Definition von Shapiro u. a., 2002
35. *Dhammapada*, Vers 205, in Mascaro 1973; dt.: ebenda, Vers 205
36. Beck, 1976
37. Dobson, 1989; Hollon und Beck, 1994
38. DeRubeis u. a., 2005
39. Seligman, 1995
40. Einen leichten Einstieg bietet David Burns bekanntes Buch *Feeling Good – Depressionen überwinden, Selbstachtung gewinnen*. Allein die Lektüre dieses Buches hat sich als wirksame Behandlung von Depressionen erwiesen (Smith u. a., 1997).
41. Proust, 1992/1922/b, 291; dt. Übersetzung: I. S.
42. Nestler, Hyman und Malenka, 2001
43. Schatzberg, Cole und DeBattista, 2003. Immer wieder auftauchende Berichte, wonach SSRIs nicht besser wirken als Placebos, scheinen auf fehlerhaften Untersuchungen zu beruhen; etwa Untersuchungen, die sehr niedrige Dosen SSRI benutzten. Siehe Hollon u. a., 2002
44. Kramer, 1993
45. Haidt, 2001; Haidt und Joseph, 2004

Kapitel 3

1. *Analekte*, 15.24, in: Leys, 1997; dt. Übersetzung: I. S.
2. Babylonischer Talmud, Tractate Shabbos, Folio 31a, Schottenstein Edition, Übersetzung ins Englische A. Dicker (New York: Mesorah Publications, 1996); dt. Übersetzung: I. S.
3. *Der Pate*, Regie: F. F. Coppola, 1972; Paramount Pictures. Nach einem Roman von Mario Puzo; dt. Übersetzung: I. S.
4. Campbell, 1983; Richerson und Boyd, 1998
5. Hamilton, 1964, hat als Erster die Details der Verwandtenselektion ausgearbeitet. Wir alle haben die meisten unserer Gene mit allen Menschen und sogar mit den meisten Schimpansen, Mäusen und Fruchtfliegen gemeinsam. Hier spielt nur der *Teilsatz* der Gene eine Rolle, die bei den Menschen variieren.
6. Natürlich haben unsere Vorfahren sie nicht „aufgebaut“; sie haben einfach besser überlebt als ihre Konkurrenten und dabei ist die Reproduktion einer Königin übertragen worden und so entstand die Ultrasozialität.
7. Beschrieben bei Ridley, 1996
8. Kunz und Woolcott, 1976
9. Cialdini, 2001
10. Axelrod, 1984
11. Wilkinson, 1984

12. Trivers, 1971
13. Ridley, 1996
14. Panthanathan und Boyd, 2004; Richerson und Boyd, 2005
15. Cosmides und Tooby, 2004
16. Guth, Schmittberger und Schwarze, 1982
17. Sanfey u. a., 2003
18. Bjorklund, 1997
19. Dunbar, 1993
20. Dunbar, 1996
21. Hom und Haidt, in Vorbereitung
22. Ein Plädoyer für den Klatsch bringen Sabini und Silver, 1982
23. Cialdini, 2001
24. Cialdini, 2001, zitiert eine unveröffentlichte Studie von Lynn und McCall, 1998
25. James und Bolstein, 1992
26. Cialdini u. a., 1975
27. Benton, Kelly und Liebling, 1972
28. Lakin und Chartrand, 2003
29. van Baaren u. a., 2004
30. van Baaren u. a., 2003

Kapitel 4

1. *Dhammapada*, Vers 252, in Mascaro, 1973; dt.: ebenda, Vers 252
2. „Outing Mr. Schrock", *Washington Post*, 2. September 2004, A 22
3. Hom und Haidt, in Vorbereitung
4. Ausführlich besprechen dieses Spiel um das Dilemma von Gefangenen Axelrod, 1984; Wright, 1994
5. Machiavelli, *Discorsi*, 1.25; dt. Übersetzung: I. S.
6. Byrne und Whiten, 1988
7. Batson u. a. 1997; Batson u. a., 1999
8. Buchanan, 1965, S. 53; dt. Übersetzung: I. S.
9. Pachocinski, 1996, S. 222; dt. Übersetzung: I. S.
10. Wright, 1994, S. 13; dt. Übersetzung: I. S.
11. Kuhn, 1991
12. Perkins, Faraday und Bushey, 1991
13. Kunda, 1990; Pyszcynski und Greenberg, 1987

14. Franklin, 1962/c. 1791, S. 43; dt.: *Autobiographie*, München: Beck, 1997, 2. Aufl., S. 48
15. Alicke u. a. 1995; Hoorens 1993
16. Heine und Lehmann, 1999; Markus und Kitayama, 1991
17. Epley und Dunning, 2000
18. Die Darstellung von Führerschaft und die in diesem Absatz zitierten Untersuchungen stammen von Dunning, Meyerowitz und Holzberg 2002
19. Cross, 1997
20. Taylor u. a., 2003
21. Ross und Sicoly, 1979
22. Epley und Caruso, 2004
23. Babcock und Loewenstein, 1997
24. Pronin, Lin und Ross, 2002
25. Hick, 1967
26. Russell, 1988; Boyer, 2001
27. Baumeister, 1997
28. Siehe Übersicht in Baumeister, 1997 (Kapitel 2)
29. Baumeister, Smart und Boden, 1996; Bushman und Baumeister, 1998. Die Beweise, dass unsoziales Verhalten mit *geringem* Selbstwertgefühl zusammenhängt, lieferten kürzlich Donnellan u. a., 2005.
30. Glover, 2000
31. Skitka, 2002
32. Geertz, 1973, 5, paraphrasiert den Soziologen Max Weber.
33. *Bhagavad Gita*, 12.18–19. In Zaehner, 1969; dt.: www.wikipedia.de / Bhagavad Gita, Weblinks: vollständiger Text deutsch (Übersetzung Leopold von Schröder, 1922)
34. Sen-Ts'an, *Hsin hsin ming*, Conze 1954; dt. Übersetzung: http://www.zen-guide.de/zen/texte/id/55&titel=Hsin-hsin-ming
35. Shapiro u. a., 2002
36. Burns, 1999

Kapitel 5

1. *Dhammapada*, Vers 83, in Mascaro, 1973; dt.: ebenda Vers 83
2. Epiktet, 1983/1.–2. Jh. n. Chr., 9; dt.: *Epiktet, Ausgewählte Schriften*, Wissenschaftliche Buchgesellschaft: Darmstadt, Lizenzausgabe Artemis Verlag: Zürich, 1994
3. Davidson, 1994; siehe auch Brim, 1992
4. *Troilus und Cressida*, I.ii.287; dt.: ebenda
5. Wilson und Gilbert, 2003

6. Brickman, Coates und Janoff-Bulman, 1978; siehe auch Schulz und Decker, 1985 wegen des langfristigen Follow-Up der Patienten mit Wirbelsäulenverletzungen. Es war keine Untersuchung darüber zu bekommen, wie Glück und Lebenszufriedenheit in den ersten Tagen nach einem Lottogewinn oder nach einer Querschnittslähmung eingeschätzt wurden, doch wahrscheinlich ist die emotionale Reaktion sehr intensiv. Deshalb können wir folgern, dass die überraschend gemäßigte Bewertung des Glücksgefühls, die beide Gruppen einige Monate später angeben, eine weitgehende Rückkehr zur Ausgangsbasis darstellt.
7. Kaplan, 1978
8. Interview von Deborah Solomon, *New York Times Magazine*, vom 12. Dezember 2004, S. 37. Es sollte jedoch betont werden, dass man sich an eine schwere Behinderung nur langsam und oft nur unvollständig anpasst. Selbst Jahre später haben Menschen mit Querschnittslähmung im Durchschnitt nicht zu ihrem Ausgangswert aus der Zeit vor dem Unfall zurückgefunden.
9. Helson, 1964
10. Eine verständnisvolle Erforschung des Strebens nach Zielen, von Ehrgeiz und Glücklichsein finden Sie bei Brim, 1992.
11. Lykken und Tellegen, 1996
12. Smith, 1976/1759, S. 149; dt. Übersetzung: I. S.
13. Brickman und Campbell, 1971
14. Diener u. a., 1999; Mastekaasa, 1994; Waite und Gallagher, 2000. Allerdings ist damit nicht gesagt, dass alle Verheirateten im Durchschnitt glücklicher sind als Leute, die nie verheiratet waren, denn unglücklich Verheiratete sind die am wenigsten glückliche Gruppe von allen und sie ziehen auch den Durchschnitt nach unten; bei DePaulo und Morris, 2005, finden Sie eine kritische Abhandlung über die Forschung zu Vorteilen einer Ehe.
15. Harker und Keltner, 2001; Lyubomirsky, King und Diener, in Druck
16. Baumeister und Leary, 1995. Jedoch ist nicht sicher, ob die Ehe selbst zuträglicher ist als andere Formen der Gemeinschaft. Vieles spricht dafür, besonders in Bezug auf Gesundheit, Wohlstand und Langlebigkeit (erörtert in Waite und Gallagher, 2000); doch eine große Langzeitstudie konnte keinen langfristigen Nutzen der Ehe für das angegebene Wohlbefinden feststellen (Lucas u. a., 2003).
17. Diener u. a., 1999; Myers, 2000
18. Argyle, 1999. Einige Untersuchungen ergaben eine größere Differenz zwischen den Rassen, doch wenn die Unterschiede in Einkommen und Status des Arbeitsplatzes einbezogen werden, sind die Unterschiede gering und unbedeutend.
19. Diener u. a., 1999; Lucas und Gohm, 2000
20. Carstensen u. a., 2000; Diener und Suh, 1998. Mroczek und Spiro, 2005, stellten einen Höhepunkt um das Alter von 65 fest.
21. Frederick und Loewenstein, 1999; Riis u. a., 2005
22. Lucas, 2005
23. Schkade und Kahneman, 1998

24. Feingold, 1992
25. Diener, Wolsic und Fujita, 1995
26. Diener und Oishi, 2000
27. Lyubomirsky, King und Diener, im Druck; Fredrickson, 2001
28. Diener und Oishi, 2000; Frank, 1999
29. *Bhagavad Gita*, XVI, 12; das zweite Zitat ist aus XVI, 13–14. Zaehner, 1969; dt.: www.wikipedia.de / Bhagavad Gita, Weblinks: vollständiger Text deutsch (Übersetzung Leopold von Schröder, 1922)
30. Plomin und Daniels, 1987. Das *einzigartige* Umfeld, das jedes einzelne Kind innerhalb der Familie gestaltet, spielt eine Rolle, aber gewöhnlich keine so große wie seine individuellen Gene.
31. Lykken, 1999
32. Marcus, 2004
33. Lyubomirsky, Sheldon und Schkade, in Druck
34. Lyubomirsky u. a., in Druck, und Seligman, 2002, Kap. 4. Lyubomirsky u. a. bezeichnen den letzten Begriff als „Aktivitäten"; Seligman bezeichnet ihn als „freiwillige Variablen". Ich kombiniere beide Begriffe der Einfachheit halber und bezeichne sie als „freiwillige Aktivitäten".
35. Glass und Singer, 1972, und andere, die in Frederick und Loewenstein, 1999, aufgeführt sind.
36. Siehe Überblick in Frank, 1999
37. Koslowsky und Kluger, 1995
38. Csikszentmihalyi, 1997
39. Glass und Singer, 1972
40. Langer und Rodin, 1976; Rodin und Langer, 1977
41. Haidt und Rodin, 1999
42. Besprochen in Lyubomirsky, King und Diener, in Druck; Reis und Gable, 2003
43. Siehe Argyle, 1999; Baumeister und Leary, 1995; Myers, 2000; Seligman, 2002. Jedoch legen Lucas und Dyrenforth (in Druck) Belege vor, wonach die direkte Kausalwirkung besserer sozialer Beziehungen auf das Glücklichsein geringer ist, als die meisten Psychologen annehmen, vielleicht nicht größer als die Wirkung des Einkommens auf das Glücklichsein. Diese Diskussion hat eben erst begonnen; ihre Lösung harrt künftiger Untersuchungen.
44. Lyubomirsky, King und Diener, in Druck; Reis und Gable, 2003
45. Frederick und Loewenstein, 1999
46. Brontë, 1973/1847, 110; geäußert von Jane Eyre; dt. Übersetzung: I. S.
47. Belk, 1985; Kasser, 2002; Kasser und Ryan, 1996
48. Csikszentmihalyi, 1990
49. Siehe Miller, 1997 über den „Ekel aufgrund von Übersättigung"

50. Seligman, 2002, S. 102
51. Wrzesniewski, Rozin und Bennett, 2003; siehe auch Kass, 1994
52. Epikur, *Brief an Menoikeus*, 126. In O'Connor, 1993; dt.: *Epikur – Briefe, Sprüche, Werkfragmente*, Stuttgart: Reclam, 1985
53. Peterson und Seligman, 2004
54. Emmons und McCullough, 2003; Lyubomirsky, Sheldon und Schkade, in Druck
55. Frank, 1999
56. Basierend auf Solnick und Memenway, 1998
57. Van Boven und Gilovich, 2003
58. *Tao te king*, 12, in Feng und Englisch, 1972; dt.: *Tao te king*, München: Piper, 2005
59. Das gleiche Argument führt Whybrow, 2005, mit neurowissenschaftlichen Beweisen an.
60. Iyengar und Lepper, 2000
61. Schwartz, 2004
62. Schwartz, u. a., 2002; dt.: *Anleitung zur Unzufriedenheit*, Berlin: Econ, 2004
63. Schwartz, u. a., 2002
64. Conze, 1959
65. Conze, 1959, S. 40
66. Einige sagen „der Buddha" (der Erwachte), ebenso wie manche „der Christus" (der Gesalbte) sagen. Ich halte mich an den üblichen Sprachgebrauch und bezeichne sie einfach als Buddha und Christus.
67. Biswas-Diener und Diener, 2001; Diener und Diener, 1996
68. Biswas-Diener und Diener, 2001, S. 337
69. Später fand ich eine gedruckte Version des Vortrags: Solomon, 1999
70. Broderick, 1990, S. 261
71. Ansprache am *Memorial Day*, gehalten am 30. Mai 1884. In: Holmes, 1891, 3

Kapitel 6

1. Seneca, Epistel XLVIII, in Seneca, 1917–1925/c. 50 CE, 315; dt.: *Briefe*, Stuttgart: Reclam, 1988
2. Meditation XVII, in Donne, 1975/1623; dt.: zitiert im Epilog von: Bullock, Alan, *Hitler – eine Studie über Tyrannei*, Düsseldorf: Droste, 1989
3. Die Fakten in diesem Absatz sind aus Blum, 2002, Kapitel 2
4. Watson, 1928
5. Meinen Bericht über Harlows Laufbahn habe ich Blum, 2002, entnommen.
6. Harlow, Harlow und Meyer, 1950

7. Harlow und Zimmermann, 1959
8. Blum, 2002
9. Einen Überblick über die Entwicklung von Bowlbys Leben und Ideen finden Sie bei Blum, 2002, und Cassidy, 1999.
10. Lorenz, 1935
11. Bowlby, 1969; Cassidy, 1999
12. Einen Überblick über die Funktionen des Spiels finden Sie bei Fredrickson, 1998.
13. Harlow, 1971
14. Ainsworth u. a., 1978
15. Einen aktuellen Überblick über die Bindungsforschung bieten Cassidy, 1999; Weinfield u. a. 1999.
16. Harris, 1995
17. Kagan, 1994
18. DeWolff und van Ijzendoorn, 1997
19. van Ijzendoorn u. a., 2000
20. Hazan und Shaver, 1987. Copyright © 1987 bei der *American Psychological Association*. Abgewandelt mit freundlicher Genehmigung.
21. Hazan und Zeifman, 1999
22. Feeney und Noller, 1996
23. Bowlby, 1969
24. Hazan und Zeifman, 1999
25. Vormbrock, 1993
26. Carter, 1998; Uvnas-Moberg, 1998
27. Taylor u. a., 2000
28. Siehe Fisher, 2004, dort finden Sie einen Überblick über die Rolle von Oxytocin bei Liebe und Sex.
29. Fisher, 2004
30. Moss, 1998
31. Trevathan, 1987; Bjorklund, 1997
32. Bjorklund, 1997
33. Hill und Hurtado, 1996
34. Buss, 2004
35. Jankowiak und Fischer, 1992
36. Berscheid und Walster, 1978; siehe auch Sternberg, 1986
37. Platon, *Symposion 192e*, A. Nehamas und P. Woodruff (Übersetzer). In Cooper, 1997; alle Platonzitate in dieser deutschen Ausgabe aus: *Sämtliche Werke*, Jubiläumsausgabe, Zürich: Artemis, München 1974

38. Berscheid und Walster, 1978
39. Zitiert von Jankowiak und Fischer, 1992
40. Julien, 1998
41. Bartels und Zeki, 2000; Fisher, 2004
42. Das sind die drei Bestandteile von Sternbergs Dreieckstheorie der Liebe (1986).
43. *Dhammapada,* Vers 284, in Mascaro, 1973; dt.: ebenda
44. Kapitel 2, Zeile/ Vers 213, in Doniger und Smith, 1991; dt. Übersetzung: I. S.
45. *Analekten* 9.18, in Leys, 1997; dt. Übersetzung: I. S.
46. Tantrische Traditionen scheinen im Altertum die Ausnahmen gewesen zu sein, aber ihr Ziel war, die Energie der Lust und anderer Leidenschaften, oft in Verbindung mit Ekel, zu nutzen als Weg, Anhaftungen an Sinnesfreuden zu durchbrechen. Siehe Dharmakirti, 2002
47. Platon, *Symposion 192e*, A. Nehamas und P. Woodruff (Übersetzer). In Cooper, 1997; dt. Übersetzung: I. S.
48. Platon, *Symposion 210d*, A. Nehamas und P. Woodruff (Übersetzer). In Cooper, 1997; dt.: ebenda
49. Lukrez, *De Rerum Natura*, Buch IV, Verse 1105–1113; dt.: *Welt aus Atomen*, Zürich/ München: Artemis, 1956
50. Goldenberg u. a., 2001; Goldenberg u. a., 1999
51. Becker, 1973; Pyszcsynski, Greenberg und Solomon, 1997
52. Durkheim, 1951/1897, S. 209; dt.: *Der Selbstmord*, Frankfurt: Suhrkamp, 1983 1. Aufl., S. 232
53. Siehe die Rezensionen in Cohen und Herbert, 1996, Waite und Gallagher, 2000. Doch haben Lucas und Dyrenforth (in Druck) kürzlich die Frage gestellt, ob soziale Beziehungen so wichtig sind, wie das übrige Fachgebiet meint.
54. Fleeson, Malanos und Achille, 2002
55. Brown u. a., 2003
56. Baumeister und Leary, 1995
57. Sartre, 1989/1944, S. 45; dt. Übersetzung: I. S.

Kapitel 7

1. Mengzi – auch bekannt unter dem Namen Mencius. Aus *The Book of Mencius*, Abschnitt 6 B;15, in: Chan, 1963, 78; dt. Übersetzung: I. S.
2. Fr. Nietzsche, 1997/1889, S. 6; dt. Ausgabe: *Götzendämmerung*, Kapitel „Sprüche und Pfeile“, Nr. 8
3. Taylor, 2003
4. Die Geschichte ist wahr, doch wurden Namen und markante Einzelheiten geändert.
5. Cleckley, 1955; Hare, 1993

6. Berichte über Studien zum posttraumatischen Wachstum finden Sie bei Nolen-Hoeksema und Davis, 2002; Tedeschi, Park und Calhoun, 1998; Tennen und Affleck, 1998; Updegraff und Taylor, 2000. Es gab einige Pioniere wie Frankl, 1984/1959.
7. Meichenbaum, 1985, besprochen in Updegraff und Taylor, 2000
8. Dalai Lama, 2001/1995, S. 40; dt. Übersetzung: I. S.
9. Nolen-Hoeksema und Davis, 2002, S. 602–603
10. Baum, 2004; Tennen und Affleck, 1998
11. *As You Like It*, II.i. 12–14; dt.: ebenda
12. Tooby and Cosmides, 1996
13. Costa und McCrae, 1989
14. Park, Cohen und Murch, 1996
15. Costa und McCrae, 1989
16. Srivastava u. a., 2003
17. McAdams, 1994; McAdams, 2001
18. McAdams, 1994, S. 306
19. Emmons, 2003; Emmons, 1999
20. Vgl. auch die Arbeiten von Tim Kasser: Kasser, 2002, Kasser und Ryan, 1996
21. McAdams, 2001, S. 103
22. Adler, Kissel und McAdams, in Druck
23. Sheldon und Kasser, 1995
24. Siehe Emmons, 2003, Kap. 6; und James, 1961/1902
25. Siehe King, 2001, zum Thema des schwierigen Wegs zu einem guten Leben
26. Lerner und Miller, 1978
27. Zur neueren Forschung darüber, dass es Teil des „psychischen Immunsystems" ist, einen Sinn zu finden, siehe Wilson und Gilbert, 2005
28. Nolen-Hoeksema und Davis, 2002; Ryff und Singer, 2003; Tennen und Affleck, 1998. Andere Merkmale, die ebenfalls eine Rolle spielen, allerdings keine so wichtige wie Optimismus, sind kognitive Komplexität und Offenheit für Erfahrungen.
29. Carver, Scheier und Weintraub, 1989; Lazarus und Folkman, 1984
30. Pennebaker, 1997
31. Tavris, 1982
32. Pennebaker, 1997, S. 99–100
33. Myers, 2000; McCullough u. a., 2000
34. Pennebaker, 1997
35. Chorpita und Barlow, 1998
36. Siehe Belsky, Steinberg und Draper, 1991, über die Vielfalt psychischer und körperlicher Veränderungen, die durch ein frühes stressgeprägtes Umfeld ausgelöst werden.

37. Rind, Tromovitch und Bauserman, 1998
38. McAdams, 2001
39. Fitzgerald, 1988
40. Elder, 1974; Elder, 1998
41. Ich interviewte Elder 1994 für einen Bericht an die MacArthur-Stiftung.
42. Durkheim, 1951/1897
43. Putnam, 2000
44. Baltes, Lindenberger und Staudinger, 1998
45. Proust 1992a/1922, S. 513; dt.: http://www.buddha-dhamma.de/dinge-Dateien/page0001.htm
46. Sternberg, 1998; siehe auch Baltes und Freund, 2003
47. Der deutsch-amerikanische Theologe Reinhold Niebuhr stellte eine Variante dieses Gebets 1943 in einer Predigt vor und einige halten das für die Quelle der hier abgedruckten Version, die von den Anonymen Alkoholikern bekannt gemacht wurde. Über die Quellenlage informiert umfassend Eberhard Zwink: *Das falsche Oetinger-Gebet oder Das Gelassenheitsgebet*. Württembergische Landesbibliothek Stuttgart, 13. November 2001. http://www.wlb-stuttgart.de/referate/theologie/oetgeb00.html. In diesem Beitrag findet sich auch der Hinweis darauf, dass der Theologe und Pädagoge Theodor Wilhelm das Gebet in einem Buch veröffentlicht hat, das unter seinem Pseudonym Friedrich Oetinger erschien. Daraus entstand die falsche Zuordnung zum Theosophen Oetinger aus dem 18. Jahrhundert.

Kapitel 8

1. Epikur, *Principle Doctrines*, in Epikur, 1963/c. 290 BCE, 297; dt.: Epikur: *Briefe, Sprüche, Werkfragmente*, Stuttgart: Reclam, 1985
2. *Dhammapada*, Abschnitt 9, Vers 118; diese Übersetzung ist von Byrom, 1993; die Bedeutung ist die gleiche wie bei Mascaro, doch diese hat den besseren Sprachfluss; dt.: ebenda
3. Aristoteles, 1962/4. Jh. v. Chr., 1098a; dt.: ebenda
4. Franklin, 1962/c. 1791, 82; dt.: B. F., Autobiographie, München: Beck, 2003, S. 115
5. Franklin, 1962/c. 1791, 82; ebenda S. 116, 117
6. Franklin, 1962/c. 1791, 88; ebenda, S. 125
7. Peterson und Seligman, 2004
8. In Lichtheim, 1976, S. 152; dt. Übersetzung: I. S.
9. Templeton, 1997
10. Hansen, 1991
11. Aristoteles, 1962/4. Jhdt. v. Chr., 1103/b; dt.: *Nikomachische Ethik*; Reclam: Stuttgart, 1969, S. 35
12. Kant, 1959/1785

13. Bentham, 1996/1789
14. Pincoffs, 1986
15. M. B. Sure, „Raising a Thinking Child Workbook", abgerufen am 15. April 2005 von www.thinkingchild.com
16. Singer, 1979
17. MacIntyre, 1981
18. Siehe auch Taylor, 1989
19. Peterson und Seligman, 2004
20. Piaget, 1965/1932
21. Shweder u. a. 1997
22. Baumeister, 1997, besprochen in Kap. 4
23. Webster's *New Collegiate Dictionary*, 1976
24. Lyubomirsky u. a., in Druck
25. Isen und Levin, 1972. Bei dieser Wirkung gibt es Grenzen, etwa wenn die Hilfe die glückliche Stimmung zunichte macht; vgl. Isen und Simmonds, 1978
26. Piliavin, 2003
27. Thoits und Hewitt, 2001
28. Brown u. a., 2003
29. McAdams, 2001, besprochen in Kap. 7
30. Piliavin, 2003
31. Emmons, 2003
32. Durkheim, 1951/1897, besprochen in Kap. 6
33. Sampson, 1993
34. Hunter, 2000
35. Appiah, 2005; siehe auch Taylor, 1989
36. Tajfel, 1982
37. Haidt, Rosenberg und Hom, 2003
38. Damon, 1997

Kapitel 9

1. Zitiert in Chan, 1963, 59; dt. Übersetzung: I. S.
2. Aus dem *Hadith*, zitiert in Fadiman und Frager, 1997, S. 6; dt. Übersetzung: I. S.
3. Abbott, 1952/1884. Das erweiterte/ ausführliche Zitat ist von S. 80; dt.: *Flächenland*, Hildesheim/Berlin: Franzbecker, 1990, S. 114
4. Boehm, 1999
5. Brown und Gilman, 1960

6. Siehe Leviticus 12; Buckley und Gottlieb, 1988; dt. Übersetzung: I. S.
7. Rozin und Fallon, 1987
8. Rozin u. a., 1997
9. Leakey, 1994
10. Einen Überblick über unsere Untersuchung über Ekel finden Sie bei Rozin, Haidt und McCauley, 2000
11. Haidt u. a., 1997
12. Dargestellt in Thomas, 1983, S. 38
13. John Wesley, 1984/1786, Predigt 88, „Über die Kleidung", 249
14. Shweder u. a., 1997
15. Haidt, Koller und Dias, 1993
16. Doniger und Smith, 1991; das lange Zitat ist aus Kapitel 4, Verse 109–122; dt. Übersetzung: I. S.
17. Siehe Bloom, 2004, wie die Menschen „geborene Dualisten" sind und Körper und Seele trennen
18. Aus der Ansprache vor der Abschlussklasse des *Divinity College*, in Emerson, 1960/1838, S. 102; dt.: zitiert aus: James, William, *Die Vielfalt religiöser Erfahrung*, Frankfurt: Insel, 1997, S. 64
19. Stall, 1897; das englische Zitat ist von S. 35 in der Ausgabe von 1904; dt. Übersetzung. I. S.
20. Steele, 1867, S. 191; dt. Übersetzung: I. S.
21. Le Conte, 1892, S. 330; dt. Übersetzung: I. S.
22. Eliade, 1959/1957, das lange englische Zitat ist von S. 24; dt.: *Das Heilige und das Profane – Vom Wesen des Religiösen*, Frankfurt: Insel, 1984, S. 25
23. Basierend auf der bahnbrechenden Arbeit von Ekman, Sorensen und Friesen, 1969
24. Jefferson, 1975/1771; dt. Übersetzung: I. S.
25. Isen und Levin, 1972; siehe Diskussion in Kap. 8
26. Algoe und Haidt, 2005
27. Thrash und Elliot, 2004
28. McCraty und Childre, 2004
29. Carter, 1998, und siehe Kap. 6
30. Nach einer neueren Erkenntnis erhöht Oxytocin das Vertrauen, Kosfeld u. a., 2005
31. David Whitford, persönliche Unterhaltung 1999. Verwendet mit freundlicher Genehmigung.
32. Siehe Ausführungen über Bindung und Agape in Kap. 6
33. Aus *Kritik der Praktischen Vernunft*, im Original zitiert in Guyer, 1992, S. 1; dt. Übersetzung: I. S.
34. Aus Darwins „Autobiographie" zitiert in Wright, 1994, S. 364; dt. Übersetzung: I. S.

35. Aus *Nature*, in Emerson, 1960b/1838, S. 24; dt.: *Die Natur – Ausgewählte Essys*, Stuttgart: Reclam, 2001, S. 89
36. Wasson, 1986
37. Shulgin und Shulgin, 1991
38. Grob und de Rios, 1994
39. Pahnke, 1966
40. Keltner und Haidt, 2003
41. *Bhagavad Gita*, 2, 45; in Zaehner, 1969; dt. Übersetzung: I. S.
42. James, 1961/1902; dt.: *Die Vielfalt religiöser Erfahrung*, Frankfurt: Insel, 1997
43. James, 1961/1902, S. 216–217; dt.: ebenda, S. 204, 205
44. Maslow, 1964
45. Daston und Park, 1998
46. Maslow, 1964, S. 58
47. Leary, 2004
48. Gallup, 1982
49. Zitiert in Cruikshank, 1999, S. 95
50. Warren, 2002; dt.: *Leben mit Vision*, Asslar: Geerth Medien, 2006
51. Ich habe Shweders drei Formen der Ethik erweitert zu einer Theorie der fünf Grundlagen intuitiver Ethik, mit der ich den „Kulturkampf" analysiere. Siehe Haidt und Bjorklund, in Druck; Haidt und Joseph, 2004
52. Warren, 2002, S. 22; dt. Übersetzung: I. S.
53. Haidt und Hersh, 2001
54. Gross und Haidt, 2005
55. Haidt und Hersh, 2001, S. 208

Kapitel 10

1. Isa Upanishad, Verse 6–7, in Mascaro, 1965, 49–50; dt.: www.yoga-vidja.de/Yoga Buch 9, 6–7
2. Gesprochen von Jim in *My Antonia*, Cather, 1987/1918, 14; dt. Übersetzung: I. S.
3. „On the Road to Find Out" von Cat Stevens. Aus dem Album *Tea for the Tillerman*, 1970, A & M; dt. Übersetzung: I. S.
4. Brief an John Augustine Washington, in Irving, 1976/1856–1859; dt. Übersetzung: I. S.
5. „Sherry Darling" von Bruce Springsteen, Copyright © 1980 Bruce Springsteen (ASCAP). Nachdruck genehmigt.
6. Allen, 1975

7. Bei Klemke, 2000, finden Sie einen Band mit philosophischen Essays über den Sinn des Lebens. Die meisten der nicht-theistischen Essays versuchen genau das.
8. Beispiele finden Sie bei Appiah, 2005; Churchland, 1998; Flanagan, 1991; Gibbard, 1990; Nussbaum 2001; Solomon, 1999
9. Adams, 1980
10. Monty Python's *Der Sinn des Lebens*, Regie: Terry Gilliam (Universal Studios, 1983); dt.: www.wikipedia.de/ Der Sinn des Lebens
11. *Webster's Third New International Dictionary*, 1993, ungekürzt, für beide Wörter; dt. Übersetzung: I. S. – Beispiel: Das Ananym zum Wort „Leben" ist „Nebel" ...
12. Jung, 1963
13. *Nikomachische Ethik*, Buch 1, 1094a; dt.: *Nikomachische Ethik,* Stuttgart: Reclam, 1969, S.
14. Warren, 2002; dt.: *Leben mit Vision*, Asslar: Gerth Medien, 2006
15. Bonnano, 2004, und siehe Kapitel 7
16. Gardner, Csikszentmihalyi und Damon, 2001
17. Eine angesehene Theorie, Ryan und Deci, 2000, besagt, dass die psychischen Grundbedürfnisse Kompetenz (Arbeit eingeschlossen), Verbundenheit (Liebe) und Autonomie sind. Ich stimme zu, dass Autonomie wichtig ist, halte sie aber nicht für so bedeutsam, universell oder so durchweg gut wie die beiden anderen.
18. Diese Wendung „Liebe und Arbeit" kommt in Freuds *Schriften* nicht vor. Es wird oft behauptet, dass Freud sie einmal in einem Gespräch geäußert habe. Erik Erikson berichtet davon, 1963/1950, 265.
19. Leo Tolstoi, zitiert nach Troyat, 1967, 158; dt. Übersetzung: I. S.
20. White, 1959
21. White, 1959, S. 322; dt. Übersetzung: I. S.
22. *Troilus und Cressida*, I,ii,287
23. Marx, 1977/1867
24. Kohn und Schooler, 1983
25. Bellah u. .a, 1985
26. Wrzesniewski u. a., 2003; Wrzesniewski, Rozin und Bennett, 2003
27. Wie in Kapitel 8 besprochen.
28. Fredrickson, 2001
29. Gibran, 1977/1923, 27; dt.: zitiert nach www.ates.de/pgs_content/downloads/Arbeit ist sichtbar gemachte Liebe.pdf
30. Nakamura und Csikszentmihalyi, 2003, 87
31. Nakamura und Csikszentmihalyi, 2003, 86
32. Gardner, Csikszentmihalyi und Damon, 2001; siehe auch Damon, Menon und Bronk, 2003 zur Entwicklung des Zwecks

33. Zum Beispiel Fenton, 2005
34. Zahlreiche neuere Arbeiten in der Psychologie belegen die Bedeutung des „Passens“ oder der Kohärenz für das Wohlbefinden. Siehe Freitag und Higgins, 2002; Tamir, Robinson und Clore, 2002
35. Emmons, 1999; Miller und C’de Baca, 2001
36. Einen gut entwickelten mehrstufigen Ansatz für den „optimalen Menschen“ finden Sie bei Sheldon, 2004.
37. Ich stütze mich hier auf die interdisziplinäre Arbeit der Kognitionswissenschaften über die Rolle des Körpers und der Kultur in der Kognition, etwa die Arbeit von Clark, 1999; Lakoff und Johnson, 1999 und Shore, 1996.
38. Durkheim, 1965/1915; Wilson, 2002
39. Brown, 1991
40. Darwin, 1998/1871, S. 166; dt.: *Die Abstammung des Menschen*, Übersetzung: www.wikipedia.de, Charles Darwin, Weblinks, Bücher von Darwin digital, Die Abstammung des Menschen und die geschlechtliche Zuchtwahl, Icons 181–186; Kap. 5, S. 16
41. Williams, 1966; Trivers, 1971
42. Dawkins, 1976
43. Wilson, 1990
44. Camponotus saundersi, beschrieben in Wilson, 1990, S. 44
45. Wilson, 2002; doch beachten Sie, dass Gruppenselektion recht umstritten ist und bei den Evolutionsbiologen derzeit die Minderheitsmeinung darstellt.
46. Siehe Aunger, 2000; Gladwell, 2000; Richerson und Boyd, 2005
47. Richerson und Boyd, 2005; Leakey, 1994
48. Mithen, 2002, erklärt die Kluft zwischen der Zeit, als das Gehirn seine jetzige Größe erreichte, vor über 100.000 Jahren, und der Kulturexplosion, die einige zehntausend Jahre später begann, als Ergebnis der langsamen Ansammlung materieller Kultur.
49. Siehe Pinker, 1997, 2002, wie das entwickelte Gehirn Künste, Politik, Geschlechterrollen und andere kulturelle Aspekte einschränkt.
50. Innerhalb von nur 40 Jahren wurden Füchse domestiziert und in Aussehen und Verhalten durch Zuchtwahl Hunden angeglichen; siehe Belyaev, 1979; Trut, 1999
51. Richerson und Boyd, 2005
52. Durkheim, 1965/1915, S. 62; dt.: *Die elementaren Formen religiösen Lebens*, Frankfurt: Suhrkamp, 1981, Übersetzung: I. S.
53. Boyer, 2001
54. Boyer, 2001; Dawkins, 1976
55. Hamer, 2004
56. Diesen Begriff prägte kürzlich R. M. Bucke; Siehe James, 1961/1902, 313
57. Aus der *Columbia Encyclopedia*, 6. Aufl., 2001, Eintrag: Yoga; dt. Übersetzung: I. S.

58. zitiert von James, 1961/1902, 317; dt.: S. 402
59. Newberg, D'Aquili und Rause, 2001
60. McNeill, 1995, 2; dt. Übersetzung: I. S.
61. McNeill, 1995
62. Aus Gray, 1979/1959, zitiert auf S. 10 von McNeill, 1995; dt. Übersetzung: I. S.

Schlusswort

63. Zitiert nach Diogenes Laertius, 1925/3. Jh. n. Chr., Buch 9, Abschn. 8; dt. Übersetzung: I. S.
64. Blake, 1975/1790–1793, 3; dt.: *Die Vermählung von Himmel und Hölle*, Übersetzung: I. S.
65. Graham und Haidt, in Vorbereitung; Haidt und Bjorklung, in Druck; Haidt und Hersh, 2001
66. Natürlich gibt es Subtypen von Liberalen und Konservativen, die diesen Verallgemeinerungen nicht entsprechen, wie die religiöse Linke und die libertäre Rechte jeweils mit ihrem eigenen „Expertentum".

Literaturverzeichnis

Abbott, E. A. (1952/1884). *Flatland: A romance of many dimensions.* (6th ed.). New York: Dover.

Adams, D. (1980). *The hitchhiker's guide to the galaxy.* New York: Harmony Books.

Adler, J. M., Kissel, E., und McAdams, D. P. (im Druck). Emerging from the CAVE: Attributional style and the narrative study of identity in midlife adults. In: *Cognitive Therapy and Research.*

Ainsworth, M. D. S., Blehar, M., Waters, E. & Wall, S. (1978). *Patterns of attachment: A psychological study of the strange situation.* Hillsdale, NJ: Erlbaum.

Algoe, S., und Haidt, J. (2005). Witnessing excellence in action: The „otherpraising" emotions of elevation, gratitude, and admiration. Unveröffentlichtes Manuskript, University of Virginia.

Alicke, M. D., Klotz, M. L., Breitenbecher, D. L., Yurak, T. J., & Vredenburg, D. S. (1995). Personal contact, individuation, and the better-than-average effect. *Journal of Personality and Social Psychology,* 68, 804–825.

Allen, W. (1975). *Without feathers.* New York: Random House.

Angle, R., & Neimark, J. (1997). Nature's clone. *Psychology Today,* Juli/August 1997

Appiah, K. A. (2005). *The ethics of identity.* Princeton: Princeton University Press.

Argyle, M. (1999). Causes and correlates of happiness. In: D. Kahneman, E. Diener & N. Schwartz (Hrsg.), *Well-being: The foundations of hedonic psychology* (S. 353–373). New York: Russell Sage.

Aristotle. (1962). *Nichomachean ethics* (Übers.: M. Oswald). Indianapolis, IN: Bobbs-Merrill.

Aunger, R. (Hrsg.). (2000). *Darwinizing culture: The status of memetics as a science.* Oxford, UK: Oxford University Press.

Aurelius, M. (1964). *Meditations* (Übers.: M. Staniforth) London: Penguin.

Axelrod, R. (1984). *The evolution of cooperation.* New York: Basic Books.

Babcock, L., & Loewenstein, G. (1997). Explaining bargaining impasse: The rote of self-serving biases. *Journal of Economic Perspectives,* 11, 109–126.

Baltes, P. B., & Freund, A. M. (2003). The intermarriage of wisdom and selective optimization with compensation: Two meta-heuristics guiding the conduct of life. In: C. L. M. Keyes & J. Haidt (Hrsg.), *Flourishing: Positive psychology and the life well-lived* (S. 249–273). Washington, DC: American Psychological Association.

Baltes, P. B., Lindenberger, U., & Staudinger, U. M. (1998). Life-span theory in developmental psychology. In: W. Damon & R. Lerner (Hrsg.), *Hand hook of child psychology, Vol. 1, Theoretical models of human development.* (S. 1029–1143). New York: Wiley

Bargh, J. A., Chaiken, S., Raymond, P., & Hymes, C. (1996). The automatic evaluation effect: Unconditionally automatic activation with a pronunciation task. *Journal of Experimental Social Psychology,* 32, 185–210.

Bargh, J. A., Chen, M., & Burrows, L. (1996). Automaticity of social behavior: Direct effects of trait construct and stereotype activation on action. *Journal of Personality and Social Psychology,* 71, 230–244.

Bartels, A., & Zeki, 5. (2000). The neural basis of romantic love. *Neuroreport,* 11, 3829–3834.

Batson, C. D., Kobrynowicz, D., Dinnerstein, J. L., Kampf, H. C., & Wilson, A. D. (1997). In a very different voice: Unmasking moral hypocrisy. *Journal* of *Personality and Social Psychology,* 72, 1335–1348.

Batson, C. D., Thompson, E. R., Seuferling, G., Whitney, H., & Strongman, J. A. (1999). Moral hypocrisy: Appearing moral to oneself without being so. *Journal of Personality and Social Psychology,* 77, 525–537.

Baum, D. (2004). The price of valor. *The New Yorker,* 12.7.2004

Baumeister, R. F. (1997). *Evil: Inside human cruelty and violence.* New York: W. H. Freeman.

Baumeister, R. F., Bratlavsky, E., Finenauer, C., & Vohs, K. D. (2001). Bad is stronger than good. *Review of General Psychology,* 5, 323–370.

Baumeister, R. F., Bratlavsky, E., Muraven, M., & Tice, D. M. (1998). Ego depletion: Is the active self a limited resource? *Journal of Personality and Social Psychology,* 74, 1252–1265.

Baumeister, R. E, & Leary, M. R. (1995). The need to belong: Desire for interpersonal attachments as a fundamental human motivation. *Psychological Bulletin,* 117, 497–529.

Baumeister, R. E, Smart, L., & Boden, J. M. (1996). Relation of threatened egotism to violence and aggression: The dark side of high self-esteem. *Psychological Review,* 103, 5–33.

Beck, A. T. (1976). *Cognitive therapy and the emotional disorders.* New York: International Universities Press.

Becker, E. (1973). *The Denial of Death.* New York: Free Press.

Belk, R. W. (1985). Materialism: Trait aspects of living in the material world. *Journal of Consumer Research,* 12, 265–280.

Bellah, R., Madsen, R., Sullivan, W. M., Swidler, A., & Tipton, 5. (1985). *Habits of the heart.* New York: Harper and Row.

Belsky, J., Steinberg, L., & Draper, P. (1991). Childhood experience, interpersonal development, and reproductive strategy: An evolutionary theory of socialization. *Child Development,* 62, 647–670.

Belyaev D. K. (1979). Destabilizing selection as a factor in domestication. *Journal of Heredity,* 70, 30 1–308.

Bentham, J. (1996/1789). *An introduction to the principles of morals and legislation.* Oxford: Clarendon.

Benton, A. A., Kelley, H. H., & Liebling, B. (1972). Effects of extremity of offers and concession rate on the outcomes of bargaining. *Journal of Personality and Social Psychology,* 24, 73–83.

Berridge, K. C. (2003). Comparing the emotional brains of humans and other animals. In: R. J. Davidson, K. R. Scherer & H. H. Goldsmith (Hrsg.), *Hand book of affective sciences* (S. 25–51). Oxford, UK: Oxford University Press.

Berscheid, E., & Walster, E. H. (1978). *Interpersonal attraction.* New York: Freeman.

Biswas-Diener, R, & Diener, E. (2001). Making the best of a bad Situation: Satisfaction in the slums of Calcutta. *Social Indicators Research,* 55, 329–3 52.

Bjorklund, D. F. (1997). The role of immaturity in human development. Psycho*logical Bulletin,* 122, 153–169.

Blake, W. (1975/1790–1793). *The marriage of heaven and hell.* London: Oxford University Press.

Bloom, P. (2004). *Descartes‘ baby: How the science of child development explains what makes us human.* New York: Basic Books.

Blum, D. (2002). *Love at Goon Park.* Cambridge, MA: Perseus.

Boehm, C. (1999). *Hierarchy in the forest: The evolution of egalitarian behavior.* Cambridge, MA: Harvard University Press.

Boethius. (1962/c. 522 CE). *The consolation of philosophy.* (Übers. von R. Green). New York: Macmillan.

Bonanno, G. (2004). Loss, trauma, and human resilience: Have we underestimated the human capacity to thrive after extremely aversive events? *American Psychologist,* 59, 20–28.

Bouchard, T. J. (2004). Genetic influence on human psychological traits: A survey. *Current Directions in Psychological Science,* 13, 148–151.

Bowlby, J. (1969). *Attachment and loss.* Vol.1, *Attachment.* New York: Basic Books.

Boyer; P. (2001). Religion explained: The evolutionary origins of religious thought. New York: Basic Books.

Brickman, P., & Campbell, D. T. (1971). Hedonic relativism and planning the good society. In: M. H. Apley (Hrsg.), *Adaptation-level theory: A symposium* (S. 287–302). New York: Academic Press.

Brickman, P., Coates, D., & Janoff-Bulman, R. (1978). Lottery winners and accident victims: Is happiness relative? *Journal of Personality and Social Psychology,* 36, 917–927.

Brim, G. (1992). *Ambition.* New York: Basic Books.

Broderick, J. C. (Hrsg.). (1990). *Writings of Henry D. Thoreau: Journal, Volume* 3: *1848–1851.* Princeton: Princeton University Press.

Bronte, C. (1973/1847).*Jane Eyre.* London: Oxford University Press.

Brown, D. E. (1991). *Human universals.* Philadelphia: Temple University Press.

Brown, R., & Gilman, A. (1960). The pronouns of power and solidarity. In: T. A. Sebeok (Hrsg.), *Style in language* (S. 253–276). Cambridge, MA: MIT Press.

Brown, S. L., Nesse, R. M., Vinokur, A. D., & Smith, D. M. (2003). Providing social support may be more beneficial than receiving it: Results from a prospective study of mortality. *Psychological Science,* 14, 320–327.

Buckley, T., & Gottlieb, A. (Hrsg.). (1988). *Blood magic: The anthropology of menstruation.* Berkeley: University of California Press.

Buchanan, D. C. (1965). *Japanese proverbs and sayings.* Norman, OK: University of Oklahoma Press.

Burns, D. D. (1999). *Feeling Good.* New York: Avon.

Burns, J. M., & Swerdlow, R. H. (2003). Right orbitofrontal tumor with pedophilia symptom and constructional apraxia sign. *Archives of Neurology~* 60, 437–440.

Bushman, B. J., & Baumeister, R. F. (1998). Threatened egotism, narcissism, self-esteem, and direct and displaced aggression: Does self-love or self-hate lead to violence? *Journal of Personality and Social Psychology, 75,* 219–229.

Buss, D. M. (2004). *Evolutionary psychology: The new science of the mind.* Boston: Allyn & Bacon.

Byrne, R., & Whiten, A. (Hrsg.). (1988). *Machiavellian intelligence.* Oxford, UK: Oxford University Press.

Byrom, T. (Hrsg. und Übersetz.). (1993). *Dhammapada: The sayings of the Buddha.* Boston: Shamhhala.

Campbell, D. T. (1983). The two distinct routes beyond kin selection to ultrasociality: Implications for the humanities and social sciences. In: D. Bridgeman (Hrsg.), *The nature of prosocial development: Theories and strategies* (S. 11–39). New York; Academic Press.

Carnegie, D. (1984/1944). How to stop worrying and Start living. New York: Pocket Books.

Carstensen, L. L., Pasupathi, M., Mayr, U., & Nesselroade, J. R. (2000). Emotional experience in everyday life across the adult life span. *Journal of Personality and Social Psychology,* 79, 644–655.

Carter, C. (1998). Neuroendocrine perspectives on social attachment and love. *Psychoneuroendocrinology,* 23, 779–818.

Carver, C. S., & White, T. L. (1994). Behavioral inhibition, behavioral activation, and affective responses to impending reward and punishment: The BIS/BAS scales. *Journal of Personality and Social Psychology* 67, 319–333.

Carver, C. S., Scheier, M. F, & Weintraub, J. K. (1989). Assessing coping strategies: A theoretically based approach. *Journal of Personality and Social Psychology,* 56, 267–283.

Cassidy, J. (1999). The nature of the child‘s ties. In: J. Cassidy & P. R. Shaver (Hrsg.), *Handbook of attachment: Theory research, and applications (S.* 3–20). New York: Guilford.

Cather, W. (1987/1918). *My Antonia;* New York: Library of America.

Chan, W. T. (1963). *A source book in Chinese philosophy.* Princeton, NJ: Princeton University Press.

Cborpita, B. F., & Barlow, D. H. (1998). The development of anxiety: The role of control in the early environment. *Psychological Bulletin,* 124, 3–21.

Churchland, P. M. (1998). Toward a cognitive neurobiology of the moral virtues. *Topoi,* 17, 83–96.

Cialdini, R. B. (2001). *Influence: Science and practice.* Boston: Allyn and Bacon.

Cialdini, R. B., Vincent, J. E., Lewis, S. K., Gatalan, J., Wheeler, D., & Darby, B. L. (1975). Reciprocal concessions procedure for inducing compliance: The door-in-the-face technique. *Journal of Personality and Social Psycholo*gy 31, 206–215.

Clark, A. (1999). *Being there: Putting brain, body and world together again.* Cambridge, MA: MIT Press.

Cleckley, H. (1955). *The mask of sanity.* St. Louis, MO: Mosby.

Cohen, S., & Herbert, T. B. (1996). Health psychology: psychological factors and physical disease from the perspective of human psychoneuroimmunology. *Annual Reviews of Psychology,* 47. 113–142.

Gonze, E. (Hrsg.). (1954). *Buddhist texts through the ages.* New York: Philosophical Library.

Gonze, E. (Hrsg.). (1959). *Buddhist Scriptures.* London: Penguin.

Cooper, J. M. (Hrsg.). (1997). *Plato: Complete works.* Indianapolis, IN: Hackett.

Cosmides, L., & Tooby, J. (2004). Knowing thyself: The evolutionary psychology of moral reasoning and moral sentiments. *Business, Science, and Ethics,* 91–127.

Costa, P. T. J., & McCrae, R. R. (1989). Personality continuity and the changes of adult life. In: M. Storandt & G. R. VandenBos (Hrsg.), *The adult years: Continuity and change (S.* 45–77). Washington, DC: American Psychological Association.

Cross, P. (1977). Not can but will college teaching be improved. *New Directions for Higher Education,* 17,1–15.

Cruikshank, B. (1999). *Will to empower: Democratic citizens and other subjects.* Ithaca: Cornell University Press.

Csikszentmihalyi, M. (1990). *Flow: The psychology of optimal experience.* New York: Harper & Row.

Csikszentmihalyi, M. (1997). *Finding flow.* New York: Basic Books.

Dalai Lama. (2001/1995). *The art of living: A guide to contentment, joy, and fulfillment.* (Übersetzt von G. T. Jinpa) London: Thorsons.

Damasio, A. (1994). *Descartes‘ error: Emotion, reason, and the human brain.* New York: Putnam.

Damasio, A. R., Tranel, D., & Damasio, H. (1990). Individuals with sociopathic behavior caused by frontal damage fail to respond autonomically to social stimuli. *Behavioral Brain Research,* 41, 81–94.

Damon, W. (1997). *The youth charter: How communities can work together to raise standards for all our children.* New York: Free Press.

Damon, W., Menon, J. & Bronk, K. (2003). The development of purpose during adolescence. *Applied Developmental Science* 7,119–128.

Darwin, C. (1998/1871). *The descent of man and selection in relation to sex.* Amherst, NY: Prometheus.

Daston, L., und Park, C. (1998). *Wonders and the order of nature, 1150–1750.* New York: Zone.

Davidson, R. J. (1994). Asymmetric brain function, affective style, and psychopathology: The role of early experience and plasticity. *Development and Psychopathology,* 6, 74 1–758.

Davidson, R. J. (1998). Affective style and affective disorders: Perspectives from affective neuroscience. *Cognition and Emotion,* 12, 307–330.

Davidson, R. J., und Fox, N. A. (1989). Frontal brain asymmetry predicts infants‘ response to maternal separation. *Journal of Abnormal Psychology,* 98, 127–131.

Dawkins, R. (1976). *The selfish gene.* Oxford, UK: Oxford University Press.

DePaulo, B. M., & Morris, W. L. (2005). Singles in society and science. *Psychological Inquiry,* 16, 57–83.

DeRubeis, R. J., Hollon, S. D., Amsterdam, J. D., Shelton, R. C., Young, P. R., Salomon, R. M., et al. (2005). Cognitive therapy vs medications in the treatment of moderate to severe depression. *Archives of General Psychiatry,* 62, 409–416.

DeWolff, M., & van Ijzendoorn, M. (1997). Sensitivity and attachment: A metaanalysis on parental antecedents of infant attachment. *Child Development,* 68, 571–591.

Dharmakirti. (2002). *Mahayana tantra.* New Delhi, India: Penguin.

Diener, E., & Diener, C. (1996). Most people are happy. *Psychological Science,* 7, 181–185.

Diener, E., & Oishi, S. (2000). Money and happiness: Income and subjective well-being across nations. In: E. Diener & E. M. Suh (Hrsg.), *Culture and subjective well-being* (S. 185–218). Cambridge, MA: MIT Press.

Diener, E., & Suh, M. E. (1998). Subjective well-being and age: An international analysis. In: K. Schaie & M. Lawton (Hrsg.), *Annual review of gerontology and geriatrics,* Vol. 17: *Focus on emotion und adult development, Annual review of gerontology and geriatrics* (S. 304–324). New York: Springer.

Diener, E., Suh, E. M., Lucas, R. E., & Smith, H. L. (1999). Subjective well-being: Three decades of progress. *Psychological Bulletin,* 125, 276–302.

Diener, E., Wolsic, B., & Fujita, F. (1995). Physical attractiveness and subjective well-being. Journal of *Personality and Social Psychology,* 69, 120–129.

Dijksterhuis, A., & van Knippenberg, A. (1998). The relation between perception and behavior, or how to win a game of Trivial Pursuit. *Journal of Personality and* Social *Psychology,* 74, 865–877.

Dobson, K. 5. (1989). A meta-analysis of the efficacy of cognitive therapy for depression. *Journal of Consulting und Clinical Psychology,* 57, 414–419.

Doniger, W., & Smith, B. (Hrsg. & Übers.). (1991). *The laws of Manu.* London: Penguin.

Donne, J. (1975/1623). *Devotions upon emergent occasions: A critical edition with introduction und commentary:* Salzburg: University of Salzburg.

Donnellan, M. B., Trzesniewski, K. H., Robins, R. W., Moffitt, T. E., & Caspi, A. (2005). Low self-esteem is related to aggression, antisocial behavior, and delinquency. *Psychological Science,* 16, 328–335.

Dunbar, R. (1993). Coevolution of neocortical size, group size and language in humans. *Behavioral and Brain Sciences* 16, 68 1–735.

Dunbar, R. (1996). *Grooming, gossip, and the evolution of language.* Cambridge, MA: Harvard University Press.

Dunning, D., Meyerowitz, J. A., & Holzberg, A. D. (2002). Ambiguity and self-evaluation: The rote of idiosyncratic trait definitions in self-serving assessments of ability. In: *Heuristics and hiases: The psychology of intuitive judgment. (S.* 324–333). Cambridge, UK: Cambridge University Press.

Durkheim, E. (1951/1897). *Suicide.* (Übersetzt von J. A. Spalding & G. Simpson) New York: Free Press.

Durkheim, E. (1965/1915). *The elementary forms of the religious life.* (Übersetzt von J. W. Swain) New York: Free Press.

Ekman, P., Sorensen, E., & Friesen, W. V (1969). Pan-cultural elements in the facial displays of emotion. *Science* 164, 86–88.

Lider, G. H., jr. (1974). *Children of the great depression.* Chicago: University of Chicago Press.

Lider, G. H. (1998). The life course and human development. In: R. M. Lerner (Hrsg.), *Handbook of child psychology.* Vol. 1, *Theoretical models of human development* (S. 939–991). New York: Wiley

Eliade, M. (1959/1957). *The sacred and the profane: The nature of religion.* (Übersetzt von W. R. Task). San Diego, CA: Harcourt Brace.

Emerson, R. W. (1960a/1838). The divinity school address. In: S. Whicher (Hrsg.), *Selections from Ralph Waldo Emerson* (S. 100–116). Boston: Houghton Mifflin.

Emerson, R. W. (1960h/1838). Nature. In: S. Whicher (Hrsg.), *Selections from Ralph Waldo Emerson* (S. 2 1–56). Boston: Houghton Mifflin.

Emmons, R. A. (1999). *The psychology of ultimate concerns: Motivation and spirituality in personality,* New York: Guilford.

Emmons, R. A. (2003). Personal goals, life meaning, and virtue: Wellsprings of a positive life. In: C. L. M. Keyes & J. Haidt (Hrsg.), *Flourishing: Positive psychology and the life well-lived* (S. 105–128). Washington DC: American Psychological Association.

Emmons, R. A., & McCullough, M. E. (2003). Counting blessings versus burdens: An experimental investigation of gratitude and subjective well-being in daily life. *Journal of Personality and Social Psychology,* 84, 377–389.

Epictetus (1983). *The manual.* (Übersetzt von N. White). Indianapolis, IN: Hackett.

Epicurus (1963/c). *The philosophy of Epicurus.* (Übersetzt *von* G. K. Strodach). Chicago: Northwestern University Press.

Epley, N., & Caruso, E. M. (2004). Egocentric ethics. *Social Justice Research,* 17, 171–187.

Epley, N., & Dunning, D. (2000). Feeling „holier than thou": Are self-serving assessments produced by errors in self- or social prediction. *Journal of Personality and Social Psychology,* 79, 861–875.

Erikson, E. H. (1963/1950). *Childhood and society.* New York: Norton.

Fadiman, J., & Frager, R. (Hrsg.). (1997). *Essential Sufism.* San Francisco: HarperSanFrancisco.

Fazio, R. H., Sanbonmatsu, D. M., Powehl, M. C., & Kardes, F. R. (1986). On the automatic evaluation of attitudes. *Journal of Personality and Social Psychology,* 50, 229–238.

Feeney, J. A., & Nohler, P. (1996). *Adult attachment.* Thousand Oaks, CA: Sage.

Feinberg, T. E. (2001). *Altered egos: How the brain creates the self.* New York: Oxford University Press.

Feingold, A. (1992). Good looking people are not what we think. *Psychological Bulletin,* 111, 304–341.

Feng, G. F., & Enghish,J. (Hrsg.). (1972). *Tao Te Ching.* New York: Random House.

Fenton, T. (2005.) Bad news: The decline of reporting, the business of news, and the danger to us all. New York: Regan Books.

Fisher, H. (2004). Why we love: The nature and chemistry of romantic love. New York: Henry Holt.

Fitzgerald, J. M. (1988). Vivid memories and the reminiscence phenomenon: The role of a self-narrative. *Human Development,* 31, 261–273.

Flanagan, O. (1991). *Varieties of moral personality: Ethics and psychological realism.* Cambridge, MA: Harvard University Press.

Fleeson, W., Malanos, A. B., & Achille, N. M. (2002). An intraindividual process approach to the relationship between extraversion and positive affect: Is acting extraverted as „good" as being extraverted? *Journal of Personality and Social Psychology,* 83, 1409–1422.

Frank, R. H. (1999). *Luxury fever: Why money fails to satisfy in an era of excess.* New York: Free Press.

Frank, R. H. (1988). *Passions within reason: The strategic role of the emotions.* New York: Norton.

Frankl, V. E. (1984). *Man's search for meaning.* New York: Pocket Books.

Franklin, B. (1962/c. 1791). *Autobiography of Benjamin Franklin.* New York: MacMillan

Franklin, B. (1980/1733–1758). *Poor Richard's Almanach (selections).* Mount Vernon, NY: Peter Pauper Press.

Frederick, S., & Loewenstein, G. (1999). Hedonic adaptation. In: D. Kahneman, E. Diener & N. Schwartz (Hrsg.), *Well-being: The foundations of hedonic psychology* (S. 302–329). New York: Russell Sage.

Fredrickson, B. L. (1998). What good are positive emotions? *Review of General Psychology,* 2, 300–319.

Fredrickson, B. L. (2001). The role of positive emotions in positive psychology: The broaden-and-build theory of positive emotions. *American Psychologist,* 56, 218–226.

Freitas, A. L., und Higgins, E. ,11 (2002). Enjoying goal-directed action: The role of regulatory fit. *Psychological Science,* 13, 1–6.

Freud, S. (1976/1900). *The interpretation of dreams.* (Übersetzt von J. Strachey) New York: Norton.

Gallup, G. (1982). Self-awareness and the emergence of mind in primates. *American Journal of Primatology,* 2, 237–248.

Gardner, H., Csikszentmihalyi, M., & Damon, W. (2001). *Good work: When excellence and ethics meet.* New York: Basic Books.

Gazzaniga, M. S. (1985). *The social brain.* New York: Basic Books.

Gazzaniga, M. S., Bogen, J. E., & Sperry, R. W. (1962). Some functional effects of sectioning the cerebral commissures in man. *Proceedings of the National Academy of Sciences, USA,* 48, 1765–1769.

Geertz, C. (1973). Thick description: Toward an interpretive theory of culture. In: C. Geertz (Hrsg.), *The interpretation of cultures.* New York: Basic Books.

Gershon, M. D. (1998). *The second brain.* New York: HarperCollins.

Gibbard, A. (1990). *Wise choices, apt feelings.* Cambridge, MA: Harvard Universitv Press.

Gibran, K. (1977/1923). *The prophet.* New York: Alfred A. Knopf.

Gladwell, M. (2000). *The tipping point: How little things can make a big difference.* New York: Little Brown.

Gladwell, M. (2005). *Blink: The power of thinking without thinking.* New York: Little, Brown.

Glass, D. C., & Singer, J. E. (1972). *Urban stress; Experiments on noise and social stressors.* New York: Academic Press.

Glover, J. (2000). *Humanity: A moral history of the twentieth century.* New Haven, CT: Yale University Press.

Goldenberg, J. L., Pyszczynski, T., Greenberg, J., McCoy, S. K., & Solomon, S. (1999). Death, sex, love, and neuroticism: Why is sex such a problem? *Journal of Personality and Social Psychology,* 77, 1173–1187.

Goldenberg, J. L., Pyszczynski, T., Greenberg, J., Solomon, 5., Kluck, B., & Cornwell, R. (2001). I am NOT an animal: Mortality salience, disgust, and the denial of human creatureliness. Journal of Experimental Psychology: General, 130, 427–435.

Gottman, J. (1994). *Why marriages succeed or fail.* New York: Simon & Schuster.

Graham, J., und Haidt, J. (Manuskript in Vorbereitung). *The implicit and explicit moral values of liberals and conservatives.* University of Virginia, Dept. of Psychology.

Gray, J. A. (1994). Framework for a taxonomy of psychiatric disorder. In: S. H. M. van Goozen & N. E. Van de Poll (Hrsg.), *Emotions: Essays on emotion theory* (S. 29–59). Hillsdale, NJ: Lawrence Erlbaum.

Cray, J. G. (1970/1959). *The Warriors: Reflections of men in battle.* New York: Harper & Row.

Grob, C. S., & de Rios, M. D. (1994). Hallucinogens, managed states of consciousness, and adolescents: Cross-cultural perspectives. In: P. K. Bock (Hrsg.), *Psychological Anthropology* (S. 315–329). Westport, CT: Praeger.

Gross, J., & Haidt, J. (2005). The morality and politics of self-change. Unveröffentlichtes Manuskript, University of Virginia.

Guth, W., Schmittberger, R., und Schwarze, B. (1982). An experimental analysis of ultimatum bargaining. *Journal of Economic Behavior and Organization,* 3, 367–388.

Guyer, P. (Hrsg.). (1992). *The Cambridge companion to Kant.* Cambridge, UK: Cambridge University Press.

Haidt, J. (2001). The emotional dog and its rational tail: A social intuitionist approach to moral judgment. *Psychological Review,* 108, 814–834.

Haidt, J. (2003). Elevation and the positive psychology of morality. In: G. L. M. Keyes und J. Haidt (Hrsg.), *Flourishing: Positive psychology and the life well-lived* (S. 275–289). Washington, DC: American Psychological Association.

Haidt, J., Koller, S., und Dias, M. (1993). Affect, culture, and morality, or is it wrong to eat your dog? *Journal of Personality and Social Psychology,* 65, 613–628.

Haidt, J., Rozin, P., McCauley, G. R., & Imada, S. (1997). Body, psyche, and culture: The relationship between disgust and morality. *Psychology and Developing Societies,* 9, 107–131.

Haidt, J., & Rodin, J. (1999). Control and efficacy as interdisciplinary bridges. *Review of General Psychology,* 3, 317–337.

Haidt, J., & Hersh, M. A. (2001). Sexual morality: The cultures and reasons of liberals and conservatives. *Journal of Applied Social Psychology,* 31, 191–221.

Haidt, J., Rosenberg, E., & Hom, H. (2003). Differentiating diversities: Moral diversity is not like other kinds. *Journal of Applied Social Psychology,* 33, 1–36.

Haidt, J., & Joseph, G. (2004). Intuitive ethics: How innately prepared intuitions generate culturally variable virtues. *Daedalus* (Fall), 55–66.

Haidt, J., & Keltner, D. (2004). Appreciation of beauty and excellence. In: C. Peterson und M. E. P. Seligman (Hrsg.), *Character strengths and virtues* (S. 537–551). Washington, DC: American Psychological Association.

Haidt, J., & Bjorklund, F. (in Druck). Social intuitionists answer six questions about morality. In: W. Sinnott-Armstrong (Hrsg.), *Moral psychology.* Vol. 2, *The cognitive science of morality.*

Hamer, D. H. (2004). *The God gene: How faith is hardwired into our genes.* New York: Doubleday.

Hamilton, W. D. (1964). The genetical evolution of social behavior, Teil 1 und 2. *Journal of Theoretical Biology,* 7, 1–52.

Hansen, C. (1991). Classical Chinese Ethics. In: P. Singer (Hrsg.), *A companion to ethics* (S. 69–81). Oxford, UK: Basil Blackwell.

Hare, B. D. (1993). *Without conscience.* New York: Pocket Books.

Harker, L., & Keltner, D. (2001). Expressions of positive emotion in women‘s college yearbook pictures and their relationship to personality and life outcomes across adulthood. *Journal of Personality and Social Psychology,* 80, 112– 124.

Harlow, H. F. (1971). *Learning to love.* San Francisco, CA: Albion.

Harlow, H. F., Harlow, M. K., & Meyer, D. R. (1950). Learning motivated by a manipulation drive. *Journal of Experimental Psychology,* 40, 228–234.

Harlow, H. F., & Zimmerman, R. (1959). Affectional responses in the infant monkey. *Science,* 130, 421–432.

Harris, J. R. (1995). Where is the child‘s environment? A group socialization theory of development. *Psychological Review,* 102, 458–489.

Hazan, C., & Shaver, P. (1987). Romantic love conceptualized as an attachment process. *Journal of Personality and Social Psychology,* 52, 511–524.

Hazan, C., & Zeifman, D. (1999). Pair bonds as attachments. In: J. Cassidy & P. R. Shaver (Hrsg.), *Handbook of attachment: Theory research, and applications* (S. 336–354). New York: Guilford.

Heine, S. J., & Lehman, D. R. (1999). Culture, self-discrepancies, and self-satisfaction. *Personality and Social Psychology Bulletin,* 25, 915–925.

Helson, H. (1964). *Adaptation level theory: An experimental and systematic approach to behavior.* New York: Harper & Row.

Hick, J. (1967). The problem of evil. In: P. Edwards (Hrsg.), *The Encyclopedia of Philosophy,* Vols. 3 & 4 (S. 136–141). New York: Macmillan.

Hill, K., & Hurtado, A. M. (1996). *Ache life history.* New York: Aldine de Gruyter.

Hollon, S. D., & Beck, A. T. (1994). Cognitive and cognitive-behavioral therapies. In: A. E. Bergin & S. L. Garfield (Hrsg.), *Handbook of psychotherapy and behavior change.* New York: Wiley.

Hollon, S. D., DeRubeis, R. J., Shelton, R. C., & Weiss, B. (2002). The emperor‘s new drugs: Effect size and moderation effects. *Prevention and Treatment,* 5

Holmes, O. W, jr. (1891). *Speeches.* Boston: Little, Brown.

Hom, H., & Haidt, J. (in Vorbereitung). The bonding and norming functions of gossip. Unveröffentlichtes Manuskript, University of Virginia.

Hoorens, V (1993). Self-enhancement and superioritv biases in social comparisons. In: Vol. 4 von W. Strobe & M. Hewstone (Hrsg.), *European review of social psychology (S.* 113–139). Chichester, UK: John Wiley

Hume, D. (1969/1739). *A treatise of human nature.* London: Penguin.

Hunter, J. D. (2000). *The death of character: Moral education in an age without good and evil.* New York: Basic Books.

Irving, W. (1976). *George Washington: A biography.* Charles Neider (Hrsg.). Garden City, NY Doubleday.

Isen, A. M., & Levin, P. F. (1972). Effect of feeling good on helping: Cookies and kindness. Journal *of Personality and Social Psychology,* 21, 384–388.

Isen. A. M., & Simmonds, S. (1978). The effect of feeling good on a helping task that is incompatible with good mood. *Social Psychology* 41, 346–349.

Ito, T. A., & Cacioppo, J. T (1999). The psychophysiology of utility appraisals. In: D. Kahneman, E. Diener, und N. Schwan (Hrsg.), *Well-being: The foundations of hedonic psychology* (S. 470–488). New York: Russell Sage Foundation.

Iyengar, S. S., & Lepper, M. R. (2000). When choice is demotivating: Can one desire too much of a good thing? *Journal of Personality and Social Psychology,* 79, 995–1006.

James, W. (1950/1890). *The principles of psychology.* Vol. 2. New York: Dover.

James, W. (1961/1902). *The varieties of religious experience.* New York: Macmillan.

James, J. M., & Bolstein, R. (1992). Effect of monetary incentives and follow-op mailings on the response rate and response quality in mail surveys. *Public Opinion Quarterly,* 54, 442–453.

Jankowiak, W. R., & Fischer, E. F. (1992). A cross-cultural perspective on romantic love. *Ethnology;* 31, 149–155.

Jefferson, T. (1975/1771). Letter to Robert Skipwith. In: M. D. Peterson (Hrsg.), *The portable Thomas Jefferson (S.* 349–35 1). New York: Penguin.

Julien, R. M. (1998). *A primer of drug action.* New York: W. H. Freeman.

Jung, C. G. (1963). *Memories, dreams, reflections.* New York: Pantheon.

Kagan, J. (1994). Galen's prophecy: Temperament in human nature. New York: Basic Books.

Kagan, J. (2003). Biology, context, and developmental inquiry. *Annual Review of Psychology,* 54, 1–23.

Kahneman, D., & Tversky, A. (1979). Prospect theory: An analysis of decisions under risk. *Econometrica 47,* 263–291.

Kant, I. (1959/1785). *Foundation of the metaphysics of morals.* (Übersetzt von L. W. Beck). Indianapolis, IN: Bobbs-Merrill.

Kaplan, H. R. (1978). *Lottery winners: How they won and how winning changed their lives.* New York: Harper and Row.

Kass, L. R. (1994). *The hungry soul: Eating and the perfecting of our nature.* Chicago: University of Chicago.

Kasser, T. (2002). *The high price of materialism.* Cambridge, MA: MIT Press.

Kasser, T., & Ryan, R. M. (1996). Further examining the American dream: Differential correlates of intrinsic and extrinsic goals. *Personality and Social Psychology Bulletin,* 22, 280–287.

Keller, H. (1938). *Helen Keller's journal.* Garden City, NY: Doubleday.

Keltner, D., & Haidt, J. (2003). Approaching awe, a moral, spiritual, and aesthetic emotion. *Cognition and Emotion,* 17, 297–314.

Keyes, C. L. M., & Haidt, J. (Hrsg.). (2003). *Flourishing: Positive psychology and the life well-lived.* Washington, DC: American Psychological Association.

King, L. A. (2001). The hard road to the good life: The happy, mature person. *Journal of Humanistic Psychology,* 41, 51–72.

Klemke, E. D. (Hrsg.). (2000). *The meaning of life.* New York: Oxford University Press.

Kohn, M. L., und Schooler, C. (1983). *Work and personality: An inquiry into the impact of social stratification.* Norwood, NJ: Ablex.

Kosfeld, M., Heinrichs, M., Zak, P. J., Fischbacher, U., & Fehr, E. (2005). Oxytocin increases trust in humans. *Nature,* 435, 673–676.

Koslowsky, M., & Kluger, A. N. (1995). *Commuting stress.* New York: Plenum.

Kramer, P. D. (1993). *Listening to Prozac.* New York: Viking.

Kuhn, D. (1991). *The skills of argument.* Cambridge, UK: Cambridge University Press.

Kunda, Z. (1990). The case for motivated reasoning. *Psychological Bulletin,* 108, 480–498.

Kunz, P. R., & Woolcott, M. (1976). Season‘s greetings: from my status to yours. *Social Science Research,* 5, 269–278.

LaBar, K. S., & LeDoux, J. E. (2003). Emotional learning circuits in animals and humans. In: R. J. Davidson, K. R. Scherer & H. H. Goldsmith (Hrsg.), *Handbook of affective sciences* (S. 52–65). Oxford, UK: Oxford University Press.

Laertius, D. (1925). *Lives of eminent philosophers.* (Übersetzt von R. D. Hicks) London: Heinemann.

Lakin, J. L., und Chartrand, T. L. (2003). Using nonconscious behavioral mimicry to create affiliation and rapport. *Psychological Science,* 14, 334–339.

Lakoff, G., & Johnson, M. (1980). *Metaphors we live by.* Chicago: University of Chicago Press.

Lakoff, G., & Johnson, M. (1999). *Philosophy in the flesh.* New York: Basic Books.

Langer, E. J., & Rodin, J. (1976). The effects of choice and enhanced personal responsibility for the aged: A field experiment in an institutional setting. *Journal of Personality and Social Psychology,* 34, 191–198.

Lazarus, R. S., & Folkman, S. (1984). *Stress, appraisal, and coping.* New York: Springer.

Leakey, R. (1994). *The origin of humankind.* New York: Basic Books.

Leary, M. (2004). *The curse of the self. Self-awareness, egotism, and the quality of human life.* Oxford, UK: Oxford University Press.

Le Conte, J. (1892). *Evolution: Its nature, its evidences, and its relation to religious thought.* New York: D. Appleton.

LeDoux, J. (1996). *The Emotional Brain.* New York: Simon & Schuster.

Lerner, M. J., & Miller, D. T. (1978). Just world research and the attribution process: Looking back and ahead. *Psychological Bulletin,* 85, 1030–1051.

Leys, S. (Hrsg.). (1997). *The analects of Confucius.* New York: Norton.

Lichtheim, M. (1976). *Ancient egyptial literature: A hook of readings.* Vol. 2, *The new kingdom.* Berkeley: University of California.

Lorenz, K. J. (1935). Der Kumpan in der Umwelt des Vogels. *Journal für Ornithologie,* 83, 137–213.

Lucas, R. E. (2005). Happiness can change: A longitudinal study of adaptation to disability. Unveröffentlichtes Manuskript. Michigan State University.

Lucas, R. E., Clark, A. E., Georgellis, Y. & Diener, E. (2003). Reexamining adaptation and the set point model of happiness: Reactions to changes in marital status. *Journal of Personality and Social Psychology,* 84, 527–539.

Lucas, R. E., & Dyrenforth, P. S. (in Druck). Does the existence of social relationships matter for subjective well-being? In: K. D. Vohs & E. J. Finkel (Hrsg.), *Intrapersonal processes and interpersonal relationships: Two halves, one self,* New York: Guilford.

Lucas, R. E., & Gohm, C. L. (2000). Age and sex differences in subjective wellbeing across cultures. In: E. Diener & E. M. Suh (Hrsg.), *Culture and subjective well-being* (S. 291–318). Cambridge, MA: MIT press.

Lucretius. (1977/c. 59 BCE). *The nature of things.* (Übersetzt von F. O. Copley). New York: Norton.

Lykken, D. T. (1999). *Happiness: What studies on twins show us about nature, nurture, and the happiness set-point.* New York: Golden Books.

Lykken, D. T., McGue, NT., Tellegen,A., & Bouchard, T. J. (1992). Emergenesis: Genetic traits that may not run in families. *American Psychologist,* 47, 1565–1577.

Lvkken, D. T., & Tellegen, A. (1996). Happiness is a stochastic phenomenon. *Psychological Science,* 7,186–189.

Lynn, M., & McCall, M. (1998). Beyond gratitude and gratuity. Cornell University, School of Hotel Administration, Ithaca, NY.

Lyte, NI., Varcoe, J. J., & Bailev, M. T. (1998). Anxiogenic effect of subclinical bacterial infection in mice in the absence of overt immune activation. *Physiology and behavior,* 65, 63–68.

Lyubomirsky, S., Klug, L., & Diener, E. (in Druck). The benefits of frequent positive affect: Does happiness lead to success? *Psychological Bulletin.*

Lyubomirsky, S., Sheldon, K. M., & Schkade, D. (in Druck). Pursuing happiness: The architecture of sustainable change. *Review of General Psychology.*

Machiavelli, N. (1940/1517). *The prince and the discourses.* (Übersetzt von L. Ricci & C. E. Detmold). New York: Modern Librarv.

Maclntyre, A. (1981). *After virtue.* Notre Dame, IN: University of Notre Dame Press.

Marcus, G. (2004). *The birth of the mind.* New York: Basic Books.

Margolis, H. (1987). *Patterns, thinking, and cognition.* Chicago: University of Chicago Press.

Markus, H. R., & Kitayama, S. (1991). Culture and the self: Implications for cognition, emotion, and motivation. *Psychological Review* 98, 224–253.

Marx, K. (1977/1867). *Capital: A critique of political economy,* New York: Vintage.

Mascaro, J. (Hrsg. und Übers.). (1965). *The Upanishads.* London: Penguin.

Mascaro, J. (Hrsg. und Übers.). (1973). *The Dhammapada.* Harmondswortb, UK: Penguin.

Maslow, A. H. (1964). *Religions, values, and peak-experiences.* Columbus, OH: Ohio State University Press

Mastekaasa, A. (1994). Marital status, distress, and well-being: An international comparison. *Journal of Comparative Family Studies,* 25, 183–205.

McAdams, D. P. (1994). Can personality change? Levels of stability and growth in personality across the life span. In: T. F. Heatherton & J. L. Weinberger (Hrsg.), *Can personality change?* (S. 299–313). Washington, DC: American Psychological Association.

McAdams, D. P. (2001). The psychology of life stories. *Review of General Psychology,* 5, 100–122.

McCraty, R., und Childre, D. (2004). The grateful heart: The psychophysiology of appreciation. In: R. A. Emmons und M. E. McCullough (Hrsg.), *The psychology of gratitude* (S. 230–255). New York: Oxford.

McCullough, M. E., Hoyt, W. T., Larson, D. B., Koenig, H. G., & Thoresen, C. (2000). Religious involvement and mortality: A meta-analytic review. *Health Psychology,* 1, 211–222.

McNeill, W. H. (1995). *Keeping together in time: Dance and drill in human history.* Cambridge, MA: University Press.

Meichenbaum, D. (1985). *Stress innoculation training.* New York: Pergamon.

Metcalfe, J., & Mischel, W. (1999). A hot/cool-system analysis of delay of gratification: Dynamics of willpower. *Psychological Review,* 106, 3–19.

Miller, N. E. (1944). Experimental studies of conflict. In: J. M. Hunt (Hrsg.), *Personality and the behavior disorders.* New York: Ronald Press.

Miller W. J. (1997). *The anatomy of disgust.* Cambridge, MA: Harvard University Press

Miller, W. R., & C'de Baca, J. (2001). *Quantum Change.* New York: Guilford.

Mithen, S. (2000). Mind, brain and material culture: An archaeological perspective. In: P. Carruthers und A. Chamberlain (Hrsg.), *Evolution and the human mind (S.* 207–217), Cambridge: Cambridge University Press.

Montaigne, M. (1991/1588). *The complete essays.* (Hrsg. & übersetzt von M. A. Screech). London: Penguin.

Moss, C. (1998). *Elephant Memories: Thirteen years in the life of an elephant family.* New York: William Morrow.

Mroczek, D. K., & Spiro, A. (2005). Change in life satisfaction during adulthood: Findings from the veterans affairs normative aging study. *Journal of Personality and Social Psychology,* 88, 189–202.

Myers, D. G. (2000). The funds, friends, and faith of happy people. *American Psychologist,* 55, 56–67.

Nakamura, J., und Csikszentmibalyi, M. (2003). The construction of meaning through vital engagement. In: C. L. M. Keyes und J. Haidt (Hrsg.), *Flourishing: Positive psychology and the life well-lived* (S. 83–104). Washington, DC: American Psychological Association.

Nestler, E. J., Hyman, S. E., & Malenka, R. C. (2001). *Molecular neuropharmacology: A foundation for clinical neuroscience.* New York: McGraw-Hill.

Newberg, A., D'Aquili, E., & Rause, V. (2001). *Why God wont go away: Brain science and the biology of belief,* New York: Ballantine.

Nietzsche, F. (1997/1889). *Twilight of the idols.* (Übersetzt von R. Polt) Indianapolis, IN: Hacken.

Nolen-Hoeksema, S., & Davis, C. G. (2002). Positive responses to loss. In: C. R. Snyder & S. J. Lopez (Hrsg.), *Handbook of positive psychology* (S. 598–607). New York: Oxford.

Nosek, B. A., Banaji, M. R., & Greenwald, A. G. (2002). Harvesting intergroup implicit attitudes and beliefs from a demonstration web site. *Group Dynamics,* 6, 101–115.

Nosek, B. A., Greenwald, A. G., & Banaji, M. R. (in Druck). The Implicit Association Test at age 7: A methodological and conceptual review. In: J. A. Bargh (Hrsg.), *Automatic processes in social thinking and behavior.* Philadelphia: Psychology Press.

Nussbaum, M. C. (2001). *Upheavals of thought.* Cambridge, UK: Cambridge University Press.

O'Connor, E. (Hrsg. und Übersetz.). (1993). *The essential Epicurus.* Amberst, NY: Prometheus Books.

Obeyesekere, G. (1985). Depression, Buddhism, and work of culture in Sri Lanka. In: A. Klineman & B. Good (Hrsg.), *Culture and depression* (S. 134–152). Berkeley: University of California Press.

Olds, J., & Milner, P. (1954). Positive reinforcement produced by electrical stimulation of septal areas and other regions of rat brains. *Journal of Comparative and Physiological Psychology,* 47, 419–427.

Ovid (2004/c. 10 CE). *Metamorphoses.* (Übersetzt von D. Raeburn). London: Penguin.

Pachocinski, R. (1996). *Proverbs of Africa: Human nature in the Nigerian oral tradition.* St. Paul, MN: Professors World Peace Academy.

Pahnke, W. N. (1966). Drugs and mysticism. *International Journal of Parapsychology,* 8, 295–313.

Panthanathan, K., und Boyd, R. (2004). Indirect reciprocity can stabilize cooperation without the second-order free rider problem. *Nature,* 432, 499–502.

Park, C. L., Cohen, L., & Murch, R. (1996). Assessment and prediction of stress-related growth. *Journal of Personality,* 64, 71–105.

Pelham, B. W., Mirenberg, M. C., & Jones, J. K. (2002). Why Susie sells seashells by the seashore: Implicit egotism and major life decisions. *Journal of Personality and Social Psychology,* 82, 469–487.

Pennebaker, J. (1997). *Opening up: The healing power of expressing emotions.* New York: Guilford.

Perkins, D. N., Farady, M., & Bushey, B. (1991). Everyday reasoning and the roots of intelligence. In: J. F. Voss, D. N. Perkins & J. W. Segal (Hrsg.), *In-formal reasoning and education* (S. 83–105). Hillsdale, NJ: Erlbaum.

Peterson, C., & Seligman, M. E. P. (2004). *Character strengths and virtues: A handbook and classification.* Washington, DC: American Psychological Association and Oxford University Press.

Piaget, J. (1965/1932). *The moral judgment of the child.* (Übersetzt von M. Gabain) New York: Free Press.

Piliavin, J. A. (2003). Doing well by doing good: Benefits for the benefactor. In: C. L. M. Keyes und J. Haidt (Hrsg.), *Flourishing: Positive psychology and the life well-lived* (S. 227–247). Washington, DC: American Psychological Association.

Pincoffs, E. L. (1986). *Quandaries and virtues: Against reductivism in ethics.* Lawrence, KS: University of Kansas.

Pinker, S. (1997). *How the mind works.* New York: Norton.

Pinker, S. (2002). *The blank slate: The modern denial of human nature.* New York: Viking.

Plomin, R., & Daniels, D. (1987). Why are children in the same family so different from one another? *Behavioral and Brain Sciences,* 10, 1–60.

Pronin, E., Lin, D. Y, & Ross, L. (2002). The bias blind spot: Perceptions of bias in self versus others. *Personality and Social Psychology Bulletin,* 28, 369–381.

Proust, M. (1992a/1922). *In search of lost time.* Vol. 2, *Within a budding grove.* (Übersetzt von C. K. S. Moncreiff & T. Kilmartin) London: Chatto and Windus.

Proust, M. (1992b/1 922). *In search of lost time.* Vol. 5, *The captive and the fugitive.* (Übersetzt von C. K. S. Moncreiff & T. Kilmartin) London: Chatto and Windus.

Putnam, R. D. (2000). *Bowling alone: The collapse and revival of American community.* New York: Simon & Schuster.

Pyszczynski, T., Greenberg, J., & Solomon, S. (1997). Why do we want what we want? A terror management perspective on the roots of human social motivation. *Psychological Inquiry,* 8,1–20.

Pyszczynski, T., & Greenberg, J. (1987). Toward an integration of cognitive and motivational perspectives on social inference: A biased hypothesis-testing model. *Advances in Experimental Social Psychology,* 20, 297–340.

Reis, H. T., & Cable, S. L. (2003). Toward a positive psychology of relationships. In: C. L. M. Keyes & J. Haidt (Hrsg.), *Flourishing: Positive psychology and the life well-lived* (S. 129–159). Washington, DC: American Psychological Association.

Richerson, P. J., & Boyd, R. (1998). The evolution of human ultra-sociality In: I. Eibl-Eibesfeldt & F. K. Salter (Hrsg.), *Indoctrinability, ideology, and warfare: Evolutionary perspectives* (S. 7 1–95). New York: Berghahn.

Richerson, P. J., & Boyd, R. (2005). *Not by genes alone: How culture transformed human evolution.* Chicago: University of Chicago Press.

Ridley, M. (1996). *The origins of virtue.* Harmondsworth, UK: Penguin.

Riis, J., Loewenstein, G., Baron, J., Jepson, C., Fagerlin, A., & Ubel, P. A. (2005). Ignorance of hedonic adaptation to hemodialysis: A study using ecological momentary assessment. *Journal of Experimental Psychology: General,* 134, 3–9.

Rind, B., Tromovitch, P., & Bauserman, R. (1998). A meta-analytic examination of assumed properties of child sexual abuse using college samples. *Psychological Bulletin,* 124, 22–53.

Rodin, J., & Langer, E. (1977). Long-term effects of a control-relevant intervention with the institutionalized aged. *Journal of Personality and Social Psychology,* 35, 897–902.

Rolls, E. T. (1999). *The brain and emotion.* Oxford, UK: Oxford University Press.

Ross, M., & Sicoly, F. (1979). Egocentric biases in availability and attribution. *Journal of Personality and Social Psychology,* 37, 322–336.

Rozin, P., & Fallon, A. (1987). A perspective on disgust. *Psychological Review,* 94, 23–41.

Rozin, P., Haidt, J., McCauley, C., & Imada, S. (1997). Disgust: Preadaptation and the evolution of a food-based emotion. In: H. MacBeth (Hrsg.), *Food preferences and taste* (S. 65–82). Providence, RI: Bergbahn.

Rozin, P., Haidt, J., & McCauley, C. (2000). Disgust. In: M. Lewis and J. M. Haviland-Jones (Hrsg.), *Handbook of emotions* (S. 637–653). New York: Guilford Press.

Rozin, P., und Royzman, E. B. (2001). Negativity bias, negativity dominance, and contagion. *Personality and Social Psychology Review,* 5, 296–320.

Russell, J. B. (1988). *The prince of darkness: Radical evil and the power of good in history.* Ithaca, NY: Cornell University Press.

Ryan, R. M., und Deci, E. L. (2000). Self-determination theory and the facilitation of intrinsic motivation, social development, and well-being. *American Psychologist,* 55, 68–78.

Ryff, G. D., & Singer, B. (2003). Flourishing under fire: Resilience as a prototype of challenged thriving. In: C. L. M. Keyes & J. Haidt (Hrsg.), *Flourishing: Positive psychology and the life well-lived* (S. 15–36). Washington, DC: American Psychological Association.

Sabini, J., & Silver, M. (1982). *Moralities of everyday life.* Oxford, UK: Oxford University Press.

Salovey, P., & Mayer, J. D. (1990). Emotional intelligence. *Imagination, Cognition, and Personality,* 9, 185–211.

Sampson, R. J. (1993). Family management and child development: Insights from social disorganization theory. Vol. 6 von J. McCord (Hrsg.), *Advances in criminological theorv* (S. 63–93). New Brunswick, NJ: Transaction Press.

Sanfey, A. G., Rilling, J. K., Aronson, J. A., Nystrom, L. E., & Cohen, J. D. (2003). The neural basis of economic decision-making in the ultimatum game. *Science,* 300, 1755–1758.

Sartre, J. P. (1989/1944). *No exit and three other plays.* (Übersetzt von S. Gilbert) New York: Vintage International.

Schatzberg, A. E., Cole, J. O., & DeBattista, C. (2003). *Manual of Clinical Psychopharmacology*. Washington, DC: American Psychiatric Publishing.

Schkade, D. A., & Kahneman, D. (1998). Does living in California make people happy? A focusing illusion in judgments of life satisfaction. *Psychological Science,* 9, 340–346.

Schulz, R., & Decker, S. (1985). Long-term adjustment to physical disability: The role of social support, perceived control, and self-blame. *Journal of Personality and Social Psychology* 48, 1162–1172.

Schwartz, B. (2004). *The paradox of choice.* New York: HarperCollins.

Schwartz, B., Ward, A., Monterosso, J., Lyubomirsky, S., White, K., & Lehman, D. R. (2002). Maximizing versus satisfying: Happiness is a matter of choice. *Journal of Personality and Social Psychology,* 83, 1178–1197.

Seligman, M. E. P. (1995). The effectiveness of psychotherapy: The Consumer Reports study. *American Psychologist,* 50, 965–974.

Seligman, M. E. P. (2002). *Authentic happiness.* New York: Free Press.

Seneca, L. A. (1917–1925/c. 50 CE). *Moral epistles.* Vol. 1, The Loeb Classical Library. Cambridge, MA: Harvard University Press.

Shapiro, S., Schwartz, G. E. R., & Santerre, C. (2002). Meditation and positive psychology. In: C. R. Snyder & S. J. Lopez (Hrsg.), *Handbook of positive psychology* (S. 632–645). New York: Oxford University Press.

Sheldon, K. M. (2004). *Optimal human being: An integrated multi-level perspective.* Mahwah, NJ: Lawrence Erlbaum.

Sheldon, K. M., & Kasser, T. (1995). Coherence and congruence: Two aspects of personality integration. *Journal of Personality and Social Psychology* 68, 531–543.

Shoda, Y., Mischel, W., & Peake, P. K. (1990). Predicting adolescent cognitive and self-regulatory competencies from preschool delay of gratification: Identifying diagnostic conditions. *Developmental Psychology* 26, 978–986.

Shore, B. (1996). *Culture in mind: Cognition, culture, and the problem of meaning.* New York: Oxford University Press.

Shulgin, A. (1991). *PIHKAL: A chemical love story:* Berkeley: Transform Press.

Shweder, R. A., Much, N. C., Mahapatra, M., & Park, L. (1997). The "big three" of morality (autonomy, community, and divinity), and the "big three" explanations of suffering. In: A. Brandt & P. Rozin (Hrsg.), *Morality and Health* (S. 119–169). New York: Routledge.

Singer, P. (1979). *Practical ethics.* Cambridge, UK: Cambridge University Press.

Skitka, L. J. (2002). Do the means always justify the ends, or do the ends sometimes justify the means? A value protection model of justice reasoning. *Personality and Social Psychology Bulletin,* 28, 588–597.

Smith, A. (1976/1759). *The theory of moral sentiments.* Oxford, UK: Oxford University Press.

Smith, N. M., Floyd, M. R., Scogin, F., & Jamison, C. S. (1997). Three year followup of bibliotherapy for depression. *Journal of Consulting and Clinical Psychology,* 65, 324–327.

Solnick, S. J., & Memenway, D. (1998). Is more always better? A survey on positional concerns. *Journal of Economic Behavior and Organization,* 37, 373–383.

Solomon, R. C. (1999). *The joy of philosophy: Thinking thin versus the passionate life.* New York: Oxford University Press.

Srivastava, S., John, O. P., Gosling, S. D., & Potter, J. (2003). Development of personality in early and middle adulthood: Set like plaster or persistent change? *Journal of Personality and Social Psychology,* 84, 1041–1053.

Stall, S. (1904/1897). *What a young man ought to know.* London: Vir Publishing.

Steele, J. D. (1867). *Fourteen weeks in chemistry.* New York: A. S. Barnes.

Sternberg, R. J. (1986). A triangular theory of love. *Psychological Review* 93, 119–135.

Sternberg, R. J. (1998). A balance theory of wisdom. *Review of General Psychology,* 2, 347–365.

Tajfel, H. (1982). Social psychology of intergroup relations. *Annual Review of Psychology,* 33, 1–39.

Tamir, M., Robinson, M. D., & Clore, G. L. (2002). The epistemic benefits of trait-consistent mood states: An analysis of extraversion and mood. *Journal of Personality and Social Psychology,* 83 (3), 663–677.

Tavris, C. (1982). *Anger: The misunderstood emotion.* New York: Simon & Schuster.

Taylor, C. (1989). *Sources of the self: The making of the modern identity.* Cambridge, MA: Harvard University Press.

Taylor, S. E. (2003). *Health psychology.* Boston: McGraw-Hill.

Taylor, S. E., Klein, L. C., Lewis, B. P., Gruenewald, T. L., Gurung, R. A., & Updegraff, J. A. (2000). Biobehavioral responses to stress in females: Tendand-befriend, not fight-or-flight. *Psychological Review,* 107, 411–429.

Taylor, S. E., Lerner, J. S., Sherman, D. K., Sage, R. M., & McDowell, N. K. (2003). Portrait of the self-enhancer: Well adjusted and well liked or maladjusted and friendless. *Journal of Personality und Social Psychology,* 84, 165–176.

Tedeschi, R. G., Park, C. L., & Calhoun, L. G. (1998). Posttraumatic growth: Conceptual issues. In: R. G. Tedeschi, C. L. Park & L. G. Calhoun (Hrsg.), *Posttraumatic growth: Positive changes in the aftermath of crisis* (S. 1–22). Mahwah, NJ: Lawrence Erlbaum.

Templeton, J. M. (1997). *Worldwide laws of life: 200 eternal spiritual principles.* Philadelphia: Templeton Foundation Press.

Tennen, H., & Affleck, G. (1998). Personality and transformation in the face of adversity. In: R. G. Tedeschi, C. L. Park & L. G. Calhoun (Hrsg.), *Posttraumatic growth: Positive changes in the aftermath of crisis* (S. 65–98). Mahwah, NJ: Lawrence Erlbaum.

Thoits, P. A., & Hewitt, L. N. (2001). Volunteer work and well-being. *Journal of Health and Social Behavior,* 42, 115–131.

Thrash, T. M., und Elliot, A. J. (2004). Inspiration: Core characteristics, component processes, antecedents, and function. *Journal of Personality und Social Psychology,* 87, 957.

Thomas, K. (1983). *Man und the Natural World.* New York: Pantheon.

Tooby, J., & Cosmides, L. (1996). Friendship and the banker's paradox: Other pathways to the evolution of adaptations for altruism. *Proceedings of the British Academy,* 88, 119–143.

Trevathan, W. (1987). *Human birth.* New York: Aldine de Gruyter.

Trivers, R. L. (1971). The evolution of reciprocal altruism. *Quarterly Review of Biology,* 46, 35–57.

Troyat, H. (1967). *Tolstoy.* (Übers. von N. Amphoux). New York: Doubleday.

Trut, L. N. (1999). Early canid domestication: The farm fox experiment. *American Scientist,* 87, 160–169.

Turkheimer, E. (2000). Three laws of behavior genetics and what they mean. *Current Directions in Psychological Science,* 9, 160–164.

Updegraff, J. A., & Taylor, S. E. (2000). From vulnerability to growth: Positive and negative effects of stressful life events. In: J. Harvey & E. Miller (Hrsg.), *Loss and trauma: General and close relationship perspectives* (S. 3–28). Philadelphia: Brunner-Routledge.

Uvnas-Moberg, K. (1998). Oxytocin may mediate the benefits of positive social interaction and emotions. *Psychoneuroimmunology,* 23, 819–835.

Van Baaren, R. B., Holland, R. W, Steenaert, B., & van Knippenberg, A. (2003). Mimicry for money: Behavioral consequences of imitation. *Journal of Experimental Social Psychology,* 39, 393–398.

Van Baaren, R. B., Holland, R. W., Kawakami, K., & van Knippenberg, A. (2004). Mimicry and Prosocial Behavior. *Psychological Science,* 15, 71–74.

Van Boven, L., & Gilovich, T. (2003). To do or to have? That is the question. *Journal of Personality and Social Psychology* 85, 1193–1202.

Van Ijzendoorn, M. H., Moran, G., Belsky, J., Pederson, D., Bakermans-Kranenburg, M. J., & Kneppers, K. (2000). The similarity of siblings' attachments to their mother. *Child Development,* 71, 1086–1098.

Vormbrock, J. K. (1993). Attachment theory as applied to war-time and job-related marital separation. *Psychological Bulletin,* 114, 122–144.

Waite, L. J., & Gallagher, M. (2000). *The case for marriage: Why married people are happier, healthier; and better off financially* New York: Doubleday.

Warren, R. (2002). *The purpose driven life: What on earth am I here for?* Grand Rapids, MI: Zondervan.

Wasson, R. C. (1986). *Persephone's quest: Entheogens und the origins of religion.* New Haven, CT: Yale University Press.

Watson, J. B. (1928). *Psychological care of infant and child.* New York: W. W. Norton.

Wegner, D. (1994). Ironic processes of mental control. *Psychological Review* 101, 34–52.

Weinfield, N. S., Sroufe, L. A., Egeland, B., & Carlson, E. A. (1999). The nature of individual differences in infant-caregiver attachment. In: J. Cassidy & P. R. Shaver (Hrsg.), *Handbook of attachment: Theory, research, and applications (S.* 68–88). New York: Guilford.

Wesley, J. (1986/1786). *Works of John Wesley.* (Hrsg. A. Outler) Nashville, TN: Abingdon Press.

White, R. B. (1959). Motivation reconsidered: The concept of competence. *Psychological Review* 66, 297–333.

Whybrow, P. C. (2005). American mania: When more is not enough. New York: Norton.

Wilkinson, G. S. (1984). Reciprocal food sharing in the vampire bat. *Nature,* 308, 181–184.

Williams, G. C. (1966). *Adaptation and natural selection: A critique of some current evolutionary thought.* Princeton: Princeton University Press.

Wilson, D. S. (2002). *Darwin's cathedral: Evolution, religion, and the nature of society* Chicago: University of Chicago Press.

Wilson, E. O. (1990). *Success und dominance in ecosystems: The case of the social insects.* Oldendorf, Germany: Ecology Institute.

Wilson, T. D., & Gilbert, D. T. (2003). Affective forecasting. In: Vol. 35 von M. P. Zanna (Hrsg.), *Advances in experimental psychology* (S. 345–411). San Diego, CA: Academic.

Wilson, T. D., & Gilbert, D. T. (2005). Making sense: A model of affective adaptation. Unveröffentlichtes Manuskript.

Wright, R. (1994). *The moral animal.* New York: Pantheon.

Wrzesniewski, A., McCauley, C. R., Rozin, P., & Schwartz, B. (1997). Jobs, careers, and callings: People's relations to their work. *Journal of Research in Personality,* 31, 21–33.

Wrzesniewski, A., Rozin, P., & Bennett, G. (2003). Working, playing, and eating: Making the most of most moments. In: C. L. M. Keyes & J. Haidt (Hrsg.), *Flourishing: Positive psychology and the life well-lived (S.* 185–204). Washington, DC: American Psychological Association.

Zachner, R. C. (Hrsg. und Übersetzer, 1969). *The Bhagavad-Gita.* Oxford: Clarendon.

Stichwort- und Namensverzeichnis

R

S

Über den Autor

Dr. Jonathan Haidt ist Sozialpsychologe und derzeit Professor an der *Stern School of Business* der *New York University*. Er beschäftigt sich schwerpunktmäßig mit Fragen der Moralpsychologie und den emotionalen Grundlagen der Moral.

Jonathan Haidt ist Autor des Buches *The Righteous Mind: Why Good People are Divided by Politics and Religion*, Co-Autor von *The Coddling of the American Mind* und Mitherausgeber von *Flourishing: Positive Psychology and the Life Well-Lived.*

Weitere Informationen zu Themen, auf die er in diesem Buch eingeht, finden Sie unter www.happinesshypthesis.com.